Albert Funk

FÖDERALISMUS IN DEUTSCHLAND

Von den Anfängen bis heute

Inhaltsverzeichnis

12   Einleitung

12   „Deutschland wird auf deutsch regiert"
12   Verfassungstradition seit dem Mittelalter
13   Vom Alten Reich zur Bundesrepublik
14   Das Wurzelwerk des Reichsföderalismus
14   Von Bund zu Bund
15   Die Länder – Staat im Plural
16   Die Länderkammer als ältestes Verfassungserbgut

17   Zum Begriff Föderalismus

17   Autonomie und Doppelstaatlichkeit
18   Zwischen Unitarismus und Partikularismus
18   Ausgleich und Wettbewerb
19   Ein dynamisches System
20   Trennen oder verbinden?
20   Subsidiarität und Solidarität
21   Ein Bündel von Vorteilen
22   Und einige Nachteile
22   Bundesstaat und Staatenbund

24   Mittelalter: Könige, Fürsten, Städte

24   Nicht Monarchie, sondern Aristokratie
24   Lehnwesen und Königswahl
26   Kaiseramt und Investiturstreit
26   Herrschaftskompromiss im 12. Jahrhundert
27   Landesherrschaft: Das Ende der Gemengelage
28   Die Verfassungsgesetze Friedrichs II.
29   Die Anfänge des Reichstags
30   Rheinisch, schwäbisch, sächsisch: Die Städtebünde
30   Die Kurfürsten und die Goldene Bulle
32   Die Reichskrise des 15. Jahrhunderts: Verlangen nach mehr Einheit
33   Reformideen, aber keine Reform

35   Reichsreform, Reformation, Verfassungskrieg 1495 bis 1648

35   Der Wormser Reichstag 1495: Auftakt zur Reichsreform
36   Die zentrale Instanz: Der Reichstag
36   Drei Kurien: Kurfürsten, Fürsten, Reichsstädte
37   Die Garde der Reichspolitiker
38   Allgemeiner Landfriede und Reichsgerichte
39   Die Reichskreise
40   Lebendig im Südwesten, rudimentär im Nordosten
41   Vielfältige Aufgaben
42   Vorbild Schwäbischer Bund
42   Die Reichsregimente – Fehlschlag einer Zentralregierung

44 Der Ausbau der Landesstaatlichkeit in der Reformationszeit
45 Der Bundesplan Karls V.
47 Der Augsburger Religionsfriede von 1555
47 Katholiken, Lutheraner, Calvinisten
48 Verfassungskrise und Verfassungskrieg

50 Die Fürstenunion 1648 bis 1790

50 Der Westfälische Friede – ein Grundgesetz für das Reich
51 Kern des europäischen Balancesystems
52 Weder Souveränität noch Zersplitterung
53 Ein Monstrum – oder ein Bundesstaat?
54 Staatsbildung bleibt Ländersache
54 Das Reich als Verteidigungsordnung
55 Der erste Rheinbund
56 Gemeinsam stark: Der südwestdeutsche Eigenweg
56 Der Reichstag wird immerwährend
58 Ein Forum für Verhandlungen
59 Länderrechte und Länderpflichten
59 Rangstreit und Großmachtpolitik: Brandenburg, Hannover und Sachsen
60 Endstation Potsdam: Friedrich II. von Preußen
61 Friedrichs Innenpolitik: Autokratie, Zentralismus, Militarisierung
62 Die neue Wiener Sicht: Österreich geht vor
63 Das Dritte Deutschland formiert sich
63 Der Fürstenbund von 1785 – ein Fehlschlag
64 Aufgeklärter Absolutismus
65 Musterstaaten: Sachsen-Weimar, Anhalt-Dessau, Baden
66 Bayern, Württemberg, Sachsen
67 Die geistlichen Gebiete: Zwischen Fortschritt und Rückständigkeit
67 Zerfall mit Aussicht auf Erneuerung

68 Vom Reich zum Bund 1790 bis 1815

68 „Wie hält's nur noch zusammen?"
69 Österreich und Preußen verraten das Reich
70 Territoriale Revolution: Der Reichsdeputationshauptschluss
71 Sommer 1806: Das Reich vergeht, der Rheinbund entsteht
72 „Ihr wollt keine Ordnung"
73 Die Reformen in den Rheinbundstaaten
74 Bayern: Zentralismus und Oktoberfest
75 Baden: Und wieder Musterländle
75 Württemberg: Der schwäbische Sultan
76 Franzosen auf Zeit: Die linksrheinischen Gebiete
76 Preußens Versuch, sich zu reformieren
77 Österreich fällt zurück

78 Der Deutsche Bund 1815 bis 1848

78 Der Weg in den Verfassungsstaat
79 Der Wiener Kongress: Eine Ordnung für Europa …
80 … und für Deutschland
81 In der Tradition von Fürstenbund und Rheinbund
81 Bund und Nation
82 Kein Staatenbund, sondern ein Bundesstaat
83 Frankfurt am Main, Eschenheimer Gasse: Die Bundesversammlung
84 Eine aktive Bundesversammlung
85 Das Rätsel des Artikels 13
86 Reaktionäre Großmächte: Österreich und Preußen
87 Rolle rückwärts: Karlsbader Beschlüsse und Wiener Schlussakte
88 Monarchisches Prinzip
88 Die „Epuration" des Bundestages
89 Liberaler Aufschwung – abgebremst
90 Spitzelwesen gegen Liberale, Nationale und Demokraten
91 Unerträgliche Bundespraxis

92 Die Revolution 1848/49

92 Nationalbegeisterung, Einheitsverlangen und Machtstaatsträume
93 Der Deutsche Zollverein
94 Liberale Reformer, demokratische Revolutionäre
94 März 1848: Die Revolution findet in den Ländern statt
95 Österreichisches Drama, preußisches Schauspiel
96 „Die Besinnung verloren": Der Bundestag bewegt sich doch
97 Der Ausschuss der siebzehn Vertrauensmänner
97 „Deutsches Reichsgrundgesetz"
98 Kritik aus allen Ecken
99 Zerwürfnis zwischen Liberalen und Demokraten
99 Die Fraktionen: Welcher Föderalismus soll es sein?
101 Das Parlament verzettelt sich
101 Kleindeutsch oder großdeutsch?
102 Die Verfassung der Paulskirche: Ein sehr unitarischer Bundesstaat
102 Die Länder: Verwaltung statt Politik
103 „Gehorsam von jedem Einzelstaate"
104 Die Gegenrevolution siegt
104 Vergebliche Kaiserwahl, vergebliche Aufstände

106 Neubeginn und Ende des Deutschen Bundes 1850 bis 1866

106 Ringen um den Bund
106 Preußens Bundesplan und Österreichs Gegenplan
107 Zurück zum Bund
107 Dresdner Konferenzen
108 Der Blockierer: Bismarck und der Bund
110 Die Reformer: Das Dritte Deutschland und der Bund
110 Preußen isoliert sich
111 Kaiser Franz Joseph will den Bund erneuern

111   Der Frankfurter Fürstentag 1863
113   Preußens Krieg gegen Deutschland
114   Annexionen und kulante Züge
115   Die Bundeshauptstadt Frankfurt wird eingepreußt
116   Im Nachlass: Nationale Reformen

117   Geteilt: Nord und Süd 1866 bis 1871

117   Bismarcks Staat
118   Der Norddeutsche Bund: Ein Hund mit Flöhen
119   Bismarcks Verfassungseintopf: Ein hegemonialer Föderalismus
120   Lob und Kritik
121   Unabhängig abhängig: Die süddeutschen Staaten 1866 – 1871
122   Der Zollverein wird „preußifiziert"
122   Eine verunglückte Generalprobe
123   Einheit durch Einmarsch
123   Ein Krieg aus Angst vor einem anderen Deutschland?
124   Der Anschluss des Südens

125   Das Kaiserreich 1871 bis 1918

125   Versailles, 18. Januar 1871: Preußen übernimmt das Ruder
126   Ein Fürstenbund?
127   National übertüncht
128   Borussisch grundiert
128   Bundespräsidentschaft mit weitreichenden Rechten
129   Kaiser und andere Monarchen
130   Bundesrat: Föderales Mittel zum großpreußischen Zweck
131   Preußens geballte Macht
132   „Kanzlerdiktatur": Alle Fäden in einer Hand
132   Berlin regiert das Reich
133   Reichsminister mit Doppelrolle
134   Die „heimliche zweite Kammer": Preußens Landtag
135   Länderfrust im Bundesrat
136   Abstimmungsmaschine im Nebenzimmer
136   „Die Tage des Regensburger Reichstags sind vorbei"
137   Versicherungsanstalt der Bürokratien
138   Die Achse Berlin–München
138   Der Reichstag: Motor der Vereinheitlichung
140   Das Parteiensystem: Fünf Lager und viel regionale Vielfalt
141   Partei des Föderalismus: Das katholische Zentrum
141   Vielfalt mit später Einheit: Der Linksliberalismus
142   Die Konservativen: Preußenpartei oder Reichspartei
142   Einheitspartei: Die Nationalliberalen
143   Die Sozialdemokraten: Gegner und Nutznießer des Föderalismus
144   Organisierter Zentralismus: Die Verbände
144   Zentralistische Sozialpolitik
145   Das Reich als Kostgänger der Länder
145   Finanzverteilung nach der Franckenstein'schen Klausel

146   Neue Konstellationen
148   Eine Renaissance des Föderalismus bahnt sich an
148   Flucht aus der Krise

150   Die Weimarer Republik

150   Kriegszentralismus
150   Die Reichsregierung wird parlamentarisch
151   Revolution in bundesstaatlichen Bahnen
151   Moderater Südwesten, unruhiges Berlin
152   Identische Konstellation in Reich und Ländern
152   Der Süden will die Vereinigten Staaten
153   In Berlin denkt man an den Einheitsstaat
154   Unitarischer Verfassungsvater: Hugo Preuß
154   Preußen zerschlagen – und den Föderalismus gleich mit?
155   Preußen bleibt erhalten
156   Tragisches Ende der Neugliederungsidee
157   Kein Staatenhaus
157   „Auch fernerhin ein Bund"
158   Der Staatenausschuss
159   Die Nationalversammlung will es einheitlich
160   Eine Machtzuwachsordnung für das Reich
161   Nicht ganz ohne Einfluss: Der Reichsrat
162   Die unitarische Ebene: Reichstag, Kanzler, Präsident
163   Relativ stabil: Parlamentarismus in den Ländern
164   Doppelstaatlichkeit – falsch genutzt
165   Keine Neugliederung – auch weil Preußen blockiert
166   Erzbergers Finanzreform entmachtet die Länder
167   Ein System mit Defiziten
168   Bayern will seinen eigenen Weg gehen
169   Probleme mit Bayern, Sachsen und Thüringen
170   Verfassungspolitik statt Verfassungskonflikt
171   Preußen und das Reich
172   Preußen – Kern des erwünschten Einheitsstaates
173   Das demokratische Bollwerk
174   Die Reichsreform scheitert an den Gegensätzen

176   Präsidialregierungen und Drittes Reich

177   „Länder an die Kandare"
177   Das demokratische Bollwerk wankt
178   Der „Preußenschlag" am 20. Juli 1932
179   Die Länder wehren sich
180   Fatale Passivität
180   „Proklamation des Machtstaates"
181   Hitler kommt ins Kanzleramt
181   „Historische Bausteine"
183   Die Gleichschaltung beginnt
183   Chaotische Debatten – und kein Neuaufbau

186 Nachkriegszeit und Gründung der Bundesrepublik 1945 bis 1949

187   Länder entstehen
187   Neu, aber nicht künstlich
188   Ein später Sieg des Dritten Deutschlands
189   Die Parteien und der Föderalismus
190   Verfassungsgebung in den Ländern
191   Die Länderchefs formieren sich
192   Die Münchener Ministerpräsidentenkonferenz 1947
193   Auf dem Weg zum Weststaat
193   Die Frankfurter Dokumente
194   Vom Provisorium zum „Kernstaat"
196   Der Verfassungskonvent von Herrenchiemsee
197   Der Parlamentarische Rat
199   Wie viel Macht beim Bund?
200   Einspruch der Alliierten
200   Bundesrat oder Senat?
202   Kein Bundesrat der Beamten
203   Finanzverfassung mit unitarischen Zügen
204   Zentralverwaltung als Mittel des Bundeszwangs?
205   Der demokratische und soziale Bundesstaat

206 Die Bundesrepublik 1949 bis 1989

206   Starker Kanzler, starker Bundespräsident?
207   Eigener Beamtenapparat
207   „Nebenregierung" und „Instrument der Parteipolitik"?
208   Viele Zustimmungsgesetze von Anfang an
209   Gar nicht selten: Andere Mehrheiten im Bundesrat als im Bundestag
209   Kein Schaden für politische Stabilität
210   Arbeitsparlament mit Profilierungsplenum
210   Einfluss durch Verwaltungsauftrag
211   Der Bund greift bei den Finanzen zu
212   Die Länder koordinieren sich selbst
213   Karlsruhe und der Föderalismus
214   Der „unitarische Bundesstaat"
215   Unendlich viele Hände
216   Alle Macht dem Bund?
216   Kooperativer Föderalismus
218   Die neuen Gemeinschaftsaufgaben
218   Der große Steuertopf
218   Finanzausgleich mit größerer Verteilwirkung
219   Haushaltssteuerung à la Plisch und Plum
220   Kooperation auch bei Bildung und Beamten
221   Neugliederung als Ausweg?
222   Der Sieger ist – die Bürokratie
222   Gegenmehrheit im Bundesrat
223   Gemischte Bilanz und enttäuschte Erwartungen

224   In der Politikverflechtungsfalle
224   Wettbewerbsföderalismus
225   Kritik am Finanzausgleich
226   Wille zu mehr Länderautonomie lebt auf

228   **Die DDR: Länder am Anfang, Länder am Ende**

228   „Streng gleichmäßig"
228   Alles Wesentliche zentral
229   Die Umgestaltung von 1952: Bezirke statt Länder
230   Zentralismus als Staatsideologie
230   Konföderationspläne zwischen Ost und West
231   Herbst 1989
232   Ein neuer Deutscher Bund?
233   Beitritt zur Bundesrepublik
234   Die Länder sind wieder da

235   **Einheit, Europa und Reform seit 1990**

235   „Wir Deutsche sind Föderalisten"
236   Wieder in München: Eine gesamtdeutsche Ministerpräsidentenkonferenz
237   Integration durch Landespolitik
238   Der Bund finanziert
238   Starke, schwache und mittlere Länder
239   Neue Stimmverteilung im Bundesrat
240   Streit um den Finanzausgleich
240   Viele Nehmer, wenige Zahler
241   „Entschieden föderativ geprägt"
242   Gleichwertig, nicht einheitlich
243   Der Bund kann nicht loslassen
243   Länder sind in Europa dabei
244   „Blockadepolitik" und „Reformstau"
245   Offensive für Gestaltungsföderalismus
246   Karlsruhe ändert die Richtung
247   „Mutter aller Reformen"
248   Bildungsstaaten ohne Bundesrahmen
248   Abweichen wird erlaubt – in Grenzen
249   Immer mehr Länder in der Schuldenfalle
249   Reform geht in die zweite Runde …
250   … und weitere Runden werden folgen

252   **Anhang**

253   Karten
276   Auswahlbibliografie
281   Bildnachweis
282   Register

Einleitung

„Deutschland wird auf deutsch regiert"

„Deutschland wird auf deutsch regiert" – der Satz stammt aus dem Jahr 1745, aber er ist von fast zeitloser Gültigkeit. Geprägt hat ihn der dänisch-norwegische Schriftsteller und Historiker Ludvig Holberg, der damit – nicht ohne ironischen Unterton – die Regierungsform Deutschlands im 18. Jahrhundert umschrieb. Der württembergische Jurist Johann Jacob Moser, der führende Staatsrechtler der Aufklärungsepoche, hat die Formulierung übernommen und in seinen Schriften verbreitet – mit dem Zusatz, dass Deutschland auf eine Weise regiert werde, „dass sich kein Schulwort oder wenige Worte oder die Regierungsart anderer Staaten dazu schicken, unsere Regierungsart begreiflich zu machen". Was aber sollte das bedeuten – ein Regierungssystem, das nicht auf einen Begriff zu bringen war? Herrschte da etwa ein Durcheinander?

Es war mitnichten so. Aber im 18. Jahrhundert gab es den Begriff „Bundesstaat" noch nicht, und der hätte wohl die Verfassung des Reiches am besten getroffen – auch wenn dieser Bundesstaat noch nicht so durchorganisiert war, wie wir das heute gewohnt sind. Das Alte Reich vor 1806 war eine eher lockere Föderation, die sich seit dem Mittelalter gebildet hatte. Es war eine ganz eigene, gewachsene Verfassung. Der deutsche Föderalismus hat diese spezifische Ausprägung bis heute behalten. So wie alle Staaten der Welt letztlich ihre eigene Regierungsform entwickelt haben, ob sie nun eine bundesstaatliche oder eine einheitsstaatliche Verfassung besitzen. Der Föderalismus in Deutschland ist das Ergebnis von Ereignissen, Entscheidungen und Erfahrungen über viele Jahrhunderte hinweg, jede Epoche hat ihren Teil zu seiner Formung beigetragen, und unterwegs ist auch einiges wieder verloren gegangen. Aus diesem historischen Zusammenhang heraus lässt er sich erklären und verstehen. Denn dieser Föderalismus ist keine Ideologie, keine trockene Theorie, die in die Praxis umgesetzt werden muss, kein „Kunstprodukt machtpolitischer oder politikwissenschaftlicher Planung", wie der Historiker Thomas Nipperdey einmal schrieb und weiter feststellte: „Föderalismus ist kein statischer, sondern ein dynamischer Begriff: Er beschreibt nicht primär einen rechtlich fixierten Zustand, sondern einen Prozess, eine Bewegung, in der sich zwischen Einheit und Vielfalt ständig neu wechselnd (…) Gleichgewichtslagen herstellen."

Verfassungstradition seit dem Mittelalter

Föderalismus ist die deutsche Verfassungstradition seit dem Mittelalter. Immer wieder haben sich die politisch Verantwortlichen in Deutschland dafür entschieden, dem Gesamtstaat eine Bundesordnung zu geben: Altes Reich, Rheinbund, Deutscher Bund, das Kaiserreich von 1871, die Weimarer Republik oder die Bundesrepublik – immer föderativ, doch mal lockerer, mal fester gefügt. Wobei die Diktaturen des 20. Jahrhunderts, der nationalsozialistische Staat und die Deutsche Demokratische Republik, aus dem Rahmen fallen, denn sie waren Einheitsstaaten. Der Historiker Reinhart Koselleck hat einmal von den „jahrhundertealten Wiederholungsstrukturen föderaler Organisationsfähigkeit" gesprochen, „die sich von Situation zu Situation anpassend nur langsam gewandelt hat". Im Föderalismus fanden die Deutschen ein Mittel, zur Einheit zu gelangen, ohne die Neigung zur Vielfalt, zur regionalen Eigenständigkeit aufzugeben, die in großen Staaten zwangsläufig vorhanden ist (und in kleineren bisweilen auch, wie die Schweiz zeigt, deren Föderalismus im Übrigen gemeinsame Wurzeln mit dem der Bundesrepublik hat). In seiner Geschichte hat sich der deutsche Föderalismus immer wieder als fähig erwiesen, neue Situationen zu meistern – er hatte zwar seine Krisen und Niederlagen, und er hatte auch seine dunklen Momente (wie vor dem Dreißigjährigen Krieg oder in der Weimarer Republik), aber er besaß auch immer wieder genügend Reform- und Erneuerungskraft, um sich für die weitere Zukunft zu empfehlen. Für den Historiker Gerhard A. Ritter ist der Föderalismus „ein tief in der deutschen Geschichte verwurzeltes, aber außerordentlich dynamisches Prinzip, das seinen Charakter immer wieder gewandelt hat". Und der Verfassungshistoriker Hans Boldt hat ihn als „Grundstruktur deutscher Geschichte" bezeichnet. Über all die Jahrhunderte hinweg stand dabei nicht zuletzt der Machtausgleich, die Teilung und Verteilung politischer Macht, also das Prinzip der Gewaltenteilung, im Mittelpunkt. Das ist bis heute sein Kern. Denn „Föderalismus ist eine der Sicherungen vor dem wilden Lauf der Macht" (Richard Schröder).

Vom Alten Reich zur Bundesrepublik

Schon ein kursorischer Blick zurück zeigt die historischen Zusammenhänge. Das Grundgesetz der Bundesrepublik geht auf die Weimarer Verfassung zurück. Weimar war von der bundesstaatlichen Ordnung des bismarckschen Kaiserreichs von 1871 geprägt. Die wiederum nahm wesentliche Elemente des Deutschen Bundes von 1815 auf und war auch von der zunächst gescheiterten Revolutionsverfassung von 1849 beeinflusst, die zudem in der Weimarer Reichsverfassung fortwirkte. Der Deutsche Bund stand in der Nachfolge des Alten Reiches, dessen Föderalismus im 16. Jahrhundert festere Formen angenommen hatte und der mit dem Westfälischen Frieden von 1648 bestätigt worden war. Immer wieder wurde dieser Föderalismus modifiziert, wurde er neuen Herausforderungen und Machtlagen angepasst. Vom mittelalterlichen Adelsverband bis zum modernen Sozial- und Interventionsstaat hat sich der Föderalismus so als wandlungsfähige Organisationsform erwiesen – auch wenn seine Kritiker in allen Epochen das Gegenteil behauptet haben. Freilich war die nötige Ausgewogenheit nicht immer gegeben, der hegemoniale Föderalismus im großpreußischen Kaiserreich von 1871 war problematisch, und das galt auch für den hierarchischen Föderalismus der Weimarer Republik.

Das Wurzelwerk des Reichsföderalismus

Der Föderalismus des Alten Reiches, das Wurzelwerk der deutschen Bundesstaatlichkeit, war äußerst vielfältig und vielgestaltig. Einiges davon wirkt bis heute nach. „Die föderalistische Bundesrepublik Deutschland mit ihren reich ausgebildeten regionalen Unterschieden und ihrer kulturellen Vielfalt ist ohne die lange Vorgeschichte des Alten Reiches und seiner Länder nicht denkbar." (Paul Münch) Der Unterbau des Reichsföderalismus hatte sich bereits im Mittelalter gebildet – die Landesherrschaft mächtiger Reichsfürsten, aus deren Kreis auch die Könige und Kaiser hervorgingen, denn das Reich war ein Wahlkönigtum. Den Überbau – vor allem einen dauerhaften Reichstag und eine Reichsgerichtsbarkeit – schufen Kaiser und Fürsten im 16. Jahrhundert, die föderale Doppelstaatlichkeit war damit perfekt. Freilich blieb die Landesebene dominierend. Der moderne Staat mit seiner Bürokratie und seinem umfassenden Gestaltungsanspruch hat sich in Deutschland seit dem 17. Jahrhundert im Zeichen von Absolutismus und Aufklärung in den Ländern entwickelt. Es war eine „Staatsbildung im Plural" (Johannes Burkhardt). Aber zum Reichsföderalismus gehörten noch andere Formen des Föderalismus wie die Reichskreise, eine heute weithin vergessene eigenständige Exekutivebene neben den Landesherrschaften, die Kreisassoziationen, die Fürsten- und Städtebünde.

Von Bund zu Bund

Der Deutsche Bund, eine modernisierte Form des Alten Reiches, setzte die föderale Tradition nach 1815 fort. Er bestand weitgehend aus gefestigten, durch die „Reichsflurbereinigung" nach 1800 auch vergrößerten Bundesstaaten, die selbstbewusst ihre eigenen Wege gehen wollten. Noch mehr als zuvor war Staat jetzt Landessache. Die Zentralgewalt des Bundes war schwach ausgebildet. Doch etablierten die beiden Großstaaten Österreich und Preußen eine Art Doppelhegemonie, um ihre Interessen über den Bund durchzusetzen. Die Revolution von 1848 war der Versuch, diesen Einfluss zu brechen, den Bund enger zu fügen und eine starke Zentralgewalt zu schaffen. Der Bundesstaat der gescheiterten Frankfurter Nationalversammlung lief auf einen eher hierarchischen Föderalismus hinaus, der später auch die Weimarer Reichsverfassung prägte.

Im Kaiserreich von 1871 dominierte Preußen sowohl die gesamtstaatliche Ebene als auch seine „Bundespartner", es war ein hegemonialer Föderalismus. Das führte zu einer größeren Vereinheitlichung, der Föderalismus bekam dadurch schon in jenen Jahrzehnten einen unitarischen Zug. Diese Tendenz nahm in der Weimarer Republik noch kräftig zu – der hierarchische Weimarer Föderalismus näherte sich stark dem Modell des dezentralisierten Einheitsstaates. Das lag auch daran, dass damals die Vorstellung verbreitet war, Demokratie müsse zwangsläufig zum Einheitsstaat führen. Die Erkenntnis, dass auch in einer Demokratie die gewaltenteilende, machthemmende Funktion des Föderalismus nötig sein könnte, brachte erst die Erfahrung des Untergangs der Republik und der Zerstörung der föderalen

Restbestände im Einheitsstaat des Nationalsozialismus. Die Bundesrepublik bekam 1949 daher eine bundesstaatliche Verfassung, in der das Verhältnis von Bund und Ländern wieder ausgewogener war. Doch blieb die gesamtstaatliche Ebene stärker, die Autonomie der Länder ist vergleichsweise gering, die Bundespolitik genießt Vorrang. Dieser Zustand geriet Ende des 20. Jahrhunderts in die Kritik – der Föderalismus wird seither schrittweise einer „Generalüberholung" unterzogen.

Die Länder – Staat im Plural

Der deutsche Föderalismus hat viele Gesichter gehabt. Ein Merkmal aber hat sich von Anfang bis heute gehalten: Die Umsetzung von gesamtstaatlichen Gesetzen und Vorgaben war immer Aufgabe der Länder, der teilstaatlichen Ebene. Das zieht sich durch vom Alten Reich über den Deutschen Bund und das Kaiserreich bis zu den Republiken des 20. Jahrhunderts. Es ist ein „Vollzugsföderalismus", der den Ländern Spielraum gibt, ihre Akzente zu setzen – in früheren Zeiten sehr umfangreich, in unseren Tagen in nur noch eingeschränktem Maße. Auch bei der Gesetzgebung hatten die Länder stets ihren eigenen Bereich – bis weit ins 19. Jahrhundert war er erheblich, dann ist er geschrumpft, aber viele Reformer möchten ihn wieder erweitern und sprechen von der Notwendigkeit, zu einem „Gestaltungsföderalismus" mit größerer Eigenständigkeit der Länder zu kommen. Letztlich geht die Entscheidung, dass Staat in Deutschland vor allem Ländersache ist, auf die mittelalterliche Herrschaftsvereinbarung zwischen den Königen und Reichsfürsten zurück, das Reich gemeinsam zu regieren. Die Durchsetzung von Recht, Gesetz und Frieden wurde damals den Partikulargewalten übertragen, da das deutsche Wahlkönigtum nicht in der Lage war, eine dauerhaft starke, zentrale monarchische Herrschaft zu etablieren. Dieses System der Verantwortungsteilung wurde danach über alle Epochen hinweg im Kern beibehalten, aber dabei variiert und modifiziert. Es konnte freilich nur funktionieren, wenn man die führenden Landespolitiker auch an der gesamtstaatlichen Regierung beteiligte. Auch das ist bis heute so geblieben. Daher wird der deutsche Föderalismus auch als „Verbundföderalismus" bezeichnet, weil das System auf eine Kooperation und Koordination zwischen den beiden staatlichen Ebenen angewiesen ist. Ein anderer Begriff dafür ist „Exekutivföderalismus". Je mehr legislative Zuständigkeiten aber auf den Gesamtstaat übergingen, und je mehr der Gesamtstaat auch in die Ausführung der Gesetze eingriff, umso enger musste diese Kooperation und Koordination sein. Die damit einhergehende Verflechtung kann problematisch werden, wenn sie zu dicht wird – und in der Bundesrepublik ist die Verflechtung der staatlichen Ebenen seit den Sechzigerjahren erheblich intensiviert worden. Die Reformen seit 1990 laufen daher darauf hinaus, wieder stärker zu entflechten.

Die Länderkammer als ältestes Verfassungserbgut

Die Mitwirkung der Territorien und Gliedstaaten an der Regierung des Gesamtstaates wurde zum großen Teil über die jeweilige Länderkammer organisiert – den Reichstag im Alten Reich, den Bundestag im Deutschen Bund, den Bundesrat des Kaiserreichs, den Reichsrat in der Weimarer Republik und dann wieder über den Bundesrat der Bundesrepublik. Die Länderkammer ist mithin das älteste „Verfassungserbgut" (Theodor Eschenburg) im Grundgesetz. Manche glauben daher, er sei ein Relikt, ein Überbleibsel aus vormodernen Zeiten. Aber die Länderkammer hat sich wie alle Elemente des Föderalismus immer als flexibel genug erwiesen, veränderten Bedingungen gerecht zu werden. Und warum sollte eine Institution mit einer langen Vorgeschichte nicht auch für moderne Zeiten taugen? Die Engländer haben ihr Parlament in Westminster ja auch nicht abgeschafft, nur weil es schon seit dem 14. Jahrhundert besteht.

Zum Begriff Föderalismus

Autonomie und Doppelstaatlichkeit

Der Begriff Föderalismus geht auf das lateinische Wort „foedus" zurück – es bedeutet Bund oder Bündnis, auch Treuevertrag. Aber erfunden haben die Römer den Föderalismus nicht, ihr Imperium war auch eher ein Zentralstaat, in dem alle Wege bekanntlich nur nach Rom führten. Dagegen wimmelte es in der griechischen Staatenwelt der Antike nur so von großen und kleinen Bünden, die zum Teil bereits organisiert waren wie Bundesstaaten unserer Tage. Griechenland wurde für Europa somit zur Wiege des Föderalismus. Die Kernfrage jedes griechischen Bundes lautete: Wie steht es mit der Autonomie der Mitglieder? Denn ihre Autonomie war den griechischen Staaten heilig – sie durfte in einem Bund eingegrenzt werden, aber nicht verloren gehen. Autonomie bedeutet wörtlich Eigengesetzlichkeit, also das Recht und die Fähigkeit, sich selber Gesetze zu geben, sich selbst zu regieren. Das ist der Wesenskern aller Staaten der Welt bis heute. Und das gilt auch für die Teilstaaten in einem Bund – ohne ein gewisses Maß an Autonomie der Glieder ist kein Föderalismus denkbar, denn man schließt freiwillig keinen Bund, um die eigene Existenz aufzugeben. Föderalismus ist immer durch eine Doppelstaatlichkeit gekennzeichnet – mit einer gesamtstaatlichen und einer einzelstaatlichen Ebene, die jeweils eigene Autonomierechte haben und einander nicht etwa über- und untergeordnet sind, sondern gleichberechtigt beieinanderstehen. Jede staatliche Ebene hat ihre Aufgaben, wobei die den Bund bildenden Einzelstaaten an dessen Regierung beteiligt sind. Die Teilstaaten sind untereinander grundsätzlich gleichberechtigt. Der Zweck der Vereinigung verlangt zwar von den Mitgliedern eines Bundes, eigene Interessen gegebenenfalls zurückzustellen. Geht das jedoch zu weit, kann der Nutzen des Bundes für die Mitglieder zweifelhaft werden. Föderalismus erfordert daher immer einen Grundkonsens darüber, wie viel Autonomieverlust für die Mitglieder tragbar ist, wie viel von ihrer Eigenstaatlichkeit sie an den Gesamtstaat abzugeben bereit sind. Das ist bei der Gründung des Bundes nötig und spielt auch für das weitere Bestehen und Funktionieren eine Rolle. Denn Föderalismus ist nicht nur ein Prinzip, einen Staat als Bund zu gründen, sondern auch einen Staat als Bund zu organisieren. Und dafür bedarf es des steten Ausgleichs zwischen den Einzelstaaten und dem Gesamtstaat. Föderalismus bedeutet daher immer, dass die staatlichen Ebenen kooperieren und sich koordinieren – mal in einem engeren Verbund, mal nur im lockeren Zusammenhang. Das Gegenteil des Bundes ist der Einheitsstaat. In ihm gibt es keine Aufteilung von Autonomie, alles wird auf einer staatlichen Ebene entschieden. Zwar gibt es dezentralisierte Einheitsstaaten, diese haben aber mit Föderalismus nichts zu tun, denn der dezentralen politischen Ebene stehen keine Autonomierechte zu. Aber dezentralisierte Einheitsstaaten können sich auch zu Bundesstaaten umorganisieren. Der klassische Einheits-

17

staat Frankreich etwa hat im Zuge der europäischen Einigung, welche die Rolle der Regionen betont, 1982 eine umfangreiche Dezentralisierung begonnen und den eigenen Regionen mittlerweile sogar begrenzte Autonomierechte, etwa bei Steuern oder Verwaltungsentscheidungen, zugestanden. Auch Spanien ist den Weg der Föderalisierung gegangen, in gewisser Weise auch Großbritannien.

Zwischen Unitarismus und Partikularismus

In Deutschland werden als Föderalisten gerne diejenigen bezeichnet, die sich starke Länder wünschen, den Bundesrat wichtig nehmen, möglichst viel regionale Selbstbestimmung wollen und möglichst wenig Vorgaben aus Berlin. Föderalismus steht demnach allein für Vielfalt. Das hat selbst Einzug in Wörterbücher gefunden. In einem gängigen Werk von 1979 steht zum Beispiel unter dem Begriff Föderalismus als Erklärung zu lesen: „Stärkung der Bundesstaatglieder auf Kosten der Bundesmacht". Doch das ist falsch. Föderalismus ist weder mit der einen noch der anderen Ebene allein zu verbinden, denn im Sinne der Staatsgründung schafft er diese beiden Ebenen, um sowohl Vielfalt als auch Einheit zu ermöglichen, und im staatsorganisatorischen Sinn hat er die Aufgabe, diese Doppelstaatlichkeit in der Balance zu halten. Denn in jeder Föderation bilden sich nahezu zwangsläufig zwei widerstrebende Kräfte: Die eine drängt nach mehr Einheit, will also den Gesamtstaat stärken, die andere betont die Autonomie der Gliedstaaten, die Vielfalt. Etwas akademische Begriffe dafür sind Partikularismus (er steht für Vielfalt und regionale Eigenständigkeit) und Unitarismus (das Streben nach Einheitlichkeit). Der Begriff Partikularismus ist freilich in Deutschland historisch belastet und eher verpönt. Er wurde im 19. Jahrhundert fast zum Schimpfwort. Partikularismus galt als destruktiv, als Mittel derer, die den angeblich unaufhaltsamen Gang der Geschichte zum starken deutschen Gesamtstaat aufhalten wollten. Damals wurden Föderalismus und Partikularismus in eins gesetzt – mit der erwähnten Wirkung bis heute. Dabei verbirgt sich hinter Partikularismus nichts Schlimmes, denn was ist an Vielfalt auszusetzen? Im Grunde lässt sich diese Haltung auch mit dem Begriff Pluralismus umschreiben, der in seiner politischen Bedeutung ebenfalls die Vorzüge der Vielfalt ausdrückt und für die meisten weitaus positiver klingt. Föderalismus aber ist der Ausgleich zwischen Einheit und Vielfalt, zwischen partikularen und unitarischen Bestrebungen, der Versuch, den Bund zu erhalten, indem die widerstrebenden Kräfte in einem Gleichgewicht gehalten werden.

Ausgleich und Wettbewerb

Von dem britischen Historiker und Staatsmann James Bryce, der sich im 19. Jahrhundert sowohl mit dem deutschen wie dem amerikanischen Föderalismus befasst hat, stammt eine klassische Beschreibung dessen, was Föderalismus ist: „Das Problem, das alle föderalistischen Länder lösen müssen, ist, wie eine effiziente Zentralregierung gesichert und die nationale Einheit bewahrt werden kann, während zugleich Spielraum für Unterschiede und freies Spiel für die Mitglieder der Föderation gewährleistet sind. Das Problem besteht darin, wie die (…) Kräfte im Gleichgewicht gehalten werden können, sodass weder die Bundesstaaten als Planeten in den Weltraum abdriften, noch die Sonne der Zentralregierung sie in ihrem verzehrenden Feuer verschlingt." Ausgleich und Gleichgewicht – damit wird deutlich, dass Föderalismus stets auf Konsens und Kompromiss angelegt sein muss. Er ist ein Mittel, Kooperation zu fördern, Konflikte zu kanalisieren und Gegensätze erträglich zu gestalten. Und damit ist er auch ein Instrument der Machtkontrolle und der Machtbalance. Föderalismus gewichtet deshalb – richtig verstanden – mal mehr die partikulare Ebene, wenn der Konsens dahin geht, dass dies dem Bund nützlich ist, oder aber die unitarische Seite, wenn man sich davon größeren Gewinn verspricht. Föderalismus behindert also einheitliche Lösungen nicht, wie seine Gegner ihm oft nachsagen, und er sucht nicht nur Vielfalt zu garantieren. Ganz im Gegenteil: Gerade die Fähigkeit, Einheit herzustellen, also Teile zu einem Ganzen zu integrieren, ist eine der Stärken des Föderalismus. Aber nicht nur Kooperation ist charakteristisch, sondern auch Wettbewerb, das freie Spiel der partikularen Kräfte. Gestaltungsautonomie auf der teilstaatlichen Ebene führt dazu, dass Herausforderungen unterschiedlich angegangen werden – das Ergebnis lässt sich dann vergleichen. Das hilft den Bürgern, die eigene Landesregierung einzuschätzen, und das ermöglicht allen Ländern, voneinander zu lernen. Und die beste Lösung kann sich allgemein durchsetzen – auch eine Form der Vereinheitlichung, entstanden aus Wettbewerb.

Ein dynamisches System

Eine Gefahr für den Föderalismus liegt in der Überbetonung von Unitarismus oder Partikularismus. Um das zu verhindern, darf der Föderalismus nicht als starres System verstanden werden, sondern muss dynamisch und flexibel angelegt sein. Beide politischen Ebenen haben ihren Teil dazu beizutragen und dürfen sich nicht als Hüter eines der widerstreitenden Prinzipien verstehen. Wenn die Bundesseite sich ausschließlich als Vertreter des Unitarismus betrachtet, die Länderseite aber nur auf die Verteidigung des Partikularen festgelegt ist, funktioniert Föderalismus nicht. Das ausgewogene Verteilen von Gestaltungsmacht gehört zu seinem Wesen. Kritisch wird es, wenn das nicht klappt. Dann erstarrt das System. Oder es läuft Gefahr, in die Extreme von Zentralismus oder Separatismus abzuleiten. Zentralismus aber schließt politische Vielfalt durch regionale Eigenständigkeit aus, er will den Einheitsstaat. Separatismus dagegen zielt auf völlige staatliche Selbstständigkeit. Zentralisten wollen alles unter einen Hut bringen, Separatisten wollen ihren Hut nehmen und gehen. Das eine Extrem haben die Deutschen nach dem verunglückten Föderalismus der Weimarer Republik erlebt, das andere zeigte sich beim Zerfall Jugoslawiens.

Trennen oder verbinden?

In der Regel wird zwischen zwei Modellen des Föderalismus unterschieden: dem Trennmodell, auch dualer Föderalismus genannt, und dem Verbundmodell. Die erste Variante wird üblicherweise den Vereinigten Staaten von Amerika zugeschrieben. Dort sind in der Tat die Zuständigkeiten bei Gesetzgebung und Verwaltung zwischen Washington und den Bundesstaaten relativ strikt getrennt. Die Autonomie jeder staatlichen Ebene ist recht groß: Rechtseinheit wird dabei nicht angestrebt. Die regionalen Unterschiede – zum Beispiel auch bei den Steuern – sind oft beträchtlich, aber die Amerikaner akzeptieren dies als bundesstaatliche Normalität.

In Nordamerika (auch Kanada hat ein eher duales System) ist der Föderalismus auch Ausdruck der Wertschätzung für Demokratie, Wettbewerb und Freiheit. Deutschland ist dagegen das Paradebeispiel für einen Verbundföderalismus, der stärker auf die Kooperation zwischen den staatlichen Ebenen setzt. Die Autonomie der Einzelstaaten ist geringer, dafür ist ihre Mitwirkung an gesamtstaatlichen Entscheidungen höher, was wiederum die Autonomie des Bundes einschränkt. Weniger demokratisch muss das nicht sein, in jedem Fall aber ist es bürokratischer. In der deutschen Reformdebatte wird der duale Föderalismus nordamerikanischer Prägung häufig als „echter" Föderalismus betrachtet, als Vorbild, an dem der deutsche Bundesstaat gemessen werden muss. Und der Vergleich kann durchaus hilfreich sein, Defizite im deutschen System aufzuzeigen und zu beseitigen. Aber es gibt kein „Normalmodell" des Föderalismus, und die deutsche Variante mit ihrer engeren Verflechtung ist damit auch keine Abweichung von einer Norm. Der Begriff „kooperativer Föderalismus", der als deutsches Spezifikum gilt, ist im Übrigen zuerst in Amerika aufgetaucht: „cooperative federalism" wurde erfunden, um eine stärkere politische Steuerung durch die Bundesebene seit der Mitte des 20. Jahrhunderts zu beschreiben. Während Kooperation in den USA aber stärker auf bilaterale Formen (zwischen Bund und Staaten) ausgerichtet ist und in einem überschaubaren Rahmen bleibt (sowohl finanziell als auch verwaltungstechnisch), wird sie in Deutschland als ein recht aufwendiges Kollektivunternehmen aller Beteiligten betrieben. Anders gesagt: Kooperation kann auch übertrieben werden. Dass die Bundesrepublik seit den Sechzigerjahren häufig auch als „unitarischer Bundesstaat" bezeichnet wird, deutet darauf hin, dass der deutsche Föderalismus durch seine spezifischen Kooperationsformen eine deutliche Schlagseite zum Einheitlichen hin bekommen hat.

Subsidiarität und Solidarität

Jede föderale Ordnung hat zwei Gebote zu achten, ohne die sie nicht bestehen kann: zum einen das Gebot der Subsidiarität, zum anderen das der Solidarität. Das Subsidiaritätsprinzip bedeutet, dass die gesamtstaatliche Ebene nur jene Aufgaben übernehmen sollte, die auf der teilstaatlichen nicht erfüllt werden können oder die wichtige Interessen aller Mitglieder des Bundes betreffen. Entsprechend geht zum Beispiel das Grundgesetz davon aus, dass die Gesetzgebung und Verwaltung zunächst Sache der Länder ist und der Bund nur dann die Führung übernimmt, wenn es wirklich nötig ist. Umgekehrt hat die Bundesebene auf die Eigenständigkeit der Bündnispartner Rücksicht zu nehmen. In der Verfassungswirklichkeit ist die Auslegung des Subsidiaritätsprinzips freilich oft mit Streit behaftet. Das Solidarprinzip bedeutet, dass die Bündnispartner füreinander einstehen und sich gegenseitig helfen. Solidarität ist ein Hauptzweck jedes Bundes. Aber sie ist durch das Autonomieprinzip begrenzt: Sie soll die Eigenständigkeit der Bundesglieder nicht nivellieren, sondern ist immer als Hilfe zur Selbsthilfe zu verstehen.

Ein Bündel von Vorteilen

Neben der Gewaltenteilungsfunktion werden dem Föderalismus im Vergleich zum zentralisierten Einheitsstaat eine ganze Reihe von Vorteilen zugeschrieben. Dazu gehört vor allem, dass Regionen mit ihren Problemen selbst umgehen können – die Vielzahl von Regierungen und Parlamenten in einem Bundesstaat gibt die Möglichkeit, demokratisch legitimierte Entscheidungen näher am Ort des Geschehens zu treffen. Das wird häufig auch mit dem Begriff „Bürgernähe" übersetzt – aber die ist weniger eine Frage der Staatsorganisation als eine der Einstellung von Politikern und Beamten. Insofern sollte man eher von Problemnähe sprechen, wenn es um diesen Vorzug des Föderalismus geht. Und in jedem Staat von einer gewissen Größe gibt es Herausforderungen, die sich nur in einem Teil des Gebiets stellen und daher auch von den Betroffenen dort am besten beurteilt und gelöst werden können. Damit einher geht die Entlastung der gesamtstaatlichen Ebene, auf der sich nicht alle Probleme ballen und die damit mehr Freiheit hat, sich um die Fragen zu kümmern, die wirklich alle Bürger eines Bundesstaates angehen. Das sind übrigens „von Natur aus" zunächst nicht viele: Vertretung nach außen, Verteidigung, im Sozialstaat die kollektiven Sicherungssysteme, gegebenenfalls Maßnahmen zur Herstellung der Wirtschaftseinheit. Alles andere kann den Teilstaaten überlassen bleiben, aber im Konsens auch einheitlich geregelt werden. In einem föderativen Staat hat zudem jeder Bürger eine Möglichkeit mehr für demokratisches Engagement: Und die im internationalen Vergleich relativ hohe Beteiligung der deutschen Bevölkerung an Landtagswahlen zeigt, dass diese Chance auch wahrgenommen wird. – Demoskopen verweisen zudem darauf, dass bei diesen Wahlen in aller Regel Landesthemen im Vordergrund des Interesses stehen. Föderalismus erleichtert auch das politische Experimentieren, wenn einzelne Länder als „Reformlaboratorium" dienen und Erkenntnisse gewinnen, die dann allen anderen nutzen. Auch der Minderheitenschutz gilt als Pluspunkt des Föderalismus, wobei es hier nicht nur um ethnische Minderheiten und deren Autonomie geht – letztlich ist auch die Bevölkerung einer schwachen Region mit wenigen Einwohnern eine solche Minderheit, die sich in einem Einheitsstaat nur schwer artikulieren kann, jedoch durch die eigenstaatliche Vertretung auf Bundesebene mehr Gehör findet. Gerade in einem stark von Parteien dominierten Staat wie der Bundesrepublik sehen viele Politikwissenschaftler im Föderalismus ein ausgleichendes Element gegen zu viel Machtballung an der Spitze dieser Parteien. Sie stärke die innerparteiliche Demokratie, heißt es oft, indem sie mehr Konkurrenz in den Parteien möglich mache. Landesverbände können Politikern, die sich gegen die Linie der Bundespartei wenden, eine Basis bieten. Auch dient die Landespolitik als Reservoir für Talente, die sich dort für bundespolitische Aufgaben bewähren können. Oppositionsparteien werden in einem föderativen System eher in die Politik integriert, was Radikalismus und Populismus entgegenwirkt.

Und einige Nachteile

Freilich sollten die Nachteile nicht verschwiegen werden: Gerade der Verbundföderalismus kann dazu führen, dass Entscheidungen zu lange dauern, dass zu viel Abstimmungsbedarf entsteht, dass Politik schwerfällig wird. Auch sind Kompromisse, die allen akzeptabel erscheinen, oft nicht die geeignete Antwort, gerade wenn es darum geht, Reformen anzugehen. Im Extremfall kommt es zur Politikblockade. Auch macht Föderalismus den politischen Entscheidungsprozess bisweilen unübersichtlich. Zu große Vielfalt kann auch ein Nachteil für das Ganze sein: Für Wirtschaftsunternehmen etwa, die überregional agieren, sind unterschiedliche Landesvorschriften bisweilen lästig. Manche monieren auch, Föderalismus hemme die Mobilität der Bevölkerung – etwa durch unterschiedliche Schulsysteme. Was freilich für die Amerikaner nicht zutrifft, dort ist die Mobilität trotz Föderalismus vergleichsweise hoch. Föderalismus kann für den Steuerzahler auch zu teuer werden – vor allem ein intensiver Verbundföderalismus treibt die Kosten, wie Politikwissenschaftler herausgefunden haben.

Bundesstaat und Staatenbund

Vor allem in Deutschland werden seit dem 19. Jahrhundert zwei Vorstellungen der Bundesorganisation scharf getrennt: der Bundesstaat und der Staatenbund. Das geht nicht zuletzt auf den politischen Streit um die Auflösung des Deutschen Bundes und die Gründung eines von Preußen geführten kleindeutschen Reiches zurück: „Die entschiedene begriffliche Gegenüberstellung von Bundesstaat und Staatenbund entsprang einem polemischen Kontext, in dem es darum ging, das neu gegründete Deutsche Reich als möglichst stark und einheitlich, den Deutschen Bund hingegen als schwach und zerrissen erscheinen zu lassen." (Christoph Schönberger) Der angebliche Gegensatz kam zuerst im Zusammenhang mit der Revolution von 1848 auf – zuvor wurden beiden Begriffe oft synonym verwendet. Bundesstaat und Staatenbund stehen denn auch in Wirklichkeit nicht in einem Gegensatz zueinander, sondern sind im Grunde zwei Seiten einer Medaille – zwei Formen des Bundes. Deutschland ist entgegen der landläufigen Meinung nie ein Staatenbund gewesen. Auch der Deutsche Bund war ein Bundesstaat.

Er war nur nicht sonderlich eng gefügt. In einem Staatenbund geben die Mitglieder ihre völkerrechtliche Souveränität nicht auf. Diese Souveränität aber haben die Staaten des Deutschen Bundes nie gehabt, ihr äußeres Bündnisrecht war erheblich eingeschränkt, wie auch das der Staaten des Alten Reiches. Der Deutsche Bund war zudem „ein unauflöslicher Verein", erlaubte also keinen Austritt, was nicht zum Staatenbund passt, aus dem Mitglieder jederzeit wieder ausscheren können. Die Problematik der Begrifflichkeit zeigt sich auch in der Einstufung des Alten Reiches: „Das Reich lässt sich der modernen Kategorie des ‚Bundesstaats' nicht zuordnen, ist aber doch sehr viel mehr gewesen als ein ‚Staatenbund' souveräner Mächte", urteilt der Verfassungshistoriker Dietmar Willoweit. Aber was war es dann? In jedem Fall ein Bund, darüber waren sich die Zeitgenossen schon einig, und es war ein Staat – warum also nicht doch ein Bundesstaat?

Das Mittelalter: Könige, Fürsten, Städte

Nicht Monarchie, sondern Aristokratie

Die Grundlagen des deutschen Föderalismus entwickelten sich im Mittelalter. Deutschland entstand als Zerfallsprodukt des Frankenreiches, das zur Zeit Karls des Großen um das Jahr 800 von den Pyrenäen bis zur Elbe und nach Mittelitalien reichte. Nach Karls Tod wurde es geteilt, aus dem ostfränkischen Teil wurde das deutsche Königreich, das wiederum in große Stammesherzogtümer gegliedert war: Sachsen (im Raum des heutigen Niedersachsen und Westfalen), Franken, Bayern, Schwaben, Ober- und Niederlothringen, Thüringen, Kärnten. Im Osten kamen die Markgrafschaften hinzu. Von Beginn an war das Deutsche Reich durch eine Machtteilung zwischen Krone und hohem Adel geprägt. Eine echte Monarchie ist es nie gewesen. Bis in die Neuzeit hinein war das Reich eine Aristokratie mit monarchischer Spitze, es war eine „deutsche Fürstenrepublik" (Volker Press). Diese Aristokratie gegen alleinherrschaftliche Bestrebungen der Könige und Kaiser zu erhalten, blieb das Ziel der deutschen Fürsten vom frühen Mittelalter an. Der Machtkampf zwischen Krone und Adel war vor allem ein Streit innerhalb des Hochadels um die Machtverteilung und Herrschaftsbalance im Reich, denn die deutschen Könige waren in aller Regel Mitglieder dieser Aristokratie. Der deutsche König war daher nie mehr als der Erste unter Gleichen, „primus inter pares". Dieses aristokratische Reich hat sich im Mittelalter konsolidiert und gefestigt. Die wichtigste Entwicklung dabei war die Entstehung der Landesherrschaft mächtiger Fürsten und Städte. Deren Territorien bildeten die Basis regionaler Macht und Autonomie. Um die Konflikte untereinander in den Griff zu bekommen, um Recht und Frieden im Reich zu wahren, schritten Fürsten und Städte schon früh zur Gründung von mehr oder weniger großen, meist eher kurzlebigen Bünden oder „Einungen". Das gesamte Reich als einen Bund zu organisieren, lag somit nahe. Dazu sollte es am Ende des 15. Jahrhunderts kommen.

Lehnwesen und Königswahl

Im Deutschen Reich kam es zwischen König und Adel, zwischen Monarchie und Aristokratie, zu einem Patt, zu einem Herrschaftskompromiss, der letztlich zum Föderalismus als charakteristischer Regierungsform führte. Die Mächtigen des Reiches waren zu stark, um vom König untergeordnet zu werden, aber sie waren nicht stark genug, dass ein jeder für sich hätte existieren können. Entscheidend für das Patt war, dass dem monarchischen Machtmittel des Lehnrechts das aristokratische Machtmittel der Königswahl entgegenstand. Mit dem Lehnrecht wurde die Adelsgesellschaft durch Verleihung von Herrschaftsrechten durch den König als oberstem Lehnherrn geordnet und in die Pflicht genommen. Der Monarch konnte sich andere Adelige günstig stimmen und Allianzen schmieden durch die

Vergabe von Grundbesitz, Titeln und Herrschaftsrechten über Land und Leute. Dazu gehörten die Gerichtsbarkeit, Markt- und Münzrechte, Bergbau- und Wegerechte, das Recht zur Erhebung von Steuern und Zöllen, Erträge aus Strafgeldern.

Aus der Lehnpflicht, dem König mit „Rat und Tat" zur Seite zu stehen, entwickelte sich wiederum ein Recht der Fürsten, vom König gehört zu werden – eine Vorbedingung für die Entstehung des Reichstages. Die Lehen (die nicht dem König, sondern dem Reich gehörten) waren zunächst nur auf Lebenszeit vergeben und konnten wieder eingezogen werden. Mit der Zeit allerdings konnten sie vererbt werden, aus Dauerleihgaben wurde Eigenbesitz. Das Lehnrecht war in der Hand des Königs zunehmend ein stumpfes Schwert. Dennoch galt die lehnrechtliche Treuebindung der Aristokratie gegenüber König und Reich fort. Vor allem gegenüber dem Reich, denn wer König war, bestimmte die herrschende Aristokratie durch die Königswahl selbst. Und zu viel monarchische Machtballung ließen die

Ansicht des Königsstuhls bei Rhens (erbaut 1376/98)
Versammlungsort der Kurfürsten zur Königswahl.
Darstellung von 1798.

Königswähler nicht zu. So konnte sich im Mittelalter keine Dynastie auf dem Königsthron festsetzen, das Lehnrecht nicht zur Durchsetzung einer monarchischen, zentralisierenden Oberherrschaft genutzt werden. Das Reich wurde nicht zum monarchischen Einheitsstaat, sondern zum aristokratischen Bundesstaat. Dass sich seit dem 16. Jahrhundert quasi gewohnheitsmäßig Habsburger auf dem deutschen Königsthron befanden, brachte zwar Probleme, doch war zu dem Zeitpunkt die Adelsherrschaft zu fest etabliert, um noch gekippt zu werden.

Kaiseramt und Investiturstreit

Es war Otto der Große, König seit 936, der im Widerstreit mit den Stammesherzögen zwei für das Königtum folgenreiche Entscheidungen traf. Zum einen ließ er sich 962 in Rom von Papst Johannes XII. zum Kaiser krönen und stellte seine Herrschaft damit in die Nachfolge des römischen Reiches und Karls des Großen. Der Kaisertitel unterstrich den Anspruch Ottos, mehr zu sein als nur der Erste unter Gleichen. Als Kaiser waren die deutschen Könige aber auch oberste Schutzherren der römisch-christlichen Kirche und der Päpste. Zudem bedeutete der Titel Lehnherrschaft in Oberitalien. Damit war der Einflussbereich über das deutsche Königreich hinaus ausgedehnt, als Kaiser hatten die deutschen Könige Krisenherde außerhalb des Deutschen Reiches zu meistern. Die Überdehnung der Herrschaftsaufgaben, die Otto der Große einleitete, nutzte dem deutschen Adel. Häufig waren die Könige durch Händel in Italien gebunden, manche verlagerten sogar ihren Herrschaftsschwerpunkt dorthin. So bewirkte Ottos Politik der monarchischen Prestigesteigerung (die von seinen mittelalterlichen Nachfolgern meist fortgesetzt wurde) langfristig gerade das Gegenteil: eine Schwächung des Königtums in den „deutschen Landen". Nicht zuletzt mit den Päpsten lieferten sich die Könige und Kaiser ständige Machtkämpfe. Das hatte auch mit der zweiten wichtigen Entscheidung Ottos zu tun. Er ging dazu über, die hohe Geistlichkeit – Bischöfe und Äbte – im Deutschen Reich selbst einzusetzen, sie mit Herrschaftsrechten zu belehnen und somit eine königsnahe Klientel aufzubauen. Damit schuf er das Reichskirchensystem. Die wichtigsten geistlichen Fürsten (die häufig allerdings keine Priesterweihe hatten) waren die Bischöfe von Mainz, Trier und Köln. Die Einsetzung (Investitur) von hohen Geistlichen betrachtete jedoch der Papst als sein Vorrecht – Schwierigkeiten waren programmiert. Sie kulminierten im Investiturstreit am Ende des 11. Jahrhunderts. Führende deutsche Fürsten verbündeten sich dabei mit dem römischen Kirchenoberhaupt gegen Kaiser Heinrich IV., der zur Buße vor dem Papst – vor der Burg Canossa – gezwungen wurde. Das Prestige des Königtums war angeschlagen. Auf fürstlichen Druck hin schloss Heinrich V. im Jahr 1122 das Wormser Konkordat: Der König verlor das alleinige Investiturrecht, Bischöfe und Äbte wurden künftig durch die jeweiligen Dom- und Klosterkapitel gewählt. Die Kapitel aber waren fest in der Hand des Adels. Das Konkordat stärkte somit dessen Stellung, die Reichskirche wurde zu einem Machtinstrument der Aristokratie.

Herrschaftskompromiss im 12. Jahrhundert

Auch der Versuch mehrerer Könige, durch die Begünstigung von Niederadeligen und das Schaffen von „Königsland" die monarchische Machtbasis im Reich auszuweiten, schlug weitgehend fehl. Schon 1037 führte Konrad II. die Erblichkeit der Lehen von niedrigen Adeligen ein, um diese gegen die mächtigeren Fürsten zu gewinnen. Dies stärkte freilich langfristig mehr den Adel als das Königtum, weil die

Krone dadurch die Möglichkeit verlor, diese Lehen wieder einzuziehen. Heinrich IV. wiederum begann, quer durchs Reich neue Burgen zu bauen, die er mit getreuen Nicht- und Niederadeligen besetzte, den Ministerialen, welche die Aufgabe hatten, quasi in Konkurrenz zum regionalen Adel Abgaben einzutreiben und Gericht abzuhalten. Dieser neue Dienstadel verwuchs jedoch bald mit dem regionalen Geburtsadel und stärkte diesen – wieder ein Punktsieg für die Aristokratie. Die einst mächtigen Stammesherzogtümer zerfielen derweil immer mehr, teils durch Zerschlagung von oben, teils durch Teilung, teils durch langsamen Zerfall in kleinere Herrschaftsbereiche. Das Reich zersplitterte, seine Herrschaftsordnung zerfaserte, es wurde zunehmend unregierbar. Die Wende setzte am Ende des 12. Jahrhunderts ein. Beim Monarchen wie im Hochadel war nun ein Bemühen zu erkennen, das Reich gemeinsam zu lenken. Es war ein Machtkompromiss: Der König stärkte den hohen Adel, dafür war dieser eher bereit, sich für das Reichsganze einzusetzen. Der Stauferkaiser Friedrich I. Barbarossa band Hocharistokratie und Monarchie durch eine Neuordnung der Adelshierarchie enger aneinander. Ein Reichsfürstenstand wurde geschaffen – im Jahr 1180 waren das 16 Herzöge und Pfalz- und Markgrafen (ihre Zahl wuchs durch die Schaffung neuer Fürstentümer später deutlich) und 90 Bischöfe und hohe Äbte. Diese Reichsfürsten wurden privilegiert und bekamen das Recht, selbst Lehen zu vergeben und einzuziehen. Das stärkte ihre regionale Position, sie konnten sich nun größere Herrschaftsbereiche sichern. Nur Reichsfürsten durften als königliche Berater wirken, sie allein waren Empfänger der Reichslehen. Dafür wurde es ihnen untersagt, Bündnisse gegen Kaiser und Reich zu schließen. Niederadelige und kleine Städte gerieten zunehmend in Abhängigkeit dieser Regionalherrscher.

Landesherrschaft: Das Ende der Gemengelage

Wesentliches Ergebnis dieses Machtkompromisses war die reichsfürstliche Landesherrschaft. Mit deren Auf- und Ausbau veränderte sich vom 13. bis zum 15. Jahrhundert die Herrschaftsstruktur des Reiches erheblich, sie wurde überschaubarer und berechenbarer. „Herrschaftsrechte in Gemengelage" hat der Historiker Ernst Schubert den Zustand genannt, der bis dahin in allen Regionen oder „Landen" bestand. Ludwig III. von der Pfalz stellte noch 1428 fest, dass „wir und andere fürsten, graven, fryen herren, ritter und knechte und auch gemeinschaffte der stedte an manchen enden zusammen stößende und an ettlichen enden fast untereinander gemenget sind". Landesherrschaft – die Macht von immer weniger Fürsten über „Land und Leute" einer Region – brachte das Ende der Gemengelage. Mit der Zeit bildeten sich mehr oder weniger geschlossene Territorien mit festen Grenzen, manche waren groß, manche blieben kleiner. Die Reichsfürsten sammelten die über Niederadelige, Städte oder Klöster ihres Machtbereichs verstreuten Einzelrechte bei sich ein: Gerichtsrechte, Markt-, Münz- und Wegerechte, das Recht, Burgen zu bauen, Schutzherrschaften. Freilich gingen die Reichsfürsten dabei oft nicht zimperlich vor, missachteten Rechte und setzten Gewalt ein. So stiftete die Durchsetzung von Landesherrschaft häufig auch jenen Unfrieden, den sie eigentlich verhindern sollte. War aber Landesherrschaft, also regionale Machtballung, einmal errichtet, konnten die Reichsfürsten in ihren Territorien auch leichter für die Durchsetzung des Landfriedens sorgen. Diese eigentlich königliche Aufgabe wurde ihnen delegiert, die Reichsfürsten wuchsen in ihren Regionen in die Rolle von Kleinkönigen hinein. Die Untertanen wurden durch diese Herrschaftskonsolidierung aber nicht machtlos: Adel, Städte und Klerus fanden sich als Landstände zusammen, um in den neu entstandenen Territorien mitzuregieren. Und das Reich schützte deren Recht: 1231 verfügte der Stauferkaiser Friedrich II., dass die Reichsfürsten ohne Zustimmung der anderen Herren in ihrer Region, also Grafen und Niederadeligen, keine neuen Pflichten einführen dürften. Die Reichsfürsten begannen, ihre Territorien mit einer zentralen Verwaltung zu regieren, wenn auch noch im kleinen Rahmen. Aber der Anfang war gemacht: Staatsbildung sollte fortan vor allem Ländersache sein. Auch die Könige und Kaiser – ob Staufer, Wittelsbacher, Habsburger, Luxemburger – waren stets mächtige Landesherren und hatten eine regionale Machtbasis. Insofern lebten die deutschen Monarchen immer in einem Rollenkonflikt: Fürst unter Fürsten einerseits, Reichsoberhaupt andererseits. Der Ausbau von Landesherrschaft verlief recht unterschiedlich, sowohl räumlich als auch zeitlich. Im Südwesten kam er nicht recht voran, hier blieb das Reich kleinräumig, allein die Grafen von Württemberg konnten ein größeres Territorium schaffen. Dagegen gelang es einigen geistlichen Fürsten, recht große Landesherrschaften zu etablieren, neben Mainz, Trier und Köln waren das nicht zuletzt die Bistümer Würzburg und Münster. Im dünner besiedelten Osten und Norden war der Ausbau von Landesherrschaft einfacher, nicht zuletzt durch Neubesiedlung von Land. Vor allem die Markgrafschaft Brandenburg, der Kern des späteren Preußen, profitierte davon. Zusammenhängende Flächenstaaten waren die Landesherrschaften im Mittelalter noch nicht, denn sie blieben durchsetzt von kleineren Herrschaften.

Die Verfassungsgesetze Friedrichs II.

Der größte Staatsbaumeister des Mittelalters war der Staufer Friedrich II. Er schuf einen Musterstaat, der seiner Zeit weit voraus war. Allerdings nicht in Deutschland, sondern in Süditalien, im Königreich Sizilien, wo seine Herrschaftsbasis lag. Er richtete dort eine straff zentralisierte Beamtenverwaltung ein und ordnete sich den Adel völlig unter. Ob Friedrich diese Staatsform auf das Deutsche Reich übertragen wollte, ob er eine zentralisierte Monarchie anstrebte, ist unsicher. Wohl aber schienen die deutschen Reichsfürsten es zu fürchten. So nutzten zunächst die geistlichen Fürsten die vom Kaiser gewünschte vorgezogene Königswahl von Friedrichs Sohn Heinrich im Jahr 1220, um die Zugeständnisse an die Reichsfürsten abzusichern: In einem Vertrag („Confoederatio") gestand Friedrich ihnen verbindlich die Ausübung königlicher Rechte in ihrem Herrschaftsbereich zu. 1232 weitete der Kaiser diese

Zusage im „Statutum in favorem principum" auf die weltlichen Fürsten aus. Dazu gehörte auch, dass die Krone den Fürsten (und den Reichsstädten) ein eigenes Gesetzgebungsrecht zugestand. Das führte zur Entwicklung von eigenem Landesrecht, ein wesentlicher Schritt zur späteren Eigenstaatlichkeit der Länder. Der dritte wichtige verfassungspolitische Schritt Friedrichs war der Mainzer Reichslandfriede von 1235. Er sollte nicht zuletzt das mit dem Ausbau der Landesherrschaft zunehmende Fehdewesen unter den Adeligen – die zulässige, aber oft missbrauchte Selbstjustiz – eindämmen. Damit zeigte Friedrich II. auch, dass er gewillt war, die königliche Oberherrschaft trotz aller Zugeständnisse an die Reichsfürsten zu wahren. Doch zeigte sich erneut, dass die Durchsetzung des Landfriedens durch den König allein nicht möglich war. Der Versuch, nach sizilischem Vorbild eine Exekutive einzurichten (in Person eines Hofrichters auf Reichsebene) gelang vorerst nicht, erst im 14. Jahrhundert etablierten sich königliche Gerichte. Ohne die Landesherren ging es nicht. Und damit war klar, dass diese enger eingebunden werden mussten in die Geschäfte des Reiches.

Friedrich II. *(1194–1250)*
Römisch-deutscher Kaiser. Ausschnitt aus dem Dedikationsbild zu der Handschrift von Friedrichs Werk „De arte venandi cum avibus" (Von der Falkenjagd)1232.

Die Anfänge des Reichstages

Dieser Einsicht entsprang die Einsetzung der Reichstage als Lenkungsinstrument der Reichspolitik. Bis zum 13. Jahrhundert gab es die lockere Form der Hoftage, zu denen der König gezielt einlud. Rudolf von Habsburg berief 1274 eine Versammlung aller Reichsstände – Fürsten, Grafen und auch Städte – nach Nürnberg ein, die als erster Reichstag gelten kann, auch wenn es noch zwei Jahrhunderte dauern sollte, bis die Einrichtung zu festeren Formen fand. Durch den – zunächst nur sehr unregelmäßig alle paar Jahre zusammenkommenden – Reichstag regierte der König mit den Fürsten das Reich. „Kaiser und Reich" lautete bald die Formel, mit der das reichspolitische Herrschaftsgefüge beschrieben wurde – und das Reich waren jene, die zum Reichstag erschienen. Damit war ein Schritt zur föderalen Doppelstaatlichkeit getan, weil über den Reichstag auch die Landesherrschaft in gewisse Bahnen gelenkt werden konnte. Durch den Reichstag wurde die Reichsebene gestärkt – aber nicht im monarchischen, sondern im aristokratischen Sinn der Mitwirkung in der Reichspolitik.

Rheinisch, schwäbisch, sächsisch: Die Städtebünde

Die Reichsstädte hatten sich der Unterordnung in einer Landesherrschaft entziehen können und waren reichsunmittelbar, das heißt: Über ihnen stand nur der König und Kaiser. Die wohlhabenden, wirtschaftlich führenden Städte wie Nürnberg, Ulm, Augsburg, Hall, Straßburg oder die norddeutschen Hansestädte waren erhebliche Machtfaktoren im Mittelalter und der frühen Neuzeit, sie besaßen zuweilen ein Territorium weit über die Stadtgrenzen hinaus und waren eigene Landesherren. Die Mehrzahl der mächtigen Reichsstädte lag im Gebiet um Rhein, Main, Neckar und Donau, das – dank seiner immensen Wirtschaftskraft – das Kernreich bildete. Die Interessen dieser Städte kollidierten häufig mit denen größerer Territorialfürsten. Deswegen bildeten sich die mächtigen Städtebünde des Spätmittelalters, die für die Herausbildung des Föderalismus von einiger Bedeutung sind. Es waren die Städte, die im Bund eine Form der politischen Organisation fanden, die zukunftsweisend war. Große Bedeutung erlangte der Rheinische Städtebund von 1254, dem binnen kurzer Zeit 70 Städte von Regensburg bis Bremen angehörten. Auch mehrere der südwestdeutschen Reichsfürsten traten ihm bei. 1376 gründete sich der Schwäbische Städtebund unter Führung Ulms, 1338 trat der Elsässische Städtebund ins Leben, 1381 folgte ein weiterer rheinischer Städtebund, 1382 schließlich ein sächsischer Städtebund. Wesentlicher Zweck des Bundes war die Durchsetzung eines Landfriedens, um den Warenverkehr sicherer zu machen. Diese Bünde sollten die fehlende Reichsexekutive ersetzen. Das ganze Reich als einen solchen Friedens- und Schutzbund zu organisieren, war eine Idee, die nun nicht mehr verschwand. Das war jedoch nicht unbedingt nach dem Geschmack großer Landesfürsten, die mächtig genug waren, den Landfrieden in ihrem Gebiet allein zu sichern. Sie hatten kein starkes, bündisch organisiertes Reich nötig, das nur in ihre Autonomie eingriff und sie zur Bundestreue verpflichtete. Die Mindermächtigen dagegen wollten ein stärkeres Reich, das alle gleichermaßen band, durch allgemeine Gesetze und gegebenenfalls eine starke Exekutive. Damit blitzte bereits im 13. Jahrhundert jene Alternative auf, die später die deutsche Geschichte bestimmen sollte: Ordnete man den Gesamtstaat als einen engeren Bund, mit einer starken Zentralgewalt, oder fügte man es eher locker, mit starken Partikulargewalten und einer schwachen Zentrale?

Die Kurfürsten und die Goldene Bulle

Im 13. Jahrhundert verfestigte sich die Gruppe der Königswähler. Sieben Kurfürsten machten fortan die Königswahl alleine unter sich aus, erstmals dokumentiert bei der Wahl Rudolfs von Habsburg 1273. Dies waren die Bischöfe von Mainz, Köln und Trier, der König von Böhmen, der Pfalzgraf am Rhein (Kurpfalz), der Herzog von Sachsen und der Markgraf von Brandenburg. Warum gerade sie das Privileg der Königswahl auf sich vereinigen konnten, ist unklar. Die Begründung, sie hätten seit Urzeiten bestimmte Reichs- und Hofämter ausgeübt, diente wohl eher der nachträglichen Rechtfertigung der Entscheidung. Auf alle Fälle waren es mächtige Landesherren: Die vier Rheinfürsten herrschten in der wirtschaftlich am weitesten entwickelten Region des Reiches und hatten schon von daher gemeinsame reichspolitische Interessen. Böhmen, Sachsen und Brandenburg waren die beherrschenden Länder im Nordosten. Die Kurfürsten bildeten fortan ein Kollegium, das dafür sorgen sollte, dass die monarchische Spitze zwar besetzt, aber nicht zu mächtig war. Einen Krönungsstreit zwischen König Ludwig dem Bayern und dem Papst nutzten die Kurfürsten 1338, um ihre Position zu stärken: Auf einer Zusammenkunft in Rhens am Rhein, einem traditionellen Versammlungsort zur Königswahl, erklärten sie, dass der von ihnen gewählte König auch ohne die bislang für nötig erachtete päpstliche Bestätigung das Reich regieren dürfe. Mit der Goldenen Bulle wurde diese Vereinbarung 1356 unter Kaiser Karl IV. sanktioniert. Dieses umfangreiche Verfassungsdokument – so genannt wegen der vergoldeten Siegelkapsel – war das erste Grundgesetz des Reiches. Die Bulle besiegelte endgültig die aristokratische Regierungsform, in dem sie ein „kurfürstliches Reich" (Joachim Leuschner) schuf. Ein festes Königswahlverfahren sollte

Karl IV. von Luxemburg *(1316–1378)*
Der römisch-deutsche Kaiser mit Bischöfen. Initiale aus der Goldenen Bulle, dem Reichsgrundgesetz Karls des IV. von 1356.

nach einem unsteten Jahrhundert mit Doppelwahlen und Gegenkönigen das Reich wieder in ruhigere Gewässer bringen, die Reichseinheit stärken. Garanten der Einheit sollten die Kurfürsten sein, Säulen des Reiches wurden sie daher genannt, „die sieben in der Einigkeit des siebenfaltigen Geistes strahlenden Leuchter", wie es in der Goldenen Bulle hieß. Der Einigkeit des siebenfaltigen Geistes traute man gleichwohl nicht ganz, denn in der Goldenen Bulle wurde auch das Mehrheitsprinzip verankert: Zur Königswahl reichten also vier Stimmen. Die entscheidende war die des Mainzer Bischofs, er sollte seine Stimme als Letzter abgeben. Die Fürstbischöfe von Mainz übten das Amt des Reichserzkanzlers aus, sie waren damit eine Art zweiter Mann im Staat und spielten bei der Entwicklung des Reichsföderalismus eine führende Rolle. Damit um die weltlichen Kurstimmen kein Streit entstehen konnte, wurde bestimmt, dass die Kurlande unteilbar sind, immer der älteste Nachkomme die Nachfolge antritt (Primogenitur) und die Kurstimmen beim Land bleiben, auch wenn die Herrscherfamilie wechselt. Jährlich einmal (also in einem für jene Zeit sehr kurzen Abstand) sollten die Kurfürsten in einer Reichsstadt zusammenkommen, um über Reichsangelegenheiten zu beraten. – Diese Bestimmung zeigt, dass man in ihnen die eigentlichen Reichsregenten sah. Für alle Fälle gebot man ihnen, dass diese Versammlungen nicht durch „Feste hingehalten oder durch häufige und ausschweifende Gelage verzögert" werden sollten.

Die Reichskrise des 15. Jahrhunderts: Verlangen nach mehr Einheit

Aber auch die Kurfürsten konnten den allgemeinen Landfrieden und damit die Ruhe im Reich nicht auf Dauer schaffen, auch ihre Macht war begrenzt, und nicht immer agierten sie im Sinne des Reichsganzen – etwa wenn der Kurpfälzer versuchte, seine Landesherrschaft mit Gewalt auszuweiten. Seit 1400 geriet das Reich in eine Krise, der Zusammenhalt war angesichts innerer Streitereien und äußerer Bedrohungen (Türkenkriege, die Hussiten-Aufstände in Böhmen, das Ausgreifen Burgunds im Südwesten) gefährdet. Die Habsburger-Kaiser Sigismund und Friedrich III. erfüllten ihre Führungsaufgabe kaum, Friedrich blieb von 1444 bis 1471 dem Reich sogar ganz fern. Die Selbstorganisationskräfte der Aristokratie waren mehr gefragt als zuvor. Auf einem Reichstag 1422 in Nürnberg wurde erstmals versucht, die militärischen Leistungen aller Reichsmitglieder festzulegen,

Ansicht der Stadt Nürnberg
Holzschnitt von 1493.

um eine gewisse Verteidigungsfähigkeit zu sichern. Die Kurfürsten versuchten auf „königslosen Tagen" das Reich zu regieren. Und sie machten auch Reformvorschläge: eine verbesserte Reichsexekutive, eine funktionsfähige Gerichtsorganisation, regelmäßige Reichssteuern. Sie forderten ein verlässliches Münzwesen, mehrmals regten sie einen allgemeinen Landfrieden an. Aber es gelang nicht, eine Reichsreform anzuschieben. Die Uneinigkeit überwog. Kardinal Enea Silvio Piccolomini, der spätere Papst Pius II., machte 1458 die Eigenwilligkeit der mächtigen Reichsfürsten als Ursache für die Reichskrise aus: „Wohl erkennt ihr den Kaiser als euren König und Herrn an, aber er übt seine Herrschaft offensichtlich wie ein Bettler aus, und seine Macht ist gleich Null. Ihr gehorcht ihm nur, soweit ihr wollt, und ihr wollt so wenig wie möglich." Die Klage machte deutlich, dass es dem Reich an einer stabilen Zentralgewalt fehlte, die für innere Ordnung und äußere Sicherheit sorgen konnte. Der Einheits- und Reformgedanke fand auch Nahrung, weil die Regionen des Reiches im 15. Jahrhundert enger zusammenwuchsen. Der Fernhandel wurde intensiver, die Märkte weiträumiger. Der aufkommende Buchdruck erweiterte die politische Öffentlichkeit. Auch die mit Wucht einsetzende Debatte um eine Reform der Kirche hatte zwangsläufig Folgen, denn Politik und Religion waren eng verflochten. Nun begann man auch von „Deutschland" zu sprechen, nicht mehr nur von den „deutschen Landen". Nicht mehr nur „Heiliges Römisches Reich" lautete die Bezeichnung, die seit den Zeiten Barbarossas benutzt wurde, man fügte nun „Deutscher Nation" hinzu. Es bildete sich ein gemeinsames Sprachbewusstsein über den vielfältigen Dialekten und ein reichsübergreifendes Zusammengehörigkeitsgefühl, jedenfalls unter denen, die lesen und schreiben konnten. Das adelige Fehdewesen wurde zunehmend als Landplage empfunden, die den Fortschritt behinderte. Immer dringlicher wurde der Ruf nach einer Reichsreform, nach einer besseren Verteilung von Macht und Verantwortung, vor allem nach einer stärkeren Reichsexekutive.

Reformideen, aber keine Reform

Der große Philosoph und Reformer Nikolaus von Cues konstatierte schon 1433 in seiner Streitschrift „De concordantia catholica", dass eine „tödliche Krankheit" das Reich befallen habe. Ursache des Unfriedens sei die politische Unordnung. Er beschwor die Gefahr, dass das Reich durch die Uneinigkeit seiner führenden Schicht zerfallen und von fremden Mächten erobert werden könnte. Seine Hauptforderung: jährlich stattfindende Reichstage. Das Gerichtswesen sollte neu geordnet werden, auch sollte ein Reichsheer aufgestellt werden. Zur besseren Exekution der Landfriedensgesetze solle das Reich in zwölf Verwaltungsbezirke gegliedert werden, mit jeweils einem oberen Gericht, und Vertreter dieser Bezirke sollten gemeinsam mit den Kurfürsten und den Städten den König auf dem Reichstag beraten. Der Konsolidierung des Reiches auf der Ebene der Partikulargewalten sollte nun eine Reichsreform mit unitarischer Stoßrichtung folgen. Es musste darum gehen, das Reich als Ganzes zu stärken, ihm eine feste politische Form zu geben, die Mitwirkung der Reichsglieder an den Reichsgeschäften besser zu organisieren, ohne dabei ihre Autonomie zu schmälern und die Eigenständigkeit der Landesherrschaften zu untergraben. Der Reichstag von 1495 in Worms sollte diese Entscheidungen bringen.

Reichsreform, Reformation, Verfassungskrieg 1495 bis 1648

Der Wormser Reichstag 1495: Auftakt zur Reichsreform

Unter Maximilian I., der sich 1493 als erster König den Kaisertitel selbst zulegte, wurde die föderale Doppelstaatlichkeit des Deutschen Reiches formell begründet. Über der Landesherrschaft der Reichsfürsten und Reichsstädte, der partikularen Ebene, entstand nun ein unitarischer Überbau: regelmäßige Reichstage, die Reichsgerichte, eine ganze Reihe von wichtigen Reichsgesetzen, die der Landesherrschaft einen Rahmen setzten, der Versuch einer Reichsregierung. Dazu kamen die

Reichskreise als weitere Exekutivebene. Beschlossen und angestoßen wurde das 1495 auf dem Reichstag zu Worms – wenn man so will, schlug hier die eigentliche Geburtsstunde des deutschen Föderalismus. Mit Maximilian stand den Fürsten erstmals seit langer Zeit ein Reichsoberhaupt gegenüber, das in der Lage und willens war, das Reich zu ordnen – aber es auch dem kaiserlichen Willen unterzuordnen und möglicherweise gar in ein größeres habsburgisches Reich einzuordnen. Denn mit Maximilian begann die große Zeit des Hauses Habsburg, die Dynastie hatte die Kronen von Spanien, Burgund, Böhmen und Ungarn inne und war damit zur europäischen Vormacht aufgestiegen. Maximilian hatte die Reichsfürsten nach Worms geladen, um einen Weg zu finden, wie der Landfriede dauerhaft gesichert werden könnte. Die jahrelange Reformdebatte hatte politischen Druck

Maximilian I. *(1459–1519)*
Römisch-deutscher Kaiser
Gemälde von Albrecht Dürer 1519.

aufgebaut, dem sich die Fürsten nicht entziehen konnten. Aber sie waren nicht gekommen, um sich unterzuordnen und ihre Autonomierechte aufzugeben. Und Maximilian stieß auf einen starken Kontrahenten: den Mainzer Bischof, Kurfürsten und Reichserzkanzler Berthold von Henneberg. Maximilian wollte die Exekutivgewalt des Reiches unter kaiserlicher Führung ausbauen, die Fürsten um Henneberg dagegen das Reich weiter in eigener Regie organisieren. Beide Seiten wollten das Reich stärken, aber jeweils zu ihren Gunsten. Es war also ein Machtkampf bei gleicher Zielsetzung: die Kontrolle über ein zu Friedens- und Rechtswahrung fähiges Reich. Am Ende war das Reich gestärkt, aber nicht der Kaiser. Der Reichstag als gemeinsames Regierungsforum von Kaiser und Fürsten wurde als zentrale Instanz organisiert und dauerhaft etabliert. Es wurde ein allgemeiner Landfriede ohne zeitliche Begrenzung verkündet. Dieser sollte durch das Reichskammergericht kontrolliert werden.

Die zentrale Instanz: Der Reichstag

Im Reichstag wurde die regelmäßige und dauerhafte Beteiligung der Reichsstände – Kurfürsten, weltliche und geistliche Fürsten, Reichsstädte – an den Reichsangelegenheiten verankert. Er sollte als höchstes Gesetzgebungsorgan von nun an jährlich zusammenkommen (was aber nicht ganz gelang, aus Kosten- und Zeitgründen). Er hatte über Steuern zu befinden, aber auch über Krieg, Frieden und Bündnisse zu entscheiden, eigentlich monarchische Vorrechte. Reichsgesetze wurden fortan nur gültiges Recht, wenn sowohl die Reichsstände als auch der Kaiser zustimmten. Die Verstetigung des Reichtags war „ein elementarer Schritt zur Integration des Reichsverbandes zu einem Ganzen, zu einer handlungsfähigen politischen Einheit" (Barbara Stollberg-Rilinger). Die Tagesordnung im Reichstag bestimmte das Reichsoberhaupt, freilich in Abstimmung mit den Kurfürsten und allen voran mit dem Reichserzkanzler. Der Mainzer Kurfürst leitete auch das Kurfürstenkolleg, er ernannte das Personal der Reichshofkanzlei und führte das Direktorium im Reichstag. Einen festen Ort hatte der Reichstag noch nicht. Bis zum Beginn des Dreißigjährigen Krieges 1618 fanden 40 Reichstage statt, abwechselnd in den Reichsstädten Augsburg, Nürnberg, Speyer und Regensburg. Sie dauerten einige Wochen, bisweilen sogar mehrere Monate und versammelten über die politisch Beteiligten hinaus auch Künstler, Unternehmer, Theologen, Gelehrte. 1663 wurde der Reichstag als Gesandtenkongress dann „immerwährend" und hatte seinen festen Sitz in Regensburg.

Drei Kurien: Kurfürsten, Fürsten, Reichsstädte

Der Reichstag hatte drei Kurien, welche die Reichsstände repräsentierten: Kurfürsten, Fürsten, Reichsstädte. Die Kurfürsten blieben die entscheidende Gruppe. Sitz und Stimme hatten die Bischöfe von Mainz, Köln und Trier und die Fürsten von der Pfalz, Sachsen und Brandenburg, während die böhmische Krone – ab 1526 im Besitz der Habsburger – nur an der Königswahl teilnahm, da Böhmen nicht zum Reich gehörte. Die zweite Kurie, der Fürstenrat, umfasste die Herzöge, Mark- und Landgrafen sowie die bischöflichen Landesherren, die jeweils eine Einzelstimme hatten, während einfache Reichsgrafen und Prälaten in Gruppen mit je einer Sammelstimme zusammengefasst waren. Die Stimmen waren allerdings nicht an Personen, sondern an die Territorien gebunden – der Reichstag war so gesehen also eine Länderkammer. Die Zahl der weltlichen Fürstentümer stieg zwischen 1521 und 1792 von 33 auf 61, etwa durch Landesteilungen oder Standeserhöhungen. Die Zahl der geistlichen Fürstentümer sank dagegen von 50 auf 24, vor allem durch Säkularisierung von Kirchenbesitz im Zuge der Reformation. Die

mächtigeren Mitglieder der Fürstenbank (Württemberg, Hessen, die braunschwei-
gischen Herzöge, dazu Bistümer wie Münster, Bamberg, Salzburg oder Würzburg)
hatten eine ähnliche Machtstellung und Interessenlage wie die Kurfürsten – die
Stärkung ihrer Landesherrschaft war ihnen wichtig, das Festhalten an einer weitge-
henden Autonomie, ihrer „Libertät", wie es hieß. Das prägte ihre reichspolitischen An-
und Absichten. Die mindermächtigen Reichsgrafen (anfangs 140, später weniger)
versammelten sich in den vier Grafenkollegien Schwaben, Franken, Westfalen und
Wetterau, und die Reichsprälaten (geistliche Landesherren im Grafenrang, anfangs
80, später nur noch 40) verteilten sich auf eine schwäbische und eine rheinische
Bank. Unter ihnen waren sogar einige Frauen, die Äbtissinnen der reichsunmittel-
baren Frauenklöster. Diese weniger mächtigen Mitglieder der Fürstenbank waren
schon eher an einem starken Reich interessiert, das sie schützte und über das sie
ihre Interessenwahrung zu organisieren suchten. Auch die Reichsstädte wollten
ein handlungsfähiges Reich, um ihre wirtschaftlichen Interessen zu sichern. Es gab
eine rheinische und eine schwäbische Städtebank. Die Zahl der Reichsstädte sank
mit der Zeit allerdings von 85 auf gut 50. In ihren guten Zeiten bis zum Dreißigjährigen Krieg trugen sie erheblich zu den Reichsfinanzen bei – was sie aber in Schulden stürzte und ihren Niedergang mitverursachte. Die Reichsstädte bestimmten im
Reichstag bis 1582 nur eingeschränkt mit, die Adelskurien hatten das entscheidende Wort. Ein Beschluss kam zustande, wenn all drei Kurien zustimmten und der
Kaiser ihn mittrug. Die drei Gruppen berieten getrennt, es gab kein allgemeines
Plenum, in dem Rede und Widerrede gehalten wurde. Die Kurien des Reichstages
waren auch außerhalb des Reichstages organisiert: Die Kurfürsten hatten ihren
Kurverein, Fürsten und Grafen trafen sich in eigenen regionalen „Tagen", und auch
die Städte hatten ihren Städtetag. Auch hier zeigte sich der föderale Grundzug
des gesamten politischen Lebens der frühen Neuzeit: Diese Organisationsformen
waren ebenfalls „bündischer" Natur und dienten der Koordination und Kooperation
außerhalb des zentralen Entscheidungsgremiums, des Reichstages. Grundsätzlich
galt für den Reichstag der alte römische Grundsatz: Quod omnes tangit, ab omni-
bus approbatur – was alle angeht, muss von allen beschlossen werden. Nur innerhalb der Kurien wurde im Zweifelsfall nach Stimmenmehrheit entschieden (wobei
auch das seit 1555 für Religionssachen ausgeschlossen wurde). Der Reichstag
war so vor allem auf Kompromissfindung, Vermittlung und Kooperation zwischen
allen Beteiligten angelegt.

Die Garde der Reichspolitiker

„Der Reichstag stand für die Einheit des Reiches" (Helmut Neuhaus), seine
Integrationswirkung war immens. Er hielt die bunte Ländervielfalt zusammen. Das
lag nicht zuletzt daran, dass zur Vor- und Nachbereitung und zur Durchführung der
Versammlungen und auch der wegen der Arbeit in Ausschüssen oder auf sogenannten Deputationstagen zwischen den Reichstagen alle Seiten einen Apparat

von Beratern und Beamten aufbauen mussten. Diese Männer, Juristen und erfahrene Praktiker der Macht, waren die eigentlichen Reichspolitiker, die so etwas wie einen Grundkonsens entwickelten: Sie schauten darauf, dass das Reich funktionierte, bei allen Differenzen, die ihre Landesherren und der Kaiser unter sich austrugen. Zudem erhielten sie durch ihre Zusammenkünfte und durch die vielen Eingaben, die Menschen aller Bevölkerungsschichten an den Reichstag richteten, einen guten Überblick über die Verhältnisse im Reich. Diese Reichspolitiker wirkten wiederum auf die Verwaltungen der Länder ein und sorgten dort dafür, dass Einheitsbelange nicht zu kurz kamen. Sie wussten, wie viel Einheit die aristokratische Vielfalt brauchte und vertrug. Die großen Reichsgesetze – Exekutivordnungen, Polizeiordnungen, Münzordnung, Handwerksordnung und dergleichen mehr – wurden vor allem in diesem Kreis konzipiert. Die Professionalisierung der Reichstagsgeschäfte setzte früh ein, schon zu Beginn des 17. Jahrhunderts ließen sich viele Fürsten zumindest nach den Eröffnungssitzungen von Abgesandten vertreten, es sei denn, es ging um die großen Machtfragen. Die herrschende Aristokratie konzentrierte sich vor allem auf den Ausbau ihrer Landesherrschaft und überließ das reichspolitische Tagesgeschäft ihren Fachleuten. Die Ländervertretung beim Gesamtstaat blieb bis 1949 vor allem eine Gesandten- und Beamtenveranstaltung: Erst im Bundesrat unserer Tage wurde es wieder üblich, dass sich die Regierungschefs der Länder in ihrem Bundesorgan regelmäßig versammeln.

Allgemeiner Landfriede und Reichsgerichte

Zur Beendigung des Fehdewesens wurde in Worms der Ewige Landfriede verkündet. Als oberstes Gericht zu dessen Sicherung und als Berufungsinstanz über den Landesgerichten wurde das Reichskammergericht etabliert. Es sollte unabhängig sein vom Kaiser und wurde zuerst in Frankfurt am Main, dann in Speyer, ab 1690 in Wetzlar angesiedelt. Es wahrte aber auch Distanz zu den Fürsten. Die Mächtigeren unter ihnen strebten daher das Privileg an, dass Gerichtssachen aus ihren Ländern nicht an das Kammergericht als letzte Instanz verwiesen werden mussten („privilegium de non appellando"). Dieses Privileg vergab freilich der Kaiser, und er schaute darauf, dass das Justizwesen in den privilegierten Territorien dem des Reiches entsprach. In Konkurrenz zum Kammergericht erhob Maximilian 1498 seinen Reichshofrat – ursprünglich ein Beratergremium – zum Reichsgericht. Der Hofrat war im Gegensatz zum Kammergericht stärker auf Vermittlung ausgerichtet als auf Entscheidungen durch Urteile. Ein Vorteil des Hofrats war die kürzere Verfahrensdauer – am notorisch unterbesetzten und unterfinanzierten Kammergericht konnten Prozesse Jahre dauern. Vor den Reichsgerichten konnten alle klagen: Reichsstände gegeneinander, Landstände und auch Untertanen gegen die Landes- und Grundherren. Auch gegen Landesherren mit Appellationsprivileg war Klage möglich, wenn Prozesse verzögert wurden oder Rechtsverweigerung vorlag. Allein die Möglichkeit, dass Landesherren auf Reichsebene vor Gericht gezogen werden konnten, hatte eine dämpfende Wirkung auf landesherrliche Willkür. Mit der Etablierung der Reichsgerichtsbarkeit wurde der wichtigste Zweck des Reiches erreicht: Rechts- und Friedensordnung zu sein.

Die Reichskreise

Doch wer sollte die Urteile der Reichsgerichte vollstrecken, den Landfrieden durchsetzen – was ja nach den Verhältnissen der Zeit im Zweifelsfall eine militärische Aufgabe war? Die großen Fürsten konnten das in ihren Ländern und auch in umliegenden Regionen selbst erledigen. In den Gebieten mit vielen kleinräumigen Herrschaften von Mindermächtigen war das schwierig. Daher wurden im Jahr 1500 sechs Reichskreise gebildet, in denen die Friedenssicherung und die Umsetzung der Reichsgesetze durch regionale Kooperation und Koordination organisiert werden sollte: So entstanden der Schwäbische, Fränkische, Oberrheinische,

Quaternionenadler
Darstellung des Reichsadlers mit den Wappen der Glieder des Heiligen Römischen Reiches in den Flügelfedern von 1510.

39

Bayerische, Niederrheinisch-Westfälische und der Niedersächsische Kreis. Mitglieder der Kreise waren alle Reichsfürsten, Grafen, Prälaten und Herren der jeweiligen Regionen. 1512 wurden auch die Kurfürstentümer mit einigen anliegenden Territorien in Kreisen organisiert, weil die Kreise mehr Aufgaben zugewiesen bekamen, nicht zuletzt die Stellung von Truppen für die Reichsarmee. So kamen der Kurrheinische (mit der Kurpfalz, Mainz, Trier und Köln), der Obersächsische (mit Brandenburg und Sachsen) und der Burgundische sowie Österreichische Kreis (für die Habsburger Lande) hinzu. In jedem der zehn Kreise hatten ein oder zwei größere Reichsstände das Amt des „Kreisausschreibers" inne, leiteten also den Kreis. Alle Mitglieder waren im Kreistag versammelt, die Geschäfte erledigte eine kleine Kanzlei, es gab eine gemeinsame Kasse und für das Kreisheer einen Kreisobristen. Die Reichskreise bildeten neben den großen Landesherrschaften die Exekutivebene zur Umsetzung der Reichsgesetze und Reichsaufgaben. Sie waren ein Mittel des Vollzugsföderalismus, der das Reich charakterisierte – da es keine starke Exekutive besaß, wurde die Verwaltung mehr oder weniger autonom auf die regionale Ebene verlagert. Die gesamtstaatlichen Gesetze werden bis heute durch die Bundesglieder, also die Länder, ausgeführt.

Lebendig im Südwesten, rudimentär im Nordosten

Die Reichskreise waren mit Blick auf die Entwicklung des Föderalismus die wohl wichtigste Neuerung der Reichsreform. Sie haben jedoch höchst unterschiedlich funktioniert. Vor allem die Kreise von Schwaben und Franken entwickelten ein reges Eigenleben, mit Abstufungen galt das auch für den Oberrheinischen, den Bayerischen, den Kurrheinischen und den Niederrheinisch-Westfälischen Kreis. Es war also vor allem das Kernreich um Rhein, Main, Neckar und Donau, in dem die Reichskreise funktionierten. Der Schwäbische und der Fränkische Kreistag kamen bis zum Ende des Reiches 1806 auf jeweils ungefähr 340 Sitzungsperioden – der eine kam meist in Ulm zusammen, der andere häufig in Nürnberg. Diese Sitzungsperioden dauerten oft mehrere Wochen, bisweilen Monate – eine bemerkenswerte Häufigkeit und Dauer für das Europa jener Zeit. Selbst der weniger aktive Bayerische Kreistag kam fast hundert Mal zusammen. Mit Blick auf den Südwesten hat der Historiker Hans Hubert Hofmann festgestellt: „Alle eigentlich staatlichen Funktionen des Reiches lagen ausschließlich bei diesen einzelnen Reichskreisen." Sie ersetzten den Mangel an Staatlichkeit der kleinen Herrschaften, die sich in diesen Regionen ballten. Der oft beschworene „Flickenteppich" hat so gesehen hier gar nicht existiert. Der Obersächsische Kreis war dagegen nur eine rudimentäre Einrichtung, die dominierenden und stets miteinander konkurrierenden Kreismitglieder Brandenburg und Sachsen hatten kein Interesse an einer Reichsinstanz, die ihre Eigenständigkeit störte. Auch der Niedersächsische Kreis blieb organisatorisch zurück. Seit etwa 1680 wurde in den beiden sächsischen Kreisen keine Kreistage mehr abgehalten. In den habsburgischen Gebieten gab es so gut wie keine eigenständige Kreispolitik, sie war dort auch nicht nötig, sie bestanden praktisch nur wegen der Reichsheeresorganisation. Von ihrer Funktion im föderalen Reichsaufbau her gehören die Reichskreise wie die großen Territorien in die Vorgeschichte der heutigen Länder der Bundesrepublik. Es gibt sogar einige Kontinuitäten. Das Gebiet von Baden-Württemberg deckt sich zu einem großen Teil mit dem des Schwäbischen Kreises – beider Wappen zieren die drei staufischen Löwen. Und im Niedersächsischen und im Niederrheinisch-Westfälischen Kreis kann man zumindest den Namen nach frühe Vorläufer der heutigen Länder Nordrhein-Westfalen und Niedersachsen sehen, auch wenn sich die Gebiete nur teils überschneiden.

Vielfältige Aufgaben

Die Kreise übernahmen seit der Verabschiedung der Reichsexekutionsordnung von 1555 immer mehr Aufgaben, auch unabhängig von Vorgaben des Reichstages. Sie bestimmten die meisten Richter am Kammergericht, sollten dessen Urteile vollstrecken und durch Kreistruppen den Landfrieden sichern und durchsetzen. Das gelang nicht immer: „Wenn es einem Reichskreis nicht gefiel, ein Urteil zu vollziehen, so blieb es eben unvollzogen." (Wolfgang Sellert) Moderne Vorstellungen von staatlicher Effizienz waren in der Frühen Neuzeit noch nicht verbreitet. In einer Art „Auftragsverwaltung" hatten die Kreise die Gesetze des Reiches umzusetzen, wobei sie aber nicht wie nachgeordnete Behörden die Vorgaben eins zu eins übernahmen, sondern sie nach den Beschlüssen der Kreistage auch abänderten oder nur teilweise verwirklichten. Zu den Aufgaben der Kreise gehörte das Aufbringen der Reichssteuern – die regelmäßige Steuer für das Kammergericht, der „Kammerzieler", und die Heeressteuer. Die Zahlungsfreudigkeit war unterschiedlich ausgeprägt. Ein notorischer Steuerverweigerer war Brandenburg-Preußen, das am Ende des 18. Jahrhunderts mit 320 000 Talern beim Kammergericht im Rückstand war – immerhin hat es die gesamte, in 140 Jahren angehäufte Schuldensumme kurz vor Ende des Reiches noch nachgezahlt. Die Kreise konnten aber auch eigene Abgaben erheben. Dazu kamen Zuständigkeiten in der Wirtschafts- und Sozialpolitik. So waren die Reichskreise seit der Reichsmünzordnung von 1551 für das Geldwesen und damit die Währungsstabilität im Reich zuständig. Obwohl das Reich keine einheitliche Währung hatte, gelang es dank der Aufsicht der Reichskreise, die Geldstabilität in der Regel höher zu halten als im monarchischen Zentralstaat Frankreich. Auch für Preisregulierungen waren die Kreise verantwortlich. Die innere Sicherheit, etwa die Verfolgung von Räuberei, die Kontrolle der Bettelei und auch der Zuchthausbau, war Kreissache. Dazu kamen Aufgaben wie Glücksspielkontrolle, Wirtshausaufsicht, Armenfürsorge, Handwerksordnung und Zollwesen, der Bau von Chausseen, die regionale Post oder die Aus- und Einfuhrkontrolle für Getreide oder Wolle. Die Seuchenbekämpfung oblag ebenfalls den Kreisen. Die Reichskreise ersetzten damit in den Regionen mit vielen mindermächtigen Reichsständen (und das war in Schwaben und Franken eindeutig der Fall) die fehlende landesherrschaftliche Exekutivkraft. Aber selbst größere Reichsstände wie Württemberg oder das Bistum Würzburg, die zur eigenstaatlichen Entwicklung fähig waren, arbeiteten konstruktiv in ihren Kreisen mit. Kurzum: Die Reichskreise waren dort, wo sie funktionierten, für die Menschen der Staat. Denn die Reichskreise hatten nicht nur eine Verwaltungsfunktion, sondern wie die größeren Territorien auch ein Gesetzgebungsrecht. Nach dem Subsidiaritätsprinzip waren sie als Partikulargewalten für einen Großteil der Politik zuständig und dabei in den Schranken des Reichsföderalismus auch autonom. Im südwestdeutschen Raum bildeten Reich und Reichskreise ein eng aufeinander bezogenes, fast bundesstaatliches System. Dagegen betrachtete man in „Großfürstentümern" wie Brandenburg, Sachsen oder Braunschweig das Reich eher als lockere Föderation. In diesen Herrschaftsbereichen gab es auch nicht viele Kleine, die an Reichskreispolitik interessiert gewesen wären.

Vorbild Schwäbischer Bund

Für die Schaffung der Reichskreise gaben die spätmittelalterlichen Landfriedensbünde das Vorbild, jene Binnenföderationen innerhalb des Reiches. Nicht zuletzt der Erfolg des Schwäbischen Bundes, der sich 1488 gebildet hatte und zwischenzeitlich fast den gesamten oberdeutschen Raum umfasste, führte zu der Lösung, die Landfriedensexekution über feste, vom Reich eingesetzte Bundeseinrichtungen zu organisieren. Der Schwäbische Bund hatte ein eigenes Heer, dessen Schlagkraft die Aufständischen in den Ritter- und Bauernkriegen um 1525 bitter erfahren mussten. Zur Organisation des Bundes gab es einen Bundesrat (in dem alle Mitglieder gleichberechtigt waren, in dem also nicht nach Standesunterschieden gewichtet wurde) und ein Bundesgericht. Der Schwäbische Bund war ein „System kollektiver Sicherheit" (Volker Press), das in einer unruhigen Region den Frieden durchzusetzen wusste, Mindermächtigen auch Schutz bot und die divergierenden Interessen der Städte und adeligen Landesherren ausgleichen konnte. Angesichts der Effizienz des Bundes schlossen sich mit der Zeit auch größere Fürstentümer wie Mainz, Hessen oder Bayern an. Der Schwäbische Bund bewies, dass die regionale Zusammenfassung unterschiedlicher Kräfte auf Dauer gelingen konnte – als er 1534 wegen konfessioneller Meinungsunterschiede auseinanderfiel, übernahm der Schwäbische Kreis seine Aufgaben.

Die Reichsregimente – Fehlschlag einer Zentralregierung

Der Versuch, im Jahr 1500 mit dem Reichsregiment auch eine zentrale Reichsregierung einzurichten, schlug fehl. Dieses Reichsregiment hatten sich die Fürsten ausgedacht, es sollte eine dauerhafte Regierung ohne den Kaiser sein. Maximilian schimpfte, man wolle ihn „an den Nagel henken". Das Reichsregiment war als Kopf der Reichsexekutive über den Reichskreisen gedacht, als Leiter sollte der Reichskanzler fungieren. Es wäre das i-Tüpfelchen der Reichsreform gewesen, die Vollendung eines föderativen Staatsaufbaus. Freilich hatten die Fürsten zu wenig bedacht, dass eine solche zentrale Regierung nicht nur die kaiserliche Macht beschnitten hätte, sondern möglicherweise auch ihre eigene Landesherrschaft. So endete das erste Reichsregiment bereits 1502. Kaiser Karl V. ließ die Einrichtung jedoch 1521 wiederaufleben, im Rahmen seiner Versuche, das Reich stärker zu zentralisieren. Das zweite Reichsregiment unternahm von Nürnberg aus den ehrgeizigen Versuch, eine Gesetzgebung unabhängig vom Reichstag anzugehen. So entstanden Entwürfe für eine erste Exekutionsordnung (also ein Verwaltungsrecht), eine Steuer-

Reichstag zu Augsburg 1530
Überreichung der Augsburgischen Konfession an Kaiser Karl V. am 25. Juni 1530.
Kupferstich (koloriert) um 1650.

ordnung sowie eine Kriegsverfassung. Auch sollte das Reich zu einem einheitlichen Zollgebiet werden. Aber die großen Fürsten machten nicht mit. Immerhin hat das zweite Reichsregiment bis zu seiner Abberufung 1531 einige wichtige Reichsgesetze vorbereitet, die sich dann doch durchsetzten: etwa die erste Reichspolizeiordnung („Policey" war das, was wir heute unter Innen- und Sozialpolitik verstehen), ein Reichsstrafgesetzbuch – die berühmte, im Kern bis 1806 gültige Constitutio Criminalis Carolina – und eine Münzordnung. Auch die Einführung einer reichsweiten, dauerhaften Reichssteuer gelang nicht. Der 1495 beschlossene „Gemeine Pfennig", eine allgemeine Vermögensteuer für Männer und Frauen ab 15 Jahren, konnte nicht durchgesetzt werden. Der Gemeine Pfennig hätte der Reichsebene eine eigene Einnahmequelle verschafft und sie damit erheblich gestärkt. Daran hatten die Reichsfürsten wenig Interesse. So blieb es dabei, dass der Reichstag immer wieder neu zu verhandelnde Reichssteuern bewilligte, die in den Territorien und Kreisen erhoben wurden. Damit wurde die neue politische Ordnung auch für den „gemeinen Mann" spürbar, der bis dahin wenig mit dem Reich zu tun hatte. Und damit begannen sich auch einfache Untertanen dafür zu interessieren, was sich auf den Reichstagen tat. Zwar konnten sie nicht mitbestimmen, aber die Fürsten und ihre Berater achteten doch darauf, wie die Stimmung „im Land" war. Unmut über zu hohe und zu häufige Reichssteuern war ein stetes Argument auf den Reichstagssitzungen. Zur Verwaltung der Reichssteuern betrieb das Reich eine eigene Steuer- und Finanzverwaltung. In Augsburg – mit seinen großen Kaufmannshäusern als Kreditgebern ein wichtiges Finanzzentrum – etablierte sich eine Finanzbehörde mit den Reichspfennigmeistern an der Spitze. Der Bekannteste von ihnen hieß Zacharias Geizkofler.

Der Ausbau der Landesstaatlichkeit in der Reformationszeit

Neben dem Ausbau der Reichsebene setzte sich die Festigung der Landesherrschaft im 16. Jahrhundert fort, die großen Länder wurden nun immer mehr zu richtigen Staaten. Der Historiker Johannes Burkhardt hat diese Landesstaatlichkeit als „eine der größten ordnungspolitischen Leistungen der deutschen Geschichte" bezeichnet. Die Entwicklung wurde vor allem durch die Reformation vorangetrieben: Dass in Deutschland starke Länder mit dem Anspruch der Eigenstaatlichkeit entstanden sind, daran ist Martin Luther nicht ganz schuldlos. Im Glaubensstreit, der sich an Luthers Lehren entzündete, genauer gesagt: durch dessen politische Auswirkungen wurde die Landeshoheit der deutschen Fürsten deutlich gestärkt. Die Reformation mündete in einen politischen Machtkampf zwischen Kaiser Karl V. und den protestantischen Landesherren. Er drohte das Reich zu spalten, doch es gelang eine Lösung, die sich der neu geschaffenen föderalen Doppelstaatlichkeit bediente: Man erklärte Religion zur Landessache, setzte aber eine Reichskontrolle darüber. Die Kirche besaß im Gegensatz zur weltlichen Obrigkeit im frühen 16. Jahrhundert eine funktionierende Organisation von den Bischöfen bis hinab zu den Ortspfarrern. Weltliche und geistliche Herrschaft standen nebeneinander, und sie standen auch in Konkurrenz. Da Politik und Religion kaum zu trennen waren, wurde die Reform der Kirche auch zu einer politischen Angelegenheit. Jene Fürsten, die Luther und den neuen Glauben schützten und die Reform der Kirche zu ihrer Sache machten, verfolgten damit auch landespolitische Interessen. Auf dem Wormser Reichstag von 1521, auf dem Luther sich weigerte, seine Lehre zurückzunehmen, wurde über den Wittenberger Theologen die Reichsacht ausgesprochen. Das Wormser Edikt verbot allen Reichsständen, Luther und seine Anhänger zu unterstützen, und erklärte den Übertritt zum neuen Glauben zum Landfriedensdelikt. Das Problem war

nur: Kaiser Karl konnte dieses Reichsgesetz gegen die lutherfreundlichen Reichsstände – voran der sächsische Kurfürst, der Landgraf von Hessen und mächtige
Reichsstädte wie Straßburg, Nürnberg und Ulm – nicht durchsetzen. 1526 erwirk-
ten die Gegner des Kaisers und der alten Kirche auf dem Reichstag zu Speyer
jenen folgenreichen Beschluss, wonach bis zu einer endgültigen Klärung der Kon-
fessionsfrage jeder Territorialherr das Wormser Edikt so handhaben konnte, wie er
es für richtig hielt. Der Reichsverband war nicht in der Lage, die Frage einheitlich
zu lösen, ohne das Reich zu sprengen – also wurde nach dem Subsidiaritätsprinzip
verfahren und Religion damit praktisch zur landesherrschaftlichen Angelegenheit
erklärt. Und damit wurden auch Bildung und Kultur, die ja damals nicht von Kirche
und Religion zu trennen waren, zur wichtigen Angelegenheit der Landespolitik. Die
bis heute von den Ländern tapfer verteidigte Bildungs- und Kulturhoheit hat somit einen Ursprung in der föderalen Lösung der Glaubensfrage in der Mitte des
16. Jahrhunderts. Die „Protestation" der lutherfreundlichen Reichsstände gegen
den Versuch der Aufhebung des Reichstagsbeschlusses von 1526 führte dazu,
dass diese Stände (und bald die ganze Glaubensrichtung) als Protestanten bezeichnet wurden. Die lutherischen Landesherren ordneten sich die Kirchenorganisation
unter, was den Aufbau der Landesstaatlichkeit förderte. Kirchliche Aufgaben wie
Armenfürsorge oder Schulbildung gingen in landesstaatliche Obhut über. Es wurden
eigene Universitäten gegründet, um Juristen und Theologen für den Landesdienst
auszubilden. Zudem war die Kirche eine reiche Organisation, deren Enteignung
lukrativ war: Die Säkularisierung von Kloster- und Kirchenbesitz machte die Landesfürsten noch mächtiger. In den katholisch gebliebenen Territorien wurde dieser
Prozess eine Generation später im Zuge der Gegenreformation zum Teil nachvoll-
zogen (natürlich ohne Säkularisierung von Kirchenbesitz), auch dort gewannen die
Landesherren mehr Macht über die Kirche und damit über ihre Untertanen und
bauten ihre Landeshoheit aus.

Der Bundesplan Karls V.

1546 begann Kaiser Karl V. einen Krieg gegen die Vereinigung der protestantischen Reichsstände, den Schmalkaldischen Bund. Karl gewann und versuchte
den Sieg zu nutzen, um das Reich unter seine Oberherrschaft zu bekommen. 1548
erließ er das „Augsburger Interim" – eine Art Kompromisskonfession mit geringen Zugeständnissen an die protestantische Seite. Damit erhob der Kaiser den
Anspruch, über den Glauben im Reich entscheiden zu können. Als zweiten Schritt
plante er, das gesamte Reich als Bund unter seiner Führung zu organisieren. Vorbild
war einmal mehr der Schwäbische Bund. Dessen Organisationsmodell wollte Karl
nun auf das ganze Reich ausdehnen. Da im geplanten Bundesrat wie im Schwäbischen Bund alle Mitglieder gleichberechtigt waren, und nicht wie im Reichstag
eine unterschiedliche Gewichtung bestand, war der Bundesplan ein Angriff auf die
„Präeminenz" der Kurfürsten und der Mächtigen auf der Fürstenbank. Karl wollte

Kaiser Karl V. *(1500–1558)*
nimmt Kurfürst Johann Friedrich in der Schlacht bei Mühlberg
am 24. April 1547 gefangen
(Schmalkaldischer Krieg). Kupferstich von 1630.

dadurch die kleineren Reichsstände hinter sich scharen. Den Reichskreisen sollte eine zentrale Rolle zukommen, sie sollten die Landeshoheit der Fürsten ersetzen. Der Plan brachte allerdings nicht nur die protestantischen Stände gegen den Kaiser auf, sondern auch die katholischen Großen, voran den Bayernherzog. Im Fürstenaufstand von 1552 formierte sich ein antikaiserliches Bündnis, über den Reichstag brachten die Fürsten den Bundesplan zu Fall. Die monarchische Politik Karls V. war damit gescheitert, der Widerstand der Fürsten bestätigte das „föderativ-aristokratische Reich" (Georg Schmidt). Die Macht des Reichsoberhaupts war auf ein „Amtskaisertum" reduziert, zumal Karl schon 1519 einen Herrschaftsvertrag mit den Kurfürsten hatte eingehen müssen, der seine Amtsrechte begrenzte. Einen solchen Vertrag, Wahlkapitulation genannt, mussten fortan alle Könige und Kaiser vor der Wahl akzeptieren.

Der Augsburger Religionsfriede von 1555

Die religiös wie politisch motivierte Glaubensspaltung im Reich war nicht mehr rückgängig zu machen. Resultat dieser Erkenntnis war der Augsburger Religionsfriede von 1555, der Höhepunkt der politischen und kirchlichen Doppelreform des 16. Jahrhunderts. Nun wurde das seit 1526 geltende Prinzip, dass der Landesherr die Konfession in seinem Territorium bestimmen konnte, in den Verfassungsrang erhoben: „Cuius regio, eius religio" (der berühmte Satz ist allerdings eine später geprägte Erklärungsformel). Untertanen, die diesem Glaubensdiktat nicht folgen wollten, wurde das Recht zur Emigration eingeräumt, für damalige Verhältnisse ein bemerkenswertes Zugeständnis. Der Religionsfriede verhinderte, dass die Glaubensspaltung die neue Reichsordnung mit sich riss. „Indem man 1555 die Religionseinheit nicht mehr als eine Voraussetzung für die Reichseinheit betrachtete und die Religionsabweichung nicht mehr als Landfriedensdelikt behandelte, stellte man die Zusammengehörigkeit des Reiches als politischen Verband höher als die Zugehörigkeit des Reiches zur religiösen Gemeinschaft der Kirche. Der Augsburger Religionsfriede war ein Sieg der Politik über die Religion." (Heinz Angermeier) Auf dem Augsburger Reichstag 1555 wurde zudem mit der neuen Reichsexekutionsordnung die Durchsetzung des Landfriedens nach dem Subsidiaritätsprinzip organisiert: Zuständig war zunächst der Landesherr, danach der Reichskreis, in dem das vom Friedens- oder Verfassungsbruch betroffene Territorium lag. Sollte das nicht reichen, mussten die Nachbarkreise aushelfen. Erst wenn diese ebenfalls überfordert waren, wurde die Reichsebene eingeschaltet. Der Kaiser spielte in diesem Prozess praktisch keine Rolle mehr, der Landfriede war nun durch die neue Reichsverfassung dezentral organisiert. Das Reich hatte damit Mitte des 16. Jahrhunderts eine Verfassungsordnung, die es ermöglichte, selbst gravierende politische Probleme wie die Glaubensspaltung zu lösen. Der Reichsföderalismus war die Voraussetzung dafür, diese Spaltung zu kitten.

Katholiken, Lutheraner, Calvinisten

Ein halbes Jahrhundert lang sicherte diese Verfassungslösung die Reichseinheit und sorgte für Frieden, jedenfalls nach den Maßstäben jener Zeit. Die mit der Reichsreform beschlossenen Maßnahmen wurden umgesetzt, die Reichskreise, das Kammergericht und das Hofgericht begannen zu arbeiten, gravierende Landfriedensbrüche wurden selten. Die zurückhaltende Politik der Kaiser Ferdinand I. und Maximilian II. trug zur Befriedung des Reiches bei. Die Unbestimmtheit einiger Beschlüsse des Augsburger Religionsfriedens war jedoch immer wieder Anlass für Auslegungsstreitigkeiten. Nicht zuletzt gab es Zwist wegen der Einziehung katholischen Kirchenbesitzes in protestantischen Ländern. In katholischen wie lutherischen Gebieten begannen die Fürsten zum Ende des 16. Jahrhunderts zudem damit, ihr Recht zur Konfessionsbestimmung massiver durchzusetzen als zuvor. Eine neue Generation an der Macht schätzte den Kompromiss des Religionsfriedens nicht mehr so hoch ein wie jene Regenten, die von den Tumulten des frühen Jahrhunderts geprägt waren. Und dazu kam jetzt noch eine dritte Konfession: Die Calvinisten (auch Reformierte genannt) fassten Fuß im Reich. Angeführt vom pfälzischen Kurfürsten agierte diese Partei aggressiver als die lutherischen Fürsten, die eher reichstreu waren. Die Calvinisten glaubten nicht an die ausgleichende Wirkung der Reichsverfassung. Auf der anderen Seite scharte sich um den mehr dynastisch als reichspolitisch denkenden Kaiser Rudolf II. ein katholisches Lager. Der Reichstag wurde seiner Aufgabe als Ort der Kommunikation und Kooperation zunehmend weniger gerecht, seitdem die Katholiken verstärkt das Mehrheitsprinzip durchsetzen wollten. Das Kolleg der Kurfürsten war gespalten. Die Reichsinstanzen funktionierten zu Beginn des 17. Jahrhunderts immer weniger, obwohl die zentrale Ebene des föderalen Systems zum Ausgleich gefragt gewesen wäre. Stattdessen bildeten sich konfessionelle Bündnisse. Zunächst schloss sich 1608 ein Teil der Protestanten unter Führung des Pfälzer Kurfürsten in der Union zusammen (das lutherische Sachsen und die norddeutschen Fürsten blieben jedoch draußen). Dann verbündeten sich 1609 katholische Reichsstände unter bayerischer Führung in der Liga, vom katholischen Kaiser unterstützt.

Verfassungskrise und Verfassungskrieg

Das Reich stürzte in eine Verfassungskrise, die geradewegs in den Dreißigjährigen Krieg führte, eine der größten Katastrophen der deutschen Geschichte. Der Konflikt begann in Böhmen. Dort wehrten sich die weitgehend protestantischen Landstände gegen die habsburgische Rekatholisierungspolitik. 1618 begann ihr Aufstand, sie setzten den neuen Kaiser Ferdinand II. als böhmischen König ab und wählten den Calvinisten Friedrich von der Pfalz. Mit dessen Übernahme der böhmischen Krone samt Kurwürde kippte die katholische Mehrheit im Kurkolleg. Ferdinand und die Liga vertrieben den „Winterkönig" jedoch nach wenigen Monaten aus Prag. Dessen pfälzische Kurwürde vergab der Kaiser allerdings an den Bayernherzog. Ferdinand, der wie zuvor Karl V. von einer habsburgischen Universalmonarchie träumte, setzte sich damit über die Goldene Bulle hinweg und beging somit Verfassungsbruch. Die Frage war: Kann der Kaiser eine monarchisch-zentralistische Ordnung unter katholischen Vorzeichen durchsetzen oder bleibt die föderativ-aristokratische Ordnung samt ihrer Multikonfessionalität gewahrt? Daran entzündete sich der Konflikt. Es war zunächst ein deutscher Krieg um die Verfassung des Reiches. Aber er gab anderen europäischen Mächten – Spanien, Frankreich, Schweden – Gelegenheit einzugreifen und uferte zu einem Kampf um die Vorherrschaft in Europa aus. Zunächst schien Ferdinand seinen Traum von der Universalmonarchie sogar umsetzen zu können. Nach seinem Sieg über die protestantisch-norddeutschen Truppen wähnte er sich 1629 am Gipfel seiner Machtentfaltung und erließ eigenmächtig, ohne Zustimmung eines Reichstags, das Restitutionsedikt. Damit sollte die konfessionelle Machtverteilung im Reich im Sinne der Gegenreformation neu gestaltet werden. Von den protestantischen Fürsten verlangte Ferdinand, den seit 1552 eingezogenen Klosterbesitz an die katholische Kirche zurückzugeben. Dies war ein Angriff auf deren Landeshoheit. Der Augsburger Religionsfriede wurde strikt nach katholischem Verständnis ausgelegt, die Reformierten wurden ganz davon ausgeschlossen – und damit auch von der Teilnahme an der Reichspolitik. Ferdinands Vorgehen brachte auch die gemäßigten Protestanten, voran Kursachsen und Brandenburg, gegen den Kaiser auf. Gleichzeitig fielen die katholischen Kurfürsten von Ferdinand ab, weil sie eine zu große Machtballung beim Reichsoberhaupt fürchteten. Aber keine Seite setzte sich durch. Eine neue, noch schrecklichere Phase des Krieges begann, schwedische Truppen unter König Gustav Adolf fielen ins Reich ein, erst 1634 wurden sie durch kaiserliche Truppen besiegt. Ferdinand war nun zwar bereit, auf die Protestanten zuzugehen. Er hatte eingesehen, dass die Macht des Kaisers und die der großen Reichsfürsten einander bedingten. Das Restitutionsedikt wurde jedoch nicht aufgehoben, sondern nur ausgesetzt, und im Prager Frieden von 1635 wurde nur den norddeutschen Fürsten ihr eingezogenes Kirchengut belassen, im Süden und Westen aber wurde die Macht der Protestanten gestutzt. Der mit diesem Friedensdiktat Ferdinands verbundene Machtgewinn der Habsburger veranlasste nun Frankreich, direkt im Reich einzugreifen. Auch die Schweden marschierten wieder. Der Prager Friede blieb damit zwar Papier, doch es begann die schrecklichste Phase des Krieges. Hunderttausende starben durch Übergriffe marodierender Soldaten aller Seiten, durch Hunger, durch Seuchen. Ganze Regionen wurden wirtschaftlich ausgepresst und entvölkert: Vor allem die Pfalz und Württemberg waren verheert, auch Thüringen und Franken, und Pommerland war abgebrannt. Die Bevölkerungszahl im Reich sank bis 1648 von 16 auf 11 Millionen. Die Wirtschaft war auf Jahrzehnte hinaus angeschlagen. Weite Teile Deutschlands mussten neu aufgebaut werden. Dafür musste das Reich befriedet werden. Am Ende stand die Einsicht, dass das nur durch die Rückkehr zur alten Verfassung, zu der im 16. Jahrhundert gefundenen Machtbalance möglich sein würde. Das monarchische Abenteuer der Habsburger war beendet, und für zwei Jahrhunderte hatten die Deutschen genug von allen unitarischen Experimenten.

Die Fürstenunion 1648 bis 1790

Der Westfälische Friede – ein Grundgesetz für das Reich

Der seit 1637 amtierende Kaiser Ferdinand III. versuchte, mit den deutschen Fürsten einen Weg zum Frieden zu finden. 1640 kam erstmals seit 1613 wieder ein Reichstag zusammen, der beschloss, den protestantischen Fürsten den bis 1627 eingezogenen Kirchenbesitz zu belassen. 1644 ging der Kaiser daran, mit Frankreich in Münster und mit Schweden in Osnabrück Friedensverhandlungen aufzunehmen. Zwar hatte Ferdinand vor, die Reichsfürsten auszuschließen, doch konnte er das nicht durchsetzen: Die kaiserliche Macht war durch die habsburgische Politik der letzten Jahrzehnte zu sehr diskreditiert, und Frankreich stützte die deutschen Fürsten. Sämtliche Reichsstände, ja sogar Gesandte der beiden Reichskreise von Schwaben und Franken nahmen teil – insgesamt 93 Delegationen aus dem Reich.

Friedensschluss zu Münster
Westfälischer Friede am 24. Oktober 1648.
Holzstich nach Gemälde um 1900.

In Münster und Osnabrück kam somit ein „Quasi-Reichstag" (Konrad Repgen) zusammen. Und dessen Ziel war es, über alle Gräben hinweg die Einheit des Reiches in seiner staatlichen Vielfalt mit seiner föderalen Verfassung wiederherzustellen. Der europäische Friedenskongress war somit auch ein deutscher Verfassungskonvent. Es war ein politischer Balanceakt: „Die strittigen Fragen mussten in das Verfassungs- und Rechtssystem des Reichs so eingepasst werden, dass der Kaiser kein absolutes Dominat gewann, die Glaubensfrage dauerhaft entschärft wurde, die Autonomie der Stände nicht die Reichseinheit zerstörte und die kleineren vor den Annexionsbemühungen der mächtigen Stände gesichert waren." (Georg Schmidt) Der Westfälische Friede vom 24. Oktober 1648 bestätigte die in der Reichsreformzeit gefundene Verfassungsordnung und damit die Machtverteilung im Reich, wie sie vor dem Krieg bestand. Der auf die Reichsorganisation zielende Teil des Friedensvertrags wurde als „Fundamental-Gesetz" des Reiches bezeichnet. Das Verhältnis von Kaiser und Fürsten wurde verbindlich geregelt. Der Vertrag bestätigte die hergebrachten Privilegien der Reichsglieder und sicherte endgültig die Landeshoheit – „in geistlichen als auch weltlichen Angelegenheiten" – verfassungsrechtlich ab. Zudem wurde den Reichsständen ihr Bündnisrecht untereinander und mit auswärtigen Mächten bestätigt. Dieses durfte sich jedoch nicht gegen „Kaiser und Reich" richten, es sei denn, der Kaiser bedrohte die Reichsverfassung.

Kern des europäischen Balancesystems

Indem man die Mitte des Kontinents durch die Bestätigung der auf Ausgleich zielenden föderalen Reichsverfassung stabilisierte, sollte auch ganz Europa an Stabilität gewinnen. Das Funktionieren der Rechts- und Friedensordnung des Reiches war als Kern eines europäischen Machtbalancesystems gedacht, die der Westfälische Friede anpeilte. So bekam der Reichsföderalismus eine über Deutschland hinausreichende Funktion und Bedeutung. Die innere Ruhe des Reiches sollte durch die föderale Ordnung garantiert sein, und dieser innerdeutsche Ausgleich sollte bewirken, dass wegen innerdeutscher Wirren oder von Deutschland aus kein Krieg mehr geführt wurde. Das Reich wurde damit nicht machtlos, aber es war als eine Defensivordnung konzipiert: Stark genug zur Verteidigung, aber strukturell nicht angriffsfähig. Dafür wurde die Entscheidungsmacht über Krieg und Frieden (ansonsten die höchste Prärogative der Monarchen) zur alleinigen Sache des Reichstages gemacht. Der Erlass, ja sogar die Auslegung von Reichsgesetzen war von nun an strikt an die Zustimmung der Reichsstände gebunden. Eigenmächtige kaiserliche Verordnungen – wie etwa das Restitutionsedikt von 1629 – waren verboten. Der Genfer Aufklärungsphilosoph Jean-Jacques Rousseau hat das Werk von 1648 noch ein Jahrhundert später gelobt. Das europäische Staatensystem werde nicht nur durch das Gleichgewicht der Mächte erhalten, sondern habe noch eine „wirksamere Stütze: nämlich das Deutsche Reich, das vom Herzen Europas aus alle anderen Mächte im Zaum hält und vielleicht der Sicherheit der anderen noch mehr dienen kann als seiner eigenen; durch seine Größe und die Zahl und Tapferkeit seiner Völker ein Achtung gebietendes Reich, dessen Verfassung allen von Nutzen ist, die, indem sie ihm die Mittel und den Willen zu Eroberungen unterbindet, es zugleich zu einer Klippe der Eroberer macht." Diese Einsicht wurde 1815 auch zur Grundlage der Verfassungsordnung des Deutschen Bundes.

Weder Souveränität noch Zersplitterung

Der Westfälische Vertrag stärkte die Reichsfürsten, aber er machte aus den deutschen Ländern keine souveränen Staaten, weder innen- noch außenpolitisch, und er brachte keine Kleinstaaterei, keine Zersplitterung, wie oft noch heute zu lesen ist. Den deutschen Fürsten war klar, dass die innere wie äußere Souveränität der Reichsglieder (die von Frankreich ins Gespräch gebracht worden war) zum Zerfall der Reichseinheit führen würde. Daran waren aber weder katholische noch protestantische Reichsstände interessiert. Sie wollten so wenig zum Spielball der anderen europäischen Mächte werden, wie sie Spielbälle des Kaisers sein wollten. Ihnen genügten die verbesserten Möglichkeiten zum weiteren Aufbau ihrer Landesstaatlichkeit und die erweiterten Rechte innerhalb des föderalen Gesamtstaates. Dass die Souveränität der Fürsten begrenzt war, zeigte die Entscheidung des Westfälischen Kongresses für die Parität der Konfessionen: Katholisches, lutherisches und reformiertes Bekenntnis wurden als gleichrangig anerkannt. In diesem Zusammenhang wurde die Landeshoheit durch die neue Reichsverfassung eingeschränkt: Das Recht der Fürsten, den Glauben ihrer Untertanen zu bestimmen, fiel praktisch weg. Der Rechtsgelehrte Johann Stephan Pütter hat noch im späten 18. Jahrhundert den Unterschied zwischen souveränem Staat und deutschen Ländern so beschrieben: „Der wesentliche Unterschied zwischen der höchsten Gewalt einer unabhängigen Macht und der Landeshoheit eines Teutschen Reichsstandes bestehet unstreitig darin, daß sie noch einer höhern Gewalt, wie theils vom Kaiser alleine, theils von Kaiser und Reich ausgeübt wird, untergeordnet ist, jene hingegen gar keine menschliche Gewalt über sich erkennet." Da der Kaiser aber mehr denn je nur noch amtierte, und nicht regierte, waren die deutschen Landesfürsten praktisch sich selbst untergeordnet – sie waren das Reich, das sie über den Reichstag steuerten. Das Deutschland, das der westfälische Verfassungskonvent geschaffen hatte, war eine deutsche Fürstenunion. Bis weit ins 18. Jahrhundert hinein funktionierte der gestärkte Reichsföderalismus, da sich die Habsburger – vor allem Kaiser Leopold I. – nun „systemkonform" verhielten und in der Reichspolitik mehr moderierend denn kommandierend agierten. Zudem hatten auch die größeren Reichsfürsten gelernt, ihren Drang nach Eigenständigkeit mit der Einsicht in die Vorzüge der Reichseinheit zu verbinden. Denn im europäischen Rahmen waren sie allesamt zu klein und schwach für Alleingänge. Um 1740 aber begann das Reich langsam zu zerfallen, ein Prozess, der sich über mehrere Jahrzehnte hinzog. Die Herrscher in Wien verloren zunehmend das Interesse an Reichspolitik, während Brandenburg-

Preußen unter Friedrich II. den Ausstieg probte. Zwischen diesen beiden Mächten formierte sich nun ein drittes Deutschland, eine Union der Mindermächtigen.

Ein Monstrum – oder ein Bundesstaat?

Schon bald nach 1648 begann unter den Rechtsgelehrten der Zeit eine ausführliche Debatte über den Charakter der Reichsverfassung, ein Auslegungsstreit über die Regierungsform des Reiches. Am bekanntesten ist die Interpretation Samuel Pufendorfs geworden. 1667 fand er in einer Abhandlung über den „Zustand des Deutschen Reiches" jene klassische Formulierung, die Reichsverfassung sei „einem Monstrum gleich". Das Wort meinte aber nicht, dass das Reich eine Missgeburt sei – Pufendorf wollte damit ausdrücken, dass es nicht so recht in die Kategorien der klassischen Staatsformenlehre passte. Keine echte Monarchie, keine vollendete Aristokratie (wegen der Rangunterschiede im Reichstag), sondern eine „disharmonische Staatsform", urteilte Pufendorf, damals Professor im kurpfälzischen Heidelberg. Man komme daher der Wahrheit am nächsten, „wenn wir sagen, Deutschlands Verfassung nähert sich der einer Föderation, in der ein mit monarchischem Scheine ausgestatteter Fürst als Bundesoberhaupt eine hervorragende Stellung einnimmt". Auch von einem „föderativen System", von einer „Föderation von Bundesgenossen ungleichen Rechts" sprach Pufendorf, der aber betonte, das Reich sei mehr als nur ein Staatenbund (Konföderation) von souveränen Mächten. Das Wort vom „Monstrum", das immer gerne zitiert wird, um den Reichsföderalismus zu verspotten, hat Pufendorf in der Ausgabe letzter Hand gestrichen. Einige Jahre vor Pufendorf hatte schon der braunschweig-lüneburgische Hofrat Ludolph Hugo, später Gesandter beim Reichstag, die Verfassung des Reiches als föderales Gebilde beschrieben: „Es liegt vor Augen, dass unser Reich durch eine zweifache Regierung gelenkt wird; denn das Reich als Gesamtheit bildet ein gemeinsames Staatswesen, und die einzelnen Gebiete, aus denen es zusammengesetzt ist, haben besondere Fürsten oder Magistrate, Gerichte und Ratsversammlungen und überhaupt ein besonderes, jenem Höheren untergeordnetes Staatswesen." Die staatliche Gewalt im Reich war somit zwischen Gesamtstaat und Einzelstaaten aufgeteilt, Hugo hatte damit die föderale Doppelstaatlichkeit als Kern der Reichsverfassung erfasst. Eine ähnliche Interpretation legte auch der Philosoph Gottfried Wilhelm Leibniz vor. Die charakteristische Doppelstaatlichkeit des Reiches liegt auch der Verfassungsinterpretation des bedeutenden Göttinger Juristen Johann Stephan Pütter im späteren 18. Jahrhundert zugrunde. Pütter betonte die Vielfalt der einzelstaatlichen Verfassungszustände, die unter dem Dach des Reiches dennoch zu einer Einheit gefügt sind: „Nichts ist gewisser, als dass Mecklenburg und Baiern, Württemberg und Pommern, Passau und Münster, Oldenburg und Bentheim, Hamburg und Nürnberg, kurz geistliche und weltliche Länder, Kur- und Fürstentümer, Grafschaften und Reichsstände, wenn ihre innere Verfassung auch noch so sehr voneinander abgehet, dennoch alle ohne Ausnahme noch als Teile eines eigenen

Ganzen in gleichmäßiger Verbindung unter dem Deutschen Reiche stehen." Und weiter: „Deutschland ist ein Reich, das in lauter besondere Staaten eingetheilet ist, jedoch alle noch unter einer gemeinsamen höchsten Gewalt in der Gestalt eines zusammengesetzten Körpers vereinigt sind." Im Grunde beschrieben alle diese Einordnungsversuche das Reich als einen Bundesstaat.

Staatsbildung bleibt Ländersache

Und in diesem Bundesstaat blieb das staatliche Handeln vor allem Sache der Länder und Reichskreise. Im Jahrhundert nach 1649 wurde die Landesstaatlichkeit im Zeichen des Absolutismus weiter ausgebaut. Schon die Notwendigkeit, die von den Verheerungen des Dreißigjährigen Krieges betroffenen Regionen wiederaufzubauen und die Staatsfinanzen zu sanieren, führte zu einer Verstärkung der staatlichen Tätigkeit. Das Verkehrsnetz wurde ausgebaut – Straßen, Brücken und Kanäle entstanden, um den Handel zu fördern. Die Landesfürsten begannen, eigenständige Wirtschafts- und Standortpolitik zu betreiben, um so ihre Finanzkraft zu stärken. Im Rahmen des Merkantilismus (oder Kameralismus), der Frühform staatlicher Wirtschaftslenkung, wurden Manufakturen gegründet und neue Gewerbe angesiedelt. An den Höfen entstanden mehr oder weniger große Verwaltungen. Vor allem der Aufbau von stehenden Heeren ließ die Ausgaben steigen, der Bau- und Repräsentationsbedarf verschlang im Barockzeitalter ebenfalls viel Geld. Freilich legten sich hier bisweilen die Landstände quer, denen das Geldausgeben und Schuldenmachen ihrer Fürsten missfiel. Und das Recht zur Steuerbewilligung hatten sich die meisten Landstände erhalten können. Deren Entmachtung gelang bisweilen, meist aber nur schrittweise und selten vollständig. Das lag nicht zuletzt daran, dass die Rechte der Landstände durch das Reich und dessen Gerichte, auch durch den Kaiser, geschützt wurden. Insofern war die deutsche Form des Absolutismus weniger autokratisch als die anderer europäischer Staaten. Auch der Merkantilismus der Einzelstaaten wurde bisweilen durch Reichsgesetze koordiniert und gelenkt, etwa durch Handelsordnungen, die für das gesamte Reich galten und auch den Import und Export regelten.

Das Reich als Verteidigungsordnung

Trotz des Friedens von Westfalen waren die Jahrzehnte nach 1648 von permanenten Konflikten und Kleinkriegen, der Aufrüstung der europäischen Staaten im Zeichen des autokratischen Absolutismus und der Bildung stehender Heere und großer Marineflotten geprägt. Frankreich stritt gegen Spanien um die Vormacht im Westen des Kontinents, im Norden ging es um die Dominanz im Ostseeraum. Um die Niederlande wurde Krieg geführt und um die Erbfolge in der Pfalz. Zu allem Überfluss standen auch die Osmanen wieder einmal vor Wien. Das befriedete Reich blieb davon nicht unberührt: Es hatte sozusagen drei Sicherheitszonen – im Südosten, im Norden, im Südwesten. Im Südosten trugen die Habsburger die

Verantwortung, durch die Siege gegen die Osmanen wuchs ihr (außerdeutscher) Herrschaftsbereich in den Balkan hinein. Im Norden rüsteten Sachsen, Hannover und vor allem Brandenburg-Preußen auf – alle drei Fürstentümer hegten Großmachtambitionen. Im Südwesten dagegen stand das bunte Konglomerat mittlerer und kleinerer Reichsstände dem expansionsfreudigen Frankreich gegenüber. Vor allem auf deren Druck hin schuf sich das Reich ein verbessertes Verteidigungssystem. 1681/82 verabschiedete der Reichstag eine „Reichsdefensionsordnung", mit der eine feste Reichsarmee geschaffen und die Kostenübernahme geregelt wurde. Die Reichsverteidigung wurde über die Reichskreise organisiert. Für das Heer von insgesamt 45 000 bis 60 000 Mann hatten sie genau festgelegte Kontingente zu stellen oder entsprechend Geld zu entrichten, was wiederum auf die Kreismitglieder umgelegt wurde – bis hinunter zum berühmten halben Kavalleristen der Äbtissin von Gutenzell. Ein Fünftel der Truppen stellte der Österreichische Kreis, der Kaiser wollte führend beteiligt sein. Der Schwäbische und der Fränkische Kreis stellten Kreistruppen auf, die in Friedenszeiten Polizeiaufgaben übernahmen oder die Reichsfestungen an der Grenze zu Frankreich bemannten. Die großen „Armierten" im Norden aber stellten sich quer – sie wollten ihre Truppen nicht unter ein Kreiskommando geben und sie damit dem Reich zur Verfügung stellen. Die Zeichen standen auf mehr Eigenständigkeit derer, die sich stark glaubten.

Der erste Rheinbund

Die vor allem im Süden und Westen des Reiches gelegenen Mindermächtigen mussten nach eigenen Wegen suchen, ihre Verteidigungsfähigkeit zu organisieren. Der Föderalismus der Reichsverfassung bot ihnen dafür Möglichkeiten: durch eine Bündnispolitik untereinander und über die Reichskreise. Eine treibende Kraft dabei waren nicht zuletzt die Mainzer Kurfürsten und Erzkanzler. Johann Philipp von Schönborn, einer katholischen Reichsritterfamilie entstammend, versammelte schon 1658 die drei geistlichen Kurfürsten und mehrere Reichsfürsten im ersten Rheinbund. Neben der Absicht, Kriegshandlungen aus dem Gebiet der Kreise Kurrhein, Niederrhein-Westfalen, Oberrhein und Niedersachsen fernzuhalten, sollte der Rheinbund den Habsburgern und Frankreich ein Zeichen geben, dass die Mindermächtigen das im Westfälischen Frieden bestätigte Bündnisrecht zu nutzen wussten. Mit dem Rheinbund erschien eine neue Möglichkeit der aristokratischen Reichsorganisation, über die konfessionellen Schranken hinweg, eine modernere Variante der Landfriedensbünde früherer Jahrhunderte. Dem Bund traten bis zu seiner Auflösung 1668 auch größere Länder wie Brandenburg und Württemberg bei. Das Signal Richtung Wien war eindeutig: Die deutschen Fürsten würden zur Not das Reich in Eigenregie organisieren, mit dem Reichserzkanzler an der Spitze.

Gemeinsam stark: Der südwestdeutsche Eigenweg

Der Rheinbund war nur ein Anfang. Angesichts der wachsenden französischen Aggression und auch der Aufrüstung der größeren Reichsfürstentümer scharte sich der Südwesten zu einer engen Verteidigungsgemeinschaft zusammen. Die zweite Hälfte des 17. Jahrhunderts und die ersten Jahrzehnte des 18. Jahrhunderts waren die große Zeit der südwestdeutschen Reichskreise und ihrer Assoziationen, die ebenfalls als Bünde organisiert wurden. Schon 1651 hatte Johann Philipp von Schönborn eine Assoziation der Kreise Kurrhein und Oberrhein vorgeschlagen. Sie sollte später auch Franken, Schwaben, Niederrhein-Westfalen und Bayern umfas-

Johann Philipp von Schönborn *(1605–1673)*
Erzbischof und Kurfürst von Mainz.
Porträt-Gemälde von 1666.

sen. Das Ziel war bereits das aller späteren Kreisassoziationen: gemeinsame Verteidigung und Verhinderung fremder Truppendurchmärsche und Einquartierungen. Diese Idee nahm Johann Philipps Nachfolger auf dem Mainzer Bischofsstuhl, Lothar Franz von Schönborn, wieder auf – der Pfälzische Krieg hatte gezeigt, dass weder der Kaiser noch die größeren Reichsfürsten in der Lage oder willens waren, im Südwesten die Verteidigung des Reiches wirksam mitzuorganisieren. 1697 wurde die bereits bestehende Verbindung des Schwäbischen und Fränkischen Kreises in der Frankfurter Assoziation um die Kreise Oberrhein, Kurrhein und Niederrhein-Westfalen erweitert. Bis 1733 folgten noch sechs weitere Assoziationen. Die Nördlinger Assoziation von 1702 – der nun auch der Österreichische Reichskreis beitrat, womit sich der Kaiser quasi unter die Führung seines Erzkanzlers stellte – war sogar Mitglied der Haager Großen Allianz gegen Frankreich. Die Assoziationen schufen „eine neue Form des Reichsföderalismus" (Hans-Hubert Hofmann) – die Bildung eines Bundes von Gleichberechtigten ohne monarchische Spitze. Insgesamt wies das zwischen 1650 und 1740 vor allem von Mainz aus gesteuerte Bündnis- und Assoziationswesen bereits auf den Rheinbund von 1806 und den Deutschen Bund von 1815 voraus.

Der Reichstag wird immerwährend

Ein reichspolitisches Ziel von Schönborns Rheinbundpolitik war es gewesen, den Kaiser zur Einberufung eines Reichstags zu veranlassen. Der letzte Reichstag

hatte 1654 stattgefunden, die Reichsfürsten wollten jedoch häufigere Versammlungen. Neben der Defensionsordnung ging es dabei auch um die Absicht der
Fürsten aus der zweiten Reihe, eine stärkere Beteiligung an der Regierung des
Reiches zu bekommen. Ihnen missfiel, dass Kaiser und Kurfürsten in den Zeiten
zwischen den Reichstagen die Reichspolitik allein bestimmten. Um die „Präeminenz"
der Kurfürsten zu durchlöchern, wollten sie eine Beteiligung an der Königswahl
und eine permanente Wahlkapitulation, also eine dauerhafte verfassungsrechtliche
Festlegung der Rechte und Pflichten des Kaisers, was in Münster und Osnabrück
unterlassen worden war. Letztlich ging es um die Frage, ob die herkömmliche

Regensburg, Altes Rathaus (um 1360 erbaut)
Hier im Reichssaal tagte von 1663 bis 1806 der Immerwährende Reichstag.

Hierarchie Bestand haben oder die mindermächtigen Fürsten aufgewertet würden.
1663 berief Kaiser Leopold I. schließlich einen Reichstag nach Regensburg ein.
Dessen Abschluss wurde jedoch immer wieder hinausgezögert, weil man sich über
diese und andere Verfassungsfragen nicht einig wurde. Jahr für Jahr ging das
so, neue Fragen tauchten auf – kurzum: Obwohl es nie geplant war, wurde aus
dem Reichstag ein immerwährender Kongress in Regensburg. Von nun an waren
praktisch nur noch erfahrene Reichspolitiker als Gesandte dort zu sehen. Der Kaiser
ließ sich durch einen Prinzipalkommissar vertreten, die Fürsten durch Gesandte und
hohe Beamte. Verlierer dieser Veränderungen waren der Kaiser und die Kurfürsten.

Deren oligarchisches Kollektivgremium, der Kurverein, wurde als reichspolitisches Steuerungsorgan zwischen den sporadischen Reichstagen früherer Zeiten nun überflüssig. Allein das Recht zur Königswahl konnten die „Säulen des Reiches" wahren. Der Kaiser verlor das Recht, die Reichstage einzuberufen und aufzulösen. Die Gewinner waren die mittleren und kleinen Reichsfürstentümer, sie waren nun dauerhaft beteiligt am Reichsregierungsgeschäft, der Reichsföderalismus wurde dadurch ausgewogener. Allerdings hatten nur die Großen eigene Gesandtschaften, die kleineren Reichsglieder teilten sich häufig einen Vertreter.

Ein Forum für Verhandlungen

Mit dem Erfolg der Mindermächtigen – eine kleine Revolution – war es auch gelungen, das Vertretungsorgan des Reiches zu modernisieren und der Entwicklung in den Territorien anzupassen. Denn dort entwickelte sich im Zeichen des Absolutismus nun der moderne Verwaltungsstaat mit größeren Verwaltungen. Regieren wurde zu einem permanenten, bürokratisch organisierten Prozess. Eine zentrale Reichsverwaltung gab es zwar weiterhin nicht. Und der Reichstag beschränkte sich auch darauf, nur große Rahmengesetze wie die Reichshandwerksordnung von 1731 und die Münzordnung von 1738 zu erlassen. „Er bildete das Forum des Reiches, auf welchem mehr zu verhandeln als zu entscheiden war." (Dietmar Willoweit) Gesetzgebung im Detail blieb Sache der Länder. Aber der Reichstag war in der Lage, die Entwicklung dort permanent zu begleiten. Damit konnte er seiner Aufgabe nachkommen, die Reichseinheit bei aller Vielfalt in den Ländern zu wahren. Er wurde zu einer „zentralen reichspolitischen Clearing- und Kontaktstelle" (Karl Härter). Pufendorf hatte einen ständigen Reichstag als wichtige Voraussetzung für eine funktionierende Föderation gefordert. Die war nun erfüllt. Weiterhin wurde das herkömmliche Abstimmungsverfahren angewendet: Zuerst beriet die Kurfürstenbank, die ihre Stellungnahme dann der Fürstenbank zuleitete – stimmte diese zu, ging die Angelegenheit an die Reichsstädte. Sollten diese eine andere Meinung haben, wurde die kaiserliche Seite zur Vermittlung herangezogen. Stimmten die Städte zu, kam es zu einem sogenannten Reichsgutachten aller drei Kurien, das dem Kaiser zur Zustimmung vorgelegt wurde – erfolgte diese, kam es zum „Reichsschluss", also zum Gesetz. Allerdings waren mit dem Westfälischen Frieden Mehrheitsentscheidungen in Konfessionsfragen ausdrücklich verboten worden. Konflikte sollten hier durch gütliche Einigung geschlichtet werden. Dafür wurden anstelle der Kurien zwei konfessionelle Korpora gebildet: das katholische und das protestantische. Der Zwang zum Kompromiss sollte der Reichseinheit dienen. Doch zeigte sich später, dass der Reichstag damit lahmgelegt werden konnte, wenn allgemeine Zwistigkeiten zu Glaubensfragen umgedeutet wurden. Vor allem Preußen missbrauchte diese Konfessionsregelung im 18. Jahrhundert als Blockadeinstrument für eigene Zwecke.

Länderrechte und Länderpflichten

Was der Reichstag beschloss, musste in den Ländern und Kreisen umgesetzt werden. Bundestreue war Verfassungsgebot. Das machte Veit Ludwig von Seckendorff in seinem 1655 erstmals erschienen „Teutschen Fürsten-Staat" deutlich, einer Art Regierungs- und Verwaltungslehre, die in der zweiten Hälfte des 17. Jahrhunderts Pflichtlektüre für Staatsdiener im ganzen Reich war. Danach hatten die Länder Reichsgesetze „zu publiciren" und mussten darauf achten, „daß denselben nachgelebet werde". Zudem hatten die Fürsten dafür zu sorgen, dass ihre Verordnungen und Gesetze denen des Reiches nicht widersprachen, „sondern denenselben gemäß und nachfolgig seyn". Allerdings hatten die Länder laut Seckendorff, der Kanzler in Sachsen-Gotha und später Rektor der Universität Halle war, eine Art Abweichungsrecht, wenn ein Fürst etwa Reichsgesetze „auf seiner lande zustand (…) genauer einrichten wolte". Die Verwaltungshoheit der Länder und deren eigene Gesetzgebung waren bundesstaatlich eingerahmt. Landesrecht hatte sich am Reichsrecht zu orientieren, doch das Reich ließ den Ländern Spielraum. Der Reichsföderalismus war insofern ein flexibles System. Die Länder und Kreise unterlagen weiterhin nicht nur der Kontrolle durch den Reichstag, sondern auch durch die Reichsgerichte – den Reichshofrat und das Reichskammergericht. Deren Rechtsprechung trug dazu bei, absolutistische Willkür in Grenzen zu halten, auch wenn es kaum ein Mittel gab, Urteile und Schiedssprüche auch durchzusetzen, wenn ein Reichsfürst die Umsetzung verweigerte (was zum Beispiel in Brandenburg-Preußen immer wieder der Fall war). Fürstenstaaten und Reichskreise hatten bei allem Autonomiestreben aber immer wieder auch Interesse an einheitlichen Gesetzen und damit an Vorgaben durch das Reich. Denn die Wirkung von Polizei-, Münz-, Gewerbe- oder Gesindeordnungen war höher, wenn ihr Geltungsbereich möglichst weit reichte. Eigene Vorstellungen über den Reichstag allgemein durchzusetzen, war eine Möglichkeit, reichspolitisch an Prestige zu gewinnen. Und es half auch im eigenen Herrschaftsbereich: „Legitimation durch das Reich wurde wichtig für die landesfürstliche Politik" (Volker Press).

Rangstreit und Großmachtpolitik: Brandenburg, Hannover und Sachsen

Während man im südwestdeutschen Kernreich neue Formen des Föderalismus ausprobierte, suchten die großen protestantischen Fürstentümer im Nordosten einen Weg zu mehr Eigenständigkeit und Machtfülle. Den Herrschern in Brandenburg, Hannover und Sachsen wurde das Reich zu eng. Sie strebten nach Höherem, aber Königswürden waren nur im Ausland zu haben. Den ersten Ausbruch wagte der sächsische Kurfürst Friedrich August „der Starke": Er ließ sich 1697 zum polnischen König wählen und trat dafür zum katholischen Glauben über, was Sachsen die Führung im evangelischen Lager kostete. Die ging an Brandenburg über. Der Plan Augusts, ein mitteleuropäisches Machtgebilde zu schaffen, schlug jedoch fehl, Sachsens Bedeutung im Reich sank dadurch nochmals.

1714 gelangte der kurz zuvor zum Kurfürst erhobene hannoversche Landesherr als Georg I. auf den britischen Thron. Das Kurfürstentum wurde damit immer mehr zum Nebenland, auch wenn es dank der Verbindung zu Großbritannien eine bedeutende Stellung im Reichsverband behielt. In Brandenburg strebte, vom sächsischen Beispiel angestachelt, Kurfürst Friedrich III. ebenfalls neue Würden an – mit Erlaubnis des Kaisers setzte er sich 1701 die Krone eines „Königs in Preußen" aufs Haupt. Das außerhalb des Reiches liegende Herzogtum Preußen war bereits 1618 an Kurbrandenburg gefallen. Zudem stieg Brandenburg-Preußen zur europäisch bedeutsamen Militärmacht auf. Der Große Kurfürst Friedrich Wilhelm, Friedrich III. und der „Soldatenkönig" Friedrich Wilhelm schufen zwischen 1640 und 1740 einen straff durchorganisierten Militärstaat, dessen auch in Friedenszeiten einsatzbereites stehendes Heer von 20 000 Mann (1655) auf 77 000 Soldaten (1740) anwuchs und damit größer war als das Reichsheer. Um diese Militärmaschine am Laufen zu halten, brauchten die brandenburgischen Kurfürsten viel Geld, das ihre Landstände nicht ohne Weiteres aufzubringen bereit waren. Zwangsmaßnahmen gegen die Landstände wiederum konnten Reichsgerichtsprozesse nach sich ziehen. So gehörte Brandenburg bereits 1654 zu den Antragstellern im Reichstag, als den Fürsten das Recht zugestanden wurde, sich bestimmte Militärlasten von den Landständen finanzieren zu lassen. Der wiederum nicht zuletzt von Brandenburg vorangetriebene Versuch, dieses Recht auszuweiten und den Landständen Klagen gegen die Besteuerung vor den Reichsgerichten zu verbieten, scheiterte allerdings einige Jahre darauf. Für die brandenburgischen Herrscher war das Reich zunehmend eine Fessel bei dem Vorhaben, ihren Militärstaat und ihre Macht auszubauen.

Endstation Potsdam: Friedrich II. von Preußen

Im Jahr 1740 kam in Preußen Friedrich II. auf den Thron. Er verließ die reichspolitische Linie seiner Vorfahren, die zwischen kritischer Distanz und Loyalität zu Kaiser und Reich geschwankt hatte. Friedrich schwankte nicht. Der preußische König, der als Kurfürst eine „Säule des Reiches" hätte sein sollen, machte bis zu seinem Tod 1786 vor allem Politik gegen das Reich oder instrumentalisierte es für seine Zwecke. Für Friedrich II. war das Reich nur ein „Chaos kleiner Staaten, zu schwach, um selbständig zu handeln", wie er 1768 schrieb – und damit deutlich machte, dass er Preußen gar nicht mehr für einen Teil des Reiches hielt. Den Reichsföderalismus hat Friedrich nicht geschätzt und wohl auch nicht verstanden. Sein Ziel war die Großmacht Preußen. „Ein König von Preußen muss mehr darauf sinnen, eine Provinz zu erobern", lautete die Devise. Friedrichs Machtpolitik war „letztlich gegen die Existenzgrundlagen des Reichsverbands gerichtet, für den das Auftreten dieses Friedrich gleichsam die Endzeit ankündigte" (Volker Press). Den Hauptgegner sah Friedrich in Österreich, dessen Vorrang im Reich – und das war das Widersprüchliche – er brechen wollte. Schielte er selbst auf das Kaiseramt? Wie auch immer:

Mit Friedrich begann die Obsession der preußischen Herrscher, die Hegemonie über Deutschland zu erringen. Schon im ersten Regierungsjahr überfiel Friedrich Schlesien, das zum habsburgischen Herrschaftsbereich außerhalb des Reiches gehörte – es war dennoch ein Landfriedensbruch, denn ein Angriff auf das Reichsoberhaupt widersprach dem Reichsrecht. 1744 marschierten preußische Truppen in Sachsen und Böhmen ein, ein weiterer Rechtsbruch. Da Preußen am Ende militärisch siegreich war, blieb es im Besitz Schlesiens, einer wohlhabenden Region, deren Wirtschaftskraft zur weiteren Aufrüstung von Friedrichs Militärstaat genutzt werden konnte. Im Siebenjährigen Krieg, den Preußen 1756 vom Zaun brach, trieb Friedrich den Konflikt mit Österreich auf die Spitze. Auftakt war der abermalige Einmarsch in Sachsen, erneut ein Landfriedensbruch, der als Präventivschlag gegen Österreich

Friedrich II. (der Große)
König von Preußen *(1712–86)*
Friedrich der Große als Feldherr im Siebenjährigen Krieg 1756–63. Farblithografie um 1880.

getarnt wurde. Doch Friedrich machte auch Anstalten, das Land seinem Militärstaat unterzuordnen. Dem Kaiser gelang es zwar, das Reich zum Krieg gegen Preußen zu bewegen, doch waren die meisten Reichsstände ohne Begeisterung dabei – sie wollten nicht in den preußisch-österreichischen Konflikt gezogen werden. Einer nach dem anderen schloss einen Separatfrieden mit Preußen. Der Zusammenhalt im Reich wurde durch den Gegensatz der beiden Großstaaten immer mehr zerrüttet. Dafür sorgte Friedrich auch am Reichstag in Regensburg. Preußens Machtposition im evangelischen Korpus diente dazu, die Schaltstelle des Reiches zu stören, indem immer wieder die konfessionelle Karte gezogen wurde. Möglichst viele Streitpunkte wurden zu Religionssachen erklärt, die nicht mit Mehrheit, sondern nur einvernehmlich zu klären waren. Was selten geschah. Es war eine Blockadepolitik gegen das Reich. Allerdings hatte Friedrich (im Privaten jeder Religion abhold) in den protestantischen Territorien dafür auch Mitstreiter, denn die katholische Mehrheit in den Reichstagskurien war den Protestanten auch im 18. Jahrhundert noch ein steter Ärger.

Friedrichs Innenpolitik: Autokratie, Zentralismus, Militarisierung

Friedrichs Innenpolitik war ein Spiegelbild seiner aggressiven Außenpolitik. Er baute den Militärstaat, den ihm sein Vater übergeben hatte, noch aus, und er regierte autokratisch, alles war auf den König zugeschnitten, der freilich nicht in der Lage war, auch alles zu überschauen. „Immer zahlreicher wurden die Fehlentscheidungen, Versäumnisse und Unklarheiten." (Eberhard Weis) Seine Anweisungen wurden nicht selten von seinen Beamten boykottiert. Während in anderen deutschen Ländern Bürgerliche im Lauf des 18. Jahrhunderts sowohl wirtschaftlich wie auch politisch mehr Einfluss bekamen, wurde in Preußen der Vorrang des Adels noch verstärkt. Bei der Bauernbefreiung blieb Preußen hinter anderen Territorien zurück. Das meiste Geld wurde für das Heer ausgegeben: In Bayern entfielen im 18. Jahrhundert im Schnitt ein Viertel der Staatsausgaben auf das Militär, in Preußen waren es zwei Drittel, in manchen Jahren sogar 80 Prozent. Für Bildung und Kultur blieb wenig übrig. Im Gegensatz zu den meisten anderen Fürsten hat Friedrich keine Schulreform durchgeführt. Bei seinem Tod „hinterließ er ein erneuerungsbedürftiges Land" (Günter Vogler).

Die neue Wiener Sicht: Österreich geht vor

Mit der Erweiterung des habsburgischen Herrschaftsbereichs in den Türkenkriegen verlor die Reichspolitik für die Wiener Herrscher gegenüber der eigenen Großmachtpolitik an Bedeutung. Leopold I. hatte die kaiserliche Rolle noch angenommen, unter seinen Nachfolgern Josef I. und Karl VI. verloren die Habsburger dagegen das Interesse am Reich, während unter Maria Theresia der Konflikt mit Preußen jede Rücksichtnahme auf das Reich überwog. Mit Joseph II. übernahm 1765 ein Herrscher das Kaiseramt, der so wenig Sinn für das Reich hatte wie Friedrich II. in Preußen. Joseph wollte Österreich zu einem modernen Staatswesen umformen und stürzte sich in eine atemlose Reformpolitik, die seine ganze Aufmerksamkeit fesselte. Der Ehrgeiz, Österreich zum aufgeklärten Musterstaat zu machen, ließ ihn die Reichspolitik vernachlässigen. Zwar unternahm er auch hier einige Reformschritte, vor allem mit dem – von Preußen torpedierten – Versuch, das überlastete und unterfinanzierte Reichskammergericht arbeitsfähiger zu machen. Aber die Rolle des kaiserlichen Schiedsrichters nahm er nicht an, ganz im Gegenteil: Mit seinem Plan, die österreichischen Niederlande (in etwa das heutige Belgien) gegen Bayern einzutauschen und dem Einmarsch in Niederbayern erntete er 1778 vor allem Entsetzen im Reich – denn auch das war Landfriedensbruch. Das Ergebnis des nachfolgenden (weitgehend unblutigen) Bayerischen Erbfolgekriegs, in den natürlich auch Preußen eingriff, war der Friede von Teschen 1779. Er schanzte Österreich das Innviertel zu und garantierte Preußens Ansprüche auf Ansbach-Bayreuth (und damit ein Ausgreifen nach Süddeutschland). Die Zeichen waren deutlich: Das Reich drohte zur Tauschmasse für Ausdehnungs- und Machtgeschäfte der Großen zu verkommen, die sich, wenn sie nicht Krieg gegeneinander führten, gern auch auf Kosten Dritter einig werden konnten. Schon die erste Teilung Polens 1772 hatte offenbart, wozu Österreich und Preußen in der Lage waren.

Das Dritte Deutschland formiert sich

Die mindermächtigen deutschen Fürsten sahen diese Entwicklung mit sehr gemischten Gefühlen. Einerseits suchten sie die Nähe zu einer der Großmächte, schon aus Gründen des Selbstschutzes. Andererseits fürchteten sie die drohende Aufteilung des Reiches. Friedrich II. und Joseph II. hegten solche Pläne durchaus, zumal 1784 der österreichisch-bayerische Tauschplan erneut auf die Tagesordnung kam. „Die Idee eines dritten Deutschlands neben den beiden, nur noch halb dem Reich zugehörigen Großmächten Österreich und Preußen gewann an Boden, eines erneuerten Staatenbundes der mittleren und kleinen deutschen Territorien." (Hagen Schulze) Dieses Dritte Deutschland war nun praktisch das Reich, hier lebte der Reichsföderalismus fort. Dessen Bedrohung führte nun zu einer breiten Diskussion um eine Erneuerung und Reform des Reiches. Begleitet wurde die Reformdebatte von einem Reichspatriotismus, den es in der Vergangenheit so nicht gegeben hatte und der nicht zuletzt die Vorteile der föderalen Verfassung Deutschlands betonte – ein früher Verfassungspatriotismus sozusagen. An vielen Fürstenhöfen reifte der Gedanke einer neuerlichen Assoziation der Mindermächtigen heran, um sich gegen die reichsfeindliche Politik in Potsdam und Wien zusammenzuschließen. Wie schon mit dem ersten Rheinbund von 1658 sollte gezeigt werden, dass im Zweifel das Reich auch anders organisiert werden konnte. Die Idee zu einem solchen Fürstenbund ging 1778 nicht zuletzt von Sachsen-Weimar, Baden und Anhalt-Dessau aus. Hatte der erste Rheinbund dem Schutz des Westfälischen Friedens gegolten und die Kreisassoziationspolitik der Sicherheit nach außen, stand nun die innere Reform im Vordergrund. Diese sollte die kleineren Reichsfürsten gegenüber den Mächtigen aufwerten. Freilich war man sich nicht durchweg einig, eine treibende Kraft wie einst der Reichserzkanzler Schönborn fehlte.

Der Fürstenbund von 1785 – ein Fehlschlag

In diese Rolle schlüpfte nun ausgerechnet Friedrich II. von Preußen, der sich unerwartet als Retter der Reichsverfassung aufspielte. Da er freilich keinen Bund von Ebenbürtigen wollte, schmiedete er im Frühjahr 1785 zunächst ein Dreierbündnis mit den Kurfürsten von Hannover und Sachsen, das dann durch kleinere Länder wie Braunschweig, Sachsen-Gotha, Sachsen-Weimar, Pfalz-Zweibrücken, Mecklenburg, Ansbach, Bayreuth, Baden, Hessen-Kassel und Anhalt erweitert wurde. Es war eine Versammlung protestantischer Fürsten, der vereinbarte Zweck ihres Bundes war auch nur noch die Erhaltung der Reichsverfassung, von Reform im Sinne der Mindermächtigen war nicht mehr die Rede. Im Grunde diente der Fürstenbund nur dazu, Preußen eine Ersatzallianz zu schaffen, weil es zu jenem Zeitpunkt ohne großen Bündnispartner dastand und in die Isolierung zu geraten drohte. Allerdings eröffnete der Beitritt des Kurmainzer Bischofs Friedrich Karl von Erthal im Herbst eine neue Reformperspektive, weil nun der zweite Mann im Reich mitwirken wollte. Friedrichs Nachfolger Friedrich Wilhelm II., der 1786 preußischer König wurde, schien sogar ein gewisses Interesse an einer Reichsreform zu haben, die auf eine weitere Herabminderung der kaiserlichen Position gerichtet war. Aber schon 1788 zerschlug sich das Projekt. Die im Zusammenhang mit dem Fürstenbund entwickelten Reformpläne wanderten in die Schubladen, aber sie wirkten weiter bei den Reformen nach 1806.

Aufgeklärter Absolutismus

Zwar verkümmerte die Politik auf Reichsebene in jenen Jahrzehnten, zwar war der Reichstag oft nur noch Schauplatz diplomatischer Geplänkel – aber dennoch war das späte 18. Jahrhundert eine letzte Blütezeit des Reiches. Denn auf Landesebene schritt die Entwicklung fort, je weniger das Reich als Ganzes noch von sich reden machte, desto lebendiger trat die Vielstaatlichkeit des Reiches nun hervor. Absolutismus und Aufklärung, wenn man so will: Macht und Philosophie verbanden sich, um eine Regierungsform zu schaffen, die den Staat zu höchster Leistung bringen sollte. Der aufgeklärte Absolutismus war vor allem ein Instrument der mittlerweile selbstbewusst und selbstständig gewordenen Bürokratie in den größeren wie kleineren Ländern, deren Ziel es war, den Staat unabhängiger zu machen von den Launen und Grillen autokratischer Herrscher und ihn der – wie sie glaubten – rationaleren Herrschaft der Beamten zu unterwerfen. Politik war in ihren Augen nicht nur pragmatisches Reagieren, sondern sollte planvolles Handeln sein. Rechnen, Ordnen, Zählen, Messen – das waren die Instrumente des aufgeklärten Absolutismus. Wer aber mit Statistiken regierte, der schaffte Grundlagen für den Vergleich. Und dafür war der Reichsföderalismus mit seiner staatlichen Vielfalt ein guter Nährboden. Die Landesherren und ihre Verwaltungen schauten, was die anderen so machten. In gewissem Sinne hat es einen regen Wettbewerbsföderalismus schon im 18. Jahrhundert gegeben. „Die deutschen Kleinstaaten traten in einen produktiven und innovativen Wettbewerb um Modernität und Standortvorteile." (Georg Schmidt) Die mittleren und kleinen Territorien des Reiches, die Reichskreisgebiete zumal, hatten keine große Neigung zu Außenpolitik und Krieg, sie konzentrierten sich auf die Innenpolitik. Und gerade sie zeigten sich offen für Neuerungen, in der Justiz, im Abbau ständischer Privilegien, im Bildungswesen, der Wirtschaftsförderung und in der Verbesserung der Stellung der Bauern. Das förderte auch die Wirtschaftsentwicklung im Ganzen, zumal das Reich für eine möglichst einheitliche Münzordnung sorgte. Die vielen Residenzen brachten zudem mit sich, dass das kulturelle Leben in Deutschland nicht auf eine Hauptstadt hin orientiert war wie in Großbritannien oder Frankreich, sondern regional vielfältig blieb. 1789 gab es im Reich dank der Vielstaaterei 38 Universitäten. England hatte mit Oxford und Cambridge nur zwei. Gerade die „Polyzentralität" des Reiches gab der deutschen Aufklärung ihren eigenen, vielfältigen Charakter. Europaweit galt das Reich, oder doch der große Teil davon, als eine im Ganzen recht lebenswerte Welt. Die staatliche Vielfalt wurde im 18. Jahrhundert daher nicht als Malaise, sondern als Vorteil Deutschlands gesehen. Freilich haperte es in kleinen Territorien bisweilen an der Effizienz der Verwaltung, auch konnten sie angesichts der geringen Größe ihrer Beamtenschaft in der Gesetzgebung nicht eigenständig agieren. Hier wirkte sich die Blockadepolitik Preußens im Reichstag nachteilig aus: Die Rahmengesetzgebung des Reiches, die gerade für die Kleinterritorien wichtig war, hielt mit der legislativen Entwicklung in den großen Ländern nicht mehr Schritt.

Musterstaaten: Sachsen-Weimar, Anhalt-Dessau, Baden

Sachsen-Weimar war vielleicht das bemerkenswerteste Kleinfürstentum Deutschlands in jener Zeit – nicht zuletzt dank der Tätigkeit Johann Wolfgang Goethes, der dort seit 1775 als Landespolitiker wirkte. 1783 etwa leitete er eine Finanzreform ein, die sich durch eine solch radikale Kürzung der Militärausgaben auszeichnete, dass selbst die Landstände Bedenken hatten. Die aufgeklärte Reformpolitik unter Herzog Carl August und Goethe sorgte für Modernisierungen in der Landwirtschaft, der Gewerbeförderung und im Bildungswesen. Die Rolle Weimars als deutsches Kulturzentrum ist bekannt – neben Goethe wirkten dort auch Friedrich Schiller, Christoph Martin Wieland und Johann Gottfried Herder, die das Residenzstädtchen und auch die Universität Jena zu Zentren der europäischen Kultur machten (und allesamt als Reichspatrioten auftraten).

Auch Anhalt-Dessau entwickelte sich zu einem Modellfürstentum, in dem Kultur und Bildung zum hauptsächlichen Staatszweck wurden. Noch unter Fürst Leopold I., dem Erfinder des Gleichschritts, war das Land ein kleiner, autokratisch regierter Militärstaat. Leopold III. Friedrich Franz jedoch steuerte ab 1758 die Landespolitik völlig um und versuchte, Anhalt-Dessau zu einem aufgeklärten Musterstaat zu machen. Die Überschaubarkeit seines Fürstentums trug zweifellos zum Gelingen bei, bemerkenswert aber war, dass Franz dieses Unterfangen bewusst als Gegenmodell zum benachbarten Preußen konzipierte. Ende des 18. Jahrhunderts galt Anhalt-Dessau als „Mekka des Fortschritts" (Günter Vogler). Neben dem Philantropinum, einer überkonfessionellen Modellschule unter Leitung des Pädagogen Johann Bernhard Basedow, schuf Fürst Franz auch den Wörlitzer Park, dessen Gestaltung nach englisch-aristokratischen Vorbildern eine politische Aussage in sich trug: die Distanzierung vom französischen Modell des autokratisch-monarchischen Regimes, wie es Friedrich II. pflegte.

Wenn Baden-Württemberg sich heute gern als traditionelles Musterländle feiert, dann geht das nicht zuletzt zurück auf den badischen Markgrafen Karl Friedrich, der sein kleines Land in der zweiten Hälfte des 18. Jahrhunderts systematisch nach aufklärerischen Ideen gestaltete. Dank guter Besoldung schuf er ein solides Beamtentum, das seine Vorstellungen konsequent umsetzte. Seine moderne Wirtschaftspolitik war an den Vorstellungen der französischen Physiokraten orientiert, die sich gegen staatliche Reglementierungen wandten und empfahlen, nach der Devise „laissez faire" zu handeln. Baden gehörte damals zu den wenigen Territorien, die weitgehend schuldenfrei blieben.

Bayern, Württemberg, Sachsen

Das katholische Bayern war unter Kurfürst Max III. Joseph vor allem ein Vorreiter bei der Rechtsreform. Lange vor dem Allgemeinen Landrecht in Preußen wurde durch Wiguläus Kreittmayr zwischen 1751 und 1756 eine umfassende Reform des Landesrechts unternommen und die Gerichtsverfassung neu geordnet. Damit war Bayern das erste Land in Mitteleuropa, in dem das Zivilrecht kodifiziert war. Den Landesbewohnern gab diese Reform ein hohes Maß an Rechtssicherheit. Die starke Rolle der katholischen Kirche, der mehr als die Hälfte des Bodens in Bayern gehörte, wurde beschnitten, deren Einfluss auf das Schulwesen beschränkt, das nun stärker in staatliche Regie kam. Die starke Stellung der Landstände und deren Steuerbewilligungsrecht blieben dabei erhalten, denn nur sie hatten Kredit, nicht der Kurfürst. Die Reformpolitik stagnierte zwar nach 1777, doch Bayern gehörte zu den moderneren deutschen Staaten jener Zeit.

Das Herzogtum Württemberg war in ganz Europa wegen seiner Verfassung beachtet. Dort spielten die von Bürgerlichen dominierten Landstände eine beherrschende Rolle und trugen bisweilen harte Konflikte mit den Fürsten aus. Dabei fanden sie wie alle Landstände Rückhalt beim Reich. Als die Stände angesichts einer neuen Militärsteuer und der hohen Verschuldung des Landes 1763 mit einer Klage vor dem Reichshofrat drohten, musste Herzog Carl Eugen einen Landtag einberufen, der bis 1770 tagte und einen „Erbvergleich" erreichte, in dem der Herzog die Rechte der Landstände anerkannte und den Landtag und seine Ausschüsse als Repräsentanten des Landes akzeptierte. Hier zeigte sich einmal mehr der wesentliche Vorzug des Reichsföderalismus: Die Machtkontrolle durch die Reichsgerichtsbarkeit war ein Mittel gegen autokratische Allüren von Landesherrschern.

In Sachsen führten die Zerrüttungen des Siebenjährigen Krieges zu einer Reformpolitik, die stark an der liberalen britischen Aufklärung orientiert war. Die Reformen wurden ab 1762 vor allem von geadelten Bürgerlichen wie Thomas von Fritsch und Peter von Hohenthal angestoßen. Bürgerliche Kaufleute und Unternehmer hatten über das Handelszentrum Leipzig einen großen Einfluss auf die Landespolitik, obwohl sie nicht in den Landständen vertreten waren. Zudem besetzten diese bürgerlichen Reformer die Verwaltung. Die Beamtenregierung („Kommission zur Förderung des Landesbesten") ging daran, Handelshemmnisse und Monopole zu beseitigen und die Ansiedlung neuer Gewerbe zu fördern. Vor allem die Steuerverwaltung wurde verbessert, um die horrenden Staatsschulden schneller abbauen zu können. Auch Adelige mussten nun regelmäßig Steuern zahlen. Im Bildungsbereich wurden nicht zuletzt die technischen Schulen ausgebaut – die 1745 gegründete Bergakademie in Freiberg besteht bis heute. Damals wurde der Grundstein dafür gelegt, dass das Land bei der Industrialisierung im 19. Jahrhundert eine Führungsrolle in Deutschland einnehmen konnte.

Die geistlichen Gebiete: Zwischen Fortschritt und Rückständigkeit

Die geistlichen Gebiete zeigten im 18. Jahrhundert ein zwiespältiges Bild: Neben sehr rückständigen Fürstbistümern wie Paderborn gab es auch fortschrittliche Territorien. Vor allem die drei Kurbistümer Mainz, Köln und Trier waren bekannt für ihre liberale Politik. Die Universitäten Bonn und Mainz waren Zentren der katholischen Aufklärung. Nicht zuletzt in der Sozialpolitik entfalteten die geistlichen Fürstentümer Aktivitäten, vor allem bei der öffentlichen Armen- und Krankenfürsorge. Vorreiter bei der Gesundheitspolitik war das Fürstbistum Würzburg, wo eine fortschrittliche Krankenversorgung samt Vorsorgebetreuung entstand. Hier wurde auch schon früh die Kinderarbeit eingeschränkt. Die Schul- und Bildungsreformen in den als „Pfaffenstaaten" verspotteten Territorien orientierten sich oft am österreichischen Beispiel. Freilich wurde die Verbindung von weltlicher Macht und geistlichem Amt (im 18. Jahrhundert waren die Fürstbischöfe nun durchweg Geistliche) zunehmend als Problem betrachtet − auch von den geistlichen Fürsten selbst. Die Säkularisierung dieser Territorien war im gesamten 18. Jahrhundert ein wiederkehrendes Thema, als sie nach 1800 angegangen wurde, gab es nur wenige Proteste dagegen. Untertan eines geistlichen Fürsten zu sein, galt allerdings nicht unbedingt als Nachteil, Belastungen durch Steuern und Militärdienst waren in der Regel geringer als in den weltlichen Ländern. „Unterm Krummstab ist gut leben" hieß ein Spruch, in dem mehr als ein Kern Wahrheit lag.

Zerfall mit Aussicht auf Erneuerung

So sah die Zeit zwischen 1740 und 1790 einerseits einen Zerfall des Reichsverbandes als Gesamtstaat − wegen der Potsdamer Blockadepolitik, des Desinteresses der Kaisermacht, der Kriege zwischen Preußen und Österreich und der Teilungspolitik der beiden Großstaaten. Das Reichssystem war lahmgelegt, der Reichstag konnte nicht mehr richtig funktionieren. Andererseits brachte der aufgeklärte Absolutismus einen weiteren Schub in der Entwicklung der Landesstaatlichkeit. Die Mittel- und Kleinstaaten versuchten, sich abseits der Politik der Großen zurechtzufinden. Zwar kam eine wirksame Selbstorganisation des Dritten Deutschlands nicht zustande, dazu war der Zusammenhalt zu gering. Aber die Fürstenbundidee von 1785 zeigte eine Möglichkeit für die Zukunft: die Organisation Deutschlands als einen Bund von Fürstenstaaten ohne eine monarchische Spitze, ohne Kaiser.

Vom Reich zum Bund 1790 bis 1815

„Wie hält's nur noch zusammen?"

„Das liebe Heilge Röm'sche Reich, wie hält's nur noch zusammen?" So lässt Goethe im „Faust" den lustigen Gesellen Frosch in Auerbachs Keller singen. Um die Wende vom 18. zum 19. Jahrhundert war das die politische Kernfrage in Deutschland, eine vertrackte Frage – und die Antwort des Gesellen Brander auf Froschs Lied lautet denn auch: „Ein leidig Lied! Dankt Gott mit jedem Morgen, dass ihr nicht braucht fürs Röm'sche Reich zu sorgen. Ich halt es wenigstens für reichlichen Gewinn, dass ich nicht Kaiser oder Kanzler bin." Das Deutsche Reich war um 1800 in der Tat ein schwieriges Thema. Dass bei Goethe Kaiser und Kanzler in einem Zug genannt werden, hatte seinen Grund: Denn anstelle des schwachen Kaisers Franz II. war es nicht zuletzt der Erzkanzler Karl Theodor von Dalberg, der zu einer der zentralen Figuren der späten Reichspolitik avancierte. Dalberg setzte, wie viele andere am Ende des 18. Jahrhunderts, auf eine Reform des Reiches. Es sollte neu aufgestellt werden. Schon 1787 hatte Dalberg „Vorschläge zum Besten des deutschen Reiches" gemacht – sie liefen auf eine Stärkung der Reichsebene hinaus, den Abbau von Zöllen, Gewerbefreiheit, eine Justizreform samt einem allgemeinen Zivil- und Strafrecht. Ziel war es, „Bürgern und Untertanen" einen „ruhigen Genuss des Eigentums und gesetzmäßiger Freiheit" zu garantieren. Das waren vorausschauende Gedanken. Dalbergs Vorstellungen fußten auf der Assoziationspolitik seiner Mainzer Vorgänger und dem Fürstenbund-Projekt, die beide an einer Sammlung des

Karl Theodor Dalberg
(1744–1817)
Reichsfreiherr von Dalberg,
Kurfürst von Mainz,
Fürstprimas des Rheinbundes.
Punktierstich um 1817.

Dritten Deutschlands orientiert waren. In Wien und Berlin wurde dagegen Politik am Reich vorbei gemacht, man dachte nur noch in Großmachtkategorien, war aber dem revolutionären Frankreich nicht gewachsen. Als das von seinen beiden größten Mitgliedern aufgegebene Reich 1806 unterging, fand sich das Dritte Deutschland im Rheinbund zusammen, einer Föderation in der Fortsetzung des Reichsverbands ohne monarchische Spitze und ohne Großmächte. Zuvor hatte eine große territoriale „Flurbereinigung" die Gestalt Deutschlands erheblich verändert und im Süden einige Mittelstaaten geschaffen, die sich anschickten, zwischen Österreich und Preußen eine eigene Rolle zu spielen. Der alte Reichsföderalismus mit seinen vielgestaltigen Möglichkeiten hatte ausgedient, eine neue Form musste gefunden werden. Insofern war jene Zeit vor 1815 ein „offener Prozess der Verfassungsge-staltung" (Dietmar Willoweit), in dem versucht wurde, Altes und Neues zu verbinden, geprägt „vom Bemühen um Kontinuität durch Umwandlung" (Heinz Angermeier).

Österreich und Preußen verraten das Reich

Die ersten Reaktionen in Deutschland auf die Französische Revolution von 1789 waren freundlich bis zustimmend. Auch in Wien und Berlin betrachteten die Herrscher die Entwicklung in Paris mit wachsender Hoffnung – auf eine Schwächung Frankreichs allerdings, aus der man Nutzen ziehen wollte. Ange-sichts der seit Jahren erwogenen Erweiterungs- und Aufteilungspläne im Reich erkannte man eine günstige Konstellation. „Wenn Preußen und Österreich sich einig sind, ist das Ende des Reiches gekommen", ahnte der Fürstbischof von Würzburg bald nach dem Umsturz in Frankreich. Und Österreich und Preußen näherten sich an. In der Pillnitzer Deklaration vom August 1791 verständigten sie sich auf eine Art Polizeiaktion zugunsten der Bourbonenmonarchie, deren Ziel die „innerliche Schwäche und äußerliche Nullität" Frankreichs sein sollte, wie der österreichische Kanzler Fürst von Kaunitz sagte. Damit verbunden war die Absicht, Österreich und Preußen innerhalb des Reiches territorial zu vergrößern. Wien wollte wieder Bayern gegen die habsburgischen Niederlande tauschen, Preußen zielte auf Vergrößerungen im Westen und in Franken. Doch das Spiel ging schief. Das bedrängte Frankreich ging selbst zum Angriff über, die Truppen Österreichs und Preußens hielten den französischen Volksheeren nicht stand. Nach der berühmten Kanonade von Valmy im September 1792 mussten sie sich aus Frankreich zurückziehen, einen Monat später rückten die Franzo-sen schon in Mainz ein. Damit war das Reich betroffen, eine Reichsarmee zur Verteidigung musste aufgestellt werden. Kaiser Franz II. und Preußens König Friedrich Wilhelm II. hatten einen Krieg ins Reich getragen, den die wenigsten Reichsglieder gewollt hatten. Aber Berlin und Wien scherten sich nicht mehr um das Reich, sondern sie betrieben dessen Ende. Den Anstoß gab Preußen. Im April 1795 schloss es in Basel mit Frankreich einen Separatfrieden und stimmte der Abtretung der von Frankreich besetzten linksrheinischen Gebiete zu, die zum Großteil gar nicht zu Preußen gehörten. Dafür sollte es rechts des Rheins „Entschädigungen" geben. Vereinbart wurde eine norddeutsche Neutra-litätszone, womit sich Preußen aus dem selbst angezettelten Krieg davonstahl. Österreich schloss 1797 nach Niederlagen in Italien den Frieden von Campo Formio, der ebenfalls die Abtretung linksrheinischer Gebiete vorsah, auch hier gegen „Entschädigungen" im Reichsgebiet. Mit diesen Friedensschlüssen haben Preußen und Österreich „im Endergebnis um eigener Vorteile willen das Reich an Frankreich verraten" (Karl Otmar von Aretin). Für die kleinen und mittleren Länder Deutschlands hieß das, „dass sie außer vor Napoleon ständig vor den beiden deutschen Großmächten auf der Hut sein mussten" (Axel Gotthard).

Territoriale Revolution: Der Reichsdeputationshauptschluss

Im Frieden von Lunéville zwischen Frankreich und dem Kaiser, der ohne Rücksprache mit dem Reichstag handelte, wurde 1801 die Auflösung des Reichsverbands in seiner alten Form besiegelt. Die Vereinbarung bestätigte die Abtretung der linksrheinischen Gebiete und sah eine Neuaufteilung des Reichsgebiets rechts des Rheins vor. Sie wurde zur Grundlage des Reichsdeputationshauptschlusses vom Februar 1803. Dieses letzte große Reichsgesetz, das der Reichstag in Regensburg verabschiedete, leitete eine territoriale Revolution in Deutschland ein. Einige Kleinstaaten wurden aufgelöst, sämtliche geistlichen Fürstentümer und Gebiete verschwanden von der Landkarte. Die meisten Reichsstädte verloren ihre Eigenständigkeit, verschont blieben nur Augsburg, Bremen, Frankfurt am Main, Hamburg, Lübeck und Nürnberg. Insgesamt wurden 112 Reichsstände rechts des Rheins auf die Fürstenstaaten verteilt. Hauptnutznießer der Säkularisierung und Mediatisierung waren Preußen, Bayern und Württemberg. Für den Erzkanzler Dalberg wurde ein neues Kurfürstentum mit kleineren Gebieten um Regensburg und Aschaffenburg geschnitzt. Auch die Reichsritterschaft, eigentlich vom Reichsdeputationshauptschluss gar nicht erfasst, musste dran glauben: Die größeren Staaten okkupierten im „Rittersturm" ab Herbst 1803 widerrechtlich, aber dauerhaft die Kleinherrschaften dieser Adeligen, die es seit dem Mittelalter verstanden hatten, ihre Unabhängigkeit zu sichern (sich aber auch unbeliebt gemacht hatten, weil sie sich oft der Einordnung in die Reichskreise entzogen). Einen zweiten Schub der territorialen Neuordnung brachte der Friede von Preßburg 1805, nachdem Österreich einen weiteren Feldzug gegen Frankreich verloren hatte. Bayern, Württemberg und Baden wurden habsburgische Gebiete zugeschlagen. In geringerem Maße profitierten auch die drei hessischen Staaten (Darmstadt, Kassel und Nassau) von der Neugliederung. Der Südwesten, das eigentliche Kernreich, ehemals stark zersplittert, aber über die Reichskreise organisiert und integriert, war nun in eine überschaubare Zahl von neuen Mittelstaaten gegliedert. Es war eine Umformung, die der Logik der Assoziations- und Fürstenbundpolitik des 18. Jahrhunderts folgte. Schon 1801 hatte der schwäbische Publizist Johann Gottfried Pahl den Wunsch nach einer solchen Neuordnung ausgedrückt, als er schrieb, man müsse das Reich auf einige wenige weltliche Fürstentümer reduzieren, um ein Gegengewicht zu Preußen, Österreich und Frankreich zu schaffen, „weil die Erhaltung des Staats das höchste Gesetz" sei. Das Reich – das war nach dieser Vorstellung das Dritte Deutschland, das durch eine neue Form von Föderalismus gestärkt werden sollte. Der Reichsdeputationshauptschluss war so gesehen kein Verfallsprodukt, sondern ein Schritt zur Modernisierung des Reiches, um seine Territorialstruktur der Welt des modernen Flächenstaates anzupassen, die sich unter den Prämissen des aufgeklärten Absolutismus durchgesetzt hatte. Man verfuhr nach dem Motto: Weniger ist mehr. Die konsolidierten Mittelstaaten traten in gewisser Weise an die Stelle der Reichskreise, die bislang als Flächenstaatersatz gedient hatten. Napoleon, der

1799 in Frankreich die Herrschaft übernommen hatte, verband mit der Neuordnung dagegen vor allem die Absicht, Puffer- und Satellitenstaaten gegenüber den Ostmächten Österreich, Preußen und Russland zu schaffen. Insofern kamen bei der Neuordnung des Reiches deutsche und französische Interessen zusammen. Dass Württemberg, Baden und Hessen-Kassel zu Kurfürstentümern erhoben wurden, deutete immerhin darauf hin, dass das Reich noch nicht aufgegeben war.

Sommer 1806: Das Reich vergeht, der Rheinbund entsteht

Aber das Ende kam schnell und von vielen Deutschen auch unerwartet. Im Sommer 1806 wurde das Reich zu Grabe getragen. Am 12. Juli bildeten 16 Reichsfürsten unter Napoleons Protektorat den Rheinbund, am 1. August sagten sie sich vom Reich los, am 6. August legte Franz II. in Wien ohne viel Aufhebens die Kaiserkrone nieder. Zum Rheinbund gehörten neben den Kernländern Bayern,

Napoleon I. *(1769–1821)*
übernimmt das Protektorat über den neu gegründeten Rheinbund. Dies bedeutete das Ende des Heiligen Römischen Reiches Deutscher Nation.
Lithografie 1806.

Württemberg, Baden und Hessen-Darmstadt zunächst das unter französischer Aufsicht stehende neue Großherzogtum Berg, das Gebiet unter dem Fürstprimas Dalberg, das Herzogtum Nassau sowie einige kleinere Territorien. Bis 1808 kamen ein neues Großherzogtum Würzburg, Sachsen, die thüringischen und anhaltischen Herzogtümer, die beiden Mecklenburg, das neu geschaffene Königtum Westphalen (wie Berg unter französischer Herrschaft), Oldenburg und weitere Kleinterritorien hinzu. Am Ende waren es 38 Länder. Der Rheinbund war somit kein Sezessionsunternehmen, sondern vielmehr die Sammlung fast aller deutschen Länder außer Preußen und Österreich in einer neuen Föderation. Anders gesagt: Der Rheinbund war die Fortsetzung des Reiches in der Form, wie sie wohl die Vertreter der Assoziations- und Fürstenbundpolitik gerne umgesetzt hätten. Es war kein Zufall, dass gerade Dalberg die Gründung des Rheinbundes vorantrieb. Der neue Bund stand durchaus in einer reichspolitischen Tradition und war keine rein napoleonische Erfindung, um „Vasallenstaaten" zu bekommen. „Es war der Versuch einer Regeneration des Alten Reiches im Gehäuse einer neuen Staatlichkeit." (Hans-Werner Hahn) Ursprüngliches Ziel des Bundes war laut Rheinbund-Akte, „durch eine angemessene Übereinkunft den äußern und innern Frieden Süddeutschlands zu sichern, für welchen nach der alten und der neuesten Erfahrung die deutsche Konstitution keine Garantie mehr gewähren konnte". Die neuen Mittelstaaten wollten sich durch einen Bund ohne monarchische Spitze und ohne starke Bundesorgane mehr innere Souveränität verschaffen und eine Föderation mit größerer Gleichberechtigung der Mitglieder etablieren. Die Rheinbund-Akte sah vor, dass „gemeinschaftliche Interessen" und Streitigkeiten auf einem Bundestag in Frankfurt am Main verhandelt werden sollten. Präsident des Bundestages sollte Dalberg als Fürstprimas sein, quasi in seiner alten Funktion als Erzkanzler. Protektor des Bundes war Napoleon. Die Gesetzgebungshoheit lag bei den Bundesstaaten. Das Bündnisrecht der Gliedstaaten war eingeschränkt, aber außenpolitische Souveränität war auch nicht das Ziel der Rheinbundstaaten. Sie wollten vor allem für ihre inneren Reformen freier sein, als es unter der alten Reichsverfassung mit den kaiserlichen und reichsgerichtlichen Aufsichtsbefugnissen möglich war.

„Ihr wollt keine Ordnung"

Napoleon war Geburtshelfer und Nutznießer zugleich. In Paris sah man den Rheinbund vor allem als eine Militärallianz zur Unterstützung Frankreichs. Nach der Rheinbundakte hatte Bayern 30 000 Soldaten zu stellen, Württemberg 12 000, Baden 8 000, das später beitretende Sachsen 20 000, das Königreich Westfalen 25 000, und auch die kleineren Mitglieder waren verpflichtet, Napoleon mit Truppen zu versorgen. Selbst die Einrichtung von Zwiebackbäckereien in Augsburg wurde in der Akte vereinbart, „damit im Falle eines Krieges der Marsch der Armeen keinen Aufenthalt leide". Doch die Gründung des Rheinbundes hatte über den Krieg hinaus ein weiteres Ziel: Er war als „zentraler Eckpfeiler einer künftigen europäischen Friedensordnung gedacht" (Georg Schmidt). Der Zusammenschluss sollte ein Macht-vakuum in der Mitte Europas verhindern. Damit übernahm der Rheinbund, zumal nach seiner Erweiterung 1808, in gewisser Weise die sicherheitspolitische Funktion des Alten Reiches in der europäischen Staatenordnung. Dass man den Rheinbund nicht als bloßes Satellitensystem Frankreichs abtun darf, zeigt die Entwicklung der Bundesordnung: Sie wurde vor allem durch Bayern und Württemberg blockiert, weil man in München und Stuttgart fürchtete, dass die geplanten zentralen Instanzen und vor allem das vorgesehene Fundamentalgesetz zu einem Instrument Napo-leons werden könnten, um die neue innenpolitische Eigenständigkeit der neuen Staaten zu unterhöhlen. Das Fundamentalgesetz kam so gar nicht erst zustande. Napoleon wiederum wollte sich mit den süddeutschen Staaten wegen der Neu-gestaltung des deutschen Föderalismus nicht streiten, von dem er ohnehin wenig hielt: „Ihr wollt keine Ordnung bei euch", hielt er einigen deutschen Fürsten einmal vor, nachdem er seinen halbherzigen Versuch aufgegeben hatte, den Rheinbund straffer an die Zügel zu nehmen. „Lest in der Geschichte nach: zu allen Zeiten habt ihr eure Kaiser schikaniert." Die Rheinbundfürsten misstrauten Napoleon mindes-tens so sehr, wie sie den Herrschern in Wien und Berlin misstrauten. Sie glaubten freilich nicht, dass der korsische Militärführer allzu lange regieren würde. Daher versuchten die leitenden Politiker der größeren Rheinbundstaaten, ihr wichtigstes Vorhaben möglichst rasch umzusetzen: durch eine durchgreifende Reformpolitik ihre neuen Länder zu konsolidieren.

Die Reformen in den Rheinbundstaaten

In vielen Rheinbundstaaten, vor allem den süddeutschen, wurde die innenpoli-tische Souveränität sofort genutzt, um große Reformmaßnahmen anzugehen. Man wollte die Landeskonsolidierung so schnell und so straff als möglich durchziehen, um Fakten zu schaffen. Einerseits ging es darum, die Verwaltung neu aufzubauen und die hinzugewonnenen Gebiete zu integrieren. Dazu kam der Versuch, die alte ständische Ordnung, die vom Adel dominiert war, in eine bürgerliche Gesellschaft zu überführen. Die von der alten Reichsverfassung geschützten Landstände ver-traten oft nur adelige Standesinteressen. Daher wollte der aufgeklärte Beamten-absolutismus die Macht der Landstände brechen, wobei deren Steuerbewilligungs-recht zweifellos eine Rolle spielte. Denn der wachsende Staatsapparat und die Truppenstellung für Frankreich verschlangen viel Geld. Insofern war die Entmach-tung der Landstände ein zwiespältiger Prozess. In manchen Ländern, vor allem in Sachsen-Weimar, setzte man daher auf Konsenspolitik statt Zwang. Aber die Reformen schritten überall voran. Die Gleichheit aller vor dem Gesetz wurde einge-führt, der gleiche Zugang zu öffentlichen Ämtern und zum Militär, die Sicherheit des Eigentums, Gewissensfreiheit und eine eingeschränkte Pressefreiheit. Die Verwal-tung wurde nach französischem Vorbild straff bis auf die Gemeindeebene durchor-ganisiert. Der Adel verlor seine Herrschaftsrechte und konnte nur noch über seine

Eingliederung in die allgemeine Landesverwaltung politische Macht ausüben. Die Befreiung der Bauern, schon im 18. Jahrhundert begonnen, wurde fortgeführt. Das Steuerwesen wurde vereinfacht und vereinheitlicht – und damit auch im Vergleich zum oft chaotischen Steuerwesen früherer Zeiten weitaus ergiebiger. Justiz und Verwaltung wurden getrennt. Bildungsreformen zielten nicht zuletzt auf die Schulung einer funktionierenden Beamtenschaft. Die politische Mitbestimmung und die Kontrolle der Verwaltung durch die Gesellschaft, also eine Volksrepräsentation, sollte erst der Endpunkt der Staatsreform sein. Vorerst wollte die Beamtenschaft selber regieren. Das hatte durchaus einen Grund: Die bildungs- und besitzbürgerliche Schicht, die man durch die Reformen stärken wollte, war noch nicht groß genug, um sich in einer Repräsentativversammlung erfolgreich gegen die Interessen von Adel und altem Handwerk durchsetzen zu können. Die Rheinbundreformen waren eine „Revolution von oben", das Werk einer Bürokratie, die für sich in Anspruch nahm, als „allgemeiner Stand" den Staat zum Nutzen aller zu gestalten. Fast alle Reformer hatten ihre „Karrieren" im Alten Reich begonnen, dessen Reform ihr ursprüngliches Anliegen war. „Insofern waren die rheinbündischen Reformen keine bloße Kopie des französischen Musters, sondern auch in der deutschen Entwicklung angelegt." (Elisabeth Fehrenbach) Abgerundet wurden die Rheinbundreformen allerdings erst in der Anfangsphase des Deutschen Bundes, als man in den süddeutschen Staaten gewählte Landtage zur politischen Mitgestaltung schuf. Freilich hatte der Beamtenabsolutismus, so fortschrittlich viele seiner Reformen waren, auch immer etwas Obrigkeitsstaatliches. Bürokratismus und „Vielregiererei" schufen jenen Konfliktstoff, der schon bald liberale Kritiker auf den Plan rief, die nach mehr demokratischer Mitbestimmung verlangten, als die Beamtenregierungen zugestehen wollten. Für die weitere Entwicklung des Föderalismus hatte der gewaltige Ausbau an „Landesstaatlichkeit", der mit der Territorialrevolution und den Reformen einherging, erhebliche Konsequenzen: Die mächtiger werdenden Landesverwaltungen hatten kein großes Interesse daran, ihre Arbeit durch Reichs- oder Bundesvorgaben einschränken zu lassen. Der traditionelle Vollzugsföderalismus wurde so noch einmal gestärkt.

Bayern: Zentralismus und Oktoberfest

In Bayern wurde die Reformpolitik am gründlichsten und eigenständigsten umgesetzt, es wurde zum Musterstaat des Beamtenabsolutismus. Das war im Wesentlichen das Werk des leitenden Ministers Maximilian von Montgelas. Er hatte bereits 1796 Grundzüge einer Staatsreform skizziert, die er ab 1799 unter Maximilian IV. Joseph umsetzen konnte. Als erstes Land führte Bayern ein modernes Beamtenrecht ein, Grundlage für eine effiziente Verwaltung, denn bis dahin herrschten Ämterkäuflichkeit und Patronage. Schon 1808 legte Montgelas eine Verfassung vor. Die darin vorgesehene Volksvertretung trat zwar nie zusammen, geplant war aber schon, das Prinzip der Ständerepräsentation durch die Bindung an Eigentum und Steuerleistung zu ersetzen. Um den aus Altbayern und Dutzenden von säkularisierten und mediatisierten Reichsterritorien zusammengewürfelten neuen Staat zu einigen, wurde die Verwaltung stark zentralisiert. Und man ging auch daran, eine – wie man heute sagen würde – „Landesidentität" zu schaffen. Das war erfolgreich, wie man weiß: Das bayerische Sonderbewusstsein reicht in jene Zeit zurück. Das Münchener Oktoberfest auch – es wurde erstmals 1810 aus Anlass der Hochzeit des Thronfolgers ausdrücklich als bayerisches „Nationalfest" veranstaltet.

Baden: Und wieder Musterländle

In Baden, das von der Reichsflurbereinigung am meisten profitierte, war die Kontinuität zu den Reformen des 18. Jahrhunderts besonders groß, zumal noch immer der aufgeklärte Großherzog Karl Friedrich regierte. Dessen Hofratsdirektor Friedrich Brauer verfocht in den ersten Rheinbundjahren eine im Vergleich zu Bayern und Württemberg eher moderate Reformpolitik und versuchte, die neuen Gebiete weniger abrupt zu integrieren. Er scheiterte jedoch mit seiner vorsichtigen Haltung, auch weil Baden nicht die hohen Kontributionserwartungen in Paris erfüllte. Brauers Nachfolger Sigismund von Reitzenstein ging die Sache schneidiger an, sein Ehrgeiz war es, Baden abermals zum Musterländle zu machen – und zwar durch die möglichst weit gehende Annäherung an das Vorbild Frankreich. Als einziger der süddeutschen Rheinbundstaaten übernahm Baden den Code Napoleon, das französische Zivilgesetzbuch. Doch scheute man vor der Abschaffung des Adels ebenso zurück wie man es nicht wagte, die völlige Gewerbefreiheit einzuführen.

Württemberg: Der schwäbische Sultan

Auch in Württemberg wurde eifrig reformiert, aber vor allem durch den König selbst. Friedrich I. neigte zu autokratischen Allüren, man nannte ihn den „schwäbischen Sultan". Schon im Dezember 1805 hob Friedrich die alte landständische Verfassung eigenmächtig auf. Die adeligen Vorrechte wurden mit einer gewissen Brutalität abgebaut. Allerdings war die Integrationsaufgabe in Württemberg auch besonders schwierig. Gerade im Schwäbischen gab es viele Kleingebiete der Reichsritterschaft und eine Reihe bedeutungslos gewordener Reichsstädte, die vor allem hohe Schulden in das neue Land einbrachten. Zudem waren die neuwürttembergischen Gebiete überwiegend katholisch, darunter viele einst geistliche Territorien. Altwürttemberg war dagegen protestantisch, Konflikte und Abneigungen zwischen beiden Landesteilen reichten noch bis ins 20. Jahrhundert. Zwar ging Friedrich rigoroser vor als andere Rheinbundfürsten, aber auch in Württemberg zielten die Reformen letztlich auf einen modernen Staat mit effizienter Verwaltung und am Ende einer Vertretung der Bürgerschaft (jedenfalls der Wohlhabenden und Gebildeten) in einem gewählten Landtag.

Franzosen auf Zeit: Die linksrheinischen Gebiete

Die tiefsten Veränderungen nach 1800 erlebte das linksrheinische Deutschland, das Frankreich praktisch eingegliedert war. Hier galt bereits seit 1797 französisches Recht. Der Adel wurde völlig abgeschafft, Feudallasten konnten ohne Ausgleich für die früheren Grundbesitzer abgelöst werden. Der Kirchenbesitz – und davon gab es in den früheren geistlichen Kurfürstentümern Mainz, Köln und Trier eine Menge, insgesamt ein Drittel des linksrheinischen Gebiets – wurde verstaatlicht und dann verkauft, was im Rheinland eine neue bürgerliche Grundbesitzerklasse schuf, aber auch den Bauern zugutekam. Zwischen dem Niederrhein und der Pfalz entstanden so in kurzer Zeit völlig andere Gesellschaftsverhältnisse als im Rest Deutschlands. Und nirgends ging die wirtschaftliche Liberalisierung so weit wie im Land links des Rheins. Das in der „Franzosenzeit" gebildete Sonderbewusstsein setzte sich fort, nachdem das Rheinland 1815 an Preußen fiel und die Pfalz bayerisch wurde.

Preußens Versuch, sich zu reformieren

„Preußen hat sehr geeilet, so vieles nachzuahmen, was im Rheinbund geschah." Diese Ansicht des hessischen Ministers Karl Wilhelm Heinrich du Thil haben die Historiker lange Zeit nicht geteilt, die Rheinbundreformen stehen bis heute oft im Schatten der preußischen Reformen, die mit dem Reichsfreiherrn vom und zum Stein, Karl August von Hardenberg, Gerhard von Scharnhorst oder Wilhelm von Humboldt verbunden sind. Mittlerweile ist unbestritten, dass für die weitere Entwicklung Deutschlands die süddeutschen Reformen mindestens so wichtig waren. Die Ausgangslagen waren sehr unterschiedlich: Im Rheinbund wurden neue Staaten geschaffen, in Preußen musste ein bestehender Staat wieder auf Vordermann gebracht werden. Es galt, den völligen Zusammenbruch nach den Niederlagen von Jena und Auerstädt gegen die Franzosen 1806 aufzufangen und die angeschlagene Großmacht wiederaufzurichten. „Die Reorganisation von Armee und Administration war in erster Linie eine Selbsterneuerung." (Elisabeth Fehrenbach) Ganz vorne stand die Heeresreform, die den Wiederaufstieg der Militärmacht Preußen einleiten sollte. Daneben trat eine Bildungsreform, die weit über Preußen hinaus Wirkung zeigte und das Muster für die moderne Universität schuf. Zudem wurde 1808 eine Städteordnung erlassen, die den Kommunen Selbstverwaltungsrechte übertrug – Preußen war hier weniger zentralistisch als die Südstaaten. Auch die Liberalisierung des Wirtschaftslebens ging weiter als in den Rheinbundstaaten, vor allem, um den maroden Staatshaushalt schneller zu sanieren. 1811 wurde die Gewerbefreiheit eingeführt, auch ging Preußen früh zum Freihandel über. Der preußische Staatsaufbau blieb dagegen im alten ständischen System hängen, der Weg in Richtung einer Repräsentativverfassung wurde nicht beschritten. Der Adel behielt seinen starken Einfluss und konnte Privilegien bewahren, die in den Rheinbundstaaten geschliffen wurden. Auf dem Land und in den Provinzverwaltungen blieb sein politischer Einfluss dominierend. So fiel Preußen bei aller Vorbildlichkeit der Reformen im Einzelnen verfassungspolitisch hinter die süddeutschen Staaten zurück.

Österreich fällt zurück

Möglicherweise wäre die Geschichte anders verlaufen, hätte der fortschrittlich denkende Kaiser Leopold II. länger regiert als nur von 1790 bis 1792. Wie sein Vorgänger Joseph II. sah er sich als Reformer, als Großherzog der Toskana hatte er vorbildliche Reformen eingeleitet. Leopold befürwortete den Verfassungsstaat, was den meisten seiner Mitregenten in Europa gegen Ende des 18. Jahrhunderts kaum eingefallen wäre. „Die begrenzte Monarchie, wo die exekutive Gewalt in den Händen eines Einzigen frei ist und die gesetzgebende Gewalt in denen der Repräsentanten der Nation, ist die beste von allen", schrieb er schon 1790. Sein Nachfolger Franz II. hielt von all dem nichts. Im Gegenteil, unter seiner Regentschaft wurden sogar viele Reformen der josephinischen Ära zurückgenommen. Österreich fiel wirtschafts-, sozial- und verfassungspolitisch immer mehr zurück. Reformpolitik wie in den Rheinbundstaaten und in Preußen fand in Österreich nach 1800 nicht statt. Zudem tat sich nun in dem Vielvölkerreich jener Grundkonflikt auf, der das ganze 19. Jahrhundert prägte: Sollte die Habsburgermonarchie eher zentralistisch von Wien aus regiert werden, oder gab man dem Gesamtstaat eine föderale Herrschaftsform? Das klassische Problem großer Staaten: Wie kann zwischen Einheit und Vielfalt eine Balance gefunden werden? Weder die eine noch die andere Lösung setzte sich durch. „Bestehen blieb eine chaotische Regierungsverfassung, bei der die Integration der Politik allein in der Hand des Kaisers lag." (Thomas Nipperdey) Die Staatsfinanzen waren zerrüttet, eine Konsolidierung gelang nicht. Der Großmachtstatus ruhte fortan auf tönernen Füßen.

Der Deutsche Bund 1815 bis 1848

Der Weg in den Verfassungsstaat

Napoleons Niedergang begann nach dem Desaster des Russlandfeldzugs 1812. Eine Allianz aus Russland, England, Österreich und Preußen, der nun auch Bayern beitrat, das den Rheinbund kurz zuvor verlassen hatte, besiegte die französische Armee im Oktober 1813 in der Völkerschlacht bei Leipzig. Der Rheinbund löste sich auf, aber die territorialen Veränderungen von 1803/1806 konnten nicht mehr rückgängig gemacht werden. Das Dritte Deutschland, um 1790 zur potenziellen Tauschmasse der Großmächte herabgesunken, ging aus jener Übergangsphase gestärkt und konsolidiert hervor. Die Reformpolitik jener Jahre hatte freilich auch dazu geführt, dass die inneren Verhältnisse der deutschen Staaten recht unterschiedlich waren. Deutschland war eine Ländermischung, die nicht ohne Weiteres unter einen Hut zu bringen war. Der Pariser Friede vom 30. Mai 1814, mit dem nach dem Sieg über Napoleons Frankreich in Europa eine neue Zeit begann, legte daher für die künftige staatliche Gestaltung Deutschlands fest: „Die deutschen Staaten sollen unabhängig sein und durch ein föderatives Band miteinander verbunden." Es sollte also eine lockere Föderation sein, für die der Rheinbund das Vorbild lieferte. Die Vorstellung, dieses „föderative Band" möglichst eng zu fassen, spielte in der Debatte nur eine untergeordnete Rolle. Nur als ein Bund von starken Ländern mit einer eher schwachen Bundesebene war Deutschland 1815 zu vereinigen. Insbesondere die deutschen Mittelstaaten konnten sich in diesem lockeren Bund weiter konsolidieren, ihre Eigenstaatlichkeit festigen und zumindest als Gesamtheit ein Gegengewicht zu den Großmächten Österreich und Preußen bilden. Vor allem im liberaleren Süden entstand in den folgenden Jahren ein ausgeprägtes Landesbewusstsein in der Bevölkerung, welches bis in die Gegenwart spürbar ist. Der Deutsche Bund stärkte das Dritte Deutschland, von dem in jenen Jahren der politische Fortschritt ausging. Das wurde durch die Bundesakte grundsätzlich abgesichert, auch wenn die verfassungspolitisch rückständigen Mächte Österreich und Preußen Wege und Mittel fanden, dagegen anzukämpfen. Der Deutsche Bund sorgte so dafür, dass zumindest ein Teil Deutschlands Anschluss behalten konnte an die westliche Verfassungsentwicklung. „Die entscheidenden Weichen auf dem Weg zum Verfassungsstaat sind in der Verfassungspolitik des Deutschen Bundes und mit der süddeutschen Verfassungsgesetzgebung gestellt worden." (Dietmar Willoweit)

Der Wiener Kongress: Eine Ordnung für Europa …

Begründet wurde der Deutsche Bund auf dem Wiener Kongress, der unter der Leitung des österreichischen Staatsmanns Clemens von Metternich seit November 1814 tagte. Wie die westfälischen Kongresse nach dem Dreißigjährigen Krieg hatte auch die Wiener Diplomatenversammlung eine Doppelfunktion: Verhandlungen über eine europäische Friedensordnung gingen einher mit einem deutschen Verfassungskonvent. Der europäische Aspekt war die Rückkehr zu einem Gleichgewichtssystem, in dem der Deutsche Bund, der deutsche Föderalismus, in der Mitte Europas jene stabilisierende Rolle einnehmen sollte, die schon das Alte Reich hatte. Der Göttinger Gelehrte Arnold Hermann Ludwig Heeren fasste das 1816 so zusammen: „Der Deutsche Bundesstaat macht geographisch den Mittelpunkt dieses Systems aus. Er berührt ganz oder beynahe die Hauptstaaten des Westens und des Ostens; und nicht leicht kann auf der einen oder der andern Seite unseres Welttheils sich etwas ereignen, was ihm gleichgültig bleiben könnte. Aber

Der Wiener Kongress
unter der Leitung des Fürsten Clemens von Metternich.
Lithografie nach einem Gemälde von Jean Baptiste Isabey.

auch den fremden Mächten kann es nicht gleichgültig seyn, wie der Centralstaat von Europa geformt ist! Wäre dieser Staat eine große Monarchie mit strenger politischer Einheit; ausgerüstet mit allen den materiellen Staatskräften, die Deutschland besitzt – welcher sichere Ruhestand wäre für sie möglich? Ja würde ein solcher Staat lange der Versuchung widerstehen können, die Vorherrschaft in Europa sich anzuzeigen, wozu seine Lage und seine Macht ihn zu berechtigen schienen? Die Entstehung einer einzigen und unumschränkten Monarchie in Deutschland würde binnen kurzem das Grab der Freyheit von Europa." Als Gesamtheit nicht angriffsfähig, ohne aktive Außenpolitik, aber stark genug zur gemeinsamen Verteidigung und zum Erhalt der Balance in Europa – das war die sicherheitspolitische Aufgabe des Deutschen Bundes in der Nachfolge des Reiches. Freilich hatten die Großmächte Österreich und Preußen als eigenständige Glieder des europäischen Staatensystems ihre eigenen Interessen, und das wiederum führte dazu, dass ihre Bundespolitik immer unter dem Vorbehalt ihrer Großmachtstellung stand.

... und für Deutschland

34 Monarchien – vom Kaiserreich Österreich bis hinunter zum Fürstentum Hohenzollern-Hechingen – und vier „freye Städte" bildeten den Deutschen Bund, bis zu seinem Ende 1866 gab es nur geringe Veränderungen. Nach Bevölkerung dominierten Österreich mit 9,5 Millionen Einwohnern im Bundesgebiet und Preußen mit 7,9 Millionen, doch waren die Mittelstaaten Bayern, Württemberg, Hannover, Sachsen, Baden und die beiden Hessen – das eigentliche Dritte Deutschland – mit zusammen 9,6 Millionen Einwohnern durchaus ebenbürtig. Auf die Kleinstaaten und die Städte entfielen gut drei Millionen „Bundesdeutsche". Artikel 2 der Bundesakte vom 8. Juni 1815 legte als Kernzweck des Bundes fest: „Erhaltung der äusseren und inneren Sicherheit Deutschlands und der Unabhängigkeit und Unverletzlichkeit der einzelnen deutschen Staaten". Mit dieser zentralen Verfassungsbestimmung sollte eine Neuauflage der österreichisch-preußischen Aufteilungspolitik verhindert, eine Hegemonialstellung der Großmächte ausgeschlossen werden. Nach der Bundesakte waren die Bundesstaaten gleichberechtigt. Zentrale Einrichtung war die Bundesversammlung, ein nach dem Vorbild des Regensburger Reichstags gebildeter permanenter Gesandtenkongress mit Sitz in Frankfurt am Main. Im Gegensatz zum Alten Reich gab es weder ein Staatsoberhaupt noch ein permanentes Reichsgericht. Streitfälle zwischen den Mitgliedern sollte die Bundesversammlung oder ein eigens zu benennendes Gericht schlichten. Die Bundesstaaten hatten – wie schon die Reichsglieder – nur ein eingeschränktes Bündnisrecht, das sich nicht gegen den Bund oder andere Bundesstaaten richten durfte. Der Bund wurde auf Dauer geschlossen, der Austritt durch einseitige Erklärung war nicht möglich.

In der Tradition von Fürstenbund und Rheinbund

Der Bremer Senator Johann Smidt hat den Zweck des Bundes so formuliert: „Die Willkür soll aufhören. Das Recht soll wiederkehren. Deutschland soll in kräftiger Einheit dastehen gegen jeden auswärtigen Feind. Allgemeine Nationalanstalten sollen möglich werden, ohne Verletzung der Individualität der Staaten und ihrer Staatsautonomie." Smidt hoffte zudem auf einen Erziehungseffekt bei den beiden Großmächten: „Es wird eine Schule der Regierungskunst für sie werden, denn indem sie sich durch dieses Verhältnis nöthigen, auch gegen den kleinsten Staat gesetzmässig zu verfahren und auf das Recht des Stärkeren zu verzichten, befähigen sie sich dadurch auch in ihrem eigenen Lande constitutionell regieren zu können." Smidt sollte sich täuschen, aber diese Äußerung zeigt, mit welch großen Erwartungen die Gründung des Deutschen Bundes verbunden war. Und sie zeigt, dass vor allem die Mittel- und Kleinstaaten im neuen Bund eine Einrichtung sahen, die ihren Interessen entgegenkam. So war der Deutsche Bund eine Fortsetzung des Reiches in modernisierter Form, im Anschluss an die Assoziations- und Fürstenbundpolitik des 18. Jahrhunderts und des Rheinbundes von 1806. Dass man auf einen Kaiser, überhaupt auf ein Staatsoberhaupt verzichtete, steht in der Tradition eines Bundes von Gleichen, den man sich in den mindermächtigen Fürstenstaaten im 18. Jahrhundert gewünscht hatte. Es war die Idealvorstellung eines Deutschlands, das nicht durch die Großmachtambitionen seiner beiden führenden Staaten in innere Händel und europäische Kriege verwickelt würde. Österreich und Preußen hätten den Bund lieber anders eingerichtet. Sie versuchten, schon auf dem Wiener Kongress eine Art Doppelhegemonie durchzusetzen – was letztlich auf eine Aufteilung in zwei Einflusszonen etwa entlang der Mainlinie hinausgelaufen wäre. „Die feste, durchgängige, nie unterbrochene Übereinstimmung und Freundschaft Österreichs und Preußens ist allein der Schlußstein des ganzen Gebäudes", so fasste der preußische Reformer Wilhelm von Humboldt diese Überlegungen zusammen. Doch die Mittelstaaten – voran Bayern, Württemberg und Baden – konnten dies dank der Unterstützung Großbritanniens, Russlands und Frankreichs verhindern. Eine Rolle dabei spielte, dass Preußen in seiner unstillbaren Landgier sich im November 1814 einmal mehr an Sachsen vergriff. Dies wurde zwar unterbunden, doch fiel am Ende dessen nördlicher Teil doch an Preußen. Der norddeutsche Militärstaat hatte im Deutschen Bund – nicht nur deswegen – wenige Freunde.

Bund und Nation

In der Folge der „Befreiungskriege" und des Sieges über Napoleon ging so etwas wie eine erste nationalistische Welle durch Deutschland. Doch sie war von kurzer Dauer, und der einheitsstaatlich orientierte Deutschnationalismus blieb vorerst ein Minderheitenphänomen, gepflegt von radikalen universitären Burschenschaften oder der Turnerbewegung des Friedrich Ludwig Jahn. Einen Nationalstaat im Sinne des Einheitsstaates hat damals kaum jemand gefordert, auch wenn mit dem Deutschen Bund durchaus die Erwartung verbunden wurde, nach Jahren des Auseinanderstrebens der deutschen Länder wieder für mehr Einheit zu sorgen. Repräsentativ für das Denken vieler Deutscher war eher die Sichtweise, die Johann Wolfgang von Goethe im Oktober 1828 im Gespräch mit Johann Peter Eckermann entwickelte. „Mir ist nicht bange", sagte der alte Dichter, „dass Deutschland nicht eins werde; unsere guten Chausseen und künftigen Eisenbahnen werden schon das ihrige tun." Vor allem wünschte sich der einstige Weimarer Landespolitiker mehr Einheit bei Wirtschaft, Handel und Währung, auch solle zwischen den deutschen Staaten nicht mehr „von Inland und Ausland" die Rede sein – alles Anliegen, die durchaus in der Macht des Deutschen Bundes lagen. Doch Goethe fuhr fort: „Wenn man aber denkt, die Einheit Deutschlands bestehe darin, dass das sehr große Reich eine einzige große Residenz habe und dass diese eine große Residenz wie zum Wohl der Entwickelung einzelner großer Talente so auch zum Wohl der großen Masse des Volkes gereiche, so ist man im Irrtum." Und es folgte ein Plädoyer für den Kultur- und Bildungsföderalismus: „Wodurch ist Deutschland groß als durch eine bewundernswürdige Volkskultur, die alle Teile des Reichs gleichmäßig durchdrungen hat. Sind es aber nicht die einzelnen Fürstensitze, von denen sie ausgeht und welche ihre Träger und Pfleger sind?" Die vielen Residenzen und die großen Reichsstädte – die regionalen Hauptstädte also – waren für Goethe Garanten dieser gleichmäßigen Verteilung von Kultur und Bildung. „Würden sie aber bleiben, was sie sind, wenn sie ihre eigene Souveränität verlieren und irgendeinem großen deutschen Reich als Provinzialstädte einverleibt werden sollten? Ich habe Ursache, daran zu zweifeln." Kein übermächtiges Zentrum, dadurch keine rückständigen Provinzen – darin sah Goethe auch weiterhin die Vorteile der staatlichen Vielfalt. Der Deutsche Bund galt den meisten Deutschen als durchaus annehmbares „nationales Gehäuse".

Kein Staatenbund, sondern ein Bundesstaat

Goethes Wunsch nach mehr wirtschaftlicher Einheit, nach weniger Zollschranken und Handelshemmnissen, war freilich verbreitet. Es lag im Rahmen der Möglichkeiten des Deutschen Bundes, dies zu schaffen. Es sollte sogar seine Aufgabe sein. So war nach Artikel 19 der Bundesakte eine Bundesgesetzgebung „wegen des Handels und Verkehrs zwischen den verschiedenen Bundesstaaten" vorgesehen, die eine Zoll- und Währungsunion möglich gemacht hätte. Auch andere Vorgaben der Bundesakte zielten auf mehr Einheitlichkeit. Artikel 13 schrieb eine „landständische Verfassung" für alle Staaten vor. Nach Artikel 18 war eine Verfügung zur „Preßfreyheit" für alle Staaten vorgesehen. Es wurden auch zwei allgemeine Grundrechte durch die Bundesakte garantiert: die Freiheit des Grunderwerbs in allen Bundesstaaten und das Recht des freien Wegzugs von einem Staat in einen anderen, also Freizügigkeit im Bundesgebiet. So konnte Wilhelm von Humboldt feststellen: Der Deutsche Bund sei „seiner ursprünglichen Bestimmung und seinem politischen Dasein nach ein wirklicher Staatenbund ..., der sich aber zur Erreichung seines innern und äußern Zwecks in gewissen durch die Bundes-Acte bestimmten Beziehungen eine Einheit und einen Zusammenhalt gegeben hat, welchen ihn in diesen Beziehungen zu einem Bundesstaate machen". Was fehlte, war eine starke Bundesexekutive und vor allem ein Bundesgericht, das sich viele Kritiker des Bundes wünschten, weil sie darin in Erinnerung an die Reichsgerichtsbarkeit ein Instrument der Machtkontrolle sahen, das nun fehlte. Doch lehnten das vor allem die süddeutschen Mittelstaaten ab. Sie wollten ihre Verfassungsfortschritte gegen bundespolitische Eingriffe der rückständigen Kräfte absichern und Klagen der alten Landstände – also letztlich des mediatisierten Adels – vor einem Bundesgericht erst gar nicht riskieren. Das Fehlen von starken Bundeseinrichtungen war aus dieser Sicht also kein Nachteil. Auch der Deutsche Bund stand in der Tradition des Vollzugsföderalismus, die Umsetzung von Bundesbeschlüssen war Ländersache, Bundesgesetze traten erst in Kraft, wenn sie von den Landesbehörden publiziert wurden (wozu sie freilich verpflichtet waren).

Frankfurt am Main, Eschenheimer Gasse: Die Bundesversammlung

Die Bundesversammlung (auch Bundestag genannt) residierte in Frankfurt am Main, im thurn- und taxischen Palais in der Eschenheimer Gasse. Die Mitglieder

Sitzungssaal der Bundesversammlung Frankfurt
Holzstich 1861.

weils einen Gesandten vertreten, man tagte an einem runden Tisch, aber unter dem Vorsitz unter dem Vorsitz Österreichs, das damit seinen Anspruch als Führungsmacht im Bund dokumentierte. Die Versammlung konnte in zwei Gremien stattfinden: im Engeren Rat und im – sehr selten tagenden – Plenum. Von den 17 Stimmen im Engeren Rat führten die elf größeren Staaten Österreich, Preußen, Bayern, Sachsen, Hannover, Württemberg, Baden, Kurhessen (Hessen-Kassel), Hessen-Darmstadt, Holstein und Luxemburg je eine Stimme, die 27 kleinen Länder und die Städte teilten sich sechs Kuriatstimmen. Im Plenum, das vor allem für Verfassungsänderungen zuständig war, wurden die 69 Stimmen nach Größe verteilt: je vier für Österreich und die Königreiche, je drei oder zwei für die Mittelstaaten, je eine für die Kleinfürstentümer und Städte. In diesem Plenum war eine Zweidrittelmehrheit nötig, im Engeren Rat wurde nach einfacher Mehrheit entschieden. In wichtigen Verfassungsfragen war jedoch Einstimmigkeit vorgeschrieben. Der rechtlichen Gleichheit der Bundesstaaten stand somit eine Ungleichheit bei der Stimmverteilung gegenüber, die auf den Reichstag zurückgeht. Freilich hatten weder die Großmächte noch die Mittelstaaten noch die Kleinen eine Mehrheit, dieses Stimmverteilungssystem diente dazu, angesichts der doch beträchtlichen Größen- und damit auch Leistungsunterschiede eine Balance zu wahren, die allen Seiten entgegenkam. Eine Allianz der mittleren und kleinen Staaten gegen Österreich und Preußen war zwar möglich, aber die meisten Kleinstaaten grenzten an preußisches Gebiet oder waren gar von ihm umschlossen. Das gab Berlin ein Druckmittel – wer wollte es sich schon mit dem militärisch und wirtschaftlich starken Preußen verscherzen? Die Wiener Politik wiederum verstand es durch geschickte Diplomatie, sich häufig genug die Mittelstaaten geneigt zu machen. Die Mittelstaaten allerdings vermieden es, sich zu einseitig zugunsten einer der Großmächte aufzustellen, eher betrieben sie eine Art Schaukelpolitik. Solange Wien und Berlin sich aber einig waren, konnten sie Mehrheiten am Bundestag ohne Weiteres organisieren.

Eine aktive Bundesversammlung

Der Bundestag versuchte sich in den ersten Jahren seiner Existenz als eigenständiges Organ zu etablieren. Die Gesandten, die nach der Bundesakte nicht strikt weisungsgebunden waren, nahmen die Bundespolitik in ihre Hände und versuchten, die föderative Integration, welche die Bundesakte ermöglichte, voranzubringen. Vor allem der Württemberger Karl August von Wangenheim – für den Erzkonservativen Metternich ein „übler Demagoge" –, der Hesse Georg Ferdinand von Lepel und der Bayer Johann Adam von Aretin wollten die Bundesversammlung nutzen, um dem Bund insgesamt eine Richtung im Sinne der süddeutschen Verfassungsstaaten zu geben. Wangenheims Idee war es, „Föderalismus und Liberalismus vom Dritten Deutschland her zu verbinden und auf der Bundesebene gemeinsam ins Spiel zu bringen" (Heinrich Lutz). Auch der österreichische Gesandte Johan Rudolf von Buol-Schauenstein neigte zu einer aktiven Bundespolitik, um den Bund als

„Band der Nationalität" zu stärken. In seiner Eröffnungsrede am 5. November 1816 betonte der Vorsitzende der Bundesversammlung, dass es das Ziel sei, den Bund fortzuentwickeln: „Jeder Deutsche erwartet mit Zuversicht und Vertrauen, dass wir eingedenk unsers Berufs, das Gebäude des großen National-Bundes vollenden werden." Freilich stießen die Bemühungen um mehr bundeseinheitliche Regelungen oft auf Widerstand in den Landesregierungen, weshalb der Versuch einer eigenständigen Frankfurter Bundespolitik durch die Gesandten über vielversprechende Ansätze nicht hinausgekommen ist.

Das Rätsel des Artikels 13

Ein zentraler Konfliktpunkt zwischen den Bundesstaaten war der Artikel 13 der Bundesakte, der allen Mitgliedstaaten des Bundes landständische Verfassungen auferlegte. Dieser Artikel war das „große Rätsel" (Hartwig Brandt) der Bundesverfassung – denn was sollte „landständisch" bedeuten? Eine traditionelle Ständeversammlung, also praktisch die Herrschaft des Adels, wie in Preußen, Österreich und mehreren Kleinstaaten? Oder eine moderne parlamentarische Vertretung, wie sie in den süddeutschen Staaten vorgesehen war, nicht nach Ständen gegliedert, sondern als Repräsentation der Gesamtgesellschaft (wenn auch im liberalen Sinn der Vertretung des Volkes durch Besitzende und Gebildete)? Vor allem stellte sich die Frage, ob dies bundesrechtlich konkret vorgegeben werden sollte. Als Sachsen-Weimar im Oktober 1816 eine Bundesgarantie für seine fortschrittliche Verfassung wünschte, spitzte sich das Problem zu, zumal kurz darauf die lippischen Stände gegen die ebenfalls moderne Repräsentativverfassung protestierten, die ihre Fürstin Pauline erlassen hatte. Auch Mecklenburg-Schwerin (mit seiner altständischen Verfassung) hakte nach, wie es denn um Artikel 13 bestellt sei. In München, Stuttgart, Darmstadt und den anderen Residenzen der Reformstaaten wollte man lieber nicht auf eine Bundesentscheidung warten. Der bayerische König Ludwig I. erließ am 26. Mai 1818 eine heimlich vorbereitete Verfassung, Baden folgte am 22. August 1819, im Jahr darauf traten auch in Württemberg und Hessen-Darmstadt moderne Verfassungen in Kraft. Damit war der Süden Deutschlands ein Block von sogenannten konstitutionellen Monarchien, ergänzt um einige kleinere Staaten wie Sachsen-Weimar. Die Verfassungen ähnelten sich. Als Vorbild diente die französische „Charte constitutionnelle" von 1814, die eine Repräsentation des Volkes vorsah und den Monarchen an die Verfassung band. Die Regierungen waren allerdings nicht an den Willen des Parlaments gebunden, sondern dem Monarchen gegenüber verantwortlich, der sie auch ins Amt setzte. Allerdings hatten die Parlamente in diesen Verfassungsmonarchien in aller Regel das Budgetrecht wie die früheren Landstände: Sie konnten so und über die Steuerbewilligung starken Einfluss nehmen. Mit dieser Verfassungsgebung waren Fakten geschaffen, an denen man in Wien und Berlin nicht mehr vorbeikam.

Reaktionäre Großmächte: Österreich und Preußen

Die Verfassungsfrage stellte sich auch in Österreich und Preußen. Die Habsburger herrschten freilich über ein Vielvölkerreich, das zum größeren Teil gar nicht in den Deutschen Bund eingegliedert war, mit Böhmen, Mähren, Ungarn, Siebenbürgen, Kroatien, Venetien und der Lombardei. Wie sollte man dieses Konglomerat integrieren und regieren? Metternich bastelte ein Modell, in dem kein Zentralparlament vorgesehen war, als Ersatz dafür sollte es einen Staatsrat geben, ein allein vom Monarchen ernanntes Beratergremium. Unterhalb davon waren altständische Provinzlandtage vorgesehen. Doch der Vorschlag versandete im Wiener Regierungsapparat. Stattdessen wurde ein autoritärer Zentralismus eingeführt, mit dem man sich jahrzehntelang durchwurstelte. Verfassungspolitische Rückständigkeit bestimmte die Wiener Bundespolitik vor 1848 – sie hatte dadurch eine destruktive Tendenz. In Preußen sah es nicht viel anders aus. Als Mitglied der siegreichen Allianz gegen Napoleon war es auf dem Wiener Kongress erheblich vergrößert worden, bekam über seine alten Länder Kleve und Mark hinaus das gesamte Gebiet zwischen Niederrhein und Saarland und den Großteil Westfalens noch dazu. Ein Grund dafür war, dass man die Verteidigung der deutschen Westgrenze gegen Frankreich besser organisieren wollte als im Alten Reich (weswegen auch die Mittelmacht Bayern die linksrheinische Pfalz zugeschanzt bekam). Die Vergrößerung Preußens hatte freilich innenpolitische Folgen. Der Hohenzollernstaat erhielt mit dem Rheinland eine selbstbewusste, wirtschaftlich starke Region, die nach 20 Jahren unter französischer Herrschaft eine westeuropäisch-bürgerliche Gesellschaftsstruktur besaß, während die preußischen Kernlande im Osten weiterhin agrarisch geprägt und vom Adel dominiert waren. Die Erwartungen, wie der Staat organisiert sein sollte, klafften zwangsläufig erheblich auseinander. Am Berliner Hof hatten jedoch die konservativen Kräfte das Sagen. Die Reformpolitik des Kanzlers Hardenberg verkümmerte nach 1815, und obwohl König Friedrich Wilhelm III. schon 1810 eine Verfassung versprochen hatte, tat sich in dieser Hinsicht 40 Jahre lang nichts. Die Reform- und Verfassungsgegner fürchteten eine Zersetzung der preußischen Militärmonarchie. So kam es analog zu Metternichs Modell nur zu Provinzialparlamenten, in denen der Adel weithin dominierte. Zwischen den beiden Großmächten gab es „einen Gleichklang der verfassungspolitischen Absichten, der auch ins Programmatische, ins Ideologische reichte" (Hartwig Brandt). Österreich und Preußen waren Schwestern im reaktionären Geist. Die Mittelstaaten durften sich nicht fortentwickeln zu parlamentarischen Monarchien mit liberalen Landtagen, also die Verantwortlichkeit der Minister gegenüber dem Parlament einführen, das Gesetzgeber ist und aus dessen Reihen die Regierung gebildet wird. Das hätte die Herrschaftsordnung in Österreich und Preußen gefährdet. Der verfassungspolitische Gegensatz zwischen den liberaleren Mittelstaaten und den konservativen Großstaaten war das Kernproblem des Deutschen Bundes, ein Konflikt, der zwangsläufig auf den Föderalismus ausstrahlte und ihn prägte: Denn Österreich und Preußen nutzten den Bund als Instrument ihrer Interessen gegen die liberalen Bundesstaaten.

Rolle rückwärts: Karlsbader Beschlüsse und Wiener Schlussakte

Als sich in der kleinen Nationalbewegung militante Tendenzen zeigten und der Jenaer Theologiestudent Karl Ludwig Sand am 23. März 1819 in Mannheim den antinationalistischen Dramendichter August von Kotzebue ermordete, verständigte sich Metternich mit Preußen auf eine bundespolitische Wende zur Abwehr der vermeintlichen Gefahr. Er lud Vertreter einiger Bundesstaaten in das böhmische Kurstädtchen Karlsbad, wo er Maßnahmen absprach, die vordergründig der Bekämpfung der Burschenschaften dienen sollten, in Wirklichkeit aber gegen liberale Bestrebungen gerichtet waren: ein Universitätsgesetz zur Überwachung der Studenten und Professoren, ein Pressegesetz zur Ausweitung der Zensur, ein Untersuchungsgesetz, mit dem eine zentrale Spitzelbehörde in Mainz errichtet wurde. Das Verfahren Metternichs war nicht verfassungskonform, denn Ort dieser Gespräche hätte die Bundesversammlung sein müssen. Die Karlsbader Beschlüsse wurden am 20. September 1819 dem teils gar nicht eingeweihten Bundestag vorgelegt und eilends durchgedrückt. Die Verfassungsstaaten stimmten zu, freilich dachten Bayern, Württemberg und Baden nicht daran, das Beschlossene auch in aller Härte umzusetzen. Wie im Reich war auch jetzt die Umsetzung von Bundesgesetzen reine Ländersache, und der Vollzugsföderalismus gab den Regierungen Spielraum. So verfuhren die einen härter, die anderen liberaler. Der zweite Schritt zur reaktionären Verschärfung der Bundespolitik war die Wiener Schlussakte vom 15. Mai 1820, mit der die Bundesakte ausgestaltet wurde. Diese verfassungspolitische Präzisierung erfolgte weitgehend im Sinne der Großmächte, indem das Instrument der Bundesintervention als Disziplinierungsmittel geschaffen wurde. Die „Aufrechterhaltung der innern Ruhe und Ordnung in den Bundesstaaten" blieb zwar Aufgabe der Landesregierungen, „als Ausnahme kann jedoch, in Rücksicht auf die innere Sicherheit des gesammten Bundes, und in Folge der Verpflichtung der Bundes-Glieder zu gegenseitiger Hülfsleistung, die Mitwirkung der Gesamtheit zur Erhaltung oder Wiederherstellung der Ruhe, im Fall einer Widersetzlichkeit der Untertanen gegen die Regierung, eines offenen Aufruhrs, oder gefährlicher Bewegungen in mehreren Bundesstaaten, Statt finden". Die „Mitwirkung", also das Eingreifen anderer Bundesstaaten, konnte auch unaufgefordert erfolgen. Dieser Artikel 25 der Schlussakte war ein Freibrief zur Unterdrückung liberaler und nationaler Bestrebungen. Die Karlsbader Beschlüsse und die Wiener Schlussakte legten die Verfassungsstaaten an die österreichisch-preußische Kette, und im Bundestag hatten die liberaleren Staaten meist keine Mehrheit. Die Komplizenschaft zwischen Wien und Berlin fand fortan vor allem in direkten Vorabsprachen der Frankfurter Bundespolitik ihren Ausdruck. „In der inneren Bundespolitik hatte seit 1819/20 die Sicherung des Status quo absolute Priorität, während die föderative Integration Deutschlands, welche bei der Bundesgründung ein wichtiges Leitmotiv gewesen war, praktisch aufgegeben wurde." (Jürgen Müller)

Monarchisches Prinzip

Freilich konnte die süddeutsche Verfassungsgebung durch die Wiener Schlussakte nicht mehr zurückgedreht werden. „Die Partie ist angefangen, die Partie muss gespielt werden", lautete der berühmte Satz des württembergischen Außenministers Ernst Graf von Wintzingerode. Laut Artikel 56 der Wiener Schlussakte konnten bestehende Verfassungen nur auf verfassungsmäßigem Weg abgeändert werden – also in den Verfassungsstaaten nicht gegen den Willen der Landtage. Doch Metternich fand einen Weg, zumindest eine verfassungspolitische Weiterentwicklung zu behindern. Artikel 57 bestimmte, dass „die gesammte Staats-Gewalt in dem Oberhaupte des Staats vereinigt bleiben" müsse, die souveränen Fürsten könnten „durch eine landständische Verfassung nur in der Ausübung bestimmter Rechte an die Mitwirkung der Stände gebunden werden". Dieses „monarchische Prinzip" konnte genutzt werden, um den Einfluss der Landtage zu begrenzen und den Übergang zum parlamentarischen System zu blockieren. Solange freilich die Landtage bei der Steuerbewilligung und vor allem der Haushaltsgenehmigung mitredeten, und das konnten sie in aller Regel auch weiterhin, „war das konstitutionelle System … immer virtuell parlamentarisch" (Hartwig Brandt). Im Jahr 1833 stellte der württembergische Ministerpräsident Johannes Schlayer fest, „dass die Regierung auf die Majorität der Stände als auf ihre Grundlage sich stützen müsse". So war das mit der Schlussakte eingeführte „monarchische Prinzip" zwar kein unüberwindbares Hindernis, aber ein verfassungspolitischer Hemmschuh, der jederzeit aufs Gleis gelegt werden konnte, um den liberalen Zug zu stoppen.

Die „Epuration" des Bundestages

Der dritte Schritt zur Unterordnung des Bundes unter den reaktionären Willen der österreichisch-preußischen Allianz war die Absetzung der selbstbewussten Gesandtenriege in Frankfurt, die auf Druck aus Wien und Berlin hin erfolgte. Neben Wangenheim und Lepel fiel der „Epuration" im Jahr 1823 auch Buol-Schauenstein zum Opfer. Das zentrale Bundesgremium war damit seiner selbstständigen Köpfe beraubt. Der Bundestag hatte als „Plattform für ein parlamentarisches Kräftespiel zwischen den Bevollmächtigten" (Peter Burg) ausgespielt. Nachfolger wurden brave Beamte, die sich eigenständiger Politik enthielten, der Versuch einer autonomen Politik der Verfassungsstaaten am Bundestag war beendet. „Steriles restauratives Denken" (Jürgen Angelow) herrschte fortan in der Bundesversammlung. Als gestaltende Kraft war sie seit 1823 ausgeschaltet, ihre Arbeit erschöpfte sich in Protokollangelegenheiten, bürokratischem Kleinkram und dem Durchwinken von Beschlüssen aus Wien oder Berlin. In den Zwanzigerjahren des 19. Jahrhunderts legten sich Lähmung und Perspektivlosigkeit über das deutsche Verfassungsleben.

Hambacher Fest
*27.–30. Mai 1832, demokratisch-republikanische Massenkundgebung auf
der Maxburg in Hambach an der Weinstraße.
Aquarell von Max von Boehn nach zeitgenössischem Holzstich.*

Liberaler Aufschwung – abgebremst

Erst in der Folge der Pariser Julirevolution kam es 1830 auch zu einem liberalen
Aufbruch in Deutschland. Nun bildete sich ein politisches Vereinsleben heraus, in
dem sich bereits die künftigen Parteilinien abzeichneten: Liberale, Konservative,
Demokraten, auch schon die ersten Sozialisten fanden sich zusammen, um über
die politische Zukunft des Deutschen Bundes zu debattieren. Hochburgen des Auf-
bruchs waren Württemberg, Baden und die Pfalz – „das südwestdeutsche Labor,
in dem das Moderne erprobt wurde" (Hartwig Brandt). Und das Lager der Verfassungsstaaten vergrößerte sich um Braunschweig, Hannover, Kurhessen und Sachsen. Die Mehrheit der Bundesstaaten war nun „konstitutionell", was irgendwann

auf die Bundespolitik durchschlagen musste. Dadurch aber wuchs der Gegensatz zwischen dem Dritten Deutschland und den Vormächten Preußen und Österreich noch. Wien und Berlin handelten schnell. Nach dem Hambacher Fest im Mai 1832, als „Nationalfest der Deutschen" ein Höhepunkt der Protestbewegung für mehr politische Freiheit, erließ der Bundestag auf ihren Druck hin die „Sechs Artikel": Die Zensur wurde verschärft, politische Vereine wurden verboten, öffentliche Versammlungen eingeschränkt, vor allem aber bekamen die Landtage Fesseln angelegt, indem durch eine extensive Auslegung der Wiener Schlussakte das Petitions- und Gesetzgebungsrecht, das Budgetrecht und die Rede- und Berichtsfreiheit eingeschränkt wurden. Bedenken in den Verfassungsstaaten hielten Wien und Berlin die Devise „Bundesrecht bricht Landesrecht" entgegen. Baden wurde so gezwungen, sein liberales Pressegesetz zu verschärfen. Dass Monarchen und Regierungen auch in den Verfassungsstaaten die Maßnahmen letztlich billigten, hing nicht nur mit der Furcht vor „nationalen Umtrieben" zusammen, sondern auch mit dem gewachsenen Selbstbewusstsein der Landtage. Die Parlamente waren seit 1830 weniger bequem, als man sich das in den Regierungen wünschte. So waren die Jahre danach „durch eine Verschärfung der parlamentarischen Kämpfe und eine Verhärtung der verfassungspolitischen Fronten gekennzeichnet" (Heinrich Lutz). Der reaktionären Bundespolitik setzten die Liberalen daher erstmals die offene Forderung nach parlamentarischer Volksvertretung auch im Bund entgegen. Im Oktober 1831 schlug Carl Theodor Welcker, einer der Köpfe der liberalen Bewegung, im badischen Landtag einen „Nationalrath" vor, ein nationales Parlament, zur „Vervollkommnung der organischen Entwicklung des deutschen Bundes zur bestmöglichen Förderung deutscher Nationaleinheit und deutscher staatsbürgerlicher Freiheit". Und der Liberale Sylvester Jordan plädierte im kurhessischen Landtag dafür, ausgehend von den bundesstaatlichen Ansätzen in der Bundesakte zu einer „constitutionellen Verfahrungsweise" in Frankfurt zu kommen. An einer solchen Bundesreform aber hatten die Regierungen kein Interesse, am allerwenigsten die in Wien und Berlin.

Spitzelwesen gegen Liberale, Nationale und Demokraten

Der „Frankfurter Wachensturm" im April 1833 – ein Angriff Heidelberger Studenten auf die Hauptwache, um eine gesamtdeutsche Revolution zu entfesseln, der aber nicht einmal die Frankfurter Bevölkerung mitriss – diente als Vorwand, um die antiliberalen Maßnahmen des Bundes noch zu verschärfen. Auf den Wiener Ministerialkonferenzen im Frühjahr 1834 wurde unter Federführung Metternichs das polizeistaatliche System des Bundes ausgeweitet. Zur Kontrolle der Presse wurde eine weitere zentrale Spitzelbehörde eingerichtet, deren Berichte zu Hunderten von Strafverfahren gegen Liberale und Demokraten führten. Freilich hatten sich schon in Wien mehrere Verfassungsstaaten – Bayern, Sachsen, Hannover, Württemberg, Baden, Kurhessen, Sachsen-Weimar, Nassau, einige der Kleinstaaten

– sperrig gezeigt, die Durchsetzung der dennoch beschlossenen „Sechzig Artikel" erfolgte nicht überall mit Nachdruck oder in Gänze. Sie waren zudem verfassungswidrig, da sie zum Teil geheim blieben. Die Teilung Deutschlands in zwei Lager dokumentierte auch der Hannoversche Verfassungskonflikt 1837. Dort nahm – entgegen dem Bundesrecht – König Ernst August die Verfassung einseitig zurück, sieben Göttinger Professoren – darunter die Brüder Grimm – wurden entlassen, was für Empörung in ganz Deutschland sorgte. In der Bundesversammlung kam jedoch keine Mehrheit zustande, diesen Verfassungsbruch per Bundesintervention rückgängig zu machen, nur Bayern, Württemberg, Baden, Sachsen, die sächsischen Herzogtümer und die freien Städte stimmten dafür.

Unerträgliche Bundespraxis

So hatte der Föderalismus des Deutschen Bundes um 1840 eine merkwürdige Gestalt angenommen. Eigentlich als Mittel zur Machtbalance und zur Garantie eigenstaatlicher Entwicklung der Bundesglieder gegründet, war der Bund immer mehr zum Werkzeug reaktionärer Politik geworden. Auch wenn die Umsetzung der Repressionsmaßnahmen im Belieben der Länder war und daher nicht überall voll durchschlug, wurde doch deutlich, dass ein Föderalismus keine Zukunft haben konnte, der die zentralen Bundeskompetenzen nur dazu nutzte, liberale Bestrebungen niederzuhalten. Die fortschrittliche Entwicklung in einem Teil des Bundes wurde durch eine anders gewillte Mehrheit behindert – angesichts der fundamentalen Dimension der Verfassungspolitik keine gute Grundlage für einen funktionierenden Föderalismus. „Der Gegensatz zwischen den in den vorhandenen Landesverfassungen verbrieften Freiheiten und Rechten einerseits sowie der politischen Praxis des Bundes andererseits wurde immer spürbarer. Konstitutionelle Rechte, wie sie das liberale Bürgertum für unverzichtbar hielt, waren folglich nur noch über eine Revision oder Abschaffung der Bundesverfassung zu erreichen." (Jürgen Angelow) Zwar hatte die föderale Doppelstaatlichkeit eben jene Entwicklung ermöglicht, gegen die Österreich und Preußen die Bundesebene zu instrumentalisieren versuchten: Nur in der lockeren Föderation von 1815 konnten sich die Verfassungsstaaten behaupten. Aber fortentwickeln konnten sie sich nicht. Daher griff um 1840 immer mehr die Erkenntnis um sich, die beste Sicherheit gegen reaktionäre Bestrebungen sei die Umformung des Deutschen Bundes zu einem gesamtdeutschen Verfassungsstaat nach süddeutschem Vorbild.

Die Revolution 1848/49

Nationalbegeisterung, Einheitsverlangen und Machtstaatsträume

Auf einem der vielen Freiheitsfeste im Jahr 1832 hielt der badische Liberale Karl von Rotteck eine Rede, in der er auch auf Deutschlands Verfassung zu sprechen kam und den verbreiteten Wunsch nach mehr deutscher Einheit: „Ich will die Einheit nicht anders als mit Freiheit, ich will lieber Freiheit ohne Einheit als Einheit ohne Freiheit. Ich will keine Einheit unter den Flügeln des preußischen oder österreichischen Adlers … Ein Staatenbund ist laut dem Zeugnis der Geschichte zur Bewahrung der Freiheit geeigneter als die ungeteilte Masse eines großen Reiches." Rotteck zog Föderalismus dem Einheitsstaat vor, auch den lockeren Föderalismus des Deutschen Bundes, denn immerhin garantierte der, dass in Baden weit liberaler regiert wurde als in anderen Staaten. Im Jahrzehnt darauf hatte sich die Stimmung verändert. Im Sommer 1847 schrieb die „Deutsche Zeitung", ein liberales südwestdeutsches Blatt, die Entwicklung werde dahin gehen, „die schlaffen staatenbündlichen Bestimmungen in bundesstaatliche anzuziehen". Das war der Ruf nach einem anderen Föderalismus, der eine nationale Wende widerspiegelte, die zwischenzeitlich stattgefunden hatte. Erst die Einheit werde die Freiheit bringen, so glaubten viele im liberalen Lager nun. Und das Einheitsverlangen drückte sich in der Forderung nach einem Bundesstaat aus – gemeint war ein Föderalismus mit eher unitarischer Richtung, mit stärkeren Bundesinstanzen, vor allem aber mit einem nationalen Parlament. Eine gesamtdeutsche Volksvertretung sollte dafür sorgen, dass Freiheit nicht nur in einigen Ländern herrschte, sondern in ganz Deutschland – indem eine demokratisch-liberale Bundesgesetzgebung allen Bundesstaaten eine freiheitlichere Form gab. Liberalisierung von oben her – so könnte man das bundesstaatliche Programm nennen, das nun populär wurde. „Einigkeit und Recht und Freiheit", wie sie der Dichter August Heinrich Hoffmann von Fallersleben 1841 in seinem populären Lied einforderte, sollten durch einen starken Bundesstaat verwirklicht werden. Denn nutzte der Staatenbund (und als solchen verstand man den Deutschen Bund) nicht vor allem den konservativen Kräften, war er nicht ein Instrument Österreichs und Preußens? In diesem Denken auf liberaler und demokratischer Seite spielte auch das Vorbild der Vereinigten Staaten von Amerika eine Rolle, die als geglückte Verbindung von Einheit und Vielfalt in einem Bundesstaat galten – mit einer vergleichsweise starken Bundesebene, einem mächtigen Präsidenten und einem kräftigen Zweikammerparlament. Nicht zuletzt aber die Erinnerung an das Reich beflügelte die Forderungen nach einem Bundesstaat. Rottecks Mitstreiter Welcker betonte in einem Beitrag zum liberalen „Staatslexikon" die bundesstaatlichen Elemente des Reiches, womit er vor allem die Reichsgerichtsbarkeit meinte, die Schutz für Landstände wie Untertanen vor landesherrlicher Willkür geboten hatte. Daran wollte man anknüpfen.

In Hoffmanns Lied war allerdings auch von „Deutschland, Deutschland über alles" die Rede. Es war Ausdruck eines nationalen Überschwangs, ja einer nationalistischen Welle, die im Revolutionsjahrzehnt durch Deutschland schwappte und mehr Menschen mitriss als die Freiheitskriegsbegeisterung eine Generation zuvor. Viele träumten von einem mächtigeren Deutschland. 1840 war in Frankreich wieder einmal die Forderung nach der Rheingrenze populär geworden, die kriegerischen Töne und das nationalistische Begleitgetöse fanden ein ebenso lautes Echo auf deutscher Seite. Vielen Nationalbegeisterten missfiel dabei die passive außenpolitische Rolle des Deutschen Bundes, dessen Friedenswahrungsfunktion als Zentrum des Staatensystems im allgemeinen politischen Bewusstsein verblasst war. Deutschland sollte ebenfalls eine aktive Außenpolitik treiben können, wie Großbritannien und Frankreich, denn nicht zuletzt über außenpolitische Stärke – symbolisiert durch eine mächtige Flotte und ein großes Heer – begann man damals, nationale Größe zu definieren. Auch hier kam das Reich in Spiel: Es wurde oft als eine Zeit verklärt, in der mehr Einheit geherrscht habe, vor allem im Mittelalter, als (angeblich) starke Kaiser die Fürsten noch im Zaum gehalten hatten.

Der Deutsche Zollverein

Der Wunsch nach mehr Einheit hatte freilich auch ganz sachliche, ökonomische Ursachen. Die von Großbritannien ausgehende rapide Industrialisierung veränderte auch die deutsche Wirtschaft nachhaltig, zuerst vor allem in Sachsen und den preußischen Provinzen Schlesien, Rheinland und Westfalen. Der rasant voranschreitende Eisenbahnbau, 1835 in Bayern mit der Strecke Nürnberg – Fürth begonnen, brachte die Regionen enger zusammen. Die Märkte wurden größer, der Ruf nach mehr Wirtschaftseinheit wurde lauter. Schon 1834 war der Deutsche Zollverein gegründet worden, ein Werk preußischer Politik, über den sich der Einfluss Berlins in Deutschland erweitern ließ – zum Entsetzen Metternichs, denn Österreich war an diesem „Nebenbund im Bund" nicht beteiligt. Die Mitglieder des Zollvereins waren gleichberechtigt, jedes besaß ein Vetorecht. Zwar waren die Interessen nicht ganz kongruent: Preußen vertrat den Freihandel, in den Mittelstaaten herrschten Schutzzollinteressen vor. Doch da die meisten Mitglieder finanziell profitierten, war der Zollverein aus der Sicht aller ein Erfolgsmodell. In gewisser Weise entstand so auch eine „verfassungspolitische Alternative zum Deutschen Bund" (Dietmar Willoweit). Schon bald war der Zollverein populärer als der Bund, der seine Möglichkeiten, wirtschafts- und handelspolitisch aktiv zu werden, nicht nutzte. Die Anfänge einer Zollunion gehen allerdings auf Bestrebungen im Dritten Deutschland zurück. 1828 kam der Bayerisch-Württembergische Verein zustande, bald darauf verbanden sich Hannover, Kurhessen, Braunschweig und Sachsen im Mitteldeutschen Handelsverein, 1833 gründete sich der Thüringische Zoll- und Handelsverein. Diese Vereinigungen waren eine wirtschaftspolitische Fortsetzung der „Binnenbündelei" des Alten Reiches. Im Deutschen Zollverein verbanden sich schließlich die meisten Staaten des Bundes bis auf Österreich, Hannover, die beiden Mecklenburg, Oldenburg, Schaumburg-Lippe und die Hansestädte. Preußen pochte darauf, Österreich draußen zu halten, das wegen seiner wirtschaftlichen Rückständigkeit eine strikte Schutzzollpolitik favorisierte. Der Zollverein bewies, dass mehr wirtschaftliche Einheit auch in einem föderalen Rahmen möglich war. Und auch der Föderalismus des Deutschen Bundes hemmte den wirtschaftlichen Fortschritt nicht – „die von ihm ausgehende Staatenkonkurrenz dürfte letztlich eher wachstumsstimulierend gewirkt haben" (Hans-Werner Hahn).

Liberale Reformer, demokratische Revolutionäre

Im Herbst 1847 gingen die beiden führenden politischen Bewegungen – Liberale und Demokraten – in die Offensive, auf großen Versammlungen bekräftigten sie ihre Forderungen nach einer Verfassungsreform im Bund. Die Demokraten, deren Hochburgen in Baden, Sachsen und Württemberg waren und die sich auch um die Interessen der kleinen Leute kümmerten, forderten am 12. September 1847 in Offenburg die Anerkennung von Menschenrechten in den Landesverfassungen und eine Reform des Bundes auf der Grundlage der Volkssouveränität, also mit einem nationalen Parlament. Den Liberalen, die vor allem im neuen Unternehmertum, den freien Berufen und unter Professoren und Beamten stark waren („Reichtum und Intelligenz"), gingen die demokratischen Forderungen zu weit. Sie wollten nicht an den Thronen rütteln, zielten nicht auf eine Republik und befürworteten daher am 10. Oktober bei ihrem Treffen in Heppenheim eine Bundesreform in Zusammenarbeit mit den Monarchen und Landesregierungen. Der künftige Bundesstaat sollte die „Besonderheit und angemessene Selbstverwaltung der einzelnen Länder" bestehen lassen. Auch unter den Landesregierungen gab es Bewegung. Preußen hatte seine enge Bindung an Wien gelockert, der seit 1840 regierende König Friedrich Wilhelm IV. gab sich offen für nationale und liberale Ideen, Preußen machte sogar Vorschläge für eine Bundesreform, die auch der Frankfurter Bundesversammlung wieder etwas Leben einhauchten.

Georg Gottfried Gervinus
(1805–1871)
Historiker und Politiker
(Mitglied der Göttinger Sieben).
Porträt-Holzstich nach
zeitgenössischem Bildnis.

März 1848: Die Revolution findet in den Ländern statt

Am 24. Februar 1848 wurde in Paris die Republik ausgerufen. Die revolutionäre Aufregung griff schnell auf Deutschland über. In den meisten Mittel- und Kleinstaaten, voran in Hessen-Darmstadt, Württemberg, Baden, Bayern und Sachsen, wurden innerhalb weniger Tage liberale „Märzregierungen" eingesetzt, um Empörung und Unmut im Volk aufzufangen. Diese Regierungen machten sich die sogenannten „Märzforderungen" zu eigen, die auf Hunderten von Versammlungen erhoben wurden: Ende der polizeistaatlichen Maßnahmen und Versammlungs-, Rede und Pressefreiheit, politische Gleichberechtigung aller Staatsbürger, eine unabhängige Justiz mit Schöffengerichten, Volksmilizen, Stärkung der Landtage. Und vor allem: Einberufung eines gesamtdeutschen Parlaments. In Bayern musste Ludwig I., durch seine Affäre mit der Tänzerin Lola Montez bereits angeschlagen, sogar auf den Thron verzichten. Zumindest im Dritten Deutschland gelang so in kürzester Zeit der Übergang zur parlamentarischen Monarchie, denn die „Märzministerien" bestanden häufig aus prominenten liberalen Abgeordneten und hatten die Mehrheit der Landtage hinter sich. Die Revolution von 1848 fand zunächst in den Ländern statt, die verändert, aber nicht abgeschafft werden sollten. „Gerade die Parlamente von 1848 haben bei allem Einheitsengagement das Eigenrecht der Einzelstaaten kräftig vertreten." (Thomas Nipperdey)

Österreichisches Drama, preußisches Schauspiel

In Preußen und Österreich verliefen die Ereignisse im März 1848 nicht ganz so glimpflich. In Wien kam es zu gewalttätigen Aktionen, Bürgerwehr und Studenten übernahmen das Stadtregiment. Am 13. März wurde Metternich gestürzt, im April erließ Kaiser Ferdinand eine Verfassung, im Mai wurde ein gesamtösterreichischer Reichstag einberufen. Die neue Regierung war jedoch weit weniger liberal als in den Mittelstaaten. In Wien ging es um mehr als nur um Verfassungsfragen. Es ging um die Existenz des Gesamtstaates Österreich und seiner herrschenden Dynastie. Im Vielvölkerreich gärte es schon lange, Ungarn, Tschechen, Polen, Italiener, Kroaten, Serben und Slowenen forderten mehr nationale Eigenständigkeit. Es war im Frühjahr und Sommer 1848 durchaus nicht klar, ob die Habsburgermonarchie das Jahr überstehen würde. Auch in Berlin kam es zu Unruhen. König Friedrich Wilhelm hatte im Jahr zuvor die in ihn gesetzten Erwartungen enttäuscht, als er zunächst einen Vereinigten Landtag einberief, der eine Staatsanleihe für den Eisenbahnbau bewilligen sollte, ihn dann aber wieder nach Hause schickte, als die Mehrheit der Abgeordneten verlangte, vor einer Anleihenbewilligung müsse erst der Landtag dauerhaft eingerichtet werden und Preußen eine Verfassung bekommen. Beim Geld, so der berühmte Satz des liberalen Abgeordneten David Hansemann, höre schließlich die Gemütlichkeit auf. Als am 18. März 1848 nach einer Demonstration vor dem Schloss in Berlin 230 Männer und Frauen durch das Militär getötet wurden, lenkte Friedrich Wilhelm zunächst ein. Er ritt demonstrativ durch Berlin mit einer schwarz-rotgoldenen Armbinde, ein Höfling trug ein Plakat hinterher, auf das eine Kaiserkrone gemalt war. In einer Rede erklärte der König: „Preußen geht fortan in Deutschland auf." Es war jedoch nur ein Schauspiel, um der revolutionären Bewegung die Spitze zu nehmen. Doch kam Friedrich Wilhelm nicht umhin, Ende März eine liberale Regierung einzusetzen und für Mai eine preußische Nationalversammlung nach Berlin zu berufen. Auch eine Verfassung wurde in Aussicht gestellt.

Deutsche Nationalversammlung in der Paulskirche in Frankfurt am Main
Eröffnung am 18. Mai 1848 mit Heinrich von Gagern als Präsident.
Farbige Lithografie 1848.

„Die Besinnung verloren": Der Bundestag bewegt sich doch

Im Bundestag versammelten sich nun immer mehr Gesandte, die von liberalen Ministerien ernannt worden waren. Die Frankfurter Versammlung war dadurch in der Lage, zu der eigenständigeren Politik aus der Zeit vor 1823 zurückzukehren. Bewegung hatte der Bundestag aber schon in der alten Besetzung gezeigt. Am 29. Februar 1848 empfahl er sich in einem Aufruf als das „gesetzliche Organ der nationalen und politischen Einheit Deutschlands". Am 3. März hob er das Pressezensurgesetz praktisch auf, eine Woche später erklärte er den Reichsadler zum Bundeswappen und Schwarz-Rot-Gold „als Farben des ehemaligen deutschen Reichs-Paniers" zu Bundesfarben. Am 10. März rief der Bundestag die Einzelstaaten auf, „Männer des öffentlichen Vertrauens" in einen „Siebzehnerausschuss" zu entsenden, der die Bundesverfassung „auf breiter nationaler Grundlage" überarbeiten sollte, um den Vorschlag dann einer Nationalversammlung zur Abstimmung vorzulegen, deren Wahl den Landesregierungen empfohlen wurde. „Der Bundestag scheint total die Besinnung verloren zu haben", meinte der preußische Außenminister Karl von Canitz. Auch wenn die bemerkenswerte Schnelligkeit von Reformvorschlägen in der Angst vor einem radikalen Umsturz begründet sein mochte, zeigten die Abläufe am Bundestag in Abstimmung mit den Ländern (allen voran Baden und Bayern) doch, dass die Selbstreform des Bundes möglich war.

Die Ausschuss der siebzehn Vertrauensmänner

Der Siebzehnerausschuss war eine Versammlung honoriger Männer. Die Runde teilte sich in eine rechtsliberale und eine linksliberale Gruppe – die einen wollten am System der Verfassungsmonarchie festhalten, die anderen waren für demokratische Einflüsse offen. An der Spitze der Rechtsliberalen stand der von Preußen entsandte Historiker Friedrich Christoph Dahlmann, dazu gehörten der Österreicher Anton Ritter von Schmerling, der Verleger Friedrich Bassermann aus Baden und der von Holstein nominierte Historiker Johann Gustav Droysen. Im linksliberalen Lager standen der württembergische Dichter und Landtagspolitiker Ludwig Uhland, der streitbare Jurist Sylvester Jordan aus Hessen-Kassel und der von den freien Städten nominierte Historiker Georg Gottfried Gervinus, einer der „Göttinger Sieben". In nur drei Wochen gelang es der Runde, einen Entwurf auszuarbeiten, der am 26. April 1848 der Bundesversammlung vorgelegt wurde. Der Siebzehnerausschuss „konzipierte einen nationalen Bundesstaat, dessen Verfassung die bestehenden Bundesgrundgesetze vollkommen ignorierte und stattdessen eine eigenständige Schöpfung auf der Basis der liberalen Grundsätze darstellte" (Jürgen Müller).

„Deutsches Reichsgrundgesetz"

Der „Entwurf des deutschen Reichsgrundgesetzes" war eine musterhaft schlanke Verfassung, kurz und bündig mit nur 30 Artikeln und einem erläuternden Vorwort. Er war die Keimzelle aller späteren deutschen Verfassungen, ein Kompromiss zwischen den eher unitarisch gesinnten Rechtsliberalen um Dahlmann und der antizentralistischen, den Demokraten zuneigenden Gruppe um Uhland und Gervinus. „Die zum bisherigen deutschen Bunde gehörigen Lande ... bilden fortan ein Reich (Bundesstaat)", lautete der erste Artikel. Gervinus sah sich zu einer Erklärung in der „Deutschen Zeitung" veranlasst: Man habe das Wort Bundesstaat in Klammern hinzugesetzt, weil der Begriff des Reiches „die Einheit zu ausschließlich ausspreche", während die eigentliche Aufgabe die Umwandlung des Staatenbundes in einen Bundesstaat sei. „Die Selbständigkeit der einzelnen deutschen Staaten wird nicht aufgehoben", hieß es im Verfassungstext, „aber, soweit es die Einheit Deutschlands fordert, beschränkt." Einzelne Staatsangelegenheiten sollten fortan „ausschließlich der Reichsgewalt anheimfallen", dem Volk würden „gewisse Grundrechte und Einrichtungen von Reichswegen gewährleistet". Die Schaffung eines Einheitsstaates wurde als „ein plötzlicher leichtsinniger Bruch mit unserer ganzen Vergangenheit" abgelehnt, man setzte auf Kooperation mit den Ländern und Fürsten. Neben einem Reichstag mit zwei Kammern und einem Reichsoberhaupt sah der Entwurf eine Reichsregierung vor, wobei jedem Reichsministerium eine eigene Verwaltung zukam. Das war eine Abkehr von der Tradition des Vollzugsföderalismus, wonach Verwaltung allein Ländersache war. Doch wurde keine Möglichkeit geschaffen, dass die Reichsgewalt Zuständigkeiten der Länder an sich ziehen konnte, wie im späteren Entwurf der Nationalversammlung. Der Föderalismus des „Siebzehnerentwurfs" ähnelte hier eher der dualen US-Verfassung. Das Reich war für die Außenvertretung und das Heerwesen zuständig, dazu Zoll, Post, Währung und Verkehr. Der Reichsetat sollte durch Zoll- und Posteinkünfte gedeckt werden, notfalls konnte das Reich die Einzelstaaten mit Reichssteuern belegen, um seinen Aufgaben nachzukommen. Zudem wurde die Verantwortlichkeit der Minister gegenüber den Volksvertretern eingeführt, also die parlamentarische Regierungsweise. Zur Machtbegrenzung der Reichsgewalt und zur Gewährleistung der Grundrechte war ein Reichsgericht vorgesehen. Es sollte in Nürnberg sitzen. Der Reichstag war in ein demokratisch gewähltes Unterhaus und ein Oberhaus gegliedert, in dem die regierenden Fürsten (oder deren Stellvertreter), je ein Abgeordneter der freien Städte und 161 von den Landtagen gewählte oder den Landesregierungen ernannte Reichsräte sitzen sollten – eine Mischung aus US-Senat, britischem Oberhaus und alter Reichs- und Bundestagstradition. Neben den beiden Kammern musste auch das Reichsoberhaupt den Reichsgesetzen zustimmen, hatte also ein Vetorecht wie der amerikanische Präsident auch. Als Reichsoberhaupt sollte ein Kaiser fungieren, der erste Inhaber sollte von den Fürsten aus ihrer Mitte gewählt werden, dann jedoch sollte der Titel erblich sein. Dieses Erbkaisertum war im Ausschuss allerdings höchst umstritten.

Kritik aus allen Ecken

Durch die „Siebzehnerverfassung" wäre ein Bundesstaat mit einer stärkeren Trennung der Bundes- und Landesebene entstanden. Doch der Entwurf stieß auf Kritik aus allen Ecken (was nicht unbedingt gegen ihn sprach). Österreich, Preußen und Bayern äußerten Bedenken, weil ihnen die Einschränkung der Landessouveränität zu weit ging. Aus Hannover kam ein Gegenvorschlag, der auf eine Beibehaltung der gesamten Verwaltungshoheit bei den Ländern zielte. Die Linke stieß sich am Erbkaisertum, zudem missfiel ihr, dass der Entwurf quasi eine Auftragsarbeit des Bundestages war, also jener Einrichtung, die man jahrelang mit Misstrauen betrachtet hatte. So wurde der Entwurf zerredet, obwohl er eigentlich eine für alle Seiten akzeptable Verhandlungsgrundlage war. In der Nationalversammlung, die am 18. Mai 1848 in der Frankfurter Paulskirche zusammentrat, spielte der Siebzehnerentwurf kaum noch eine Rolle. Dies war umso tragischer, als gerade im Frühstadium der Revolution die Durchsetzung einer neuen Verfassung die besten Chancen hatte, da in den meisten Ländern liberale Regierungen amtierten, auch in

Österreich und Preußen Parlamente eingesetzt waren und der Bundestag fast vollständig mit liberalen Politikern besetzt war. So stark wie im Frühsommer 1848 war die Interessenskongruenz zwischen Ländern und Nationalversammlung später nie mehr. Zumal gerade aus der Sicht der Länder der Siebzehnerentwurf akzeptabler war als der spätere Paulskirchenentwurf.

Zerwürfnis zwischen Liberalen und Demokraten

Eine Ursache für die Entscheidung, einen völlig neuen Entwurf in der Nationalversammlung erarbeiten zu lassen, war das tiefe Zerwürfnis zwischen Liberalen und Demokraten, das sich im April 1848 im „Vorparlament" auftat, das die gesamtdeutschen Wahlen vorbereiten sollte. Viele Demokraten trauten den alten Kräften nicht und wollten keine Kooperation mit dem Bundestag – trotz der Neubesetzung. Zudem forderte die demokratische Linke nun offen die Republik. Dem Antrag der liberalen Mehrheit für eine Bundesreform stellte der demokratische Führer Gustav von Struve die Forderung entgegen: „Aufhebung der erblichen Monarchie und Ersetzung derselben durch frei gewählte Parlamente, an deren Spitze gewählte Präsidenten stehen, alle vereint in der föderativen Bundesverfassung nach dem Muster der nordamerikanischen Freistaaten". Die Demokraten, die in keiner „Märzregierung" vertreten waren, wollten das Vorparlament zur permanenten Einrichtung machen – nur so glaubte man, die Revolution in Bewegung halten zu können. Die liberale Mehrheit lehnte das ab. Darauf zogen die Radikalen aus dem Vorparlament aus. Struve und sein Mitstreiter Friedrich Hecker inszenierten zwei Wochen später einen gewaltsamen Umsturzversuch in Baden – ein aussichtsloses Unterfangen, das durch Bundestruppen beendet wurde. Die Wahl zur Nationalversammlung, bei der noch keine Parteien im heutigen Sinne antraten, war für damalige Verhältnisse sehr demokratisch. Nur etwa 25 Prozent der Männer waren ausgeschlossen. Die meisten Abgeordneten waren Bürgerliche – Anwälte, Richter, Professoren und Beamte. Sie teilten sich in fünf Lager: rRepublikanische Demokraten, eine gemäßigte Linke mit Demokraten und Linksliberalen, die Rechtsliberalen, die Konservativen und die „Stegreif-Ritter", die sich keiner Fraktion fest anschlossen. Die Fraktionen waren nach ihren Versammlungslokalen in der Frankfurter Innenstadt benannt.

Die Fraktionen: Welcher Föderalismus soll es sein?

Dass Deutschland ein Bundesstaat sein sollte, darüber bestand Einigkeit zwischen den Fraktionen. Über dessen konkrete Ausgestaltung aber waren sie uneins. Die Linke, etwa 15 Prozent der Abgeordneten, tagte zunächst im „Deutschen Hof", im Juni spaltete sich die radikale Fraktion „Donnersberg" ab, die im Gegensatz zu der von Robert Blum aus Sachsen geführten gemäßigten Gruppe keine Kompromisse mit den Liberalen machen wollten. Im Programm der Demokraten war von der „Aufhebung der Zerrissenheit Deutschlands und Wiederherstellung der Einteilung in Reichskreise" die Rede. Die Reichskreise hatten also in der Erinnerung fortgelebt als Möglichkeit einer Bundesorganisation abseits der Fürstenstaaten. Die USA waren das Vorbild, doch war der Föderalismus der Demokraten unitarischer als der amerikanische – hier färbte der zentralistische Republikanismus Frankreichs ab, der im Verfassungsdenken der Linken ebenfalls eine Rolle spielte. So wollten sie auch nur eine Kammer auf nationaler Ebene. Der Reichskreisplan hätte zur Zerschlagung Preußens und Österreichs geführt – eine illusorische Absicht. Doch debattierte die Paulskirchenversammlung eine weitere „Flurbereinigung", nach der siebzehn Staaten und vier Städte übrig geblieben wären. Aus dem Plan wurde aber nichts.

Das linke Zentrum, Linksliberale und gemäßigte Demokraten, etwa ein Achtel der Abgeordneten, kam im „Württemberger Hof" zusammen. Die Fraktion war stark von süddeutschen Abgeordneten geprägt, die oft schon landespolitische Erfahrung hatten. Sie wollten die Länder nicht schwächen und strebten für den neuen Bundesstaat eine parlamentarische Monarchie nach britischem Vorbild an. Doch galten auch hier die USA als das eigentliche Vorbild. Der Heidelberger Rechtsprofessor Karl Mittermaier, einer ihrer Köpfe, sagte in den Verfassungsberatungen: „In jenem Land ist die Aufgabe gelöst, die Macht einer Centralregierung – dem Zwecke der amerikanischen Verfassung treu: einen vollkommenen Verein zu bilden, Gerechtigkeit zu begründen, innere Ruh zu sichern, für eine gemeinsame Vertheidigung zu sorgen, und den Segen der Freiheit zu bewahren –, mit der vollsten Möglichkeit einer wohlthätigen Entwickelung der Einzelstaaten in Harmonie zu bringen." Die Linksliberalen misstrauten einer zu starken Zentralgewalt. Dem Staatsoberhaupt wollte man allenfalls ein aufschiebendes Veto zusprechen. Die antipreußische Tendenz der Linksliberalen war unverkennbar.

Für die Fraktion der Rechtsliberalen galt eher das Gegenteil. Diese Gruppe, mit gut einem Viertel der Abgeordneten die größte Fraktion, blickte hoffnungsvoll nach Berlin. Im „Casino" – so hieß ihr Tagungslokal – dominierten eher norddeutsche Abgeordnete. Zur Fraktion gehörte auch der Parlamentspräsident und einstige Burschenschaftler Heinrich von Gagern. Die „Casino"-Fraktion (die Urzelle der späteren Nationalliberalen Partei) wollte an der Monarchie festhalten, das Erbkaisertum für die Hohenzollern sichern und die staatliche Vereinigung Deutschlands unter preußischer Führung durchsetzen. In dieser Fraktion sprach man mehr vom Reich als vom Bundesstaat, und dieses Reich sollte außenpolitisch mächtig sein. Das „Casino" war stark unitarisch eingestellt, ein ausgewogener Föderalismus war in den Augen der Rechtsliberalen eher ein Hindernis für die wirtschaftliche und machtpolitische Entwicklung Deutschlands.

Die Konservativen der Fraktion „Café Milani" schließlich – etwa sechs Prozent der Abgeordneten – wollten möglichst starke Einzelstaaten, im Grunde eine Fortsetzung des Deutschen Bundes.

Das Parlament verzettelt sich

Angesichts der erheblichen Differenzen und der Unfähigkeit, sich auf der Grundlage des vorliegenden Siebzehnerentwurfs zu einigen, verzettelte sich die Nationalversammlung und beriet zuerst wochenlang über die Grundrechte. Und im Vorgriff auf die Bundesverfassung setzte sie auf Vorschlag Gagerns eine „provisorische Zentralgewalt" ein, mit dem österreichischen Erzherzog Johann als Staatsoberhaupt („Reichsverweser"), dem der Bundestag am 12. Juli 1848 seine Vollmachten übertrug, womit der Deutsche Bund vorläufig aufgehört hatte zu existieren. Ein vor allem von Rechtsliberalen besetztes Kabinett hatte einen Ministerpräsidenten und Ressortchefs für Äußeres, Inneres, Finanzen, Justiz, Handel und Kriegswesen. Die Entscheidung sollte Folgen haben: „Ein solches Zentralisierungsprojekt brachte die Nationalversammlung unweigerlich auf Konfrontationskurs mit den Einzelstaaten." (Frank Lorenz Müller) Mit denen sollte sich die Zentralgewalt nur „soweit thunlich in's Einvernehmen setzen". Doch die Einzelstaaten besaßen weiter alle Mittel der Exekutive – Bürokratie, Polizei, Militär. Die Frankfurter Zentralgewalt hatte nichts: kein diplomatisches Korps, kein Schatzamt, keine Armee. Der britische Gesandte Lord Cowley hatte für die Frankfurter Vorgänge bald nur noch Spott übrig: „Eine Kammer, die gleichzeitig verfassunggebend und exekutiv sein will – eine Regierung mit nichts zu regieren. Ein Reichsverweser ohne Reich. Was für eine Kinderei!" Außer den USA erkannte kein anderer Staat die neue deutsche Nationalregierung an. Und als die Nationalversammlung auch noch auf einen Krieg gegen Dänemark um das Herzogtum Schleswig zusteuerte, war es aus mit dem Verständnis in den europäischen Hauptstädten. Einen expansiven Machtstaat in der Mitte Europas wollte man sich lieber nicht vorstellen. Viele Abgeordnete von links bis rechts aber zielten auf ein auch militärisch schlagkräftiges Deutschland. Der Rechtsliberale Droysen forderte in der Paulskirche ganz offen, dass „vierzig Millionen Menschen im Herzschilde Europas eine Weltmacht sein müssen".

Kleindeutsch oder großdeutsch?

Einer der größten Streitpunkte aber war die Frage, ob der neue Staat kleindeutsch (ohne Österreich) oder großdeutsch (wie bisher mit den deutschen Ländern Österreichs) sein sollte. Die kleindeutsche Lösung lief auf die preußische Führung als alleiniger Vormacht im Bundesstaat hinaus, die großdeutsche auf eine Auflösung des Habsburgerstaates und dessen Umformung zu einer Union selbstständiger Staaten mit dem Wiener Kaiser als gemeinsamem Staatsoberhaupt. Die deutschen Länder Österreichs hätten dann dem neuen deutschen Reich beitreten können. An diesem Gegensatz bissen sich die Parlamentarier fest. Rechtsliberale und norddeutsche Konservative vertraten die kleindeutsche Idee. Sie waren am Erfolgsmodell Zollverein orientiert, Österreich galt ihnen als ein Klotz am Bein. Linksliberale und Demokraten waren mehrheitlich großdeutsch gesinnt. Sie wollten nicht „auf das deutsche Österreich nur deswegen verzichten, weil dieses mit anderen Völkern einen gemeinsamen Monarchen hatte" (Heinrich-August Winkler). Der von Gagern vorgeschlagene Kompromiss, einen engeren (kleindeutschen) Bundesstaat mit Preußen an der Spitze zu bilden, der dann mit Gesamtösterreich einen Staatenbund bilden sollte, schlug fehl. An dieser kniffligen Frage, die auch eng mit dem jeweiligen Föderalismusverständnis verbunden war, ist die Nationalversammlung letztlich gescheitert.

Die Verfassung der Paulskirche: Ein sehr unitarischer Bundesstaat

Die Paulskirchenverfassung, die seit dem Spätherbst 1848 in der Versammlung debattiert wurde, war stark von den Vorstellungen der „Casino-Fraktion" geprägt und zielte auf eine kleindeutsche Lösung. Im Gegensatz zum Siebzehnerentwurf war in dem am Ende vorgelegten Entwurf nicht ausdrücklich von einem Bundesstaat die Rede, nur in einem Paragrafen ist der Begriff beiläufig erwähnt. Insgesamt war die Paulskirchenverfassung weitaus unitarischer als der erste Entwurf, auch wenn die Einzelstaaten alle staatlichen Hoheiten und Rechte behielten, soweit sie nicht an das Reich übertragen wurden. Gesetzgebung sollte vor allem Aufgabe des Reiches sein, um neben der Wirtschafts- auch die Rechtseinheit herzustellen. Daher hatte das Reich die Zuständigkeiten für Verkehr, Zoll- und Handelswesen, Gewerberegulierung, Post und Münzwesen, bürgerliches Recht und Strafrecht. Dank einer Generalklausel konnte das Reich zudem weitere Zuständigkeiten an sich ziehen, wenn es „im Gesammtinteresse Deutschlands gemeinsame Einrichtungen und Maaßregeln nothwendig findet" – damit konnten die Länder entmachtet werden, auch wenn diese Möglichkeit zum Eingreifen in die Landeshoheit an eine verfassungsändernde Mehrheit gebunden war. Reichsgesetze gingen denen der Einzelstaaten vor, „insofern ihnen nicht ausdrücklich eine nur subsidiäre Geltung beigelegt ist". Der Finanzierung des Reiches diente ein Teil der Zolleinnahmen, auch sollte ihm ein Teil der Produktions- und Verbrauchsteuern zufallen, und das Reich besaß das Recht, sogenannte Matrikularbeiträge von den Ländern zu erheben. Dabei war die Steuerautonomie der Einzelstaaten praktisch abgeschafft: Die Gesetzgebung über „gemeinschaftliche Produktions- und Verbrauchsteuern" lag allein beim Reich, Art und Umfang der Landessteuern sollten ebenfalls zentral bestimmt werden. Da das Steuerbewilligungsrecht zu den wesentlichen Grundlagen jedes Parlaments gehört, lief dies auf eine Entmachtung der Landtage durch das Reich hinaus – der „Casino-Fraktion" war echtes parlamentarisches Regieren in den Ländern offenbar nicht wichtig.

Die Länder: Verwaltung statt Politik

Verwaltung blieb – hier stand die Paulskirche in der Tradition des hergebrachten Föderalismus – grundsätzlich eine Angelegenheit der Einzelstaaten. Man hoffte wohl, so die Widerstände in den Ländern zu überwinden. Denn die wesentliche Aufgabe der Fürsten in den Verfassungsstaaten – Haupt der Exekutive – war damit nicht berührt. Zudem waren die Landesexekutiven ja durchaus effizient, die Praxis im Zollverein hatte gezeigt, dass es einer Zentralverwaltung im Bundesstaat nicht bedarf, solange die Länder Gesetze bundestreu ausführen. Dank der Generalklausel konnte die „Reichsgewalt" aber auch eigene Verwaltungen schaffen. Die Zusammensetzung des Bundesstaates aus den bestehenden Staaten des Deutschen Bundes war nicht garantiert, es wurde die Möglichkeit offengelassen, dass „mehrere Staaten zu einem Ganzen verbunden werden". Der Reichstag der Paulskirchenverfassung hatte zwei Kammern. Das Volkshaus sollte nach einem einheitlichen, gleichen und direkten Männerwahlrecht bestimmt werden, die Mitglieder des Staatenhauses waren je zur Hälfte durch die Regierungen der Länder und die Landtage zu ernennen. Das Staatenhaus wurde teils nach dem alten Gesandtschaftsprinzip des Reichstags bestimmt, teils nach dem Vorbild des US-Senats, dessen Mitglieder damals auch noch indirekt bestimmt wurden. Zum „Kaiser der Deutschen" sollte ein regierender deutscher Fürst gewählt werden, die Würde des Reichsoberhaupts war dann aber erblich „im Mannesstamme". Mit dieser Lösung, die den Hohenzollern zugedacht war, fiel die Paulskirchenverfassung hinter das Wahlkönigtum des Alten Reiches zurück. Das Reichsoberhaupt war militärischer Oberbefehlshaber, das Reich hatte „die gesammte bewaffnete Macht Deutschlands zur Verfügung".

„Gehorsam von jedem Einzelstaate"

Die Verfassung wurde am 27. März 1849 von der schon nicht mehr vollzähligen Nationalversammlung mit der knappen Mehrheit von 267 zu 263 Stimmen angenommen – sie bekam also nicht einmal jene Zweidrittelmehrheit, die in der Verfassung selbst für eine Verfassungsänderung vorgesehen war. Der vorgesehene unitarische Bundesstaat war keineswegs der Konsens einer breiten parlamentarischen Mehrheit. Das Werk der Paulskirche war zwar kein völliger Bruch in der föderalen Tradition, aber markierte doch eine Wende: Es war keine Bundesverfassung, die bestimmte Aufgaben auf die Bundesebene zur gemeinsamen Lösung hob, ansonsten aber die Einzelstaaten ihre eigenen Wege gehen ließ. Man wollte keine „Vereinigten Staaten von Deutschland" schaffen, sondern einen nationalen Einheitsstaat im föderalen Mäntelchen. Das Deutschland der Paulskirchenverfassung mutete an „wie ein nach Einheit strebender Staat, der sich gezwungen sieht, der Existenz intermediärer Institutionen Rechnung zu tragen" (Horst Dippel). Die Verfassung von 1849 stellte eine Einheitsebene über die Bundesebene, das Reich war gleichsam eine gesetzgebende Kommandozentrale über den Ländern, denen vor allem die Exekutive blieb. Es wurde ein hierarchischer Föderalismus geschaffen, der ein Hineinregieren des Bundes in die Länder ermöglichte. Der Einzelstaat sei „als Glied dem Ganzen unterworfen", hieß es in der Begründung des Verfassungsausschusses, die Reichsgewalt allein „verwirklicht den Nationalwillen" und „fordert Gehorsam von jedem Einzelstaate". Dass ein Nationalwille sich auch auf zwei Ebenen verwirklichen kann, wollten die Frankfurter Verfassungsväter nicht anerkennen. Die Paulskirchenverfassung war gemessen am Verlauf der Ereignisse von 1848 ein merkwürdiges Ergebnis: Es wurden ausgerechnet die Länder geschwächt, also jene Ebene, auf der zumindest in den Mittelstaaten der politische Fortschritt im Deutschen Bund stattgefunden hatte und wo die Revolution zunächst erfolgreich gewesen war.

Die Gegenrevolution siegt

Die Paulskirchenverfassung war freilich eine Totgeburt, weil die Nationalversammlung im Frühjahr 1849 den Kampf mit den alten Kräften vor allem in Österreich und Preußen längst verloren hatte. Im Oktober 1848 hatte die Nationalversammlung die Regierenden in Wien vor die Wahl gestellt, entweder die Donaumonarchie in Einzelstaaten aufzulösen, die in Personalunion verbunden bleiben konnten, oder aus dem Reich auszuscheiden. Freilich war dort zu dem Zeitpunkt bereits die Gegenrevolution angelaufen, der neue konservative Ministerpräsident Felix Fürst zu Schwarzenberg machte deutlich, dass an eine Auflösung der Habsburgermonarchie nicht zu denken sei. Und man werde sich auch nicht aus Deutschland hinauswerfen lassen, lautete Schwarzenbergs Devise. Um jedem Missverständnis vorzubeugen, kündigten Schwarzenberg und Kaiser Franz Joseph I. eine Verfassung an, die die Einheit des Habsburgerstaats festschrieb. In Berlin war derweil die liberale Regierung ebenfalls nicht mehr im Amt, das preußische Gesamtparlament wurde im Dezember von Friedrich Wilhelm aufgelöst. Der König oktroyierte eine Verfassung, die hinter denen der süddeutschen Länder zurückblieb und erst 1851 in Kraft trat. Die Paulskirchenverfassung wurde zwar am Ende von 28 Bundesstaaten gebilligt, darunter auch Württemberg, aber Österreich, Preußen, Bayern, Sachsen und Hannover lehnten ab. Die Regierung in München schrieb am 26. April 1849 zur Begründung: „Eine solche Zentralisierung eines großen Volkes ist auch nach dem Zeugnisse der älteren und neueren Geschichte das Grab seiner gleichmäßigen Entwicklung und Bildung, seiner inneren Ruhe und selbst seiner Freiheit." Und man betonte den friedenswahrenden Charakter der bisherigen Bundesverfassung: „Es darf auch nicht unbeachtet bleiben, dass jedem Volke in der Weltgeschichte ein besonderer Beruf zukommt, dass die politische Macht nach außen weder die einzige noch die edelste Aufgabe eines Volkes ist."

Vergebliche Kaiserwahl, vergebliche Aufstände

Am preußischen Nein änderte auch nichts, dass die Nationalversammlung Friedrich Wilhelm am 28. März 1849 zum Kaiser wählte. Der König wollte diese Würde nur annehmen, wenn die deutschen Fürsten zustimmten, eine Krone aus demokratischer Hand war für ihn nur ein „Reif aus Dreck und Letten". Damit zerrieselte auch die letzte Hoffnung der Frankfurter Abgeordneten im brandenburgischen Sand. Was folgte, war eine Serie von Aufständen, vor allem in der Pfalz und in Sachsen, um die Frankfurter Reichsverfassung doch noch durchzusetzen, sowie ein Umsturz in Baden, wo die Linke die nachfolgenden Wahlen zum Landtag gewann. Truppen unter preußischer Führung schlugen die südwestdeutschen Aufstände nieder. Die Nationalversammlung zerfiel, die Linke bildete in Stuttgart ein Rumpfparlament, das aber am 18. Juni 1849 von der württembergischen Regierung aufgelöst wurde. Der Versuch, den Deutschen Bund zu einem nationalen Bundesstaat zu machen, war gescheitert. Aber das Scheitern war nicht ganz folgenlos. Die Frankfurter Pläne wurden zum Zündfunken für die Kette von Bundesreformplänen bis 1866. Die Verfassung der Paulskirche beeinflusste auch die Verfassung des späteren Kaiserreichs mit ihrem hegemonialen Föderalismus, vor allem aber war sie die Blaupause für den hierarchischen Föderalismus der Weimarer Republik und wirkte 1948/49 auch noch bei den Schöpfern des Grundgesetzes nach.

Neubeginn und Ende des Deutschen Bundes 1850 bis 1866

Ringen um den Bund

Dem Scheitern der Nationalversammlung und ihrer Verfassung 1849 folgte ein jahrelanges Gezerre um die künftige Gestaltung eines gesamtdeutschen Bundes, das 1866 in den deutschen Bürgerkrieg mündete, der zum Ausscheiden Österreichs aus dem deutschen Staatsverband und zur preußischen Hegemonie über den Rest Deutschlands führte. Die Jahre nach 1850 waren geprägt vom Machtkampf zwischen Österreich und Preußen. Das Dritte Deutschland wurde zwischen den beiden Großmächten hin- und hergerissen, der Deutsche Bund in diesem Streit zerrieben. Destruktiv gebärdete sich vor allem Preußen, das mit seiner insbesondere von Otto von Bismarck konzipierten Blockadepolitik – ähnlich wie unter Friedrich II. hundert Jahre zuvor – wieder eine gesamtdeutsche Verfassungsordnung zum Einsturz bringen wollte. Die schwächelnde Donaumonarchie konnte keine Führungsrolle mehr spielen, während die Mittelstaaten nicht in der Lage waren, eine dauerhafte gemeinsame Front zu bilden und den Deutschen Bund als mitteleuropäische Balanceordnung zu erhalten. Dabei war der Bund durchaus noch funktionsfähig, ja er erfuhr allen Wirren zum Trotz in jenen Jahren sogar noch eine gewisse Weiterentwicklung.

Preußens Bundesplan und Österreichs Gegenplan

Der erste Vorstoß, das gesamtdeutsche Verfassungsvakuum nach dem Ende der Revolution zu füllen, kam aus Berlin. Im Mai 1849 schloss Preußen ein Dreikönigsbündnis mit Sachsen und Hannover für eine kleindeutsche Union. Eine Verfassung wurde entworfen, die sich auf die der Paulskirche stützte, sie aber in konservativ-preußischem Sinne zuspitzte. So sollte es vor allem ein absolutes Vetorecht des Staatsoberhaupts gegen das Parlament geben, die Besetzung des Volkshauses sollte nicht nach dem demokratischen gleichen Männerwahlrecht, sondern dem gerade in Preußen eingeführten Dreiklassenwahlrecht erfolgen. Viele „Casino"-Liberale begrüßten die Unionspläne, immerhin 28 der 36 deutschen Staaten schlossen sich der Union an, es waren aber vor allem die Kleinstaaten. Bayern und Württemberg distanzierten sich, und auch Sachsen und Hannover stiegen wieder aus, noch bevor im Januar 1850 die Wahlen für ein Unionsparlament in Erfurt stattfanden. Die Demokraten beteiligten sich an der Wahl erst gar nicht. So kam am Ende nur ein Verein norddeutscher Staaten zustande, die Erfurter Union, sozusagen eine Vorstufe zum Norddeutschen Bund von 1867, mit einem Parlament, das nur den kleindeutschen Nationalliberalismus repräsentierte. Österreichs Gegenzug ließ nicht lange auf sich warten: Im Oktober 1849 legte der Handelsminister Karl Ludwig von Bruck den Plan einer mitteleuropäischen Zoll- und Handelsunion vor.

In Wien glaubte man, die Regierungen der Mittelstaaten wie auch die deutsche Nationalbewegung durch eine Erweiterung des Zollvereins locken zu können. Der Vorstoß fand jedoch kaum Unterstützung.

Zurück zum Bund

Gegen die Pläne in Wien und Berlin formierte sich im Februar 1850 das Vierkönigsbündnis von Bayern, Sachsen, Hannover und Württemberg. Es zielte auf eine Reform des Deutschen Bundes, mit einem Bundesdirektorium als Exekutivorgan an der Spitze, mit einer Nationalversammlung und einem Bundesgericht. Das Vierkönigsbündnis fand zwar im restlichen Dritten Deutschland zunächst keine Resonanz, die kleineren Staaten der Erfurter Union blieben bei Preußen. Doch markierte es den Beginn einer Kette von Bemühungen, das Dritte Deutschland zu sammeln. Die führenden Köpfe dieser „Triaspolitik" gegen die beiden deutschen Großmächte waren der sächsische Minister Friedrich Ferdinand von Beust und der bayerische Ministerpräsident Ludwig von der Pfordten. Gemeinsam mit Österreich belebten die vier Königreiche zunächst den Bundestag in Frankfurt. Als der in einen Verfassungskonflikt in Hessen-Kassel eingriff, kam es zu einer Auseinandersetzung mit Preußen, das sich wegen der Mitgliedschaft Hessen-Kassels in der Erfurter Union provoziert fühlte. Beide Seiten standen deswegen sogar kurz vor einem Krieg. Preußen musste jedoch – auch auf Druck Russlands und Englands – zurückstecken und im November 1850 die Erfurter Union auflösen. Das wurde in Berlin als Schmach empfunden. Doch Wien nahm Rücksicht auf den alten Hegemonialpartner und verzichtete darauf, seine bundespolitischen Vorstellungen gegen Preußen durchzusetzen. Die Frage der Reform des Deutschen Bundes sollte auf einer Konferenz geklärt werden. Im Dritten Deutschland witterte man bereits wieder die alte Vereinbarungspolitik. „Die mittelstaatlichen Regierungen sahen die Gelegenheit versäumt, das eroberungsgierige Preußen ein für allemal in die Schranken zu weisen." (Heinrich Lutz)

Dresdner Konferenzen

Von Dezember 1850 bis Mai 1851 wurde auf der vereinbarten Konferenz in Dresden der Versuch unternommen, den Deutschen Bund auf eine neue Grundlage zu stellen. Und es ging auch darum, zumindest einen Teil des Erbes von 1848 zu retten. Denn ohne Rücksicht auf die Nationalbewegung konnte es keine Reform des Bundes geben. Pfordten forderte daher, „der deutschen Nation den ihrer jetzigen Bildungsstufe entsprechenden Grad bürgerlicher Freiheit zu gewähren". In Dresden aber blockierten die beiden Großmächte jede Einigung. Preußen wollte die förmliche Parität mit Österreich im Bundesvorsitz durchdrücken, was die Mittelstaaten ablehnten, weil Preußen zu wenig Vertrauen genoss. Österreich drang dagegen weiter auf einen Gesamteintritt der Habsburgermonarchie in den Bund, was ebenso auf Ablehnung stieß, denn die anderen wollten sich nicht die außerdeutschen Probleme der Habsburger aufhalsen. Der Wunsch vor allem aus Sachsen, Hannover und Württemberg, ein Bundesparlament zu etablieren, – von Österreich abgeblockt und auch von Preußen, trotz der Erfurter Unionsverfassung, die genau das vorgesehen hatte (ein Beispiel für die doppelbödige Bundespolitik Berlins). Die Schaffung einer stärkeren Bundesexekutive unter Führung der Großmächte und der Mittelstaaten – verwehrt von der Gruppe der Kleinstaaten mit Rückendeckung Preußens, das in einer solchen Exekutive die Gefahr einer österreichisch-süddeutschen Blockbildung witterte. Das Ergebnis von Dresden war die Wiederbelebung des Deutschen Bundes in seiner alten Form. Und Österreich und Preußen – gerade noch erbitterte Gegner – gingen wieder einträchtig daran, den Bund für eine Politik im reaktionären Sinne zu instrumentalisieren. Im Herbst 1851 wollten Preußen und Österreich, über die wieder reaktivierte Spitzelbehörde hinaus, sogar eine Bundespolizei schaffen, um so ein Mittel zum direkten Eingreifen in den liberaleren Mittelstaaten zu bekommen. Das scheiterte jedoch in der Bundesversammlung – ihre Polizeihoheit wollten sich die anderen Länder nicht nehmen lassen. Die reaktionären Maßnahmen fruchteten freilich nicht mehr so wie vor 1848. Viele Bundesstaaten setzten sie nur zurückhaltend um, und schon 1854 wurden sie in Baden, Württemberg und Sachsen einseitig außer Kraft gesetzt. Man wollte einen anderen Deutschen Bund. Mit Österreich und Preußen war das aber nicht möglich. Nach dem Scheitern der Dresdner Konferenz bot der Deutsche Bund daher „das unerquickliche Schauspiel einer Föderation ohne föderative Einigkeit" (Jürgen Müller).

Der Blockierer: Bismarck und der Bund

Preußen hatte seit 1851 eine Verfassung. Die konservativen Kräfte in Adel, Bürokratie und Militär behielten jedoch die Oberhand. Einer ihrer führenden Vertreter war Otto von Bismarck, der nun zum Hauptverantwortlichen wurde für die destruktive preußische Bundespolitik jener Zeit. Von 1851 bis 1859 als Bundestagsgesandter und ab 1862 als preußischer Ministerpräsident saß Bismarck auf entscheidenden Posten. In Frankfurt betrieb er eine Politik, die von Sticheleien und Querelen gegen Wien und seine Partner geprägt war. Bismarck schaute auch darauf, dass sich im Bundestag möglichst wenig bewegte. Ansätze, das Heimat-, Auswanderungs- und Handelsrecht bundeseinheitlich zu regeln, wurden von Preußen ebenso hintertrieben wie Versuche, die Münz- und Maßsysteme stärker zu vereinheitlichen. Bismarck machte Politik im Bund gegen den Bund. Blieb der schwach und erfolglos, war das gut für Preußen – denn Bismarck wollte das Verlangen nach staatlicher Einheit, das sich ja auch aus der Unzufriedenheit mit dem trägen Frankfurter Betrieb speiste, für die preußischen Interessen nutzen. Freilich fand er dafür nur wenige Partner. Man habe im Bundestag „kaum vier Stimmen für sich", sagte Bismarck einmal. Das irritierte ihn freilich wenig, denn seine Politik zielte nicht auf Partnerschaft in Deutschland, sondern Herrschaft über Deutschland. „Unsere Politik

Frei nach Uhland
„Nehmt euch in Acht, ihr Kleinen! Sonst kommen hier die Zwei,
Und schneiden, aus purer Freundschaft, das Tafeltuch entzwei!"
Karikatur von 1864 aus der Zeitung Kladderadatsch.

hat keinen andren Exerzierplatz als Deutschland", schrieb Bismarck 1853. Ein an-
dermal räsonierte er darüber, das preußische Banner am Bodensee aufzupflanzen
oder eben dort, „wo die protestantische Konfession endet". Und zum Machtkampf
mit Österreich meinte er: „Einer muß weichen oder vom andern ‚gewichen werden'."
Berühmt geworden ist seine Rede als Ministerpräsident vor der Budgetkommission
des preußischen Abgeordnetenhauses am 29. September 1862: „Wir haben die
Vorliebe, eine zu große Rüstung auf unseren schmalen Leib zu tragen; nur sollen
wir sie auch utilisieren. Nicht auf Preußens Liberalismus sieht Deutschland, sondern auf seine Macht; Bayern, Württemberg und Baden mögen dem Liberalismus
indulgieren, darum wird ihnen doch keiner Preußens Rolle anweisen; Preußen muß
seine Kraft zusammenfassen und zusammenhalten auf den günstigen Augenblick,
der schon einige Male verpaßt ist; Preußens Grenzen nach den Wiener Verträgen
sind zu einem gesunden Staatsleben nicht günstig; nicht durch Reden und Majori-
tätsbeschlüsse werden die großen Fragen der Zeit entschieden – das ist der große
Fehler von 1848 und 1849 gewesen , sondern durch Eisen und Blut" Das war
Bismarcks Programm. So stand Preußen, kriegs- und annexionsbereit gegenüber
den eigenen Bundesgenossen, außerhalb des föderalen Konsenses. Der Liberale

Franz von Roggenbach, zeitweise badischer Ministerpräsident, befand schon 1859, „daß Preußen von dem Bunde eigentlich nie das erwartete, was die neue Institution nach Sinn und Wort meinte, sondern daß es ihn zu einem transitorischen Mittel für Pläne, die über den Bund hinauslagen, verfälschte, abwechselnd gebrauchte, dann wieder lähmte, je nach seiner oft ganz willkürlichen Auffassung der augenblicklichen Dienlichkeit zu diesem Zwecke".

Die Reformer: Das Dritte Deutschland und der Bund

In den Mittelstaaten ging man derweil daran, den Bund so gut es ging am Leben zu halten, ihn zu reformieren, sich gegen Wien und Berlin zusammenzuschließen oder zumindest durch eine Art Gleichgewichtspolitik den preußisch-österreichischen Gegensatz erträglich zu gestalten. Ein erster Versuch war die Darmstädter Koalition von 1852, deren Ziel es war, die Aufnahme Österreichs in den Zollverein zu erzwingen. Wien selbst machte den Plan zunichte, als es einen bilateralen Handelsvertrag mit Preußen schloss. Eine zweite Allianz kam im Zusammenhang mit dem Krimkrieg 1854 zustande, als sich viele „Drittstaaten" – gegen die Wiener Politik – für eine neutrale Haltung des Deutschen Bundes aussprachen. Ende 1859 bildete sich schließlich die Würzburger Koalition. Neben Bayern, Sachsen, Württemberg, den beiden Hessen, Nassau und Mecklenburg-Schwerin waren auch mehrere Kleinstaaten beteiligt – Baden und Sachsen-Weimar standen zu diesem Zeitpunkt jedoch bereits im preußischen Lager, ein deutliches Zeichen, dass die Berliner Spaltungspolitik Wirkung zeigte. In Würzburg einigte man sich auch auf Vorschläge zu einer weitreichenden Bundesreform. Kern war eine Vereinheitlichung im Zivil-, Straf- und Handelsrecht sowie ein einheitliches Münz-, Maß- und Gewichtssystem. Mit den schon früher vorgeschlagenen institutionellen Reformen – Bundesexekutive, Bundesgericht, Bundesparlament – war dies ein deutlicher Vorstoß in Richtung eines ausgewogenen Föderalismus. Während sich Österreich dem Vorhaben unverbindlich anschloss, antwortete Preußen mit einem Vorstoß zur Reform der Bundeskriegsverfassung, der darauf hinauslief, sämtliche Bundestruppen nur unter preußischen und österreichischen Oberbefehl zu stellen, mit der Grenze entlang der Mainlinie, also faktisch eine Zweiteilung – der Vorschlag erinnerte an die alte Aufteilungspolitik. Im Bundestag gab es dafür keine Stimme, Preußen war völlig isoliert. Freilich verliefen auch die Reformvorschläge der Würzburger Koalition im Sande.

Preußen isoliert sich

Angesichts der offenkundigen Zielsetzung Preußens, seine Vormachtstellung über eine Sammlung Norddeutschlands durchzusetzen, schwenkte Österreich nach 1860 auf die Linie des Dritten Deutschlands ein. Dies wurde erleichtert, weil man in Wien die absolutistische Phase beendet hatte und seit 1861 eine Verfassung in Kraft war. Dass Preußen nun eine Annäherung an Frankreich und Italien suchte, die mit Österreich über Kreuz lagen, machte dem restlichen Deutschland klar, worauf man in Berlin hinzuarbeiten begann – den Krieg um die Vorherrschaft in Mitteleuropa. In welche Richtung Bismarck dabei dachte, offenbarte er im Januar 1863: „Für deutsche Nationalität habe ich gar keinen Sinn; mir ist ein Krieg gegen den König von Bayern oder Hannover gerade so viel wie gegen Frankreich." Kurz darauf wurden österreichisch-mittelstaatliche Überlegungen für eine Bundesreform bekannt: Neben Rechtsvereinheitlichung und einem Bundesgericht sollte es künftig ein Nationalparlament in Form einer Versammlung von Delegierten der Landtage geben. Preußen lehnte dies ab, und Bismarck antwortete auf den Versuch, das preußische Veto im Bundestag zu übergehen, mit einer unverhohlenen Kriegsdrohung gegenüber dem österreichischen Gesandten in Berlin. Zudem forderte der preußische Premier ein direkt und gleich gewähltes Bundesparlament, ein verzweifelter Schachzug und bemerkenswert angesichts der Tatsache, dass er in Preußen die Haltung des Parlaments in jenen Tagen offen missachtete. Denn einen Streit mit der liberalen Mehrheit über die Heeresfinanzierung hatte der preußische Ministerpräsident 1862 zu einem Verfassungskonflikt zugespitzt, Bismarck ging dazu über, gegen Parlament und Verfassung zu regieren.

Kaiser Franz Joseph will den Bund erneuern

In Wien arbeitete die Regierung im Frühsommer 1863 einen ausführlichen Plan zu einer Bundesreform aus. Der Bundeszweck sollte ausgeweitet werden: Nicht nur die Wahrung der inneren und äußeren Sicherheit, sondern auch die Entfaltung der nationalen Wohlfahrt sollte sein Ziel sein – das hieß vor allem eine stärker einheitliche Wirtschafts- und Handelspolitik. Als oberste Bundesexekutive war ein mehrköpfiges Direktorium vorgesehen, mit Österreich, Preußen und Bayern als ständigen Mitgliedern, besetzt durch Gesandte. Weitere Bundesorgane sollten die Fürstenversammlung sein (mehr eine Dekoration denn ein wirklich politisches Gremium), ein von den Gesandten der Bundesstaaten gebildeter Bundesrat als zweite Kammer und eine indirekt durch die Landtage gewählte Bundesversammlung, also das schon zuvor vorgeschlagene Delegiertenparlament. Diese Versammlung sollte das Gesetzgebungsorgan sein und das Budgetrecht haben, freilich hatte der Vorschlag das Manko, dass die Versammlung nur alle drei Jahre zusammenkommen sollte. Auch ein Bundesgericht war vorgesehen. Der Wiener Verfassungsplan stand zwischen der Bundesakte von 1815 und der Verfassung von 1849. „Dass dies Ansatzpunkte waren, um die bundesstaatlichen Elemente in Zukunft noch weiter auszubauen (…), konnte für niemanden zweifelhaft sein" (Heinrich Lutz).

Der Frankfurter Fürstentag 1863

Zur Besprechung des österreichischen Verfassungsplans – in drei Dutzend Paragrafen detailliert ausgearbeitet – lud Kaiser Franz Joseph die deutschen Fürsten für den 16. August 1863 nach Frankfurt ein. In der Öffentlichkeit waren mit diesem Fürstentag große Erwartungen verbunden. Auf dem Bundespalais wehte erstmals seit 1849 wieder die schwarz-rot-goldene Fahne. Fast alle Monarchen und die vier Bürgermeister der freien Städte waren gekommen. Doch neben zwei Duodezfürsten fehlte auch der preußische König Wilhelm, auf Drängen Bismarcks, mit der schwachen Begründung, man müsse zunächst eine Ministerkonferenz zur Beratung des Plans vorschalten. Dem Wunsch Franz Josephs, die Verfassungsänderung auch ohne Preußen abzusegnen, widersetzte sich der Fürstentag jedoch. Man beauftragte daher König Johann von Sachsen, mit seinem Minister Beust zu Wilhelm zu fahren, der in Baden-Baden zur Kur weilte, und ihn umzustimmen. Mit dabei in der Kurstadt war auch der unvermeidliche Bismarck. Er überredete, das Ende seiner Karriere vor Augen, den preußischen König, nicht nach Frankfurt zu reisen – unter anderem mit der Begründung, das Erscheinen auf dem Fürstentag wäre Landesverrat. Beust drohte er damit, preußische Truppen aus der Bundesfestung Rastatt zu holen, um das Hotel zu umstellen. Am Ende setzte er sich durch, auch gegen Königin Augusta, seine größte Gegnerin am Berliner Hof, die ihren Mann inständig gebeten hatte, nach Frankfurt zu fahren. Am Abend dieses

Fürstentag in Frankfurt am Main
von Kaiser Franz Joseph gegen Preußen einberufen. Franz Joseph in der Mitte mit weißem Waffenrock, links von ihm Johann von Sachsen und Maximilian II. von Bayern, rechts von ihm Georg von Hannover.
Foto 16. August 1863.

20. August erlitt Wilhelm einen Nervenzusammenbruch, Bismarck bekam einen Tobsuchtsanfall. Aber es war Geschichte gemacht: Denn obwohl am Tag darauf in Frankfurt 24 Staaten den österreichischen Plan billigten (darunter alle Königreiche, nicht aber Baden und Sachsen-Weimar), machten sie doch zur Bedingung, dass er nur in Kraft treten sollte, wenn Preußen mitwirke. Denn bei aller Abneigung gegen das Regime in Berlin tat man sich schwer mit der Vorstellung, Preußen aus Deutschland auszuschließen und sich der labilen Großmacht Österreich anzuvertrauen. Aber Preußen nutzte die Chance nicht, die das Dritte Deutschland damit eröffnete: Es schwenkte nicht auf einen Kompromisskurs ein. Aus der Bundesreform wurde wieder nichts.

Preußens Krieg gegen Deutschland

Österreich wandte sich nach dem Scheitern des Fürstentags, enttäuscht von den Mittelstaaten, ebenfalls vom Bund ab und fand sich abermals zu einer Allianzpolitik mit Preußen bereit. Die erste gemeinsame Aktion war 1864 der Krieg gegen Dänemark wegen des Streits um das Herzogtum Schleswig, dessen Status umstritten war – Dänemark wollte es sich einverleiben, eine Bundestagsmehrheit forderte den Anschluss an den Deutschen Bund (dem Holstein bereits angehörte, und beiden Herzogtümer war ihre traditionelle Zusammengehörigkeit – „up ewig ungedeelt" – international garantiert). Im Dritten Deutschland sah man die Möglichkeit, einen neuen Mittelstaat im Norden zu etablieren. Preußen und Österreich dagegen ließen im Januar 1864 eigene Truppen in Holstein und Schleswig einmarschieren, und nachdem Dänemark nicht einlenkte, wurde bis April ganz Jütland besetzt. Im Frieden von Wien verzichtete Dänemark am 30. Oktober 1864 auf Schleswig und Holstein, die jedoch kein eigenständiges Bundesmitglied wurden, sondern unter preußische (Schleswig) und österreichische (Holstein) Verwaltung kamen. Aus dieser Konstellation heraus arbeitete Bismarck auf einen Entscheidungskrieg gegen Österreich hin. Antipreußische Demonstrationen in Holstein, von Wien geduldet, wurden im Januar 1866 zum Anlass genommen, erste Drohungen auszusprechen. Die Finanzierung eines Angriffskriegs war schon 1865 in die Wege geleitet worden, nun schritt man zur Tat. Um Österreich in eine Zweifrontenlage zu bringen, schloss Preußen – gegen jedes Bundesrecht – ein Angriffsbündnis mit Italien. Österreich bandelte darauf mit Frankreich an, setzte aber vor allem weiter auf den Bund. Am 7. Juni 1866 marschierte Preußen in Holstein ein, das trotz österreichischer Verwaltung formal ein Mitglied des Deutschen Bundes war. Diesem Bundesbruch ließ Bismarck drei Tage später eine weitere Provokation folgen: einen Plan für eine neue Bundesverfassung, in der Österreich und auch Luxemburg (das er als Beschwichtigungsopfer für Frankreich vorgesehen hatte) nicht mehr vorkamen. Wien brachte nun im Bundestag die Mehrzahl der Stimmen für eine Bundesexekution hinter sich, vor allem die aller Mittelstaaten: Bayern, Hannover, Sachsen, Württemberg, Hessen-Darmstadt, Hessen-Kassel, ja selbst Baden. Preußen konnte

Otto von Bismarck
Reichskanzler von 1871 bis 1890.
„Ein gutes Omen bei Königsgrätz" 3. Juli 1866.
Moltke ergreift die bessere von zwei
angebotenen Zigarren.
Farbdruck 1897.

nur auf seine norddeutschen Kleinstaaten-Satelliten zählen. Am 14. Juni 1866 trat Preußen vom Bundesvertrag zurück und griff nach der ultimativen Aufforderung an Sachsen, Hessen-Kassel und Hannover, sich dem preußischen Bundesplan anzuschließen, vier Tage später an. Preußens Krieg gegen Deutschland hatte begonnen. Die Truppen Hannovers – wie alle Bundestruppen mit Schwarz-Rot-Gold an der Uniform – konnten die preußischen Verbände zwar am 27. Juni bei Langensalza besiegen, mussten jedoch angesichts preußischer Überlegenheit zwei Tage später kapitulieren. Die entscheidende Schlacht fand am 3. Juli zwischen den böhmischen Ortschaften Königgrätz und Sadowa statt. Auf beiden Seiten waren jeweils über 400 000 Soldaten aufgeboten, es war die bis dahin größte Schlacht der europäischen Geschichte. An den Finanzmärkten Europas setzte man eher auf einen Sieg der Bundestruppen. Doch die zahlenmäßig etwas stärkeren, waffentechnisch überlegenen preußischen Truppen schlugen die vereinte österreichisch-sächsische Armee. Das Duell der beiden deutschen Großmächte war beendet, die Vorherrschaft über Deutschland fiel Preußen zu.

Annexionen und kulante Züge

Bismarck blieb gegenüber Österreich kulant, einen Einmarsch in Wien, wie von König Wilhelm gewünscht, gab es so wenig wie harsche Friedensbedingungen. Wien sollte als Koalitionspartner für das nun zu gründende großpreußische Reich erhalten und nicht zum Partner Russlands oder Frankreichs werden. Im zügig vereinbarten Frieden von Prag stimmte Kaiser Franz Joseph am 23. August 1866 der Auflösung des Deutschen Bundes und dem Ausscheiden Österreichs aus dem deutschen Staatszusammenhang zu. Es kam zu keinen Gebietsabtretungen Österreichs an Preußen, das sich anderswo schadlos hielt. Schon 1816 hatte Metternich in weiser Einsicht in das Wesen des preußischen Staates geschrieben: „Der Versuch, das ganze nördliche Deutschland in Vasallität gegen Preußen zu stellen, kann sicher nur auf dem Wege der Gewalt erreicht werden (...). So lange der Hannöverische Staat besteht, ist die Unterjochung des nördlichen Deutschland unmöglich." Diese Unterjochung folgte nun. Hannover, Hessen-Kassel, der nördliche Teil Hessen-Darmstadts und Nassau, die sich an der Bundesexekution beteiligt hatten, wurden kurzerhand annektiert, gegen jedes Recht. Der König von Hannover wurde davongejagt, was monarchische Kreise in Berlin mit Entsetzen betrachteten. Schleswig-Holstein wurde ebenfalls eingegliedert, auch wenn man einmal für dessen Selbstbestimmung dort einmarschiert war. Die Einverleibung Sachsens in den preußischen Großstaat verhinderte Bismarck, um nicht zu viel Unfrieden in Deutschland zu stiften und den Süddeutschen zu signalisieren, dass Mittelstaaten auch im preußischen Machtbereich geduldet werden konnten.

Die Bundeshauptstadt Frankfurt wird eingepreußt

Frankfurt, die Hauptstadt des Deutschen Bundes, verlor seine jahrhundertealte Selbstständigkeit, weil es ebenfalls für die Bundesexekution gestimmt hatte. Preußen erhob eine völlig maßlose Kontributionsforderung von insgesamt 30,8 Millionen Gulden, begleitet von der Drohung, die Stadt bei Zahlungsverzug zu plündern. Die Summe entsprach etwa der Hälfte dessen, was man in Berlin an Kriegskosten veranschlagt hatte. Den verzweifelten und gedemütigten Frankfurter Bürgermeister Karl Fellner trieb die ultimative Forderung in den Selbstmord. Mit der Annexion Frankfurts kontrollierte Preußen den wichtigsten deutschen Banken- und Finanzplatz, der gerade für die Länder des Dritten Deutschlands eine wichtige Rolle spielte. Süddeutschland war so finanzpolitisch an die Berliner Leine geraten, dazu kamen militärische Schutz- und Trutzbündnisse, die Bayern, Württemberg, Hessen-Darmstadt und Baden mit Preußen abzuschließen hatten. Wirtschaftspolitisch war man ohnehin durch den Zollverein an Preußen gebunden, das nun aber offener als zuvor die bestimmende Rolle spielte. Eine innerpreußische Folge des Krieges war das Ende des Verfassungskonflikts: Das Parlament segnete im September 1866 nachträglich das verfassungswidrige Regieren Bismarcks seit 1862 ab. Das spaltete die liberale Fortschrittspartei. Für die sogenannte Indemnitätsvorlage stimmte ein Flügel, der sich fortan als Nationalliberale Partei – in der geistigen Nachfolge der unitarischen Casino-Liberalen von 1848 – zur Unterstützung der preußischen Hegemonialpolitik bereitfand. Europa hatte das Dritte Deutschland im Stich gelassen und dem Treiben tatenlos zugeschaut (wie England) oder sich komplizenhaft verhalten (wie Frankreich). Man erkannte weder in London noch Paris noch St. Petersburg die Weiterungen der Zerstörung des Deutschen Bundes für die europäische Friedensordnung – oder wollte sie nicht wahrhaben. Der amerikanische Historiker Paul W. Schroeder hat dafür einen passenden Vergleich gefunden: „Europas Gleichgültigkeit beim Ableben des Deutschen Bundes war so etwas wie die Duldung zum Abholzen eines Waldes (...) ohne Rücksicht auf die ökologischen Folgen, in der Annahme, die Natur werde sich um das Problem kümmern – jene Art von Gleichgültigkeit gegenüber der Ökologie des internationalen Systems, für die langfristig gewöhnlich alle zahlen müssen."

Im Nachlass: Nationale Reformen

Es war eine Ironie der Geschichte, dass der Deutsche Bund in seinen letzten Jahren doch noch einige Reformwerke auf den Weg brachte, die dann im späteren Kaiserreich ihre Wirkung entfalteten. Schon 1861 verabschiedete der Frankfurter Bundestag ein Allgemeines Deutsches Handelsgesetzbuch, das bald in allen Staaten eingeführt wurde und erheblich zur Förderung der Wirtschaftseinheit beitrug. Auch die Entwürfe für ein bundesweites Urheberrecht, eine Maß- und Gewichtsordnung und eine Zivilprozessordnung wurden wenige Jahre später kaum verändert als Grundlage für die nationale Gesetzgebung genutzt. Der Deutsche Bund hätte sich durchaus zu einem gesamtdeutschen Bundesstaat fortentwickeln lassen. Dazu war das Dritte Deutschland bereit. Aber Berlin und Wien wollten nicht.

Geteilt: Nord und Süd 1866 bis 1871

Bismarcks Staat

In einem Brief an den sozialdemokratischen Parteiführer August Bebel schrieb Friedrich Engels 1884 im Rückblick auf Preußens Deutschlandpolitik: „1866 war eine vollständige Revolution. Wie Preußen, nur durch Verrat und Krieg gegen das deutsche Reich, im Bunde mit dem Ausland (1740, 1756, 1795) zu etwas geworden ist, so hat es das deutsch-preußische Reich nur zustande gebracht durch gewaltsamen Umsturz des Deutschen Bundes und Bürgerkrieg." Bis zum neuen Kaiserreich von 1871 dauerte es nach dem preußischen Sieg im Krieg gegen Deutschland noch fünf Jahre, aber Bismarck und die Herrschenden in Berlin hatten nun das Schicksal des kleineren Deutschlands ohne die österreichischen Länder in der Hand. Bayern, Württemberg, Baden und Hessen-Darmstadt waren zwar 1866 zu unabhängigen europäischen Staaten geworden, aber über den Zollverein und die Schutz- und Trutzbündnisse fest an Preußen gebunden. Mit der Bildung des Norddeutschen Bundes legte Bismarck 1867 die Grundlage für die weitere Ausdehnung der preußischen Vormachtstellung in Deutschland. Auf diesem Weg hatte Bismarck die kleindeutsche Nationalbewegung fest an seiner Seite. Die Nationalliberalen billigten die preußischen Annexionen als Schritt zum einheitlichen Nationalstaat, in den die Südstaaten bald aufgesogen werden sollten. In der Trennung in Nord und Süd sah Johannes von Miquel, einer der führenden Nationalliberalen, keine endgültige Grenze: „Die Mainlinie, wie wir sie heute haben, ist nicht die Scheidung zwischen zwei Machtgebieten zweier Großstaaten, nicht die Mainlinie, die wir früher fürchteten, die Scheidelinie zwischen Österreich und Preußen. Die Mainlinie ist, wenn ich den prosaischen Ausdruck gebrauchen darf, gewissermaßen eine Haltestelle für uns, wo wir Wasser und Kohlen einnehmen, Atem schöpfen, um nächstens weiter zu gehen." Bismarck stand vor einer schwierigen Gemengelage, als er 1866 daran ging, eine Verfassung für das Provisorium des Norddeutschen Bundes zu konzipieren, die später auch für das angepeilte neue Reich gelten sollte. Vier Ziele mussten erreicht werden. Zum einen galt es, eine Form zu finden, in der die preußische Großmachtposition gesichert, Preußens Hegemonie verankert sein würde. Zweitens durfte – damit eng verbunden – die preußische Verfassung in dem neuen Gesamtstaat nicht gefährdet sein, um die Ängste der konservativen Kräfte in Preußen zu lindern. „Die Bismarcksche Verfassung sollte … die aristokratisch-monarchische Ordnung Preußens konservieren." (Otto Pflanze). Der bürgerlichen Nationalbewegung musste drittens möglichst viel nationalstaatliche Einheit geboten werden, und dafür lag mit dem Paulskirchenentwurf von 1849 ein Modell vor. Viertens aber sollte die Verfassung des Norddeutschen Bundes offen sein für den Beitritt der süddeutschen Staaten, und das hieß, dass man den Föderalismus wiederum nicht zu unitarisch ausgestalten durfte. Die Aufgabe kam der Quadratur des

Kreises nahe, und sie konnte nur gelingen durch die Weiterführung der föderalen Verfassungstradition. Das musste die Nationalbewegung schlucken. Aus ihrer Sicht war der Föderalismus aber nur ein notwendiges Übel, eine Durchgangsstation auf dem Weg zur staatlichen Einheit.

Der Norddeutsche Bund: Ein Hund mit Flöhen

Die Anhänger der Nationalbewegung hätten lieber einen Einheitsstaat im Norden geschaffen. Der Liberale Benedikt Waldeck forderte daher als Kompromiss: „Wir wollen einen Bundesstaat, aber wir wollen ihn nur so, dass er den preußischen

Norddeutscher Bund
„Trotz alledem und alledem!"
Karikatur auf die Bestrebungen des Großherzogtums Baden, dem Norddeutschen Bund beizutreten.
Holzstich aus Kladderadatsch 1869.

Einheitsstaat nicht schädigt." Preußen sollte als Modell für das kommende Reich erhalten bleiben. Die ersten Bundesverfassungsentwürfe der preußischen Beamtenschaft waren ebenfalls stark unitarisch. Bismarck lehnte sie Ende Oktober 1866 mit den Worten ab: „Sie sind zu zentralistisch bundesstaatlich für den dereinstigen Beitritt der Süddeutschen." Wie sehr der Blick nach Süden die Überlegungen für die Verfassung des Norddeutschen Bundes bestimmte, zeigen schon die Kräfteverhältnisse: Denn für einen rein norddeutschen Bund war eigentlich gar nicht genügend Masse da. Hannover, Hessen-Kassel, Nassau und Schleswig-Holstein waren annektiert und zu preußischen Verwaltungsprovinzen degradiert. Die beiden Mecklenburg und Oldenburg waren wirtschaftlich von Preußen abhängig. Die Hansestädte Hamburg, Bremen und Lübeck wahrten zwar ihre Autonomie, aber konnten sich – von preußischem Gebiet umzingelt – dem Berliner Einfluss kaum entziehen, und das Frankfurter Beispiel ermutigte nicht zu großem Selbstbewusstsein. Von den restlichen nord- und mitteldeutschen Ländern und Ländchen waren die meisten selbst nach damaligen Maßstäben nicht mehr staatsfähig: Braunschweig, Lippe, Schaumburg-Lippe, die thüringischen Kleinfürstentümer und Anhalt – sie waren für Bismarck nur „kleines Gemüse". Von allen Bundespartnern Preußens hatte allein Sachsen wirtschaftlich und politisch ein Eigengewicht. Preußens Übermacht zeigte sich schon in den Bevölkerungszahlen. Mit den annektierten Gebieten hatte es 25 Millionen Einwohner, die insgesamt 21 Bundespartner kamen zusammen auf fünf Millionen, gut die Hälfte davon waren Bürger Sachsens. In Baden spottete Franz von Roggenbach: „Wie kann man denn einen Bund bilden aus einem Hund und den Flöhen auf seinem Rücken?" Und der Publizist Konstantin Frantz meinte in der Rückschau sarkastisch: „Der Löwe und die Maus können sich nicht konföderieren." Aber Bismarck brauchte die Mäuse und Flöhe, weil er einen Bund brauchte, um das großpreußisch-nationalliberale Gemeinschaftswerk nach Süden erweitern zu können. Dort fand man klare Worte für diese Form des Föderalismus. Der Ministerpräsident von Hessen-Darmstadt, Reinhard von Dalwigk, sagte: „Die Fürsten des Norddeutschen Bundes sind keine Bundesgenossen, sondern Vasallen Preußens." In Berlin sprach selbst König Wilhelm von einem „verlängerten Preußen". Ein funktionsfähiger Föderalismus war in einem solchen Bund nicht möglich, die Übermacht Preußens war zu drückend. Aber der Norddeutsche Bund sollte auch gar nicht funktionieren – er sollte einfach nur da sein und warten.

Bismarcks Verfassungseintopf: Ein hegemonialer Föderalismus

Um es allen Seiten recht zu machen, ließ Bismarck einen Eintopf kochen, in dem alle eine Lieblingszutat fanden. Dabei griff man auf die Verfassung des Deutschen Bundes zurück, bediente sich aber auch aus der Paulskirchenverfassung von 1849. Im mecklenburgischen Putbus, wo er zur Kur weilte, diktierte Bismarck im Spätherbst 1866: „Man wird sich in der Form mehr an den Staatenbund halten müssen, diesem aber praktisch die Natur des Bundesstaates geben mit elastischen, unscheinbaren, aber weitgreifenden Ausdrücken." Die neue Verfassung sollte die künftigen Partner nicht abschrecken, weshalb Bismarck es riskierte, mit der Anlehnung an den Deutschen Bund die Nationalliberalen vor den Kopf zu stoßen. „Die Vorzüge dieses Systems bestehen in seiner Anlehnung an das Hergebrachte, dem sich die Regierungen als etwas Gewohntem und Selbstverständlichem leichter fügen werden als jeder neuen Kombination", meinte er. Die verfassungspolitische Mischtechnik zeigte sich in der Benennung der drei zentralen Einrichtungen: Die monarchische Spitze wurde Bundespräsidium getauft, die Staatenvertretung Bundesrat (Bismarck wollte sie ursprünglich sogar wieder Bundestag nennen). Dagegen bekam das Parlament des Norddeutschen Bundes bereits den Namen Reichstag, so wie schon 1849, ein Entgegenkommen an die Vorstellungswelt der Nationalbewegung. Das eigentliche Kernziel aber war die Wahrung der preußischen Hegemonie. Sie sollte wie einst die österreichisch-preußische Doppelherrschaft im Deutschen Bund über die Versammlung der Länderregierungen organisiert werden. „Als Zentralbehörde wird daher nicht ein Ministerium, sondern ein Bundestag fungieren, bei dem wir, wie ich glaube, gute Geschäfte machen, wenn wir uns zunächst an das Kuriensystem des alten Bundes anlehnen", schrieb Bismarck seinen Beamten. Bei der Ausgestaltung der Stimmverhältnisse ging der preußische Ministerpräsident daher vom alten Bundestag aus. Er addierte den preußischen Stimmen einfach die der annektierten Staaten hinzu. Damit verfügte Berlin über 17 von insgesamt 43 Stimmen. Das sah nicht bedrohlich aus, aber genügte den hegemonialen Ansprüchen. „Preußen würde also diese Majorität haben, sobald fünf der kleineren Staaten ihm beitreten", rechnete Bismarck seinen Beratern vor, und aus seiner eigenen Erfahrung als Bundesgesandter wusste er, dass diese Mehrheitsbeschaffung für das übermächtige Preußen ein Klacks war. In Waldeck, Anhalt oder Schwarzburg-Rudolstadt muckte niemand gegen Berliner Wünsche auf. In einem später nach Süden erweiterten Bund würden es zwar mehr als fünf Stimmen sein müssen, aber das Reservoir der Mindermächtigen war groß genug. So verdankte die mittel- und norddeutsche Kleinstaaterei ihre fortgesetzte Existenz der Tatsache, dass Bismarck zur Anbindung der Südstaaten auf eine Bundesverfassung angewiesen war, aber die Zahl der schwachen Bundesstaaten so groß sein musste, dass Preußen stets genügend Unterstützung zur Verfügung hatte.

Lob und Kritik

Die Verfassung des Norddeutschen Bundes wurde von dem im Februar 1867 gewählten norddeutschen Reichstag, der eine rechtsliberal-konservative Mehrheit hatte, nach kurzer Debatte mit wenigen Änderungen angenommen. Außerhalb Berlins dagegen fehlte es nicht an Kritik. Der sächsische Staatsminister Richard von Friesen merkte schon bei den Vorberatungen ironisch an: „Der Entwurf überraschte allgemein; von vielen Seiten glaubte man ihn gar nicht ernst gemeint." Der Schweizer Johann Bluntschli, Professor für Staatsrecht in Heidelberg, meinte, die neue Bundesverfassung folge nicht den Bundesreformversuchen nach 1850, sondern habe einen ganz anderen Charakter: Sie gleiche einem aus „einem Staatenbunde herauswachsenden Einheitsstaate mit autonomischer Provinzialverwaltung". Der Gelehrte Heinrich Ewald, einer der „Göttinger Sieben" von 1837, lehnte das Konstrukt ab, weil die Mitglieder viel zu ungleich und Preußen viel zu dominierend sei. Für ihn war der Norddeutsche Bund nichts anderes als ein „Kriegs- und Eroberungsreich" mit „unversöhnlichen Widersprüchen". Miquel, der später preußischer Finanzminister wurde, verteidigte die Verfassung dagegen: „Der Entwurf ist nicht zu vergleichen mit der amerikanischen noch mit der schweizerischen Bundesverfassung." Auch der Reichsverfassung von 1849 entspreche er nicht. „Der Entwurf gewährt keinen Einheitsstaat, keinen Bundesstaat und keinen Staatenbund; der Entwurf ist völlig originell, wie die politische Lage neu und originell ist, die er formulieren soll." Und ohne jede Ironie fügte er hinzu: „Große Völker kopieren nicht, große Völker in großen Umständen sind immer neu." So wurde das eigentlich wirre, allein auf die preußische Vormacht hin konzipierte Konstrukt Bismarcks zu einem Glanzstück deutscher Besonderheit umgedeutet, weil es ein parlamentarisches Schlupfloch ließ zum erhofften nationalen Einheitsstaat.

Unabhängig abhängig: Die süddeutschen Staaten 1866–1871

Während Bismarck seine Verfassung als Köder für die Südstaaten konzipierte, musste man in Bayern, Württemberg, Baden und Hessen-Darmstadt nach 1866 erst einmal mit den Folgen des Krieges und der neuen Situation fertig werden. Formell waren die süddeutschen Staaten so unabhängig wie andere europäische Mittelstaaten auch. Allerdings hatte Bismarck den Regierungen in München, Stuttgart, Karlsruhe und Darmstadt Schutz- und Trutzabkommen mit Preußen aufgezwungen und damit eine militärische Anbindung geschaffen. Das hätte jedoch nicht verhindert, was 1866 im Prager Frieden vereinbart worden war: einen Bund der vier süddeutschen Staaten. Österreich und Frankreich hatten das unterstützt. Doch ein solcher Südbund ist nie ins Leben getreten. Zwar gingen die Überlegungen in Bayern und Württemberg durchaus in diese Richtung, aber hinter den Kulissen machte sich Bismarck daran, die Pläne schon im Ansatz zu hintertreiben. Baden war ohnehin nicht bereit dazu, dort wünschten sich der Großherzog und die liberale Regierung sogar einen schnellen Anschluss an den Norddeutschen Bund, obwohl die katholische Bevölkerungsmehrheit das eher kritisch sah. Bismarck lehnte das Ansinnen eines frühen Anschlusses ab: „Greifen wir jetzt zu, so wird der Anschluss an Preußen (sic!) von dem süddeutschen Volke stets als Ergebnis von Krieg und Sieg, als ein Akt der Gewalt betrachtet und die Hegemonie Preußens ungern ertragen werden", meinte er im Sommer 1866. Ein anderer, innerpreußischer Grund dürfte gewesen sein, dass Bismarck seine preußischen Konservativen bei Laune halten musste. Der Minister Dalwigk in Darmstadt jedenfalls glaubte, Bismarck könne die „Absorption des Südens durch den Norden nicht wünschen, weil dadurch der preußische Staat Elemente erhalten würde, die seinem inneren Wesen zuwider seien und deren Einfluss er am Ende doch unterliege". Den süddeutschen Liberalismus beobachteten die preußischen Konservativen mit Misstrauen. Und dafür gab es einen triftigen Grund. Denn der Süden ging, nun frei von den Rücksichtnahmen im Deutschen Bund, wieder in Richtung parlamentarischer Monarchie. In Baden begann diese Entwicklung schon 1860. In Württemberg hatte die demokratische

Volkspartei im Verein mit einer großdeutschen Gruppe im Stuttgarter Landtag die Mehrheit, ein parlamentarisch erzwungener Regierungswechsel war nur eine Frage der Zeit. Und in Bayern erreichte Anfang 1870 die katholisch-ländliche Patriotenpartei sogar den Rücktritt der konservativ-liberalen Regierung unter dem Ministerpräsidenten Hohenlohe-Schillingsfürst. So wirkte die Entwicklung im Süden aus Berliner Sicht zweifach bedrohlich: verfassungspolitisch wegen der Stärkung der Parlamente, deutschlandpolitisch wegen der offenkundigen Gefahr von eher großdeutsch gesinnten Mehrheiten, die eine Anbindung an den Norddeutschen Bund ablehnten.

Der Zollverein wird „preußifiziert"

Neben den Militärbündnissen waren die süddeutschen Staaten nach wie vor auch über ihre Mitgliedschaft im Zollverein an Preußen gebunden. Hier zeigte sich nun, was der Süden von Norden her zu erwarten hatte. Denn die Verhältnisse änderten sich: Das Ende des Deutschen Bundes nutzte Bismarck, um das Vetorecht jedes einzelnen Mitglieds im Zollverein aufzuheben – mit Ausnahme Preußens natürlich. Bismarck hatte gedroht, alle Mitglieder auszuschließen, die dies nicht akzeptierten. Freilich dachte nicht nur Bismarck in hegemonialen Kategorien. Im rechtsliberalen Wirtschaftsbürgertum gab es Vorstellungen, die darüber noch hinausgingen. Der Industrielle Georg von Siemens vertrat bereits 1866 die Ansicht, um mit der Konkurrenz in England und Belgien mithalten zu können, brauche es mehr als eine Wirtschaftsunion: Der Zollverein müsse „mit Preußen identisch werden", forderte er, was mithin auf einen kleindeutschen Einheitsstaat hinauslief. Dass die preußischen Bankiers zur gleichen Zeit darauf drangen, Frankfurt als ersten deutschen Finanzplatz durch Berlin zu ersetzen, passte zu diesem Eindruck einer Zentralisierungspolitik aus wirtschaftlichen Gründen.

Eine verunglückte Generalprobe

Aber das Volk hatte offenkundig andere Ansichten, jedenfalls das im Süden. Um schon einmal die Einheit einzuüben, war im Zollverein neben einem Bundesrat auch eine Volksvertretung eingeführt worden. Im Kern war das der norddeutsche Reichstag, der für diesen Zweck durch Wahlen am 28. Februar 1868 um süddeutsche Abgeordnete erweitert werden sollte. Diese Wahl in Bayern, Württemberg, Baden und Hessen-Darmstadt führte zu einem Fiasko für die Berliner Politik, es war ein für Bismarck, das Großpreußentum und die Nationalliberalen „deprimierendes Plebiszit für die Aufrechterhaltung der Main-Linie" (Josef Becker). Die Süddeutschen stimmten mit deutlicher Mehrheit für die Parteien, die sich gegen die Anschlusspolitik und gegen einen preußisch dominierten Nationalstaat aussprachen. Von den 79 süddeutschen Abgeordneten waren nur 26 „Nationaldeutsche", also Nationalliberale oder preußenfreundliche Konservative. In Württemberg errangen die demokratische Volkspartei und eine Gruppe namens „gouvernementale Föderalisten" sämtliche Mandate, in Bayern siegte die katholische Patriotenpartei. In Baden lagen die Nationalliberalen nur knapp vor den Demokraten, nur in Hessen-Darmstadt – das aber schon stark dem preußischen Einfluss ausgeliefert war – stellten sie alle sechs Mandate. Bereits im Jahr davor waren die „Kleindeutschen" in Sachsen bei den Wahlen zum norddeutschen Reichstag eingebrochen. Im Dritten Deutschland gab es 1868 keine Mehrheit im Volk für einen Bundesstaat nach norddeutsch-preußischem Muster.

Einheit durch Einmarsch

Seit dieser Wahlentscheidung war klar, dass sich die kleindeutsche Lösung nicht oder jedenfalls nicht so schnell auf dem Vereinbarungsweg erreichen lassen würde. Sie musste erzwungen werden durch ein Ereignis, das eine nationale Stimmung, eine nationale Woge erzeugte, die den Widerstand wegschwemmte. Also musste Frankreich wieder einmal als Erbfeind herhalten. Bismarck bereitete den Krieg gezielt vor, ohne ihn selbst vom Zaun brechen zu wollen. Er setzte ganz auf den Franzosenkaiser Napoleon III. und dessen Neigung, sein halbautoritäres Regime durch einen Krieg gegen Preußen zu festigen. Die entscheidenden Schritte sind bekannt: Die Thronkandidatur eines Fürsten aus einer Nebenlinie der Hohenzollern in Spanien nutzte Paris, um Druck auf Berlin auszuüben, diese zu verhindern; nachdem König Wilhelm seine Zustimmung zu der Kandidatur zurückzog, drängte Napoleon zudem noch auf eine Garantie, dass Preußen auch künftig eine solche Thronkandidatur eines Hohenzollern nicht unterstütze; die ablehnende Antwort Wilhelms ließ Bismarck in provokativ zugespitzter Form veröffentlichen, was in Paris zur Kriegserklärung an Preußen führte. Beide Seiten spielten mit diesem Krieg, doch hatte es Berlin immer in der Hand, ihn zu verhindern. Bismarck tat genau das Gegenteil. So war es in der Tat letztlich „Bismarcks Krieg" (Heinrich August Winkler). Die süddeutschen Staaten traten unwillig und entgegen den Erwartungen in Paris in den Krieg ein, gezwungen durch die (geheimen) Militärbündnisse mit Preußen. Das bayerische Kabinett war zwar mehrheitlich für bewaffnete Neutralität, doch fürchtete man in München im Falle eines preußischen Sieges unangenehme Folgen. Im Volk herrschte allerdings durchaus Jubel, als die preußisch-deutschen Verbände Anfang August in Frankreich einrückten und stetig vorankamen. Die kleindeutsche Einheit wurde so durch diesen Einmarsch begründet.

Ein Krieg aus Angst vor einem anderen Deutschland?

Bismarcks Kriegspolitik hatte möglicherweise auch einen präventiven Charakter. Es bestand nämlich aus Berliner Sicht durchaus die Gefahr, dass der norddeutsche Zwangsbund eben keine Durchgangsstation, sondern eine Endhaltestelle sein würde. Der Habsburgerstaat hatte den Schock von 1866 überwunden und formte sich zur österreichisch-ungarischen Doppelmonarchie um, samt einer leidlich liberalen Verfassung. Daran war nicht zuletzt der frühere sächsische

Staatsministers Beust beteiligt, der jetzt in Wien wirkte und sein Amt auch nutzte, Bismarcks Deutschlandpolitik im Verein mit Frankreich und Italien entgegenzuwirken. Das war nicht ohne Aussicht auf Erfolg: Der preußische Expansionsdrang, der die Machtgewichte in Mitteleuropa beträchtlich verschob, verunsicherte mittlerweile alle europäischen Mächte. Eine Allianz der süddeutschen Staaten mit Österreich, gedeckt durch Frankreich und andere Mächte – sie war jedenfalls nicht ausgeschlossen. Der britische Liberale Malcolm MacColl, ein Vertrauter des Premierministers William Gladstone, hat die Triebfeder des preußischen Ministerpräsidenten damals jedenfalls so zusammengefasst: „Bismarck made war on France because he feared Germany – Bismarck führte Krieg gegen Frankreich, weil er Deutschland fürchtete." Etwas präziser könnte man sagen: Weil er ein anderes Deutschland fürchtete. Diese Angst teilten die kleindeutschen Nationalisten, die heftig für den Krieg gegen Frankreich agitierten, um die süddeutschen Regierungen unter Druck zu setzen.

Der Anschluss des Südens

Die französischen Truppen wurden im Winter 1870/71 besiegt. Es war ein kurzer, aber auf beiden Seiten bisweilen brutal geführter Krieg mit fast 190 000 Toten. Die beabsichtigte Welle des Nationalismus war in ganz Deutschland zumindest so hoch, dass sie anderweitige Bedenken hinwegspülte. Bayern, Württemberg, Baden und Hessen-Darmstadt blieb nichts anderes übrig als der Beitritt zum Norddeutschen Bund. Noch während des Krieges schlossen sich am 15. November 1870 Baden und Hessen-Darmstadt an, Bayern folgte am 23. November und Württemberg zwei Tage später. Der bayerische Landtag stimmte dem Beitritt erst im Januar 1871 mit knapper Mehrheit zu. Einen Verfassungskonvent wie 1648 oder 1815, als es um die Zukunft ganz Deutschlands ging, oder eine Staatenkonferenz wie 1851 und 1863 zur Reform des Deutschen Bundes, gab es 1870/71 nicht. Von einer Volksabstimmung war schon gar nicht die Rede. Bayerische Bemühungen um eine Neugründung des Bundes mit einer neuen, stärker föderalistischen Verfassung blieben ergebnislos, ebenso Forderungen norddeutscher Fürsten nach einer mehr am Deutschen Bund orientierten Verfassung. Die bismarcksche Konstruktion wurde nahezu unverändert übernommen. Bayern und Württemberg konnten noch einige Sonderrechte beim Militär und im Post- und Eisenbahnwesen heraushandeln, doch das war nur Kosmetik. Das Einlenken Bayerns wurde von Bismarck mit einer beträchtlichen Zuwendung an Ludwig II., den Traumschlösser bauenden „Märchenkönig", versüßt.

Das Kaiserreich 1871 bis 1918

Versailles, 18. Januar 1871: Preußen übernimmt das Ruder

Am 18. Januar 1871 wurde im Spiegelsaal des Schlosses von Versailles ein neuer deutscher Kaiser ausgerufen: König Wilhelm von Preußen. Das Datum war sorgsam gewählt, es war der Jahrestag der ersten preußischen Königskrönung von 1701. Der riesige Raum war schlecht geheizt, aber gut gefüllt. Es wimmelte von Uniformen – vor allem preußischen, aber auch eine bayerische Abordnung war da, was den neuen Kaiser besonders freute (wobei er nicht wusste, dass der anwesende Prinz Otto von Bayern die Veranstaltung als großtuerisch und leer empfand). „Württemberg und Sachsen waren aus Konfusion nicht erschienen", stellte das neue Reichsoberhaupt hernach in einem Brief an seine Frau etwas enttäuscht fest. Preußens Kronprinz Friedrich war nach dem Schauspiel zutiefst ergriffen: „Die langjährigen Hoffnungen unserer Voreltern, die Träume deutscher Dichtungen sind erfüllt, und befreit von den Schlacken des heiligen römischen Unsegens steigt ein an Haupt und Gliedern reformiertes Reich unter dem alten Namen und den tausendjährigen Abzeichen aus sechzigjähriger Nacht." Damit war der Deutsche Bund gemeint. Erfüllt hatte sich freilich vor allem der Traum der Hohenzollerndynastie, Preußen zur Vormacht in Deutschland zu machen. Die Repräsentanten der deutschen Nation, als die sich die anwesenden Vertreter des Norddeutschen Reichstags fühlten, blieben völlig im Hintergrund. Mit dem Alten Reich, das übersah Friedrich geflissentlich, hatte das neue Reich wenig zu tun. Preußen wurde zur Hegemonialmacht, eine Vorstellung, die dem Alten Reich zuwiderlief: denn der Reichsföderalismus diente ja gerade dazu, eine solche Hegemonie zu verhindern. Der Föderalismus des von Bismarck geschaffenen Reiches war dagegen kein Mittel der Machtteilung und Machtbalance, sondern eine Fassade, ein Scheinföderalismus zur Verschleierung dieser Hegemonie. „Eine Politik gegen oder ohne Preußen konnte im Reich bis zuletzt

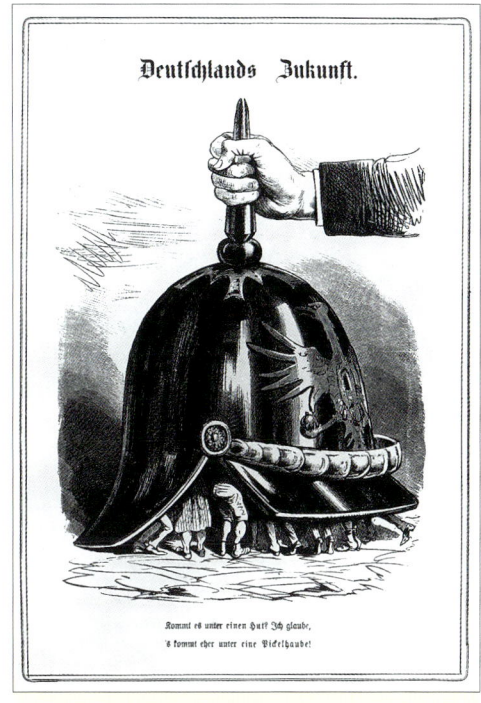

„Deutschlands Zukunft.
– Kommt es unter einen Hut? Ich glaube,
´s kommt eher unter eine Pickelhaube!"
Österreichische Karikatur aus dem Kikeriki
1870.

nicht getrieben werden", urteilte der Verfassungshistoriker Hans Boldt. Der „hegemoniale Föderalismus" war ein Widerspruch in sich. Doch gerade weil man ihn missbrauchte, wurde der Föderalismus für jene, die Preußens Hegemonie und den Unitarismus der Nationalbewegung ablehnten, zu einem Mittel der Opposition. Nicht zuletzt im Süden gehörte er fortan zum politischen Glaubensbekenntnis fast aller Parteien. Doch gerieten die Föderalisten im Kaiserreich zunehmend in die Defensive: Großpreußischer Anspruch und eine vor allem von den Nationalliberalen vorangetriebene Vereinheitlichungspolitik über den Reichstag führte zu einem gewaltigen Unitarisierungsschub. Knapp dreihundert Jahre nach der Begründung des Reichsföderalismus setzte sich nun die gesamtstaatliche Ebene als die dominierende durch – vor allem, weil diese Ebene vom mächtigsten Bundesstaat dominiert wurde. Die „unitarische Wende" im deutschen Föderalismus, die bis heute nachklingt, hatte ihre Ursachen zweifellos in den wirtschaftlichen und sozialen Bedingungen einer Industriegesellschaft in einer (auch damals schon) globalisierten Welt. Aber ihre Zuspitzung war zu einem nicht geringen Maß das Resultat des großpreußischen Charakters des Kaiserreiches.

Ein Fürstenbund?

Die Verfassung des Norddeutschen Bundes wurde 1871 weitgehend übernommen. Sie diente weiter den vier Bedingungen, die Bismarck 1867 zu seiner eigenwilligen Konstruktion veranlasst hatten: Garantie der preußischen Hegemonie im Gesamtstaat, Sicherung der innerpreußischen Verfassungsverhältnisse, Zugeständnis an die Nationalbewegung, Einbindung der süddeutschen Staaten. Formell war das Reich ein Fürstenbund. Nach der Verfassung schlossen fünf Monarchen einen „ewigen Bund zum Schutze des Bundesgebietes, des innerhalb desselben gültigen Rechtes, sowie zur Pflege der Wohlfahrt des Deutschen Volkes". Diese fünf Monarchen waren der preußische König für den Norddeutschen Bund, die Könige von Bayern und Württemberg und die Großherzöge von Baden und Hessen. Die Beitrittsverhandlungen hatten allerdings verdeutlicht, dass es kein Bund unter auch nur einigermaßen Gleichen war. Dass der neue Staat ursprünglich wieder Deutscher Bund heißen sollte, deutete jedoch darauf hin, wie sehr der erste Reichskanzler sich am Staatengebilde von 1815 orientierte. Dass er das zentrale Verfassungsorgan, den Bundesrat, stark nach dem Vorbild der Frankfurter Bundesversammlung modellierte, kam nicht von ungefähr. Dessen Mechanismen kannte der einstige Bundestagsgesandte Bismarck sehr gut, die Frankfurter Versammlung war seine Schule als Politiker und Diplomat gewesen, und so kopierte er im Bundesrat, was er dort gelernt hatte, nur dass eben jetzt Preußen und nicht mehr Österreich die Präsidialmacht war.

National übertüncht

Die Nationalbewegung, voran die Nationalliberale Partei, sah im Reich den Beginn des (kleindeutschen) Nationalstaates, repräsentiert vor allem durch den Reichstag als Vertretung des deutschen Volkes. Und den nutzten die Nationalliberalen, um die schon 1848 erwünschte Rechtseinheit zu schaffen, den Rahmen für einen geschlossenen Nationalstaat zu zimmern. Es war die bewusste Abkehr von der Vorstellung, dass deutsche Einheit auch in Vielfalt möglich sei. Das war aber 1870/71 durchaus nicht die Mehrheitsmeinung der Deutschen. Die Begeisterung über den neuen Staat hielt sich nämlich, den Kriegserfolgen zum Trotz, außerhalb wie innerhalb Preußens durchaus in Grenzen. Ein Indiz dafür sind die ersten Reichstagswahlen vom 3. März 1871, bei denen bereits das gleiche, direkte Männerwahlrecht galt. Die Wahlbeteiligung lag nur bei 51 Prozent, in vielen Wahlkreisen traten Kritiker des neuen Reiches wie die Politiker der süddeutschen Volkspartei gar nicht erst an. Die drei Parteien, welche hinter der Reichsgründung standen – vor allem die Nationalliberalen (30,2 %), daneben die Deutsche Reichspartei (8,9 %) und die Liberale Reichspartei (7 %) – hatten nur eine knappe Reichstagsmehrheit. Von Beginn an gab es ein buntes Gegenlager zum neuen Staat, zu dem die katholische Zentrumspartei ebenso zählte wie die Sozialdemokraten, die Linksliberalen und auch die preußischen Konservativen, die ein Aufgehen ihres Staates im Reich (und damit einen Verlust ihrer Macht) fürchteten. Freilich war dieses Lager in sich zu heterogen, um politisch auf Dauer gemeinsame Sache machen zu können. Als Nationalstaat empfand man Bismarcks Werk vor allem im protestantischen Bürgertum, und im Norden stärker als im Süden. In Bayern, Württemberg, Baden oder Hessen galt der Föderalismus als eine Sicherung gegen die befürchtete „Verpreußung". Auch im mehrheitlich katholischen Rheinland und Westfalen hielt man gern auf Distanz zu Berlin. Und in den 1866 annektierten Gebieten, vor allem Hannover, blieb stets ein antipreußischer Regionalpatriotismus lebendig. „Der Föderalismus des Bismarckreiches war zwar infolge der überragenden Stellung Preußens ein ungleichgewichtiger; dennoch machte er die preußische Hegemonie für Nichtpreußen erträglich." (Heinrich-August Winkler) Der Föderalismus hatte eine integrierende Wirkung: Die Doppelstaatlichkeit schuf Identität auf zwei Ebenen, vereinfacht gesagt: Wer sich nicht als Nationaldeutscher empfand, der konnte sich weiter als Bayer oder Sachse fühlen und war als solcher Teil des Ganzen. Das Staatsbürgerrecht war reine Ländersache, alle Deutschen hatten nur eine Landesbürgerschaft, die in allen Ländern als gleichrangig anerkannt wurde (eine allgemeine deutsche Staatsbürgerschaft führten 1934 erst die Nationalsozialisten ein). Von daher lebte im neuen Reich „die Vorstellung einer Reichsnation fort, deren Besonderheit darin lag, nie staatlich-unitarisch geeint gewesen zu sein. Diese lange historische Tradition einer Vielzahl von Staaten unter dem Dach des Heiligen Römischen Reiches Deutscher Nation schuf eine föderative Nationalidee, deren Wirkkraft selbst der Unitarisierungsschub in Gestalt des Deutschen Reiches von 1871 nicht gänzlich brechen konnte." (Dieter Langewiesche)

All jenen, die das neue Reich als einheitlichen Nationalstaat sahen, galt der Föderalismus jedoch wenig, er wurde pauschal als „Partikularismus" verunglimpft. Der Begriff bekam im Kaiserreich eine negative Bedeutung, Föderalismus und Partikularismus wurden absichtsvoll gleichgesetzt, um die Verfassungstradition als Idee von Reichsgegnern zu brandmarken. Doch der Charakter des Kaiserreichs als Nationalstaat war wenig gefestigt, das zeigte sich auch im Fehlen populärer Einheitssymbolik. Die Nationalfarben von 1848, Schwarz-Rot-Gold, kamen nicht zum Zug, später wurden die Farben der Reichsmarine – das preußische Schwarz-Weiß ergänzt um das Rot der Küstenstaaten – zur Reichsflagge erklärt. Einen Nationalfeiertag hatte das Reich nicht. Der Versuch, den 2. September zur Erinnerung an die Schlacht von Sedan 1870 reichsweit als Einheitstag zu etablieren, wurde in katholischen Regionen und im Süden boykottiert.

Borussisch grundiert

Der Nationalismus der Gründerjahre war borussisch und protestantisch grundiert. Der kleindeutsch-nationalistische Historiker Heinrich von Treitschke, ein gebürtiger Sachse, sprach triumphierend vom „preußischen Reich deutscher Nation", das seiner Ansicht nach nun in die Welt getreten war. Und der spätere Berliner Hofprediger Adolph Stoecker jubelte nach der Kaiserausrufung: „Das heilige evangelische Reich deutscher Nation vollendet sich!" Preußen und seinem Herrscherhaus wurde eine Mission zugeschrieben, die deutsche Einheit herzustellen. Der in jenen Jahren ungemein einflussreiche Treitschke sah in Preußen den „Zwingherrn zur Einheit", weil die Deutschen „freiwillig den Particularismus nicht aufgeben". Unter Preußens Führung sollte auch der Traum von der Weltgeltung Deutschlands wahr werden, der sich für die Nationalbewegung im Deutschen Bund nicht hatte erfüllen können. Bismarcks enger Mitarbeiter Heinrich Abeken brachte diesen Wunsch nach Stärke im Inneren und nach außen ein Jahr nach der Reichsgründung auf den Punkt: „Das verfassungsgemäß geeinte Deutschland soll, auch innerlich organisch, lebendig geeint werden, dass der stramme, feste, energische Geist Preußens auch das übrige Deutschland … durchdringe und dem lässigen und loddrigen Wesen, das in der Kleinstaaterei herrscht, ein Ende mache".

Bundespräsidentschaft mit weitreichenden Rechten

Der großpreußische Charakter des Reiches äußerte sich nicht zuletzt in der Übernahme des Bundespräsidiums durch die Hohenzollern. Die daran geknüpften Herrschaftsrechte waren beträchtlich: Der Kaiser bestimmte in hohem Maße über die Außenpolitik des Reiches, hatte das Recht zur Kriegserklärung (mit Zustimmung des Bundesrates) und zum Friedensschluss und war Oberkommandierender von Heer und Marine. Diese Herrschaft über das Militär war der parlamentarischen Kontrolle und auch der Mitwirkung durch die „verbündeten Fürsten" weitgehend entzogen. Unter Wilhelm II. bildete sich eine Art „Nebenregierung" im Militärkabinett, das allein dem Kaiser unterstand. Politisch war der preußische Kriegsminister auch für die Reichstruppen verantwortlich. Das Reichsoberhaupt ernannte den Kanzler und die Reichsbeamten und konnte auch jederzeit mit Zustimmung des Bundesrates den Reichstag auflösen. Alle Gesetze über das Militär und vor allem auch über die Steuer- und Finanzpolitik des Reiches unterlagen einem preußischen Vetorecht im Bundesrat. Als Mittel des Bundeszwangs stand es dem Kaiser frei, den Kriegszustand zu erklären und somit das Militär gegen Bundesstaaten einzusetzen, was zwar niemals Wirklichkeit wurde, aber als Drohkulisse durchaus präsent war.

Kaiser und andere Monarchen

Bismarck hatte seinem Herren, dem preußischen König, zwar zum Amt eines deutschen Kaisers verholfen, damit aber nicht die Erwartung verbunden, dass dieser auch als Kaiser herrsche. Bismarck sah im Kaiseramt vor allem ein „werbendes Element für Einheit und Zentralisation". Wilhelm I., bei Amtsantritt schon weit über 70 Jahre alt, hatte keinen Ehrgeiz über ein Amtskaisertum hinaus. Er hielt sich zurück, spielte die ihm zugedachte Rolle des „primus inter pares" und wahrte den Schein des Reiches als Fürstenbund, in dem die nicht preußischen Staaten ihren föderalen Platz hatten. Das sollte sich gewaltig ändern, nachdem der Enkel 1888 auf dem Reichsthron Platz nahm. Wilhelm II. wollte nicht nur repräsentieren und eine passive Rolle in der Reichspolitik einnehmen, sondern regieren und herrschen. Er hielt sich für den monarchischen Führer aller Deutschen. „Nur einer ist Herr im Reich, keinen anderen dulde ich", tönte er einmal. Zwar gedieh sein selbstherrlicher Anspruch, ein „persönliches Regiment" zu führen, in der reichspolitischen Wirklichkeit nicht weit. Aber durch das militärische Oberkommando, das Recht zur Ernennung wichtiger Reichsbeamter und vor allem die Möglichkeit, sowohl den Reichskanzler als auch den preußischen Ministerpräsidenten zu bestimmen, hatte der Monarch erhebliche Macht. Um Wilhelm bildete sich zudem eine einflussreiche Entourage, ein Machtzentrum außerhalb der exekutiven und legislativen Instanzen. Wilhelm hatte kein Gespür für die bundesstaatliche Ordnung des Reiches. Mal gab er sich als polternder Zentralist, mal spielte er den Erzpreußen. Die Monarchen in den Einzelstaaten bezeichnete er herablassend als „die Onkels", und einmal schwadronierte er darüber, dass seine 18 Armeekorps genügten, um sich mit den Süddeutschen auseinanderzusetzen. Repräsentanten des Föderalismus waren daher die „Onkels", die mit dem herrischen Stil des Berliner Oberkommandierenden meist wenig anzufangen wussten. Einige der Landesfürsten sahen sich ganz bewusst in einer Gegenrolle zu Wilhelm. Sie amtierten als „Landespräsidenten" eher zurückhaltend und ohne politischen Gestaltungsanspruch: Beispiele für eine unangestrengte Form präsidialer Monarchie waren der bayerische Prinzregent Luitpold und vor allem der württembergische „Bürgerkönig" Wilhelm, der gern im Zivilanzug, mit Hut und Hund, durch Stuttgart spazierte.

Bundesrat: Föderales Mittel zum großpreußischen Zweck

Das Reich hatte neben dem Kaiser als Reichsoberhaupt drei zentrale Verfassungsorgane: den Bundesrat, den Reichstag und den Reichskanzler. Reichsgesetze bedurften der Mehrheit im Bundesrat und im Reichstag. Die entscheidende Rolle hatte Bismarck dem Bundesrat vorbehalten. Aus ihm heraus sollte das Reich gelenkt werden. Das Wundersame an dieser Konstruktion war, dass es eine eigentliche Reichsregierung – jedenfalls zunächst – gar nicht gab: eine „für einen Großstaat fast unwirklich anmutende Verfassungsidee" (Dietmar Willoweit). Wie schon der Frankfurter Bundestag sollte der Bundesrat Legislative und Exekutive gleichzeitig sein. Bismarck dachte sich das Gremium als Sammelorgan der Landesregierungen, in dem Preußen die entscheidende Rolle spielte. Mit dem Beitritt der

Verabschiedung des Reichsgesetzes über die Reichsversicherungsordnung
Gruppenfoto der Bevollmächtigten zum Bundesrat.
1. Reihe v. l. n. r.: Golz, Bülow, Marschall von Bieberstein, Graf von Lerchenfeld-Koefering, Bismarck, Graf von Hohenthal und Bergen, von Boetticher.
Foto 22. Juli 1889.

süddeutschen Staaten hatte sich die Stimmenzahl gegenüber dem Norddeutschen Bund zwar auf 58 erhöht. Doch es blieb bei 17 preußischen Stimmen. Bayern hatte sechs Stimmen, Sachsen und Württemberg hatten je vier, Baden und Hessen je drei. Bismarck brauchte zur Durchsetzung der preußischen Hegemonie im Plenum zwar etwas mehr Kleinstaaten als im Norddeutschen Bund. Ein Problem war das aber so gut wie nie. Der badische Ministerpräsident Arthur von Brauer beklagte einmal, dass manche Vertreter der Kleinstaaten „vor jedem Stirnrunzeln Preußens alsbald ins Mäuseloch gekrochen" seien. Nur das völlig unbedeutende Reuß (ältere Linie) war dafür bekannt und belächelt, dass es seine Stimme gerne gegen Preußen abgab. Doch ansonsten genügten 13 Stimmen des „kleinen Gemüses", um Preußen die Mehrheit zu sichern. Die Mittelstaaten – Bayern, Sachsen, Württemberg, Baden, Hessen, Mecklenburg-Schwerin, Braunschweig und Oldenburg – konnten keine eigene Mehrheit aufstellen, auch nicht in Allianz mit den drei Hansestädten, deren Interessen oft mit denen Preußens kollidierten. Es reichte in dieser Konstellation nur für 28 der 58 Stimmen. Das Veto gegen Verfassungsänderungen wurde auf 14 Stimmen gesenkt, ein Zugeständnis an die drei Königreiche Bayern, Sachsen und Württemberg, aber Preußen allein konnte mit seinen 17 Stimmen schon jede Änderung blockieren.

Preußens geballte Macht

Jedes Land konnte im Bundesrat so viele Bevollmächtigte aufbieten, wie es Stimmen hatte – das sicherte die Vorherrschaft Preußens. Denn durch die geballte Macht von 17 preußischen Bundesratsmitgliedern war dafür gesorgt, dass allein Berlin die gesamte Bandbreite der Politik kompetent abdecken und damit die Geschäfte dominieren konnte. Und als stellvertretende Bevollmächtigte eingeführt wurden, wuchs die Dominanz Preußens noch, weil nun praktisch alle führenden Beamten der preußischen Ministerien im Bundesrat auftreten konnten. Allenfalls Bayern, Sachsen und Württemberg und mit Abstrichen Baden und Hessen konnten einigermaßen mithalten. In allen Ausschüssen des Bundesrates führte Preußen den Vorsitz, nur im außenpolitischen Ausschuss durfte Bayern präsidieren, aber in der Außenpolitik hatte der Bundesrat nichts zu melden, die war Sache des Kaisers und damit Preußens. Die Ausschüsse richteten sich nach den Zuständigkeiten des Reiches: Landheer, Seewesen, Zoll- und Steuerwesen, Handel und Verkehr, Eisenbahnen, Post- und Telegrafenwesen, Rechtsetzung. Artikel 4 der Reichsverfassung listete in einem sehr umfangreichen Katalog auf, in welchen Politikfeldern das Reich tätig werden konnte – nur solange es darauf verzichtete, durften die Bundesstaaten Regelungen treffen, die aber der Reichsaufsicht unterlagen. Inneres, Justiz und Polizei, Kultur, Schule, Wissenschaft, Kirchen, Gesundheit, Soziales, Landwirtschaft waren Sache der Bundesstaaten oder der Kommunen, aber wie sich zeigte, fand das Reich auch hier Wege zur eigenen Gesetzgebung – das galt nicht zuletzt im Zusammenhang mit der Einführung der ersten Sozialversicherungen. In der Steuerpolitik bestand eine Doppelzuständigkeit. Die vollzugsföderalistische Tradition, die Ausführung der Reichsgesetze den Ländern zu überlassen, wurde im Kaiserreich fortgesetzt, doch hatte der Bundesrat – und damit Preußen – sowohl ein Aufsichtsrecht als auch die Möglichkeit, über Verordnungen die Ausführung der Gesetze zentral zu lenken.

„Kanzlerdiktatur": Alle Fäden in einer Hand

Als Vorsitzender des Bundesrates fungierte der Reichskanzler, der vom Kaiser ernannt wurde. Eine echte parlamentarische Verantwortlichkeit bestand nicht, der Reichstag hatte keinerlei Handhabe, den Kanzler zu stürzen. Bismarck machte aus diesem Amt die zentrale Instanz des Verfassungsgefüges, es war für seine Person geradezu maßgeschneidert. Der badische Liberale Roggenbach sprach daher auch von einer „Kanzlerdiktatur". Bismarck wollte alle Fäden im Reich wie in Preußen in den Händen halten und dadurch eine Art Richtlinienkompetenz nach allen Richtungen entfalten. Als Vorsitzender des Bundesrates war der Reichskanzler auch oberster preußischer Bundesratsbevollmächtigter. Bismarck und auch seine Nachfolger hatten zudem fast immer das Amt des preußischen Ministerpräsidenten inne, meist waren sie auch preußischer Außenminister, denn der war direkter Vorgesetzter der preußischen Bundesratsbevollmächtigten und konnte diese instruieren. Bismarck, in Personalunion oberster Reichspolitiker und führender preußischer Staatsmann, stellte damit sicher, dass das Reich keine Politik gegen Preußen machte. Und er konnte darauf achten, dass preußische Interessen wiederum nicht zu sehr mit denen der Bundesgenossen oder des Reichstags kollidierten. Der Kanzler wollte mit allen Bällen jonglieren: Bundesrat, Reichstag, Reichsleitung, preußischer Landtag, preußische Regierung. Seinen Nachfolgern hinterließ der „Eiserne Kanzler" ein Regierungssystem, das stark auf seinen autoritären Stil zugeschnitten war.

Berlin regiert das Reich

Da um den Reichskanzler zunächst keine eigene Reichsregierung entstand, war die preußische Exekutive die eigentliche Regierung des Bundes. Den Bundesrat zu einer echten Reichsregierung zu machen, war schon deshalb nicht das Ziel Bismarcks, weil bei deren Ernennung „die Konkurrenz der uns verbündeten Regierungen nicht ausgeschlossen werden kann", wie er schon 1867 schrieb. Reichsminister aus Sachsen, Württemberg oder Bayern? Für Bismarck undenkbar. Die Reichspolitik sollte allein von Preußen bestimmt und nicht zu eigenständig werden. Dennoch gab es vor allem vom Reichstag her Versuche, das zu ändern. Eine wichtige Rolle spielte dabei Rudolf Delbrück, von 1871 bis 1876 Leiter des Reichskanzleramtes (der zunächst einzigen Reichsbehörde) und preußischer Bundesratsbevollmächtigter. In dieser Funktion vertrat er in der Regel den Kanzler in den Bundesratssitzungen, denn Bismarck erschien dort nur unregelmäßig. Der den Nationalliberalen nahestehende Delbrück verstand sein Amt nicht als reiner Interessenwahrer der preußischen Bürokratie. Bismarck spottete einmal über ihn, es sei schon vorgekommen, dass die preußische Regierung im Bundesratsplenum eine bestimmte Haltung vertreten habe, Delbrück als stimmführender Bevollmächtigter dann aber die 17 Stimmen Preußens gegen diese Position abgegeben habe, weil er die Dinge mehr aus Reichssicht betrachtete. Delbrück trat zurück, nachdem er bei Bismarck in Misskredit geraten war, weil er „zu viel aus dem Reichskanzleramt gemacht habe", wie der allmächtige Kanzler meinte. Mit Delbrücks Rücktritt war der Versuch, die Reichsverwaltung von Preußen zu lösen, schon im Ansatz gescheitert. Freilich ließ sich, auch wenn die preußischen Ministerien die eigentlichen Schaltstellen blieben, die Einrichtung von Reichsressorts zur Koordinierung mit den anderen Bundesstaaten und dem Reichstag nicht vermeiden. So entstanden allmählich die sogenannten Reichsämter. Das bis heute so bezeichnete Auswärtige Amt ging direkt aus dem preußischen Außenministerium hervor. Das Reichskanzleramt wurde 1878 zum Reichsamt des Inneren aufgewertet, das mit der Zeit umfangreiche Zuständigkeiten auch in der Sozialpolitik bekam. Dazu gab es ein Reichsmarineamt, ein Reichsjustizamt, nach 1880 das Reichsschatzamt und das Reichspostamt (wobei Bayern und Württemberg bis 1918 postalisch eigenständig blieben). Auch ein Reichseisenbahnamt entstand, gewann aber wenig Eigenleben – mehrere Bundesstaaten, voran die im Süden, widersetzten sich Bismarcks Plänen für eine Reichsbahn, die dann auch erst 1920 entstand. Seit 1907 gab es auch ein Reichskolonialamt, im Krieg entstanden 1916/17 die Reichsämter für Ernährung und Wirtschaft. Ein Reichsamt für Vereinswesen und Presse konnte der Bundesrat verhindern, was die liberalere Handhabung der Pressegesetzgebung in den Südstaaten garantierte. Die Finanzkontrolle im Reich übte die preußische Oberrechnungskammer aus.

Reichsminister mit Doppelrolle

Die Ämterchefs hießen Staatssekretäre. Sie waren zunächst dem Reichskanzler untergeordnet, bekamen aber schon 1878 eine gewisse Eigenständigkeit als Leiter ihrer Ressorts. Allerdings achtete Bismarck darauf, dass es zu keinen Kabinettssitzungen kam – eine Reichsregierung sollte das Kollegium der Staatssekretäre nicht sein, der Kanzler verbot diesen Begriff sogar ausdrücklich für den amtlichen Sprachgebrauch. Stattdessen war meist von der „Reichsleitung" die Rede. Die Staatssekretäre waren immer preußische Bundesratsbevollmächtigte und damit weisungsgebunden. Wenn sie im Reichstag redeten, dann stets in dieser Funktion. Die Doppelrolle wurde noch dadurch verstärkt, dass die Staatssekretäre des Reiches als Minister ohne Portefeuille im preußischen Kabinett saßen, wenn sie nicht sogar das ihrem Reichsressort entsprechende preußische Ministerium direkt übernahmen, um eine reibungslosere Koordination zwischen Preußen und Reich zu sichern. Abgerundet wurde dieses System dadurch, dass die Staatssekretäre immer auch ihren zugeordneten Bundesratsausschüssen als preußische Bevollmächtigte vorsaßen und dort die Geschäfte lenken konnten. Unter Bismarck wurden die Reichsgesetze in aller Regel in den preußischen Behörden ausgearbeitet. Erst nach 1890, als den Reichsämtern mehr Aufgaben und ein größerer Apparat zuwuchsen, agierten diese eigenständiger und suchten engeren Kontakt zu den Reichstagsparteien und den Verbänden. Gesetze wurden nun bisweilen auch ohne direktes Zutun der preußischen Ministerialbürokratie vorbereitet, was freilich oft zu

Reibereien führte. Dennoch war die Reichsregierung auch in der späteren Phase des Kaiserreichs nicht anderes als ein „preußisches Machtkartell" (Michael Stürmer). Die anderen Bundesstaaten hatten in der Reichsleitung nichts zu melden, ihre Mitregierung im Reich war eine Fiktion. In München, Stuttgart, Dresden, Karlsruhe, Darmstadt und den anderen Landeshauptstädten entwickelte sich eine zunehmende Reichsmüdigkeit. Die verbliebenen Zuständigkeiten wurden daher wie ein Augapfel gehütet, in den Landesverwaltungen und Landtagen der Mittelstaaten entstand eine defensive Haltung gegenüber dem Reich, das man zunehmend als politisches Gegenüber verstand, was durch die unitarischen Bestrebungen des Reichstags noch verschärft wurde.

Die „heimliche zweite Kammer": Preußens Landtag

Der einzige Landtag, der nicht an Macht verlor, war der in Berlin. Denn die Doppelrolle der Staatssekretäre des Reiches (und auch des Reichkanzlers) bedeutete, dass die Reichsleitung stets auch auf die Mehrheitsverhältnisse im preußischen Landtag – Abgeordnetenkammer und Herrenhaus – Rücksicht nehmen musste. Damit hatte das preußische Parlament einen beträchtlichen Einfluss auch auf die Reichspolitik. Max Weber hat die Wirkung dieser eigentümlichen Konstruktion so beschrieben: „In der Reichshegemoniepolitik Preußens findet eine gegenseitige Beeinflussung der vom Reichstag her beeinflussten bürokratischen Leitung des Reichs und der vom Landtag her beeinflussten Regierung Preußens sowohl in personaler wie in sachlicher Hinsicht statt. Je nachdem dabei mehr die unter dem Druck des Reichstags stehenden Instanzen der Reichsleitung oder mehr die unter dem Druck des preußischen Landtags stehende Leitung Preußens den Ausschlag gibt, ist der Hegemoniestaat in seiner reichspolitischen Haltung von den Reichsorganen bestimmt oder ist umgekehrt das Reich ‚großpreußisch' geleitet. Die innere Struktur des Reichs und seiner Einzelstaaten aber sorgt dafür, dass im allgemeinen diese letztere Richtung: der großpreußische Charakter der Reichsleitung, überwiegt." Weber nannte den preußischen Landtag die „heimliche zweite Kammer" des Reiches. Nun war aber das preußische Abgeordnetenhaus nicht wie der Reichstag nach einem allgemeinen und gleichen Männerwahlrecht zusammengesetzt, sondern wurde über das Dreiklassenwahlrecht bestimmt, das Wohlhabende begünstigte. Daher dominierten im Abgeordnetenhaus stets die Konservativen und Nationalliberalen. Und das Herrenhaus, dessen Mitglieder vom König ernannt wurden, war ohnehin ein mächtiges Bollwerk des preußischen Adels- und Beamtenkonservatismus und damit des preußischen Eigeninteresses. Diese Konstellation barg ein gewaltiges Konfliktpotenzial. Denn das demokratische Männerwahlrecht im Reich nutzte der immer stärker werdenden Sozialdemokratie, die Mehrheitsverhältnisse im Reichstag verschoben sich, die mit dem preußischen Parlament übereinstimmende nationalliberal-konservative Reichstagsmehrheit der Bismarck-Ära schwand dahin.

Mit jeder Reichstagswahl nach 1890 wuchs die Diskrepanz zwischen dem nationalen Parlament und dem preußischen Landtag. Dieser Gegensatz stellte nach der Jahrhundertwende die Regierbarkeit des Reiches immer mehr infrage.

Länderfrust im Bundesrat

Bismarck war sich der Problematik der preußischen Vorherrschaft für die Bundespartner durchaus bewusst. Zumindest am Anfang scheint er auch versucht zu haben, dem Bundesrat den Anstrich föderaler Kollegialität zu geben. Gern hätte er es gesehen, wenn die Regierungschefs der Länder und deren leitende Fachminister möglichst häufig im Bundesrat erschienen wären. Aber dazu kam es nicht, und die lange Bahnanreise aus Karlsruhe, Stuttgart, München oder Oldenburg war noch der geringste Grund. Die führenden Landespolitiker wollten die Rolle, die Bismarck ihnen zugedacht hatte, nicht spielen: als Kollektiv dem Reichstag gegenüber die Exekutivmacht der Bundesstaaten repräsentieren und damit die preußische Hegemonie bemänteln helfen, ohne etwas zu sagen zu haben. Der badische Staatsminister Julius Jolly meinte schon früh, dass der Bundesrat als Institution „gleich null ist". Seine Tätigkeit sei „eine Farce, an der sich zu beteiligen die Mühe nicht lohnt". Zudem missfiel ihm der bürokratische Charakter der Runde: „In einer Versammlung, die nach Instruktion stimmt, ist eine wirkliche Diskussion unmöglich, und sie wird vollends totgeschlagen, wenn ein Vertreter 17 Stimmen hat und alles durchsetzen kann, was er will, sei es, dass er einen besonders hohen, sei es, dass er keinen Wert auf den diskutierten Punkt legt." Jolly, der Sachse Richard von Friesen und der württembergische Staatsminister Hermann Mittnacht sahen einen Ausweg in der Umgestaltung des Bundesrates zu einer debattierenden Länderkammer statt der im Geheimen wirkenden Gesandtenrunde (der Bundesrat tagte nie öffentlich, denn er sollte keine Wirkung nach außen entfalten). Das lief auf einen Bundesrat hinaus, wie er ähnlich dann 1949 entstand. Mittnacht meinte, „ein parlamentarisch organisiertes Staatenhaus würde den wirklichen Partikularinteressen einen weit stärkeren Schutz gewähren als der wesentlich auf Schein hinauslaufende Bundesrat". Bismarck wollte das nicht. Ein solcher Bundesrat im Sinne einer zweiten Kammer (ob nur mit Regierungsvertretern oder auch, nach dem Modell der Paulskirche, mit Landtagsabgeordneten) hätte den Einfluss des Kanzlers beschnitten, er wäre weniger leicht zu beherrschen gewesen. Bismarck wollte jedoch – hier in Einklang mit den unitarischen Interessen der Nationalliberalen – über den Bundesrat den Eigenwillen der Mittel- und Kleinstaaten bändigen und kontrollieren. „So weit die dynastischen Interessen uns mit neuer Zersplitterung und Ohnmacht der Nation bedrohen sollten, müssten sie auf ihr richtiges Maß zurückgeführt werden", meinte er einmal. Der gelegentlich aufmüpfige mecklenburgische Bundesratsbevollmächtigte Karl Oldenburg kritisierte: „Die schöpferische Kraft des Bundesrates, zu welcher man ihn hätte erheben können, hat der Reichskanzler im Keime erstickt."

Abstimmungsmaschine im Nebenzimmer

Da die ursprünglich anvisierten Ministerkonferenzen selten zustande kamen, wurde der Bundesrat zu einem ausgesprochen bürokratischen Gremium, einem bundespolitischen Akklamationsorgan. Er sei zu „einer Stimmmaschine herabgesunken, wie sie im Frankfurter Bundestag nicht schlimmer war", beklagte Karl Oldenburg. Die Einschätzung des Gremiums im Berliner Politikbetrieb manifestierte sich auch rein baulich – ein eigenes Haus hat der Bundesrat nie bekommen, obwohl er wie der alte Reichstag und der Bundestag „immerwährend" war und auch regelmäßig vom Herbst bis zum späten Frühjahr wöchentlich zusammenkam. Anfangs tagte der Bundesrat bei Bismarck im Reichskanzleramt, später war er Untermieter des Reichstages und belegte dort einige Räume. Einen eigenen Beamtenapparat hatte er nicht. Die kleinen Staaten waren dem Tagesgeschäft im Bundesrat schon personell nicht gewachsen, meist teilten sie sich einen Bevollmächtigten (der dann bisweilen vier, fünf oder sechs verschiedene Landesmeinungen abzugeben hatte) oder sie ließen sich durch die Mittelstaaten vertreten. Die „Augsburger Abendzeitung" fasste im Sommer 1884 die Lage so zusammen: „Die Minister-Konferenzen zur Einleitung der Bundesratssession finden nicht statt, der Reichskanzler bleibt den Bundesratssitzungen fern, es unterbleibt jede Vereinbarung über das legislatorische Material, und ganz so wie früher wird der Bundesrat von Gesetzesanträgen des Präsidialstaates überrascht, sodass die Vertreter der Bundesstaaten genötigt sind, von ihren Regierungen Informationen einzuholen, weil sie nicht wissen können, wie sich die leitenden Minister zu den legislatorischen Überraschungen stellen." Für Mittnacht „machten die Beschlüsse des Bundesrates mitunter den Eindruck eines nun einmal verfassungsmäßig notwendigen, möglichst zu beeilenden Schlussakts, des Siegels, mit dem die an den Reichstag zu bringenden Vorlagen versehen sein müssen". Er forderte eine frühere Einbindung der Länder in die Gesetzgebung und weniger Hetze bei den Beratungen. Doch es war vergeblich.

„Die Tage des Regensburger Reichstags sind vorbei"

Wenn sich im Bundesrat doch einmal Eigenwilligkeiten regten, wenn sich gar einige Bundesstaaten zusammentaten, um eine preußische Vorlage zu ändern oder zu torpedieren, dann wurde Bismarck bissig. „Er konnte drohen und, falls das nicht half, in fast schulmeisterlicher Art eine Regierung, sagen wir, in die Ecke stellen", schrieb der langjährige bayerische Gesandte Hugo von und zu Lerchenfeld in seinen Erinnerungen. Je länger er regierte, umso mehr fasste Bismarck Widerstände in den Ländern als persönliche Beleidigung auf. Die preußische Seite erwartete von den Partnern im Bundesrat geschlossenes Auftreten. „Gott sei Dank, die Tage des Regensburger Reichstags sind vorüber, wo jeder auf eigene Faust Politik machte", herrschte der Kanzler einmal einen bayerischen Bevollmächtigten an. Bismarcks autoritäre Politik gründete nicht zuletzt in der Angst vor dem Verlust der preußischen Vormachtstellung durch ein Zusammengehen von Länderregierungen mit dem

Reichstag. In der Tat war das ein Weg für die Bundesstaaten, eigene Vorstellungen an Preußen vorbei Gesetz werden zu lassen. Man versuchte dann, über Reichstagsabgeordnete aus dem eigenen Land bestimmte Anliegen, die im Bundesrat kein Echo gefunden hatten, doch noch durchzusetzen. Eine Rolle spielte dabei auch, dass Reichstagsabgeordnete bisweilen auch Mitglied in einem Landtag waren. Kooperationen zwischen Bundesrat und Reichstag hat es auch auf offizieller Ebene gegeben: So wurde bei der Einführung der Invaliditäts- und Altersversicherung durch das Reich 1889 eine „freie Kommission" aus Bundesratsbevollmächtigten, Reichstagsabgeordneten und Beamten gebildet, die sich darum kümmern sollte, strittige Fragen zu klären. Der Historiker Gerhard A. Ritter sieht in dieser Kommission eine „Vorläuferin des heutigen Vermittlungsausschusses zwischen Bundestag und Bundesrat". Die Notwendigkeit engerer Koordinierung war das Ergebnis des Übergangs zum Sozial- und Interventionsstaat, das Reich griff nun gesetzgeberisch immer mehr in die Zuständigkeiten von Bundesstaaten und Kommunen ein, bei denen aber der Vollzug der Gesetze verblieb – und auch die Finanzierung solcher Maßnahmen.

Versicherungsanstalt der Bürokratien

Bei aller Kritik aus den Regierungen der Bundesstaaten am großpreußischen Spiel auf Reichsebene darf man jedoch nicht übersehen, dass ihnen Bismarcks Verfassungskonstruktion bisweilen nicht ungelegen war. In den süddeutschen Staaten war die Entwicklung hin zu parlamentarischen Monarchien 1871 abgebrochen – die Rücksichtnahme auf die preußische Hegemonie stoppte vorerst jede liberale Verfassungsentwicklung. So amtierten also Beamtenregierungen, die nicht direkt aus den Landtagen hervorgingen und nicht immer gewillt waren, die Mehrheitsmeinung des Parlaments nachzuvollziehen. Im Bundesrat hatten die einzelstaatlichen Regierungen einen Rückhalt, der sich gegen die Landtage ausspielen ließ. Max Weber hat das in aller Schärfe kommentiert: „Für die Höfe sowohl wie für die einzelstaatlichen Bürokratien lag der Gedanke nahe: im Reich vor allem eine Versicherungsanstalt für die eigene Stellung zu sehen." Die Anlehnung an die Hegemonialmacht Preußen sei ein „Rückhalt kontrollfreier Beamtenherrschaft auch in den übrigen Einzelstaaten". Der ohnehin bürokratische Zug des kaiserzeitlichen Föderalismus verstärkte sich dadurch. Die eigenständige Ausführung der Reichsgesetze durch die Bundesstaaten (was den Regierungen und Landtagen immerhin gewisse Differenzierungsmöglichkeiten gab) konnte jederzeit eingeschränkt werden. Der Bundesrat gab unter preußischer Anleitung häufig vor, wie die Verwaltungen vorzugehen hatten. Dazu kam, dass vor allem die Kleinstaaten, bisweilen aber auch die Mittelstaaten, preußische Landesgesetzgebung eins zu eins übernahmen – eine Form der freiwilligen Unitarisierung, die auch durch reichsweite Kooperationsformen wie die Vorläuferin der heutigen Kultusministerkonferenz erreicht wurde. Die Entmachtung der Landtage (den preußischen ausgenommen) hat so schon in der Zeit des Kaiserreichs ihren Anfang genommen.

Die Achse Berlin – München

Das System Bismarck zielte – wie schon bei den Beitrittsverhandlungen 1870 – auf eine Entsolidarisierung im Lager der Mittel- und Kleinstaaten. Vor allem Bayern, der zweitgrößte Bundesstaat, spielte dabei eine zentrale Rolle. Ein württembergischer Beamter beschrieb das Verhalten der bayerischen Gesandtschaft in Berlin im Jahr 1884 so: „Sie treten behufs der Vorbereitung mit den Vertretern der Reichsregierung und Preußens zusammen, erlangen schon vor dem Beginn der Beratungen Zugeständnisse, und erfahren auch, in welchen Punkten auf einen ganz entschiedenen Widerstand Preußens und des Reichskanzlers gestoßen werden wird." Der mecklenburgische Bevollmächtigte Oldenburg erregte sich über das „bekannte bayerische Spiel …, nach welchem Bayern und Preußen sich auf Kosten der übrigen Staaten vorweg einigen". Und Brauer in Baden moserte 1893 über jene bayerische Politik, „die es für nützlich hält, vor den Beratungen des Bundesrates große Oppositionslust zu zeigen und dabei Alliierte zu werben, um sich alsdann über deren Köpfe hinweg mit Preußen zu verständigen und die Genossen sitzen zu

Kaisermanöver
„Seine Majestät erklären dem Prinzen Ludwig von Bayern die feindlichen Stellungen."
Karikatur aus dem Simplicissimus 1909.

lassen". Die Regierung in München wusste oft früher Bescheid als andere und konnte eigene Sonderinteressen durchsetzen. „An einem zufriedenen Bayern liegt mir mehr, als an soundsovielen Gesetzesparagrafen", sagte Bismarck einmal. Der weiß-blaue Staat war eine Stütze der preußischen Hegemonie. So kam es, dass bei der Reichsgesetzgebung und bei Bundesratsbeschlüssen „häufig Bayern profitierte, aber nicht das föderalistische Prinzip" (Karl Möckl). Preußen kam der bayerischen Regierung auch deshalb entgegen, weil in München eine nationalliberal-konservative Beamtenregierung amtierte, obwohl im Landtag die katholische Patriotenpartei zwischen 1869 und 1918 fast durchweg die absolute Mehrheit hatte.

Der Reichstag: Motor der Vereinheitlichung

Auch wenn Bismarck den Bundesrat ins Zentrum seines Regierungssystems gestellt hatte – der Reichstag war alles andere als die machtlose Einrichtung, als die er oft beschrieben wurde. Zwar hatte das nationale Parlament keinen Einfluss auf die personelle

Zusammensetzung der Reichsregierung. Aber die konnte – wie in jeder Verfassungsmonarchie – nicht auf Dauer gegen das Parlament handeln, denn auch der Reichstag besaß das Budget- und Steuerbewilligungsrecht und konnte schon von daher die Regierungspolitik blockieren. Bismarck und seine Nachfolger arbeiteten mit wechselnden Mehrheiten, aber gerade im ersten Jahrzehnt gab es eine nationalliberal-konservative Mehrheit, deren Interessen sich weitgehend mit denen der preußischen Regierung deckten. Beide Seiten wollten die Rechtseinheit im neuen einheitlichen Wirtschaftsraum des Reiches, die einen im nationalstaatlichen, die anderen im großpreußischen Sinne. Diese Interessenkongruenz war die Basis für eine Welle von Gesetzen, mit denen neben der Wirtschaftseinheit auch die Rechtseinheit eingeführt wurde: Nach dem bereits im Norddeutschen Bund verabschiedeten Handelsrecht brachten das Strafgesetzbuch und das Postgesetz von 1871, das Gerichtsverfassungsgesetz, die Strafprozessordnung, die Zivilprozessordnung und die Konkursordnung (allesamt 1877) in schneller Folge eine reichseinheitliche Rechtsordnung. In kurzer Zeit wurde auch eine umfangreiche Gesetzgebung zur Vereinheitlichung des Wirtschaftslebens auf den Weg gebracht:

Provisorisches Reichstagsgebäude
Ansicht der Eingangsfront Leipziger Straße 4, Berlin-Mitte. Links das ehem. Kriegsministerium, rechts das ehem. Herrenhaus des Preußischen Landtages. Foto 1898.

Markenschutz, Urheberrecht, Patentrecht, Bankwesen. Auch im Gesundheitswesen, eigentlich eine Einzelstaatsdomäne, kam es durch mehrere Reichsgesetze zu einer Vereinheitlichung. Dazu kam die Währungs- und Wirtschaftspolitik des Reiches, schon Ende der Siebzigerjahre war das Münzwesen vereinheitlicht und eine Reichsbank gegründet. Nachdem die Nationalliberalen 1873 gegen anfängliche Widerstände im Bundesrat durchsetzen konnten, dass auch das Privatrecht durch das Reich bestimmt werden konnte, begannen die Arbeiten zu einem Bürgerlichen Gesetzbuch, das allerdings nach langen Beratungen erst 1900 eingeführt wurde. Schon 1872 erhob der Württemberger Mittnacht massive Bedenken gegen diese Form der Vereinheitlichungspolitik: „Hierin liegt eine Gefahr, dass die Rechtsanschauungen und die Rechtsbildung eines Staates (…) doch vorzugsweise bestimmt sind, nationales Recht zu werden, und hierin liegt die weitere Gefahr, dass die einzelnen Bundesregierungen schließlich auf den Standpunkt kommen könnten, die rechte Liebe zur Mitwirkung zu verlieren, sei es aus Bequemlichkeit, oder weil sie glauben, dass doch nichts mehr zu erreichen sei, am Ende auf Kompetenzstudien sich zurückziehen." Aber die Mittelstaaten konnten wegen der preußischen Hegemonie im Bundesrat im Allgemeinen wenig ausrichten, solange Reichsleitung und Reichstagsmehrheit in eine Richtung marschierten. Preußens „Bündnispartner" wurden so trotz ihrer eigenstaatlichen Tradition „zwangsvereinheitlicht", was die Resignation und die Abneigung „gegen Berlin" noch erhöhte.

Das Parteiensystem: Fünf Lager und viel regionale Vielfalt

Im Reichstag bildete sich mit der Zeit ein Fünfparteiensystem aus: Sozialdemokraten, Linksliberale, katholisches Zentrum, Nationalliberale, Konservative. Doch die Parteien waren im Kaiserreich regional weit stärker aufgefächert als heute und waren von einzelstaatlichen Besonderheiten geprägt. Auch innerhalb Preußens zeigten die Parteien teils deutliche regionale Unterschiede. Als Grundregel hat der Historiker Thomas Nipperdey festgestellt: „In Süd- und Südwestdeutschland waren die Parteien zumeist liberaler, demokratischer als im Norden." Mit Blick auf den Föderalismus lässt sich sagen: Nationalliberale und Sozialdemokraten waren stärker unitarisch, Zentrum, Linksliberale und gemäßigte Konservative eher föderalistisch (also abwägend zwischen den Maximalpositionen), altpreußische Konservative und einige Regionalparteien partikularistisch. Und auch hier galt: Im Süden standen die Parteien von links bis rechts der Berliner Vereinheitlichungspolitik skeptisch bis ablehnend gegenüber und waren insgesamt föderalistischer eingestellt.

Partei des Föderalismus:
Das katholische Zentrum

Partei des Föderalismus war vor allem das katholische Zentrum. Dessen Reichstagsfraktion stellte 1871 als ersten Grundsatz auf: „Der Grundcharakter des Reiches als eines Bundesstaates soll gewahrt, demgemäß den Bestrebungen, welche auf eine Änderung des föderativen Charakters der Reichsverfassung abzielen, entgegengewirkt, und von der Selbstbestimmung und Selbsttätigkeit der einzelnen Staaten in allen inneren Angelegenheiten nicht mehr geopfert werden, als die Interessen des Ganzen als unabweislich fordern." Vom Föderalismus profitierte das Zentrum ganz direkt: Der „Kulturkampf" – also die antikirchliche und gegen Katholiken im Staatsdienst gerichtete Repressionspolitik, die Bismarck und die Nationalliberalen 1872 begannen – wurde regional ganz unterschiedlich umgesetzt. Er tobte vor allem in Preußen und Baden, während er in Württemberg und Bayern, auch in Sachsen oder Oldenburg, wenig Spuren hinterließ. Unter ihrem Reichstagsfraktionschef Ludwig Windthorst war das Zentrum die stärkste Oppositionskraft gegen Bismarck und das nationale Lager. Zu deren Ärger bezeichneten Zentrumspolitiker die Reichsleitung gern

Ludwig Windthorst
Reichsfraktionschef (Zentrum).
Foto um 1870.

auch als „Bundesregierung". Nach 1881 war das Zentrum die entscheidende Partei im Reichstag, weil weder die rechten noch die linken Parteien eine Mehrheit hatten und ohne die Katholikenpartei mit ihrer Offenheit nach beiden Seiten selten Mehrheiten möglich waren. Diese Mittlerrolle veränderte die Ausrichtung der Partei, sie agierte nun unitarischer als in den Anfangsjahren.

Vielfalt mit später Einheit: Der Linksliberalismus

Recht vielfältig kam der Linksliberalismus daher. Seine Hochburgen waren der Süden und die Hansestädte. Die Einstellung zum Föderalismus unterschied sich von Region zu Region. Anfangs eher partikularistisch gab sich die süddeutsche Volkspartei, die Nachfolgerin der gemäßigten Demokraten von 1848, die vor allem in Württemberg, Baden und Franken stark war. Im Stuttgarter Landtag wurde sie 1895 sogar stärkste Partei. Ihre Parole in den Anfangsjahren lautete: „Im Reich gegen das Reich". Der Kampf gegen eine „Verpreußung" Deutschlands gehörte stets zum Kernbestand des süddeutsch-linksliberalen Glaubensbekenntnisses, und auch die Gewissheit, dass der Süden verfassungspolitisch dem restlichen Deutschland voraus sei. Etwas unitarischer orientiert waren die Linksliberalen im Norden. Sie sammelten sich zunächst in der Deutschen Fortschrittspartei, die 1884 mit der weiter rechts stehenden Liberalen Vereinigung die Deutsche Freisinnige Partei bildete. Diese Partei spaltete sich 1893 wegen außen- und militärpolitischer Differenzen in die Freisinnige Volkspartei und die Freisinnige Vereinigung. Erst 1910 gelang mit der Fortschrittlichen Volkspartei die gesamtdeutsche Fusion der Linksliberalen.

Die Konservativen: Preußenpartei oder Reichspartei

Regional sehr unterschiedlich geprägt waren die konservativen Parteien, die reine Honoratiorenverbände waren. Die 1876 gegründete Deutsch-Konservative Partei begleitete Bismarcks Politik mit Argwohn, weil sie ein schleichendes Aufgehen Preußens im Reich fürchtete. Die wesentliche Bedingung ihrer Existenz war die Beibehaltung des Dreiklassenwahlrechts in Preußen. Denn über den preußischen Landtag konnte sie die Reichspolitik in ihrem Interesse beeinflussen. Etwas gemäßigter waren die Freikonservativen, die außerhalb Preußens als Deutsche Reichspartei auftraten. Freikonservative und Reichspartei waren für Bismarck eine verlässliche Bank. Der Charakter der Freikonservativen als Regierungspartei brachte mit sich, dass auch viele preußische Politiker und hohe Beamte ihnen nahestanden. Ihr Föderalismusverständnis war vom Hegemonialsystem Bismarcks geprägt: Preußen sollte in Deutschland den Ton angeben.

Einheitspartei: Die Nationalliberalen

Die Nationalliberalen waren in den ersten beiden Jahrzehnten des Kaiserreichs die stärkste Partei im Reichstag und sahen sich als die eigentliche Reichsgründungspartei, auch wenn ihr Einfluss immer mehr schwand. Besonders stark waren sie im alten Königreich Hannover und in dem von Preußen annektierten Teil Hessens. Die Nationalliberalen waren unitarisch orientiert, ihr Ziel war der nationale Einheitsstaat, ihr Mittel dazu die umfangreiche Rechtsvereinheitlichung. Dafür waren sie bereit, sich auf Bismarcks autoritären Politikstil einzulassen und die Unterdrückungs- und Diffamierungskampagnen gegen Katholiken, Sozialisten und Linksliberale zu unterstützen. Im späten Kaiserreich suchten sie die Nähe zu den Konservativen, deren antidemokratisches Denken sie teilten. Föderalismus lehnten die Nationalliberalen ab, jedenfalls im Norden. Ihr Anführer Rudolf von Bennigsen meinte 1880 mit Blick auf regionale Strömungen in den Parteien in Preußen und im Reich: „Wenn erst zu den älteren politischen Parteien oder an deren Stelle Parteien des Ostens und Nordens gegenüber denen des Südens, des Westens und der Mitte treten, dann sind wir auf dem Weg zu einer Entwicklung, die ein alter fest gefügter Einheitsstaat nur schwer erträgt, die das komplizierte junge Deutsche Reich gar nicht ertragen kann." Die Nationalliberalen gewannen zwar auch im Süden viele Stimmen, vor allem in Baden. Doch waren die Landesverbände dort eigenständiger, in Württemberg etwa nannten sie sich Deutsche Partei, und die dortigen Nationalliberalen lehnten Föderalismus nicht rundweg ab, sie sahen in ihm zunehmend einen „Schutzzschild gegen ein Maß an Zentralisierung und Homogenisierung, das ihnen in manchen Bereichen zu weit ging" (Dieter Langewiesche).

Die Sozialdemokraten: Gegner und Nutznießer des Föderalismus

Die Sozialdemokraten lehnten in ihrer Mehrheit den Föderalismus ab, obwohl sie eigentlich von ihm profitierten. In der Nachfolge der republikanischen Linken von 1848 sahen weite Teile der Partei im Einheitsstaat die eigentliche demokratische Staatsform, in der auch das zweite große Ziel – der Sozialismus – leichter zu verwirklichen sein würde. Föderalismus galt als Merkmal des monarchischen Staates, ihn wollte man überwinden. Schon der Allgemeine Deutsche Arbeiterverein, eine der Vorläuferorganisationen der SPD, lehnte jede bundesstaatliche Gestaltung ab. Der Antiföderalismus der SPD ging auch auf die Zurücksetzung durch das in vielen Bundesstaaten eingeschränkte Wahlrecht zurück. Vor allem in Preußen und Sachsen, wo wegen der fortgeschrittenen Industrialisierung der Zuspruch zur SPD am stärksten war, wurde sie diskriminiert. Das demokratische Reichstagswahlrecht dagegen half der SPD, schon 1890 war sie nach Stimmen stärkste Partei im Reich, und nur wegen des Mehrheitswahlrechts, der bürgerlichen Allianzen gegen die SPD und des Wahlkreiszuschnitts dauerte es bis 1912, bis die Sozialdemokraten auch stärkste Fraktion im Reichstag waren. Ähnlich wie dem Zentrum aber half auch der Föderalismus der SPD, und er prägte ihre Entwicklung nicht wenig. Denn während in Preußen und Sachsen die gegen die Sozialdemokratie gerichteten Sozialistengesetze konsequent vollzogen wurden, gingen die süddeutschen Staaten liberaler damit um. Das prägte auch die regionalen Unterschiede in der SPD. Im Norden hielt sie länger an der Vorstellung einer revolutionären Umgestaltung des Staates und der wirtschaftlichen Verhältnisse fest, während die Partei im Süden früher auf einen reformerischen Kurs umschwenkte. Vor allem die bayerische SPD unter ihrem Vorsitzenden Georg von Vollmar setzte darauf. „Königlich bayerische Sozialdemokratie" lautete der Spottname. Vollmar teilte die Vorliebe zum Einheitsstaat vieler SPD-Politiker nicht: Zentralismus schade der Freiheit, meinte er. Sein Credo lautete: „Wir sind Föderalisten, natürlich auf demokratischer Grundlage." In den süddeutschen Landtagen wurde die SPD schon integriert, als sie im Norden noch ausgeschlossen wurde. In Baden war sie 1906 Teil des „Großblocks", einer Parlamentskoalition mit den liberalen Parteien gegen das Zentrum.

Organisierter Zentralismus: Die Verbände

Die Industrialisierung und die Vernetzung der lokalen und regionalen Märkte zu einem gesamtdeutschen Wirtschaftsraum zogen zwangsläufig eine stärkere Unitarisierung in Staat und Politik nach sich. Gesellschaft und Wirtschaft begannen sich mehr als zuvor auf nationaler Ebene zu organisieren. Zwar wurde ein aktive Industrie- und Gewerbepolitik vor allem von den Einzelstaaten betrieben, weniger vom Reich, aber die gesetzlichen Rahmenbedingungen wurden meist zentral geschaffen, dazu kam die Bündelung der Sozialpolitik beim Reich. Die Gewerkschaften wuchsen seit 1890 zu schlagkräftigen Massenorganisationen heran. Die Arbeitgeber bildeten Verbände, um mehr Einfluss auf die Politik nehmen zu können: den Centralverband Deutscher Industrieller, den Bund der Industriellen, 1913 dann die Vereinigung Deutscher Arbeitgeberverbände. Auch im Agrarsektor sammelten sich die Interessen, wobei hier der Bund der Landwirte besonders mächtig war und über die konservativen Parteien zu erheblichem Einfluss gelangte. Daneben entstanden seit 1890 eine Vielzahl von gesellschaftspolitisch aktiven Verbänden und politischen Gruppierungen abseits der Parteien, die ihren Einfluss stärker über das Reich als die Bundesstaaten geltend machen wollten. Da waren etwa die vielfältigen liberalen, bürgerstaatlichen Reformbewegungen, nicht zuletzt die Frauenbewegung. Andererseits wuchsen auch durchschlagskräftige nationalistische Interessengruppen und Agitationsverbände heran, welche die wilhelminische Aufrüstungs- und Kolonialpolitik unterstützten, etwa der im Bürgertum populäre Flottenverein oder der aggressiv auftretende Alldeutsche Verband, der eine expansionistische Außenpolitik verfocht. Das Verbandswesen wurde nach 1890 zu einem innenpolitischen Machtfaktor, der eine Verstärkung des Zuges zur Zentralisierung brachte. Zwar waren die Verbände häufig in Landesgruppen gegliedert (bis heute orientieren sie sich gern am bundesstaatlichen Aufbau), aber ihre Zielsetzung war überregional, national, unitarisch. Verbände (so sie nicht regionale Anliegen haben) setzen stets auf einen politischen Zentralismus, weil ihnen das ihr Geschäft erleichtert.

Zentralstaatliche Sozialpolitik

Nach der Rechtsvereinheitlichungspolitik der Nationalliberalen zwischen 1871 und 1878 brachte der Übergang zum Sozial- und Interventionsstaat den zweiten mächtigen Unitarisierungsschub, der das Reich endgültig zur dominierenden politischen Ebene machte. Der Einstieg in eine „zentralstaatliche Sozialpolitik" (Hans-Peter Ullmann) erfolgte bereits unter Bismarck mit der Reihe von neuen Versicherungsgesetzen, mit denen das Reich über die grundsätzliche Zuständigkeit der Bundesstaaten und Kommunen in der Sozialpolitik hinwegging. Angesichts der „sozialen Frage" – verbreitete existenzielle Unsicherheit und Armut – verabschiedete der Reichstag nach 1883 staatliche Kranken-, Unfall-, Invaliditäts- und Altersversicherungen, die zwar durch Landesversicherungsanstalten verwaltet wurden, aber reichseinheitlich waren. Diese Maßnahmen wurden bis zur Reichsversicher-ungsordnung von 1911 immer weiter ausgebaut – mit dem Ergebnis, dass das Reich die Bundesstaaten auf diesem zukunftsträchtigen Feld immer mehr in den Schatten stellte.

Das Reich als Kostgänger der Länder

Die Finanzverfassung des Kaiserreichs entwickelte sich von einem einfachen System zu einem komplizierten Geflecht. Am Anfang stand die „vollständige und reinliche Trennung der Finanzwirtschaft von Reich und Staaten", wie der Jurist Paul Laband kommentierte. Nach Artikel 70 der Verfassung sollte das Reich seine Aus-gaben aus Zöllen, Posteinnahmen und gemeinschaftlichen Verbrauchsteuern de-cken. Das waren Steuern auf Bier und Branntwein (wobei die Südstaaten hier ein Eigenrecht behielten), Tabak, Kaffee und Tee, Salz, Zucker, Zündhölzer, Fahrkarten, Beleuchtungskörper und Champagner. Die Bundesstaaten dagegen finanzierten ihre Haushalte vor allem aus direkten Steuern auf Einkommen und Besitz. Die Höhe dieser direkten Steuern schwankte von Land zu Land, einheitliche Steuersät-ze wie heute gab es nicht. Direkte Reichssteuern waren zunächst nicht vorgesehen, doch war das Reich nicht gehindert, jede Art von Steuer auch für sich zu erheben. Solange das nicht der Fall war, sollten „Beiträge der einzelnen Bundesstaaten nach Maßgabe ihrer Bevölkerung", die sogenannten Matrikularbeiträge, den Reichsetat zur Deckung bringen. Diesen Beiträgen musste der Bundesrat zustimmen. Damit hatten die Bundesstaaten, vor allem Preußen, eine erhebliche Kontrolle über die Reichsfinanzen. Das Reich war „Kostgänger" der Länder. Die Zahlung der Matriku-larbeiträge nach Bevölkerungszahl, nicht nach Wirtschaftsleistung, bedeutete aller-dings, dass reiche Staaten besser wegkamen als ärmere. Einen Länderfinanzaus-gleich kannte das Kaiserreich nicht. Daran hatte vor allem Preußen kein Interesse, denn die wirtschaftlich meist schwachen Kleinstaaten im Norden konnten so in Ab-hängigkeit von Berlin gehalten werden. Mehrere Kleinstaaten mussten aus Finanz-not Teile der eigenen Landesverwaltung den preußischen Behörden übertragen.

Finanzverteilung nach der Franckenstein'schen Klausel

Als Bismarck 1878 zu einer Schutzzollpolitik überging, mit der die Reichsein-nahmen beträchtlich gesteigert werden konnten, wurde das Reich unabhängiger von den Bundesstaaten. Und in gewissem Sinne auch vom Reichstag: Denn die Matrikularbeiträge der Länder wurden per Reichsgesetz beschlossen, unterlagen also der Mitbestimmung des Zentralparlaments. Aus diesem Grund kam es vor allem auf Druck der Zentrumspartei zu einer Neuregelung, die die Interessen des Reichstags wie der Bundesstaaten verband (die nach einem Abgeordne-ten sogenannte Franckenstein'sche Klausel). Demnach musste das Reich alle Einnahmen aus den verschiedenen Zöllen und der Tabaksteuer, die zusammen über 130 Millionen Mark lagen, an die Länder überweisen, obwohl nach der

Verfassung eigentlich Überschüsse beim Reich hätten bleiben müssen. Die Matrikularbeiträge aber blieben, um hier das Budgetrecht des Reichstages zu wahren. Da der größte Teil des Reichsetats, der Militärhaushalt, immer auf sieben Jahre festgelegt wurde, waren die Beiträge der Bundesstaaten einer der wenigen Posten, die jährlich zu entscheiden waren und damit den Anspruch des Parlaments auf seine Haushaltshoheit dokumentierten. Die Geldflüsse vom Reich an die Länder waren allerdings häufig höher als die Matrikularbeiträge an das Reich. Das Trennsystem bei den Steuerarten machte die Situation noch komplizierter. Denn eine Erhöhung der Verbrauchssteuern (also der wesentlichen Steuerquelle des Reiches) war schwierig, weil sie vor allem ärmere Schichten härter traf. Die liberal-konservativen Parteien fürchteten dadurch ein weiteres Erstarken der Sozialdemokraten, die sich auch regelmäßig gegen solche Steuererhöhungen aussprachen. Die Einführung direkter Reichssteuern auf Einkommen oder Besitz lehnten dagegen sowohl die bürgerlichen Parteien als auch der Bundesrat lange Zeit ab. Die Bundesstaaten hatten dank der Franckenstein'schen Klausel zudem einen steten Geldfluss vom Reich, der es ihnen erlaubte, die direkten Steuern für Wohlhabende eher niedrig zu halten, eine Situation, die vor allem von Preußen her vereidigt wurde. Dieses System hielt die Steuern generell niedrig (allerdings begünstigte es eine Hochzollpolitik mit all ihren Nachteilen). Als das Reich nach 1890 jedoch zur Hochrüstungspolitik überging und auch die verstärkte Sozialpolitik die Kosten trieb, wurde die Lage zunehmend prekär. Nicht zuletzt die Verschuldung des Reiches wuchs, denn die war durch die Verfassung kaum begrenzt. So wurden die Forderungen nach einer Finanzreform immer lauter, und eine solche Reform bedeutete zwangsläufig eine Stärkung des Reiches. 1904 wurde die Franckenstein'sche Klausel abgeschafft, die Reichsüberweisungen an die Länder wurden beendet, die Matrikularbeiträge verstetigt, allerdings auf einem niedrigeren Niveau. 1906 führte der Reichstag zudem als erste direkte Reichssteuer eine Erbschaftsteuer ein. Mehrere Versuche zu einer gründlichen Finanzreform folgten, doch durchschlagend waren sie nicht. Der wesentliche Grund dafür war die Notwendigkeit zur Rücksichtnahme auf die konservative Mehrheit im preußischen Landtag. Nach dem Urteil des Historikers Peter-Christian Witt gab es am Ende des Kaiserreiches kaum noch politische Parteien oder Interessenverbände, „die voll hinter der Finanzverfassung des Kaiserreichs standen oder sie gar der föderalen Struktur des Reiches für angemessen hielten".

Neue Konstellationen

Die sich endlos hinziehende Finanzreformdebatte war ein Symptom der zunehmenden Regierungskrise im Reich, die auch mit dem hegemonialen Föderalismus zusammenhing. Der Kern des Problems aber war das unterschiedliche Wahlrecht für den Reichstag und den preußischen Landtag. In den ersten Wahlperioden war das unproblematisch gewesen, weil die Sozialdemokratie noch keine starke Kraft war und der nationalliberal-konservative Block in beiden Parlamenten in Berlin in der Regel eine Mehrheit hatte. Nach 1890 aber wurde die SPD auf Reichsebene mit fast jeder Wahl stärker, wodurch die Mehrheitsfindung für die Reichsregierung schwieriger wurde. Das Kartell von Nationalliberalen und Konservativen funktionierte nur noch – dank des Dreiklassenwahlrechts – in Preußen. Im Reichstag dagegen mussten die Kanzler ständig mit wechselnden Mehrheiten arbeiten. Damit wuchs vor allem die reichspolitische Bedeutung des Zentrums, das nach allen Seiten flexibel, jedoch aus Sicht der Reichsleitung nicht so berechenbar war wie die Rechtsparteien. Die Reichsregierung musste wegen der weiterhin bestehenden Verbindung mit der preußischen Exekutive auf zwei Parlamente Rücksicht nehmen, deren Ansprüche und Interessen immer seltener zu vereinen waren. Die Reichsleitung war daher gezwungen, „sich politisch ein doppeltes Konto einzurichten", wie Max Weber anmerkte, der auch vom „Odium der erzwungenen Doppelzüngigkeit" sprach. Der Versuch von Bismarcks direktem Nachfolger Leo von Caprivi, durch den Verzicht auf das preußische Ministerpräsidentenamt unabhängiger mit dem Reichstag umgehen zu können, schlug fehl. Nach 1900 versuchte der ehrgeizige Reichskanzler Bernhard von Bülow, ein Günstling Wilhelms II., möglichst feste Koalitionen zu bilden – zunächst mit Zentrum und Konservativen, dann im „Bülow-Block" mit beiden liberalen Strömungen und den Konservativen. Doch waren diese Koalitionen brüchig. Vor allem aber betrieb von Bülow eine expansive Außenpolitik, um so die Zustimmung zur Reichsregierung zu stärken, was die Rüstungsausgaben des Reiches beträchtlich wachsen ließ und damit auch die Finanzkrise verschärfte. Bülows Innenstaatssekretär Arthur von Posadowsky-Wehner versuchte den Reichstag günstig zu stimmen, indem er seine sozialpolitischen Vorhaben zunächst mit dem Parlament und erst dann mit dem Bundesrat bestimmte – eine Umkehrung der bisherigen Gepflogenheiten, das die Bundesstaaten, aber vor allem die preußischen Eliten vor den Kopf stieß. Immer öfter gelang es den Reichstagsparteien, diese ungünstige Situation der Reichsleitung für ihre Interessen zu nutzen. Unter dem Einfluss seines Arbeitnehmerflügels tendierte das Zentrum zudem zunehmend nach links und zeigte sich offen für Kooperationen mit den Linksliberalen und der SPD. Jene Koalition, die später die Weimarer Republik gründete, zeichnete sich somit um 1910 am Horizont bereits ab. Diese drei Parteien wollten die Parlamentarisierung, also die alleinige Verantwortlichkeit der Reichsregierung gegenüber dem Reichstag, und auch die Reform des Dreiklassenwahlrechts in Preußen. Das Ergebnis wäre eine Demokratisierung gewesen, die den Interessen der preußischen Herrschaftselite nicht gefallen konnte.

Eine Renaissance des Föderalismus bahnt sich an

Die preußische Hegemonie geriet nach 1900 aber nicht nur vom Reichstag her in Bedrängnis, sondern auch von den Bundesstaaten. Der Süden erwachte aus seinem Dämmerschlaf, das eigenstaatliche Bewusstsein meldete sich zurück. „Die Durchsetzung des national-unitarischen Prinzips auf Reichsebene lieferte in Wechselwirkung die Impulse für die Erneuerung des Föderalismus." (Karl Möckl) In München, Stuttgart und Karlsruhe entdeckten die Verantwortlichen wieder, dass der Bundesstaat Raum ließ für eigene Entwicklungen. Auch verfassungspolitischer Art: Baden, Württemberg und Bayern demokratisierten zwischen 1904 und 1907 ihr Wahlrecht, Oldenburg und Hessen folgten bald. So etablierte sich wieder eine liberalere Hälfte Deutschlands. Selbst in Sachsen wurden die Wahlrechtsbeschränkungen etwas gelockert. Nur in Preußen änderte sich nichts. Damit hatte die Hegemonialmacht das rückständigste Wahlrecht in Deutschland, sieht man einmal von den beiden Mecklenburg ab, wo die überkommenen Ständeversammlungen überhaupt nicht gewählt wurden. Doch nicht genug damit: Die Südstaaten nahmen ihre 1870 abgebrochene, aber nie völlig aufgegebene Entwicklung zur parlamentarischen Monarchie wieder auf. Schon zuvor hatte man in Stuttgart und Karlsruhe nicht mehr gegen die Mehrheit im Landtag regiert, nun kam auch Bayern dazu. Man schickte sich an, führende Landtagspolitiker in die Regierung zu holen. Das konnte mittelfristig nicht ohne Auswirkung auf den Bundesrat bleiben – dessen rein bürokratischer Zuschnitt hätte sich verändert, wenn die Instruktionen von Regierungen gekommen wären, die sich auf feste parlamentarische Mehrheiten stützten. Und die wären in den drei Südstaaten reichskritisch und wenig preußenfreundlich gewesen. In Bayern war die katholische Patriotenpartei stärkste Kraft, in Württemberg bahnte sich ein Bündnis der Volkspartei, seit 1895 größte Fraktion im Landtag, mit dem Zentrum an, und in Baden wurde der Versuch einer festen Einbindung der SPD in eine Landtagskoalition mit den beiden liberalen Parteien („Großblock") gegen das starke badische Zentrum unternommen. Mit einer Parlamentarisierung im Reich und einer Fortentwicklung des Bundesrates in Richtung einer zweiten Kammer wäre das politische System nachhaltig verändert worden – zulasten der preußischen Hegemonie.

Flucht aus der Krise

Eine Mitte-links-Koalition im Reichstag und ein weniger berechenbarer Bundesrat – das waren die Aussichten aus der Sicht der politischen Führung im Reich, zumal als in den Reichstagswahlen 1912 die SPD den endgültigen Durchbruch schaffte und stärkste Fraktion wurde. In Preußen aber gelang gegen den konservativen Widerstand nicht einmal eine gemäßigte Reform des Dreiklassenwahlrechts. So trudelte das Reich immer mehr in eine Verfassungs- und Regierungskrise. Der seit 1909 amtierende Reichskanzler Theobald von Bethmann Hollweg saß zwischen allen Stühlen, er suchte sich durch eine Politik des Lavierens und Durchwurstelns zu retten. Was blieb, war ein abermaliger Versuch, durch eine aggressivere Außenpolitik die innenpolitische Krise zu überdecken. Sie endete im Sommer 1914 mit der Flucht in den Krieg, den die militärische Führung um den Kaiser, die „Kerngruppe" des großpreußischen Regimes, schon länger erwogen hatte und den sie nun wohl auch angesichts der Verfassungskrise des Reiches riskierte. Weder Reichstag noch Bundesrat waren in diese Entscheidung eingebunden.

Die Weimarer Republik

Kriegszentralismus

Der Erste Weltkrieg, der für das Deutsche Reich am 1. August 1914 mit der Kriegserklärung an Russland und zwei Tage darauf an Frankreich begann, führte zu einer gewaltigen staatlichen und wirtschaftlichen Zentralisierung. Alle Fäden liefen in Berlin zusammen. Regiert wurde das Reich vier Jahre lang über den Bundesrat, durch Hunderte von Notverordnungen – der Reichstag hatte ihm bei Kriegsbeginn durch ein pauschales Ermächtigungsgesetz die politischen Geschäfte übertragen. Die Kriegführung führte immer mehr zu einer zentralen Lenkung aller Lebensbereiche, es entstand eine Reihe neuer Reichsbehörden zur Zwangsbewirtschaftung, etwa das Reichsernährungsamt. Seit 1916 koordinierte das Kriegsamt für die zentrale Leitung der Kriegswirtschaft unter General Wilhelm Groener das gesamte Wirtschafts- und Arbeitsleben. Daneben etablierte sich die Oberste Heeresleitung um den Generalfeldmarschall Paul von Hindenburg und den General Erich Ludendorff als entscheidender Machtfaktor. Das Reich kam zwischenzeitlich einer Militärdiktatur nahe. Da die Reichsführung den Krieg nicht über Steuern (schon gar nicht auf Kriegsgewinne) finanzieren wollte, wurden vor allem Anleihen ausgegeben, man hoffte, nach einem Sieg die Kriegsgegner ausnehmen zu können. Als der Krieg im Herbst 1918 verloren war, hatte das Reich die astronomische Summe von 154 Milliarden Reichsmark an Schulden aufgehäuft – zu Beginn des Krieges waren es noch knapp fünf Milliarden Mark gewesen. Eine grausame Hypothek für die kommende Republik, denn das Reich war vor allem bei seinen eigenen Bürgern verschuldet. Der Kriegszentralismus war gleichsam das Vorzeichen für den künftigen Bundesstaat: Die Weimarer Republik war extrem unitarisch organisiert, sie war fast schon ein Einheitsstaat im föderalen Mäntelchen. Ihr Föderalismus hatte einen hierarchischen Zug, der an die Paulskirchenverfassung von 1849 erinnerte.

Die Reichsregierung wird parlamentarisch

Das entscheidende verfassungspolitische Ereignis während des Krieges war die Parlamentarisierung der Reichsregierung. Sie kam durch den Druck der Mehrheit im Reichstag – SPD, Zentrum und Linksliberale – zustande, aber auch die militärische Führung hatte am Kriegsende ein Interesse daran: Der Reichstag und eine von dessen Mehrheit getragene Reichsregierung sollten mitverantwortlich sein für die Niederlage. Aber auch die Kriegssieger – voran der amerikanische Präsident Woodrow Wilson – wünschten eine Demokratisierung Deutschlands und das Ende des monarchischen Obrigkeitsstaates als Vorleistung für einen Friedensvertrag. Am 28. Oktober 1918 wurde die Reichsverfassung geändert: Der Reichskanzler bedurfte nun „zu seiner Amtsführung des Vertrauens des Reichstages". Diese

Verfassungsänderung war mehr als nur eine kleine Korrektur. Von nun an würde der Reichstag, das Parlament des Volkes, die entscheidende Kammer sein.

Revolution in bundesstaatlichen Bahnen

Die Revolution im Herbst 1918 fand in vielen Sälen statt. Sie begann Ende Oktober mit dem Matrosenaufstand in den norddeutschen Hafenstädten und breitete sich in wenigen Tagen über das ganze Reich aus. Es war eine riesige Streikbewegung, die innerhalb weniger Tage die durch die Niederlage und die immensen Opfer an den Fronten und in der Zivilbevölkerung diskreditierte Monarchie stürzte. Arbeiter- und Soldatenräte übernahmen überall im Reich die Macht, in den Hauptstädten der Länder bildeten sich neue Revolutionsregierungen, die entweder von den Räten eingesetzt wurden oder sich aus den Landtagen heraus bildeten. Die Fürsten dankten ab. Aber die Länder blieben. Die Revolution richtete sich gegen den Obrigkeitsstaat, nicht gegen den Bundesstaat. Und sie verlief in bundesstaatlichen Bahnen. Berlin spielte dabei zunächst keine führende Rolle, die Ereignisse kamen von den Ländern und Regionen her auf die Hauptstadt zu. Die Ziele der Revolutionäre waren überwiegend gemäßigt. Nur eine Minderheit der Arbeiter- und Soldatenräte zielte auf ein Rätesystem oder wollte eine kommunistische Diktatur errichten wie kurz zuvor die Bolschewiki in Russland. Die Mehrheit, angeführt von der SPD, wollte den Krieg beenden, eine parlamentarische Demokratie errichten, überall ein gleiches Wahlrecht einführen (auch für die Frauen), die Situation der Arbeiter und kleinen Angestellten verbessern und bestimmte Schlüsselindustrien sozialisieren (was durch den „Kriegssozialismus" praktisch schon vorbereitet war, aber dann nicht kommen sollte). Man wollte den demokratischen Sozialstaat. Ob dieser bundesstaatlich oder anders konstituiert war, spielte in den ersten Wochen der Revolution keine Rolle.

Moderater Südwesten, unruhiges Berlin

In Württemberg, Baden und Hessen verlief die Revolution moderat, hier hatten die Räte wenig Einfluss. Schnell begann man aus den Parlamenten heraus, neue Verfassungen auszuarbeiten, Baden und Württemberg spielten dabei eine Vorreiterrolle für die anderen Länder. Anderswo ging es etwas turbulenter zu, nicht zuletzt in Bayern. In München rief der Linkssozialist Kurt Eisner von der USPD (einem sozialdemokratischem Abspaltprodukt) schon am 7. November die Republik aus, zwei Tage bevor dies der SPD-Politiker Philipp Scheidemann in Berlin für das ganze Reich tat. Vor allem die Reichshauptstadt Berlin erlebte in den Wochen danach unruhige Zeiten, die es der neuen provisorischen Reichsregierung – dem Rat der Volksbeauftragten unter dem SPD-Politiker Friedrich Ebert – nicht leicht machte, die Zügel der Reichsgeschäfte in der Hand zu halten. Mit dem Vollzugsrat der Räte gab es in Berlin eine zweite Machtinstanz, die für sich in Anspruch nahm, das zentrale Lenkungsorgan aller Arbeiter- und Soldatenräte in Deutschland zu sein, sozusagen eine Nebenregierung. Monatelang, bis weit in das Jahr 1919 hinein, waren die Berliner Verhältnisse unklar. Es kam zu blutigen Unruhen und einem Generalstreik, Anfang Januar 1919 dann zum Aufstand der radikalen Linken, den der Rat der Volksbeauftragten zusammen mit der Reichswehr niederschlug. Denn Eberts Regierung war ohne eigene Exekutive, ohne Polizei und Verwaltung. Die lag in den Händen der Bundesstaaten. Die Revolutionsregierung in Berlin war auf diese angewiesen, wollte sie Ruhe und Ordnung im Reich herstellen und vor allem die kritische Versorgungslage in den Griff bekommen. Es war daher ausgerechnet der Bundesrat, der als einziges Verfassungsorgan des Kaiserreichs die Revolution zunächst überstand. Berlin brauchte ihn, um Verbindung zu halten zu den neuen Landesregierungen. Erst Ende Januar 1919 löste er sich auf.

Identische Konstellation in Reich und Ländern

Mit den Wahlen zur Nationalversammlung am 19. Januar 1919 war die Revolution praktisch beendet. Jene drei Kräfte, die sich für die parlamentarische und soziale Demokratie einsetzten, hatten die große Mehrheit des Volkes hinter sich: die SPD, die Deutsche Demokratische Partei (eine neue liberale Sammlungspartei) und das katholische Zentrum kamen zusammen auf über 76 Prozent und bildeten im Februar 1919 eine Koalition – Weimarer Koalition genannt, weil Nationalversammlung und Regierung wegen der noch immer unruhigen Situation in Berlin in die thüringische Stadt auswichen. In nahezu allen Ländern bildeten sich nach den Wahlen zwischen Dezember 1918 und März 1919 sozialliberale Regierungen aus SPD und DDP oder Weimarer Koalitionen wie im Reich. Zwischen Reichs- und Länderregierungen gab es somit kaum parteipolitische Differenzen – das muss man sich vor Augen halten, wenn man den harten verfassungspolitischen Streit um die bundesstaatliche Ausgestaltung der neuen Republik betrachtet, der bald ausgefochten werden sollte. Und beide Seiten waren demokratisch legitimiert. Auch die Landespolitiker, die im Frühjahr 1919 für einen ausgewogenen Föderalismus kämpften und im Gegensatz standen zum sehr unitarischen Kurs der Nationalversammlung, hatten das Volk in ihren Ländern hinter sich. Die Devise „Los von Berlin" – nicht im Sinne einer Auflösung der Reichseinheit, sondern eines gestärkten Föderalismus – war in jenen Monaten durchaus populär, auch in mehreren preußischen Provinzen. Die Stimmung in der Bevölkerung lief keineswegs auf die spätere Lösung hinaus, in der das Reich auf Kosten der Länder gestärkt wurde.

Der Süden will die Vereinigten Staaten

Im Süden war man sich früh einig, wie das künftige Reich aussehen sollte: kein Großpreußen mehr, sondern ein ausgewogener Bund. Ende 1918 äußerte der führende württembergische Sozialdemokrat Wilhelm Keil den Wunsch, dass sein Land „ein freier Staat im Verein der freien deutschen Bundesstaaten" sein solle. In München forderte Eisner in seinem Regierungsprogramm im November 1918 die

Errichtung der „Vereinigten Staaten von Deutschland". Der neue Bundesstaat solle eine Gliederung haben, „die ohne jede Vorherrschaft eines einzelnen Staates und ohne Antastung der Freiheit und Selbständigkeit Bayerns auch die notwendigen Maßnahmen vernünftiger Einheit trifft". Einige süddeutsche Politiker hatten sogar die Vorstellung, das Reich von seinen Ländern her neu zu begründen. Man wollte so reinen Tisch machen, die unselige politische Vergangenheit des Kaiserreiches mit seinem Zwangscharakter beenden, Deutschland von seinen Ländern her erneuern. Vorübergehend scheint man zwischen Karlsruhe und München sogar einen Bund allein der süddeutschen Staaten erwogen zu haben.

In Berlin denkt man an den Einheitsstaat

In Berlin dachten die politisch Verantwortlichen in eine ganz andere Richtung, hier wollte man um jeden Preis eine möglichst zentrale Lenkung des Reiches auf-rechterhalten, auch mit Blick auf die anstehenden Friedens- und Reparationsver-handlungen. Nur ein einiges Reich, so glaubte man, nur eine Reichsregierung, die einen geschlossenen Gesamtstaat vertrat, würde von den Siegern einigermaßen akzeptable Bedingungen erhalten. Zentralverantwortung schien auch geboten, um der revolutionären Wirren und der erheblichen Versorgungsprobleme Herr zu werden. Der Liberale Conrad Haussmann, einer der Weimarer Verfassungsväter, sagte mit Blick auf die süddeutschen Hoffnungen, in der neuen Reichsverfas-sung zu einem echten Föderalismus zu kommen: „Der dynamische Druck der schweren Zeit erlaubt es nicht, die schöne Freiheit individueller Vielgestaltigkeit in den Einzelstaaten so zu üben und geltend zu machen, wie das früher möglich gewesen ist." Hinter den einheitsstaatlichen Bemühungen in Berlin stand eine ir-rationale, ja bisweilen neurotische Angst, das Reich könne zerbrechen – vor allem bei jenen, die das Ergebnis von 1871 als eine natürliche Entwicklung von der Vielfalt zur Einheit betrachteten. Jede Lockerung der Einheit, jede starke föderale Regung galt als gefährlich. Selbst die Bestrebungen der süddeutschen Landtage, möglichst bald neue Landesverfassungen zu erarbeiten, wurden als Alarmsignal gewertet. „Gefahren für die deutsche Einheit" hieß ein Aufsatz des bekannten liberalen Juristen Erich Kaufmann. Er wollerte zentrifugale Tendenzen. „Kräftige partikulare Landtage (…) werden der deutschen Einheit sehr viel gefährlicher sein, als es die im Bundesrat zu praktischer Arbeitseinheit zusammengefügten und durch den unitarischen deutschen Reichstag zusammengezwungenen Dynastien je waren." So dachten viele, nicht nur im liberalen Lager, auch in der SPD auf Reichsebene war die Neigung zum Einheitsstaat groß. Dass die demo-kratische Revolution auch und gerade auf der Landesebene erfolgreich gewesen war, spielte in den Überlegungen der politisch Führenden in Berlin keine Rolle.

Hugo Preuß
*Deutscher Politiker (DDP)
und Journalist. Verfasste als
Staatssekretär (1918–19)
den Entwurf für die Weimarer
Reichsverfassung.
Foto 1910.*

Unitarischer Verfassungsvater: Hugo Preuß

Da die SPD keinen eigenen Verfassungsplan in der Schublade hatte, aber eine zügige Verfassungsgebung wünschte, bekam der Berliner Rechtsprofessor und künftige Reichsinnenminister Hugo Preuß (DDP) Anfang November 1918 den Auftrag, schnell einen Entwurf auszuarbeiten. Preuß wollte weg vom Föderalismus. Die Bundesstaaten waren für ihn nur „Zufallsgebilde rein dynastischer Hauspolitik" (was streng genommen natürlich für fast alle Staaten Europas gilt). Preuß dachte nicht daran, sich mit den Ländern zu verständigen, in seine Kommission berief er nur einen Hamburger Landespolitiker. Preuß wollte nur die kommunale Selbstverwaltung stärken, die Gesetzgebung aber allein beim Reich konzentrieren. Die Bundesstaaten waren als weitgehend machtlose Zwischeninstanzen konzipiert, nach dem Vorbild der preußischen Provinzen oder der französischen Departements. Preuß sprach verschleiernd von „potenzierten Selbstverwaltungskörpern". Sein Ideal war jedoch der dezentralisierte Einheitsstaat. Vor der Nationalversammlung sagte er einmal, als Minister habe er bisweilen Neid auf seinen französischen Kollegen verspürt, denn der brauche nur einen Knopf zu drücken, „damit gewissermaßen die Präfekten aller Departements die Arme heben. Der Reichsminister des Innern kann auf einen Knopf drücken, aber es erheben sich nicht viele Arme."

Preußen zerschlagen – und den Föderalismus gleich mit?

Das Bestreben der Verantwortlichen in den süddeutschen Ländern, die Eigenstaatlichkeit zu erhalten, weil man eben nicht allein von Berlin aus regiert werden wollte – weder zentralisiert noch dezentralisiert –, hat Preuß nicht verstanden oder nicht verstehen wollen. Er hoffte sogar auf süddeutschen Zuspruch für seinen Entwurf, denn der sah die Zerschlagung Preußens vor, eine Idee, die im Süden seit Langem als Notwendigkeit für einen ausgewogenen Föderalismus galt. Auch im Rat der Volksbeauftragten hielt man die Auflösung des Hohenzollernstaates zunächst für angebracht. Der Volksbeauftragte Otto Landsberg (SPD) belebte eine alte Parole wieder: „Wenn Deutschland leben soll, muss Preußen in der bisherigen Gestalt sterben." Preuß wollte Deutschland von der Hegemonialmacht Preußen befreien, aber auch Bayern, Sachsen, Württemberg, Baden und Hessen sollten entmachtet werden. Den Süddeutschen erschien das widersinnig und absurd. Sie waren dagegen. Denn was sollte man von einem Verfassungsentwurf halten, der aus ihrer föderalistischen Sicht nur die Hegemonie Preußens durch die Hegemonie des Reiches ersetzte? Preuß dagegen glaubte ausdrücklich, dass eine Reichshegemonie den Süddeutschen erträglicher sein werde als die preußische. Darin hat er sich getäuscht. Der liberale badische Minister Hermann Dietrich erklärte: „Die föderalistische Organisation ist das einzige, was das Deutsche Reich zusammenhält. Wer das Reich unitarisch machen will, jagt es in die Luft." Schon am 25. November 1918 machten die Vertreter der Bundesstaaten dem Rat der Volksbeauftragten auf einer Konferenz in Berlin klar, dass sie eine Degradierung der Länder und einen Einheitsstaat nicht akzeptieren würden. Ebert und sein provisorisches Kabinett, auf die Verwaltungen der Länder angewiesen, gestanden den Staaten darauf ein Mitspracherecht bei der Verfassungsgebung zu, zumal diese die Forderung nach einer schnellen Wahl der Nationalversammlung unterstützten, um möglichst bald zu geordneten politischen Verhältnissen zu kommen. Ebert erklärte nun immer wieder, „dass die Reichseinheit nur möglich ist auf föderativer Grundlage". Damit war klar, dass der extrem unitarische Ansatz von Preuß ins Leere laufen würde. Dennoch ließ man ihn weiterarbeiten. Damit war der Konflikt programmiert.

Preußen bleibt erhalten

Im Januar 1919 legte Preuß seinen Entwurf vor. Er sah eine Neugliederung des Reiches in 16 Gebiete vor. Das wurde von den Volksbeauftragten abgelehnt, denn an eine Zerschlagung Preußens dachte man nicht mehr. Der Meinungsumschwung hatte seinen Grund auch in den chaotischen Verhältnissen im ganzen Reich. Die preußische Verwaltung mochte zwar aus dem Obrigkeitsstaat stammen, aber sie funktionierte. Und nichts brauchten die Volksbeauftragten mehr als eine funktionierende Exekutive. Der Versuch, Preußen zügig aufzuteilen, hätte das Chaos verschlimmern können. Zudem wirkten die Separationstendenzen in mehreren preußischen Provinzen abschreckend. In Ostpreußen waren es vor allem konservative Kräfte, die ein selbstständiges Land wollten, in Hannover regte sich ein Eigenständigkeitsstreben, in dem auch welfisch-monarchistische Kreise eine Rolle spielten. Im Rheinland, in Westfalen und in Oberschlesien forderten vor allem Zentrumspolitiker die Autonomie für diese katholischen Regionen. Diese aber waren die industrielle Basis des preußischen Staates, ohne die Industr"reviere wäre Preußen auf das wirtschaftlich starke Berlin mit einem agrarisch geprägten Hinterland reduziert worden. Die preußische Zentrumspartei distanzierte sich bald von den Separationsideen, auch wenn sie nie ganz aufgegeben wurden. Bei der Rettungsaktion für Preußen im Januar 1919 spielte freilich auch die alte nationalliberale Vorstellung eine Rolle, dass ein starkes, großes Preußen die erste Stufe sein würde für die Schaffung eines gesamtdeutschen Einheitsstaates. Wer Preußen zerschlug, machte diese Basis zunichte. Auch mit Blick auf die anstehenden Verhandlungen mit den Kriegssiegern schien eine Auflösung nicht opportun. Hätte das nicht wie ein Eingeständnis der deutschen Kriegsschuld gewirkt, wenn man ausgerechnet den führenden Bundesstaat, der mit seinem Militarismus als treibende Kraft hin zum Krieg galt, aufgelöst hätte? Preußens Ministerpräsident Paul Hirsch (SPD) machte schon bald deutlich, dass eine Aufteilung nicht infrage komme: „So lange die süddeutschen Staaten selbständige Gliedstaaten bilden, so lange muss auch Preußen als einheitlicher Gliedstaat bestehen bleiben." Das alte Hegemonialdenken, nach dem allein Preußen in der Lage war, Deutschland zusammenzuhalten, meldete sich ebenfalls wieder. „Es ist sehr die Frage, ob ohne ein starkes Preußen die so sehr verschiedenen Teile Deutschlands zentripetale Kraft genug besitzen, um der Versuchung zu widerstehen, mit außerdeutschen Nachbarstaaten in Verbindung zu treten", räsonierte der preußische Kriegsminister Walter Reinhardt. So blieb Preußen ganz. Den anderen Bundesstaaten war es recht, auch wenn nur Baden und Württemberg sich im Januar 1919 ausdrücklich für den Erhalt des norddeutschen Großstaates aussprachen. Denn angesichts der unitarischen Bestrebungen auf Reichsebene schien es den Ländervertretern doch günstiger zu sein, Preußen bliebe erhalten: lieber ein Föderalismus mit der alten Unwucht als gar kein Föderalismus.

Tragisches Ende der Neugliederungsidee

Damit war der Grundansatz von Preuß, das Reich neu zu gliedern, dahin. Ganz falsch war er dennoch nicht. Er hätte zu einem Föderalismus gleichgewichtiger Staaten geführt, indem die preußische Eroberungs- und Ausdehnungspolitik revidiert worden wäre. Das spätere Kernproblem des Weimarer Bundesstaates – der Dualismus von Reich und Preußen – hätte sich dadurch vermeiden lassen. Preuß' Vorschlag stand durchaus in der Tradition der Reichskreisidee des Alten Reiches, die von den Demokraten von 1848 aufgenommen worden war. Und er weist auf die Gliederung der Bundesrepublik nach 1945 voraus. Preuß wollte das künftige Reich in die Länder Preußen (im Osten), Brandenburg, Schlesien, Obersachsen, Niedersachsen (mit Schleswig-Holstein), Westfalen, Rheinland, Hessen, Thüringen, Baden, Württemberg und Bayern gliedern, zudem fasste er die drei Hansestädte Bremen, Hamburg und Lübeck zu einem Verbund zusammen. Berlin sollte eine eigene Verwaltung haben. Preuß sah auch noch Österreich und Wien vor, die Vereinigung wurde Anfang 1919 in allen politischen Lagern gewünscht, aber die Kriegssieger wollten das nicht akzeptieren. Der tragische Fehler von Preuß war, den Bundesstaaten die Eigenstaatlichkeit nehmen zu wollen und damit die Doppelstaatlichkeit – die Grundlage des Föderalismus – aufzugeben. Preuß hatte nicht mit dem harten Widerstand im Süden (und dann auch in Preußen) gerechnet. Max Weber, der Preuß beriet, hatte die Lage realistischer eingeschätzt. Er plädierte dafür, das Weiterbestehen der Bundesstaaten zu akzeptieren, also von der bestehenden Verfassung auszugehen, und nur dafür zu sorgen, dass der Reichstag als Volkskammer die entscheidende Instanz sein würde. Der reichspolitische Einfluss der Länder und vor allem Preußens solle hingegen beschnitten werden. Dabei erkannte Weber an, dass den Bundesstaaten eine Mitregierung auf Reichsebene eingeräumt werden musste. Webers Ansatz lautete: „Es muss so viel Unitarismus als möglich in eine föderalistische Verfassung aufgenommen." Preuß dagegen wollte so wenig Föderalismus wie möglich in einer einheitsstaatlichen Verfassung.

Kein Staatenhaus

Auch ein zweiter Vorschlag von Preuß scheiterte. Er wollte den bürokratischen Obrigkeitsstaat überwinden, indem er neben Preußen auch dessen Machtinstrument, den Bundesrat, beseitigte. Aber sein Vorschlag, den Bundesrat durch ein Staatenhaus zu ersetzen, dessen Mitglieder von den Landtagen gewählt werden sollten, kam nicht gut an. Es wäre eine zweite Parteienkammer gewesen – und daher war es aus Ländersicht überflüssig. Der bayerische Gesandte beim Reich, Konrad Ritter von Preger, schrieb in seiner Stellungnahme zum Preuß-Entwurf: „Da in die einzelstaatlichen Parlamente nach demselben Wahlrecht gewählt wird wie in den Reichstag, so werden voraussichtlich die Parteien im Staatenhaus in ungefähr derselben Zusammensetzung und Stärke vertreten sein wie im Reichstag, und es wird daher die Abstimmung im Staatenhaus in der Regel nur ein Abklatsch der Abstimmung im Volkshaus sein. Damit verliert das Staatenhaus seine innere Berechtigung." In der Nationalversammlung wurde der Staatenhaus-Vorschlag nur noch von der SPD unterstützt. Die Länder aber wollten weiterhin eine Vertretung in der Nachfolge des Bundesrates.

„Auch fernerhin ein Bund"

Ende Januar 1919 machten die Landesregierungen Druck auf die Reichsregierung, durch ein vorläufiges Reichsgrundgesetz die bundesstaatliche Ordnung schon vor Zusammentreten der Nationalversammlung abzusichern. Die Länderregierungen verständigten sich auf einer Konferenz in Berlin am 25. Januar auf einen entsprechenden Entwurf des bayerischen Innenministers Erhard Auer (SPD). Dort hieß es unmissverständlich: „Die Vereinigten Republiken Deutschlands bilden auch fernerhin einen Bund". Auer argumentierte, mit der Revolution habe der Träger der Souveränität in den Bundesstaaten gewechselt, von den Fürsten auf das Volk, es bestehe daher keine Notwendigkeit, diese Staaten dem Reich unterzuordnen. Der württembergische DDP-Politiker und Rechtsprofessor Wilhelm von Blume, der die Landesverfassung entworfen hatte, sagte: „Die süddeutschen Staaten bestehen noch, und die vorläufige Verfassung kann nicht über ihre Köpfe hinweg beschlossen werden." Wenn schon keine bundesstaatliche Neugründung des Reiches von den Ländern her möglich war, sollte es zumindest eine Neugründung mit den Ländern sein.

Der Staatenausschuss

Die Länder forderten einen Staatenausschuss, der die Verfassungsberatungen begleiten sollte. Ebert und seine Kollegen gaben nach. Am 10. Februar trat das Gesetz über die vorläufige Reichsgewalt in Kraft. Mit ihm wurde den Ländern ein Mitwirkungsrecht bei der Verfassungsgebung eingeräumt. Verabschiedet werden sollte die künftige Verfassung aber allein von der Nationalversammlung. In der normalen Gesetzgebung, die bis zur Verabschiedung der Verfassung notwendig war, wirkten

Weimarer Nationalversammlung
im Nationaltheater Weimar (eröffnet am 6. Februar 1919).
Am Rednerpult Friedrich Ebert.
Zeitgenössische Zeichnung.

die Länder über ihren Staatenausschuss (mit Regierungsvertretern) wie ehedem durch den Bundesrat mit und hatten ein Vetorecht. Der Entwurf für die Verfassung, den die Reichsregierung Ende Februar in die Nationalversammlung einbrachte, wurde daher bereits im Staatenausschuss vorberaten. Die Länder konnten dadurch erreichen, dass ein Reichsrat als ihr Vertretungsorgan in den Entwurf aufgenommen wurde. Damit war eine Vorentscheidung gefallen. Die Nationalversammlung war hierdurch praktisch gebunden. Einer Zerstückelung Preußens wurde der Riegel vorgeschoben, indem man im Gesetz über die vorläufige Reichsgewalt bestimmte, dass der Gebietsstand nur mit Zustimmung der betroffenen Länder erfolgen könne. Die Länder hatten sich durchgesetzt. Die Republik, die in Weimar aus der Taufe gehoben werden sollte, würde ein Bundesstaat sein.

Die Nationalversammlung will es einheitlich

Aber die Nationalversammlung in Weimar war eher unitarisch gestimmt. In keiner Fraktion hatte die süddeutsch-partikulare Richtung eine Mehrheit. Einen Bund deutscher Freistaaten würde es damit nicht geben, das Ziel der Mehrheit in der Nationalversammlung war der unitarische Bundesstaat, der nicht mehr von den Ländern her gedacht war, sondern vom Reich. „Der Föderalismus wurde von einem staatsgründenden Prinzip zu einem bloßen Prinzip innerstaatlicher Gliederung zurückgenommen." (Ernst-Wolfgang Böckenförde) Aus dem hegemonialen Föderalismus des Kaiserreichs wurde ein hierarchischer Föderalismus, der sich dem Modell von Preuß wieder näherte. Die Verfassung der Paulskirche von 1849 wirkte dabei nach. Um trotz der formalen Vorentscheidung für den Bundesstaat möglichst viel Einheitsstaat zu bekommen, wurde die neue Verfassung so eingerichtet, dass die verbliebene Eigenstaatlichkeit der Länder ausgehöhlt werden konnte. Die Idee war, „im Wege der Gesetzgebung das Reich dem Typus eines Einheitsstaats anzunähern", wie der spätere Reichsinnenminister Erich Koch-Weser (DDP) es ausdrückte. Der Verfassungsausschuss der Nationalversammlung ging daher daran, den mit den Ländern abgestimmten Entwurf der Reichsregierung zu „entföderalisieren". Aus den Bundesstaaten wurden nun explizit Länder, um so auszudrücken, dass ihnen keine Staatsqualität mehr zukommen sollte. Laut Koch-Weser kam es darauf an, dass „auf allen Gebieten die oberste Schicht gesetzgeberischer und verwaltungstechnischer Anordnungen Angelegenheit des Reiches ist, während im Interesse einer gesunden Dezentralisation den Ländern die Unterschichten verbleiben müssen". Punkt für Punkt wurde im Frühjahr 1919 der Verfassungsentwurf von der Nationalversammlung im Sinne einer stärkeren Unitarisierung verändert. Reichszuständigkeiten wurden erweitert, die Reichsaufsicht ausgedehnt, das Finanzsystem zugunsten des Reiches gestaltet. Nur bei der Frage der möglichen Neugliederung des Reiches setzten sich die Länder mit ihrem Protest noch durch. Als die Nationalversammlung im August 1919 der Verfassung zustimmte, war Deutschland zwar noch ein Bundesstaat, „allerdings mit bedeutender Machtverschiebung zugunsten der Zentralgewalt" (Wolfgang Benz). Dass in allen Ländern demokratisch legitimierte Parlamente entstanden waren, schien die Verfassungskonstrukteure in Weimar nicht weiter zu interessieren. Die Doppelstaatlichkeit wurde völlig einseitig zugunsten des Reiches gewichtet. Der Gedanke, dass auch in einer demokratischen Republik die gewaltenteilige, Macht kontrollierende Funktion des Föderalismus nötig sein könnte, kam gar nicht auf.

Eine Machtzuwachsordnung für das Reich

Dass das Reich ein Bundesstaat sei, stand am Ende nicht einmal in der Verfassung. Man konnte das nur der Überschrift des ersten Abschnitts („Reich und Länder") entnehmen sowie der Formulierung, dass das Reichsgebiet aus den Gebieten der Länder bestehe und der Tatsache, dass es einen Reichsrat gab, der die Länder vertrat. Bei der Gesetzgebung konnte sich das Reich breit bedienen. Ausschließlich dem Reich kamen Staatsangehörigkeitsrecht, Migrationspolitik, Wehrverfassung, Münz- und Zollwesen und auch das Postwesen zu. Im Artikel 7 der Verfassung wurde ein breiter Katalog von Materien genannt, bei denen das Reich nicht die ausschließliche Gesetzgebung hatte, sondern auch die Länder Gesetze machen durften – freilich nur so lange, wie das Reich nicht von seinem Recht Gebrauch machte. Man nannte das konkurrierende Gesetzgebung. Sie lieferte dem Reich „ein Reservoir beträchtlicher Möglichkeiten, seine Macht allmählich zu verstärken" (Gerhard Schulz). Es war eine Rutschbahn hin zum Zentralismus. Die Länder konnten sich damit ihrer legislativen Gestaltungsfähigkeit nie sicher sein. Und man legte fest: „Reichsrecht bricht Landesrecht." Bei Steuern und Abgaben konnte sich das Reich nehmen, was es wollte – zog es Landessteuern an sich, musste es bei der Kompensation nur auf die „Lebensfähigkeit" der Länder achten. Das Reich konnte sogar den Ländern Vorschriften bei den Landesabgaben machen. In den traditionell von den Ländern betreuten Feldern wie öffentliche Wohlfahrt oder Schule und Kultur durfte das Reich ebenfalls eingreifen über eine sogenannte Bedürfnis- und Grundsatzgesetzgebung, wobei das Reich hier in der Praxis zurückhaltend blieb. Andererseits versuchte es später, die Polizeihoheit der Länder einzugrenzen. So bedeutete diese Zuständigkeitsordnung, dass die Landtage weitgehend entmachtet werden konnten – weit mehr noch als zuvor im Kaiserreich. Den Ländern blieb nur noch ein „recht dürftiger Rest", wie der Jurist Hans Nawiasky beklagte. Auch die Absicht, durch ein starkes Reich das starke Preußen in Schach halten zu können, spielte eine Rolle. Was blieb, war die traditionelle Länderzuständigkeit für die Ausführung der Reichsgesetze. Doch auch hier konnte das Reich anders entscheiden und Verwaltungsaufgaben an sich ziehen. Das geschah schon bald bei der Finanz- und Steuerverwaltung und 1927 mit der Schaffung der Reichsanstalt für die Arbeitslosenversicherung und Arbeitsvermittlung. Eine Rolle bei der Unitarisierung der Reichsverfassung spielte auch, dass man in Berlin befürchtete, in den Ländern könnte es zu antirepublikanischen Bestrebungen kommen, die einerseits auf ein Rätesystem zielten, andererseits auf eine Rückkehr zur Monarchie. Dass das Reich sich das Recht zur Sozialisierung von Unternehmen sicherte und den Ländern vorschrieb, sie müssten „freistaatliche", also republikanisch-demokratische Verfassungen haben, hatte damit zu tun.

Nicht ganz ohne Einfluss: Der Reichsrat

Als „Vertretung der Länder bei der Gesetzgebung und Verwaltung des Reiches" wurde der Reichsrat eingerichtet. In ihm saßen Vertreter der Landesregierungen. Jedes Land – 18 an der Zahl nach der Bildung Thüringens 1920 – hatte mindestens eine Stimme, ansonsten je eine weitere Stimme für 700 000 Einwohner. Kein Land durfte mehr als zwei Fünftel der Stimmen haben. Als „Restertrag" des Vorhabens, Preußen zu zerschlagen, wurden die 22 preußischen Stimmen geteilt: Die Hälfte entfiel auf Vertreter der preußischen Provinzen. „Ein Ausnahmegesetz gegen Preußen", klagte Ministerpräsident Hirsch. Wie schon der Bundesrat wurde der Reichsrat zu einem Gremium hoher Beamter, dem ein Mitglied der Reichsregierung vorsaß. Die schon im Kaiserreich bestehende Kooperation der Reichs- und Landesbürokratien zur Aushebelung von Reichstags- und Landtagswünschen konnte so in der Weimarer Republik fortgesetzt werden. Hugo Preuß gehörte zu jenen, die das durchaus akzeptabel fanden. Der Hintergedanke war, dieses bürokratische Fachleutegremium so eng in die Reichsverwaltung einzubinden, dass der Reichsrat einen unitarischen Einschlag bekommen würde. Allerdings zeigte dann die Erfahrung, dass unter den Bedingungen der Parteiendemokratie eben nicht nur bürokratische, sondern auch Parteien- und Koalitionsgesichtspunkte im Reichsrat eine wesentliche Rolle spielten. Das Gremium hatte damit „einen dem Senatsprinzip

Tagung des Reichsrates in Weimar
Foto September 1919.

entsprechenden Einschlag erfahren" (Theodor Eschenburg). Zudem agierten die Reichsratsmitglieder bisweilen recht eigenständig: „Oft spiegelten Abstimmungen mehr die politischen Ansichten der Bevollmächtigten als ihrer Regierungen wider", erinnerte sich der preußische Bevollmächtigte Arnold Brecht. Der Reichsrat stand im Schatten des Reichstages – obwohl er im Gegensatz zum kaiserzeitlichen Bundesrat öffentlich beriet, wurde davon kaum Notiz genommen. Ein eigenes Gebäude hatte er nicht, er tagte im ehemaligen Bundesratssaal im Reichstag. Auch der Reichsrat war „immerwährend", man kannte keine Wahlperioden und tagte in der Regel jede Woche am Donnerstagnachmittag. Ein Initiativrecht bei der Gesetzgebung hatte der Reichsrat nicht mehr. Hatte er Einwände gegen eine Gesetzesvorlage der Reichsregierung, konnte diese den Entwurf dennoch in den Reichstag leiten – sie musste nur die Kritikpunkte des Reichsrates beifügen. Gegen die vom Reichstag beschlossenen Gesetze konnte der Reichsrat allerdings Einspruch erheben. Das Gesetz ging dann nochmals in den Reichstag, der den Einspruch überstimmen konnte – allerdings nur mit Zweidrittelmehrheit. Schaffte der Reichstag das nicht, hatte der Reichstagspräsident die weitere Entscheidung: Er konnte über den „Gegenstand der Meinungsverschiedenheit" einen Volksentscheid anordnen, wenn nicht, kam das Gesetz nicht zustande. In der Praxis führte dies dazu, dass sich die Reichsregierungen vor der Einbringung eines Gesetzentwurfs in den Reichstag mit den Ländern verständigten, denn Zweidrittelmehrheiten gegen den Reichsrat waren schwer zu organisieren. Die Länderregierungen waren damit eng in die Reichspolitik eingebunden. Freilich dämpfte die Aussicht auf eine Volksabstimmung ihre Widerspenstigkeit im Reichsrat. Allerdings fiel dem Reichsrat in den ersten Jahren, als der Reichstag sein Legislativrecht durch mehrere Ermächtigungsgesetze pauschal abgetreten hatte, „regelmäßig die Rolle der gesetzgebenden Körperschaft neben der Reichsregierung" zu, wie der sächsische Bevollmächtigte Fritz Poetzsch-Heffter schrieb. Das hob seine Bedeutung. Die Konstellation war insgesamt nicht ungünstig für die Länder. Der Einfluss des Reichsrates sollte am Ende in aller Stille weit größer sein als man bei der Verabschiedung der Verfassung geglaubt hatte. Er konnte so den Autonomieverlust der Länder zumindest bremsen.

Die unitarische Ebene: Reichstag, Kanzler, Präsident

Für die Regierung des Reiches schuf die Nationalversammlung eine recht eigenwillige Mischform von Präsidialsystem und parlamentarischer Demokratie, mit dem Ergebnis, dass der Reichskanzler zwischen Präsident und Reichstag eingeklemmt war. Beide waren demokratisch legitimiert: der Reichstag als Abgeordnetenvertretung des Volkes durch gewählte Abgeordnete, der Reichspräsident als direkt gewähltes Staatsoberhaupt. Beide hatten Gesetzgebungsbefugnis. Vorrang hatte natürlich der Reichstag. Aber man stellte der Volksrepräsentation mit ihren Parteigegensätzen ein Einheitssymbol in Person eines Ersatzkaisers gegenüber, der im Notfall sagen konnte, er kenne keine Parteien mehr. Diese Konstruktion sollte dazu führen, dass regiert werden konnte, auch wenn ein Parlament in sich zerstritten war. Misstrauen gegen die Parteien kam hier zum Ausdruck. Freilich bedeutete das auch, dass im Reichstag der unbedingte Zwang zur Einigung und Regierungsunterstützung fehlte. Die Reichskanzler waren nicht unbedingt auf eine stetige Mehrheit angewiesen, man konnte über den Reichspräsidenten regieren. Das außerordentliche Diktaturrecht des Artikels 48 der Reichsverfassung wurde schon unter Reichspräsident Friedrich Ebert zum häufigen Regierungsinstrument. „Der Reichspräsident kann", hieß es im Artikel 48, „wenn im Deutschen Reich die öffentliche Sicherheit und Ordnung erheblich gestört oder gefährdet wird, die zur Wiederherstellung der öffentlichen Sicherheit und Ordnung nötigen Maßnahmen treffen, erforderlichenfalls mit Hilfe der bewaffneten Macht einschreiten." Das Notverordnungsrecht war an die Mitwirkung des Reichskanzlers gebunden, auch konnte der Reichstag fordern, dass Notmaßnahmen außer Kraft gesetzt werden. Der Präsident erschien aber dennoch als „autoritäre Alternative zum Parlament" (Dietmar Willoweit). Freilich konnte damit auch der Reichsrat umgangen werden, denn gegen Notverordnungen des Präsidenten hatte er kein Einspruchsrecht. Damit wurde der Artikel 48 auch ein Werkzeug, mit dem sich der Föderalismus aushebeln ließ. Die Länder haben das früh angeprangert. Die parlamentarisch-präsidiale Mischkonstruktion auf Reichsebene hatte fatale Folgen: Sie führte dazu, dass der Reichstag seine Aufgabe der Mehrheitsbildung vernachlässigte, die Parteien dort waren nicht gezwungen, ihre programmatischen Differenzen zu einem pragmatischen Konsens zusammenzuführen. Das zeigte sich auch schon in den erwähnten sechs Ermächtigungsgesetzen zwischen 1919 und 1924, mit denen das Parlament der Reichsregierung eine zeitlich befristete legislative Pauschalvollmacht ausstellte. Der Parlamentarismus auf der Reichsebene funktionierte nicht wirklich, er war über die längste Zeit hin instabil. Die meisten Reichsregierungen nach 1920 waren Minderheitskabinette.

Relativ stabil: Parlamentarismus in den Ländern

Der Länderparlamentarismus war dagegen insgesamt stabiler, jedenfalls vor 1930. Die Länder der Weimarer Republik waren strikt parlamentarisch organisiert. Präsidenten als Monarchenersatz gab es nicht, die Regierungsfähigkeit musste allein im Landtag hergestellt werden: Es herrschte der Zwang zum Konsens. Es gab jedoch in der Weimarer Republik eine verbreitete Abneigung gegen den Länderparlamentarismus. Eine zweite demokratische Ebene galt als überflüssig – den einen, weil sie Demokratie mit Volkseinheit und damit Einheitsstaat gleichsetzten und im Reichstag den einzig legitimen Ort der Volksvertretung sahen, den anderen, weil sie Parlamentarismus insgesamt ablehnten. Der liberale Historiker Friedrich Meinecke etwa sah in den Landtagen nur eine „künstliche Veranstaltung zur Erzeugung kleinster Ehrgeize, schädlichster Hahnenkämpfe und kostspieliger Machenschaften". Solche Abfälligkeiten waren nicht selten. Die Regionalparlamente waren den Anhängern des Einheitsstaates schon deshalb ein Dorn im Auge, weil der Föderalismus dadurch eine demokratische Komponente bekam, die Landesregierungen ihren Anspruch auf Mitbestimmung und auf eigene Zuständigkeiten auch mit demokratischer Legitimation rechtfertigen konnten. Während aber alle Reichstage vorzeitig aufgelöst wurden, hielten die meisten Landtage über die gesamte Wahlperiode. Das galt vor allem für die Südstaaten mit ihrer stärker gefestigten parlamentarischen Tradition. Politisch am stabilsten war Hessen: Hier gab es von 1919 bis 1933 keinen Regierungswechsel, die Weimarer Koalition hatte immer eine Mehrheit unter nur zwei Ministerpräsidenten, Carl Ulrich und Bernhard Adelung (beide SPD). In Bayern hatten bis 1932 Regierungen unter Führung der Bayerischen Volkspartei (BVP) stets eine Mehrheit. Gleiches galt für die Koalition von Zentrum und SPD in Baden, wo bis 1929 auch die DDP beteiligt war. In Württemberg regierte bis 1924 eine Weimarer Koalition, danach eine Minderheitsregierung von Zentrum und Rechtsparteien (obwohl bis 1932 eine Weimarer Koalition möglich gewesen wäre, aber die SPD hatte sich ausgeklinkt). Und natürlich war Preußen stabil. Hier regierte bis zum Putsch der Reichsregierung 1932 stets die Weimarer Koalition, zwischen 1924 und 1928 unterstützt von der DVP. Freilich schlich sich Instabilität durch unklare Mehrheitsverhältnisse auch auf der Länderebene ein. Kritisch sah es aus dieser Sicht vor allem in den kleineren Ländern Mittel- und Norddeutschlands aus. Dort kamen auch früh schon Nationalsozialisten in Ministerämter, 1930 in Thüringen und Braunschweig, 1932 auch in Mecklenburg-Schwerin und Oldenburg. Gerade die Kleinstaaten fanden nicht zu jener Stabilität, die Preußen und die Mittelstaaten auszeichnete.

Doppelstaatlichkeit – falsch genutzt

Insgesamt ergab sich eine paradoxe Situation: Die unitarische Weimarer Verfassung hatte die Gesetzgebungskompetenzen auf der Reichsebene gebündelt, wo der Parlamentarismus weniger gut funktionierte als jedenfalls in den größeren Ländern. Der Entscheidungsfülle beim Reich stand die Schwäche der vor allem zur Entscheidung berufenen Instanz, des Reichstages, gegenüber. Die Landtage dagegen hatten wenig zu entscheiden, obwohl viele von ihnen entscheidungsfähiger gewesen wären. Der Reichstag war überfordert, die Landtage waren unterfordert. Eine ausgewogene Balance, eine bessere Nutzung der Doppelstaatlichkeit, eine klügere legislative Arbeitsteilung zwischen Reich und Ländern hätte möglicherweise dazu geführt, dass die politische Dauerkrise der Weimarer Republik weniger fatale Folgen gehabt hätte. Der Vorteil des Föderalismus, nicht nur Macht, sondern eben auch Verantwortung zu teilen, wurde in Weimar nicht genutzt.

Keine Neugliederung – auch weil Preußen blockiert

Die Neugliederung des Reichsgebiets wurde in der Verfassung vorgesehen – eigentlich ein Unding für einen Bundesstaat, der als Bund eigenständiger Staaten oder Länder gedacht ist. Aber man hoffte dadurch vor allem, die kleinstaatlichen Verhältnisse in Mittel- und Norddeutschland verändern zu können – sozusagen eine zweite „Reichsflurbereinigung" auf den Weg zu bringen. Die Regelung war kompliziert, Artikel 18 ist einer der längsten der Weimarer Verfassung. Mit einfachem Reichsgesetz konnte eine Neugliederung erfolgen, wenn die beteiligten Länder zustimmten. Erstaunlich war aber, dass das auch ohne Zustimmung von betroffenen Ländern möglich war. Das war eine Idee der Zentrumspartei. Die mehrheitlich katholischen Provinzen Rheinland, Westfalen und Oberschlesien hätten damit aus Preußen austreten können, wenn ein Drittel der dortigen Wahlberechtigten es verlangt hätte und dann in einer Volksabstimmung 60 Prozent, mindestens aber 50 Prozent der Wahlberechtigten zugestimmt hätten. Aber dazu kam es nicht, der Wunsch nach einem selbstständigen Rheinland – oder Rheinland-Westfalen – blieb unerfüllt (auch der damalige Kölner Oberbürgermeister Konrad Adenauer hegte ihn). Abstimmungen über die Abtrennung der Provinzen Oberschlesien (im Jahr 1922) und Hannover (zwei Jahre darauf) endeten mit der Bestätigung des Status quo. Der Neugliederungsartikel blieb somit für Preußen folgenlos. Immerhin kam durch ihn 1920 das Land Thüringen zustande (nur Coburg entschied sich für Bayern). Was blieb, war eine Reihe von verstreuten Ministaaten im Norden. Ihnen blieb praktisch nur der Anschluss an Preußen, denn die andere Möglichkeit – dass Preußen Gebiete abgetreten hätte – war völlig aussichtslos. Aber in Schaumburg-Lippe lehnte die Mehrheit der Bevölkerung 1926 die Angliederung an Preußen ab. In den größeren Kleinstaaten gab es erst gar keine Abstimmungen. So kam es nur dazu, dass 1929 das kleine Waldeck an Preußen angeschlossen wurde, das freilich bereits seit 1868 von Preußen mitverwaltet worden war. Zwar wurde 1920 eine „Zentralstelle für die Gliederung des Reiches" eingerichtet, ein Gremium, das sich Gedanken machen sollte, ob der Zuschnitt des Reiches der „wirtschaftlichen und kulturellen Höchstleistung des Volkes" diente, wie es in der Verfassung verlangt war. Aber diese Einrichtung hatte keinen Einfluss, sie wurde 1929 aufgelöst. Vor allem die preußische Regierung widersetzte sich. Sie war nicht einmal bereit, die dringend nötige Erweiterung Hamburgs und dessen für die gesamtdeutsche Wirtschaft bedeutsamen Hafens durch Abtretung von Gebiet möglich zu machen, das preußische Kleingebilde um Erfurt an das neue Land Thüringen abzutreten oder einer Angliederung von Hohenzollern an Württemberg – eine regionalpolitische Notwendigkeit – zuzustimmen. Freilich gelang im Südwesten auch der heftig und breit diskutierte Zusammenschluss von Württemberg und Baden nicht. „Großschwaben", wie es in Erinnerung an das Stammesherzogtum und den Reichskreis genannt wurde, blieb eine Zukunftsvorstellung. Auch der Plan, ein „Großhessen" aus dem selbstständigen Land und der preußischen Provinz zu bilden, kam nicht voran. So änderte sich die Gliederung des Reiches nach 1920 kaum noch.

Erzbergers Finanzreform entmachtet die Länder

„Die Durchführung der reichseigenen Steuerorganisation wird den größten Schritt zum Ausbau des deutschen nationalen Einheitsstaates darstellen." Mit diesen Worten warb der Reichsfinanzminister Matthias Erzberger, ein Mann des linken Zentrumsflügels aus Württemberg, im August 1919 für sein Reformwerk: die komplette Zentralisierung des Finanz- und Steuerwesens beim Reich, also die völlige Umkehr des bisherigen Systems. Erzbergers Ansatz war klar: Angesichts der gewaltigen Kriegsfolgelasten, der absehbaren Reparationsforderungen der Kriegsgewinner und des nicht allzu effizienten Steuersystems der Vorkriegszeit sollte nun die Zentralisierung Abhilfe schaffen. Und die Weimarer Reichsverfassung gab Erzberger die Mittel dafür in die Hand: Das Reich hatte die alleinige Gesetzgebung über alle Zölle und Verbrauchsteuern und konnte zudem alle Landes- und Kommunalsteuern an sich ziehen. Das waren nicht zuletzt die Steuern auf Einkommen und Vermögen. Das gab dem Reich die Möglichkeit, Besserverdienende stärker am Abtragen der Reichsschulden zu beteiligen, ein wichtiger Grund für die Reform. SPD und Zentrum hatten auch vor, den Sozialstaat auszubauen, weshalb die Bündelung der Steuern beim Reich von Vorteil war. Erzberger schuf eine Reichsfinanzverwaltung, in der die Länderverwaltungen aufgingen. Die Südländer konnten zwar durchsetzen, dass ihre Landesfinanzminister an die Spitze der neuen regionalen Reichsbehörden traten, womit ein gewisser Einfluss gewahrt blieb. Dennoch war die finanz- und steuerpolitische Entmachtung der Länder damit perfekt. Sie waren zu „Kostgängern des Reiches" geworden und hatten praktisch keine Steuerhoheit mehr. Die Finanzierung der Landeshaushalte übernahm zum Großteil das Reich, durch Überweisung von Anteilen an der Einkommen- und Umsatzsteuer. Basis war allerdings nicht die Bevölkerungszahl, sondern die regionale Steuerkraft. Daher sah Erzbergers Landessteuergesetz von 1920 erstmals einen Finanzausgleich zugunsten der schwachen Länder vor. Der wurde aber nicht zwischen den Ländern untereinander organisiert, sondern ebenfalls vom Reich übernommen – mittels Sonderzuweisungen. Damit hatte das Reich die schwächeren Länder eng am Zügel: darunter war auch das noch sehr agrarisch geprägte Bayern. Die Etats der Schwachen wurden nur auf 80 Prozent des Durchschnittsniveaus angehoben. Das traf nicht zuletzt die norddeutschen Kleinstaaten – man hoffte in Berlin wohl, die Lebensfähigkeit des „kleinen Gemüses" so zu unterminieren. Damit aber gerieten diese Länder in eine schlimme Krise. Es war vielleicht kein Zufall, dass die NSDAP ausgerechnet in schwachen Ländern wie Braunschweig oder Mecklenburg-Strelitz ihren Durchbruch auf Länderebene schaffte. Die ursprüngliche Verteilung der Steuern genügte den tatsächlichen Anforderungen von Beginn an nicht, schon 1923 musste das Reich die Überweisungen an die Länder deutlich erhöhen: Bei der Einkommensteuer wuchs deren Anteil von 66,6 auf 75 Prozent, bei der Umsatzsteuer von 15 auf 25 Prozent. 1926 übernahm das Reich die Erwerbslosenfürsorge, weil Länder und Kommunen diese nicht mehr tragen konnten. Der Finanzausgleich missriet zudem immer mehr zu einem unübersichtlichen System, weil das Reich dazu überging, neben den allgemeinen Zuweisungen dem einen oder anderen Land auch noch Extramittel zuzuschieben, um einen bestimmten Missstand zu beseitigen. Das schuf wieder Konflikte mit anderen Ländern. Und mit Geld aus extra eingerichteten Fonds für Aufgaben wie Bildung und Regionalförderung regierte das Reich zusätzlich in die Länder hinein. Die Finanzpolitik des Reiches kam so aus einem „Stadium permanenter Improvisationen" (Gerhard Schulz) nicht heraus. Auch nach 1925, in der ruhigen Phase der Republik, gelang es nicht, das Finanzsystem in Ordnung zu bringen. Die Schuld für das Durcheinander wurde dem Föderalismus zugeschoben. Seine Gegner setzten die These vom „billigen Einheitsstaat" in die Welt, ein bis heute beliebtes Argument. Aber schon damals erbrachte eine Untersuchung der wirtschaftlichen Spitzenverbände, dass nicht die föderale Struktur Ursache für Probleme sei, sondern vor allem die Art und Weise, wie Länder ihre Verwaltungen organisierten. Manche schnitten hier gut ab, einige schlecht.

Ein System mit Defiziten

Das Kernproblem war die Trennung der politischen Verantwortlichkeit: „Die Verantwortung für Ausgaben und Einnahmen liegt zum großen Teil nicht mehr in der gleichen Hand, weder bei den Regierungen noch bei den Parlamenten, weder im Reich noch bei den Ländern", konstatierte 1928 der preußische Staatssekretär Arnold Brecht. Das Reich kontrollierte und verteilte die Einnahmen, es hatte aber keine Kontrolle über die Ausgaben der anderen staatlichen Ebenen. Die Länder dagegen hatten keine Möglichkeit, zu eigenen Einnahmen zu kommen. Da den Ländern und vor allem den Kommunen, auch wegen umfangreicher sozialpolitischer Programme etwa im Wohnungsbau, das Geld vom Reich selten reichte, suchten sie den Ausweg in der Verschuldung. Die nahm immer mehr zu. Denn beim Schuldenmachen waren die Länder und Kommunen autonom, und die Geldgeber vertrauten darauf, dass im Ernstfall das Reich einspringen würde. Selbst der überzeugte Unitarist Koch-Weser gestand schon 1924 ein, dass die Finanzreform wohl ein Fehler gewesen sei. Sie habe den Ländern das Verantwortungsgefühl für ihre Ausgaben genommen. „Das Zuschusssystem macht die Minister der Länder und die Oberbürgermeister aus selbständig Handelnden zu Berichtsschreibern und Taschengeldempfängern." Ende 1927 waren auch die Gläubiger Deutschlands alarmiert, man glaubte, dass das Reich diese Politik dulde, um sich der Reparationsverpflichtungen zu entledigen. Der Reparationsagent Parker Gilbert warf der Reichsregierung vor, sie sei nicht in der Lage, „die Länder und Kommunen dazu zu bewegen, ihre Etats in Ordnung zu bringen". Dabei hatte das Reich gerade durch eine Erhöhung der Beamtenbesoldung die Probleme der Länder, die ja die Verwaltung trugen, noch verschärft. Preußens Ministerpräsident Otto Braun (SPD) klagte 1927 angesichts der häufigen Übung des Reiches, Gesetze zulasten der Länderkassen zu machen: „Wo die Länder, denen die Steuerhoheit genommen ist, die Mittel hernehmen sollen, darüber zerbrechen sich die Reichsgesetzgeber nicht allzu sehr den Kopf." Der Reichstag selbst galt ebenfalls als ausgabenfreudig. Die Stützungs- und Hilfszusagen waren breit gestreut, und als 1929 die wirtschaftliche Krise ausbrach, wurden dem Weimarer Staat „aus sämtlichen Richtungen die Rechnungen überreicht" (Hagen Schulze). Das Finanzsystem der Weimarer Republik war ein System der organisierten Verantwortungslosigkeit. Als es aus den Nähten zu platzen drohte, blieben nur Sparmaßnahmen und Entlassungen im öffentlichen Dienst. Das verschärfte noch die Krise nach 1929. Auch die zentralisierte Finanzverwaltung funktionierte nicht allzu effizient. Es zeigte sich, vor allem in Krisensituationen, dass sie – eine stete Gefahr bei Zentralbehörden – zu unflexibel arbeitete und unfähig war, auf regionale und lokale Sonderprobleme einzugehen. Nicht zuletzt in der Inflationszeit versagte sie. „Das einzige, wozu sich die zentrale Bürokratie im Reichsfinanzministerium aufraffen konnte, bestand darin, immer perfektionistischer erdachte und immer zahlreichere Erlasse an die nachgeordneten Behörden ergehen zu lassen und darauf zu hoffen, dass sich der Erfolg schon einstellen würde." (Peter Christian Witt)

Bayern will seinen eigenen Weg gehen

Bayern machte 1919 eine schwere Zeit durch. In keinem anderen Land kam es nach der Revolution zu solch gewalttätigen und dauerhaften Auseinandersetzungen. In München riefen Arbeiter- und Soldatenräte im Frühjahr zweimal die Räterepublik aus. Dagegen sammelten sich rechtsgerichtete Gruppen und Truppen, die in Bayern bald stärker waren als in anderen Ländern. Der Unitarismus der Reichsverfassung stieß in Bayern auf breite Ablehnung. Erzbergers Finanzreform brachte das Fass zum Überlaufen. Aus Münchener Sicht hatte die Republik mit Föderalismus nichts mehr zu tun. Das bayerische Verständnis des Bundesstaates brachte der liberale Jurist Gerhard Anschütz auf den Punkt, als er 1924 (allerdings missbilligend) meinte: „Bayern war stets und ist noch heute das Hauptverbreitungsgebiet einer Reichsansicht, für die das Verhältnis zum Reich kein Unterordnungsverhältnis, sondern ein Bundesverhältnis unter Gleichen bedeutet." Für Anschütz und die große Mehrheit der Staatsrechtsprofessoren in der Weimarer Republik war Eigenständigkeit der Länder aber gar nicht mehr das Maß der Dinge: „Gerade von diesem bayerischen Föderalismus, der zu mindestens fünfzig Prozent Partikularismus ist, gilt: er dient nicht gemeinsamen Interessen aller oder vieler Länder, vielmehr Sonderinteressen." Dass die Durchsetzung von Eigeninteressen der Länder in einem Bundesstaat legitim ist, zumal diese Interessen ja von demokratisch gewählten Parlamenten artikuliert wurden oder von demokratisch legitimierten Regierungen, war kein Argument: Man setzte ein Einheitsinteresse voraus, dem sich die Länder zu beugen hatten. Der hierarchische Föderalismus der Weimarer Republik stieß in der Juristenzunft auf wenig Kritik. Er entsprach dem autoritären Grundzug, der damals die Politik von links bis rechts durchzog.

Als Hauptvertreterin von bayerischen Sonderinteressen empfand sich die Bayerische Volkspartei (BVP). Sie wollte mehr Föderalismus, mehr Eigenstaatlichkeit für Bayern zurück und hatte dabei die Volksmeinung hinter sich. Revision der Weimarer Verfassung wurde zum Schlagwort der Partei. Einer ihrer Führer, der als „Bauerndoktor" bekannte Georg Heim, skizzierte die Bundesstaatsidee der BVP so: „Es gibt einen herrlichen Weg, den auch viele akzeptieren können, und das ist die Brechung der Vormachtstellung Preußens durch ein streng föderalistisch gegliedertes Deutschland mit zentralisierter Außenpolitik, gemeinschaftlicher Wirtschaftspolitik, Rechtspflege, Heer und Milizsystem, aber mit Kommandogewalt bei den Ländern und in allem übrigen, besonders in den Beamten-, Personal- und Kulturfragen, weitgehender Selbständigkeit und Selbstverwaltung." Das Programm der BVP forderte einen gleichberechtigten Reichsrat, Verfassungsautonomie für die Länder und Steuerhoheit für die Länder. Das Problem war, dass rechts von der BVP antirepublikanische Kräfte gegen die Weimarer Verfassung polemisierten und der Unterschied zwischen dem Wunsch nach Verfassungsrevision bei der BVP und der völligen Ablehnung der Weimarer Republik auf der äußersten Rechten verschwamm. Es mischte sich ein gefährliches Gebräu im Freistaat zusammen. Föderalisten und Antidemokraten fanden taktisch zueinander, und wenig hat der Sache des Föderalismus mehr geschadet als die vorübergehende Allianz von Weiß-Blau und Schwarz-Weiß-Rot gegen Schwarz-Rot-Gold. Bayern wurde zum Problem der Republik. Und Bayerns Reichspolitik wurde destruktiv.

Probleme mit Bayern, Sachsen und Thüringen

Die Regierungen unter führender Beteiligung der BVP wähnten Bayern in den turbulenten Jahren von 1920 bis 1923 als „Ordnungszelle" des Reiches, im Kampf gegen „linke" Bestrebungen aller Art. Auslöser des Dauerkonflikts mit Berlin war die Weigerung der Regierung unter Gustav Ritter von Kahr, dem Reichsgesetz zur Auflösung der paramilitärischen Einwohnerwehren nachzukommen. Nach der Ermordung Erzbergers durch Rechtsradikale im August 1921 verhängte Reichspräsident Ebert den Ausnahmezustand über das Reich, dem Bayern nicht folgen wollte. Und als im Juli 1922 nach der Ermordung des Außenministers Walther Rathenau (DDP) ein Republikschutzgesetz erlassen wurde, das einige in Bayern starke antirepublikanische Vereinigungen verbot, verweigerte Bayern die Anerkennung – wegen Eingriffs in seine Justizhoheit. Im September 1923 antwortete die Regierung unter Eugen Ritter von Knilling in München auf die Beendigung des passiven Widerstands gegen die französische Besatzung des Ruhrgebiets durch das Reich mit einem einseitig verkündeten Ausnahmezustand in Bayern mit Kahr als Generalkommissar, ein klarer Affront gegen Berlin, das nun den Ausnahmezustand über das ganze Reich verhängte. Auf die Spitze getrieben wurde der Konflikt im Oktober 1923, als die bayerische Regierung das vom Reich verfügte Verbot des „Völkischen Beobachters", des Hetzblatts der Nationalsozialistischen Deutschen

Arbeiterpartei (NSDAP) um Adolf Hitler, zurückwies. Kahr ergriff nun das Kommando über die Reichswehrtruppen im Land und nahm sie feierlich für Bayern in die Pflicht, „der schlichte Hochverrat" (Hagen Schulze). Am 8. November marschierte Hitler mit seinen Schergen zur Feldherrnhalle in München und erklärte sich zum Reichskanzler. Dieser Putschversuch, ein selbst für die damaligen Verhältnisse im Reich einmalig bizarrer Vorgang, schien die Verantwortlichen in München zur Vernunft zu bringen. Man schlug den Aufstand schnell nieder.

Bayern war jedoch nicht das einzige Land, das dem Reich in jenen Tagen Probleme bereitete. Auch in Sachsen und Thüringen wurde Politik gegen Berlin betrieben, allerdings von links. Im Oktober 1923 bildeten sich aus den Landtagen heraus SPD/KPD-Regierungen, um eine „großkapitalistische Militärdiktatur" abzuwehren (der Ausnahmezustand im Reich wurde von der Reichswehr überwacht, da die Polizeihoheit bei den Ländern lag). Diese Kabinette waren zwar verfassungsgemäß ins Amt gekommen, aber nach einem Aufruf der KPD-Minister zu einem reichsweiten Aufstand der Arbeiterschaft sah sich Reichskanzler Gustav Stresemann (Deutsche Volkspartei) gezwungen, eine Reichsexekution zunächst gegen Sachsen einzuleiten. Nach der schnellen Absetzung der Landesregierung in Dresden durch die Reichswehr lenkte auch Thüringen ein. Der Herbst 1923 markierte den Gipfel der direkten Konflikte zwischen dem Reich und einzelnen Ländern, deren Regierungen an den Verfassungsfundamenten rüttelten und die Republik damit einer Zerreißprobe aussetzten.

Verfassungspolitik statt Verfassungskonflikt

Schon vor der Zuspitzung der Situation waren die Regierungen von Baden, Württemberg und Hessen in Berlin vorstellig geworden. Sie forderten im Oktober 1923 Stresemann auf, die Reichsregierung möge ihre extrem unitarische Auslegung der Reichsverfassung beenden und mit den Ländern anders umgehen. Stresemann gestand ein, dass das Reich den Bogen überspannt hatte. Man vereinbarte, das Verhältnis von Reich und Ländern neu zu gestalten. Das gab der bayerischen Regierung unter dem Ministerpräsidenten Heinrich Held (BVP) die Möglichkeit, sich in die konstruktive Politik der anderen Südländer einzuklinken. Mit zwei Denkschriften versuchte sie, die Berliner Politik zu einer Verfassungsreform zu bewegen. Die erste Denkschrift vom Januar 1924 stellte fest: „Unter dem Namen Länder sind die Bundesstaaten zu einem Mittelding zwischen Staat und gehobenen Selbstverwaltungskörpern degradiert worden. Den Ländern ist zwar ihr politischer Apparat – Regierung und Landtag – geblieben, aber dieser Apparat kann nicht mehr leisten, was das Staatsvolk von ihm erwartet." Nicht zuletzt eine Reform der Finanzverfassung wurde gefordert: „Die Bundesstaaten müssen wieder in den Stand gesetzt werden, ihren Finanzbedarf und den ihrer Gemeinden durch eigene Steuerquellen und durch Zuschläge zu den Reichssteuern zu decken." Die zweite Denkschrift vom Januar 1926 forderte, „die fortschreitende Aushöhlung der

Eigenstaatlichkeit der Länder" zu beenden. Man zeigte auf, wie durch die Regierungspraxis des Reiches der ohnehin schon unitarische Charakter der Verfassung immer mehr in Richtung Einheitsstaat und Zentralismus getrieben wurde. Diese Denkschrift deutete bereits die Furcht vor einer Präsidialdiktatur im Reich an und weist teils auch schon auf den Föderalismus der späteren Bundesrepublik voraus. Bayern forderte zum Beispiel eine Bundesstaatsgarantie in der Reichsverfassung, um das Fortbestehen der Länder zu sichern (das wurde erst im Artikel 20 des Grundgesetzes 1949 umgesetzt). Auch sollte der Reichsrat bei Verfassungsänderungen mehr zu sagen haben. Ein in der Verfassung abgesicherter und nicht von Berlin willkürlich gehandhabter Finanzausgleich sollte für mehr Ordnung im Reich-Länder-Verhältnis sorgen. Zudem wollte Bayern die Zuständigkeitsverteilung zugunsten der Länder verändern und die in die Bildungs- und Beamtenpolitik der Länder eingreifende Grundsatzgesetzgebung des Reiches abschaffen. Beide Denkschriften hatten keine direkten Konsequenzen. Aber die umfangreicher werdenden Klagen aus den Ländern und eine seit 1924 intensiver geführte Debatte innerhalb der Rechts- und Staatswissenschaften über die Notwendigkeit einer Reichsreform brachte Bewegung in die Politik.

Preußen und das Reich

Nicht zuletzt das im Vergleich zu Bayern nicht minder eigenwillige Preußen stand im Mittelpunkt solcher Reformüberlegungen. Der Historiker Gerhard Schulz ist mit Blick auf Preußens Rolle in der Weimarer Republik zu einem entschiedenen Urteil gekommen: „Preußen, das sich in den ersten Jahren der Republik jeder inneren Veränderung abweisend entgegenstellte, bildete im Grunde das Kernproblem des Verfassungssystems der Republik. Die heimlichen oder auch offenkundigen Bestrebungen von preußischer Seite einerseits, die Hegemonie wiederzuerlangen und das Reich zu beherrschen, von Seiten verschiedener oberster Reichsbehörden anderseits, den preußischen Staat an die Kette des Reiches zu legen, sind nie für längere Zeit unterbrochen worden oder gar abgerissen." Es war ein vielschichtiges Problem. Mit der Entscheidung, Preußen als Ganzes am Leben zu erhalten, war die Republik in ein Dilemma geraten. Preußen stellte drei Fünftel der Reichsbevölkerung und des Reichsgebiets und trug mit seinen Industriegebieten an der Ruhr, in Mitteldeutschland und Schlesien den Großteil zur deutschen Wirtschaftskraft bei. Als ein Land unter Ländern war es daher nicht zu behandeln, der politische Wille Preußens war immer so stark, dass jede Reichsregierung ihn einzukalkulieren hatte. Zumal die Verwaltung, die Finanzen ausgenommen, Ländersache war, und die Länder vor allem die Polizeihoheit hatten. Das bedeutete erhöhten Abstimmungsbedarf zwischen der Reichsregierung und der preußischen Regierung. Die Reichsminister behandelten die preußischen Ressortminister daher oft wie gleichgestellte Kollegen. Es ging darum, das schon früh beklagte „Missverhältnis zwischen Zuständigkeitsfülle und Exekutionsschwäche im Reich" auszugleichen.

Das war schon nicht leicht, wenn auf beiden Seiten der Berliner Wilhelmstraße – hier die Reichsministerien, dort die preußischen Verwaltungen – die gleichen Parteien das Sagen hatten wie vor 1923 und zwischen 1928 und 1930. Zur besseren Koordinierung nahmen in dieser Zeit immer Vertreter der jeweils anderen Seite an den Kabinettssitzungen teil. Als zwischen 1924 und 1928 aber im Reich ein Block der bürgerlichen Parteien von Zentrum bis zur DNVP die Regierung stützte, während in Preußen eine Weimarer Koalition unter SPD-Führung regierte, steigerten sich die Reibereien noch. Aus Sicht der Föderalisten war dies eine ungute Situation: Denn jedes Zugeständnis an die Länder, jede Dezentralisierung bedeutete vor allem eine Verschiebung von Gewichten vom Reich zum Land Preußen. Und das wollte keine Reichsregierung. So stand Preußen im Grunde einer Reform im Sinne eines ausgewogenen Föderalismus im Weg.

Preußen – Kern des erwünschten Einheitsstaates

Dazu kam der Anspruch sowohl der preußischen Regierung als auch der preußischen Parteien, dass das größte Land auch eine besondere Rolle spielen müsse. 1921 meinte Ministerpräsident Otto Braun (SPD), dass sich Preußen und das preußische Volk „ungeachtet der Verfassungsvorschriften" stets die Geltung verschaffen würden, die ihnen durch die Größe und Stellung des Landes gebührten. Schon im Dezember 1919 hatte der preußische Landtag einen Beschluss gefasst, der die Errichtung eines deutschen Einheitsstaates forderte. Preußen war bereit, im Reich aufzugehen, wenn das auch die süddeutschen Staaten taten. Die aber wollten nicht. Der württembergische Ministerpräsident Wilhelm Blos (SPD) nannte den Beschluss „politischen Dilettantismus". Die alte Furcht, hinter dem deutschen Einheitsstaat versteckten sich letztlich doch nur großpreußische Vorstellungen, blieb immer wach. Und sie wurde von Braun und anderen preußischen Politikern genährt. Sie standen im Grunde in der geistigen Nachfolge Bismarcks und der Nationalliberalen, von Preußen her den Einheitsstaat zu schaffen. Im Mai 1927 sagte Braun mit Blick auf das komplexe Verhältnis von Reich und Preußen: „Für Bismarck war es natürlich leicht, die Synthese zwischen dem Reich und Preußen zu finden. Als Kanzler und Ministerpräsident war er ja die personifizierte Synthese." Braun hat in der Rückschau seine Vorstellung zur Reichsreform so zusammengefasst: „Personalunion der leitenden Regierungsstellen im Reich und in Preußen, reichisch-preußische Verwaltungsgemeinschaften auf allen wichtigen Gebieten mit ihrer aufsaugenden Wirkung auf die vornehmlich durch Reichssubsidien selb-

Otto Braun
Preußischer Ministerpräsident
(1920–1932), SPD.
Foto um 1930.

ständig erhaltenen Kleinstaaten und später allmähliche organische Eingliederung der noch abseits gebliebenen Länder in dem so aufgebauten einheitlichen Verwaltungs- und Wirtschaftskörper bis zur zweckmäßig organisch gegliederten Reichseinheit".

Das demokratische Bollwerk

Preußen war vor 1918 das Bollwerk des Obrigkeitsstaates, nun aber war es mit seiner relativ stabilen Weimarer Koalition von SPD, Zentrum und DDP ein Bollwerk der Demokratie. Für die Kräfte der Republik, voran die SPD, war die Herrschaft in Preußen daher immer so wichtig wie die im Reich – wenn nicht wichtiger. Denn auch in der Republik galt die alte kaiserzeitliche Devise: Wer Preußen hat, hat das Reich. Damit aber begann das Problem: Man musste, wenn man Preußen hatte, nicht unbedingt im Reich mit von der Partie sein. Einfluss auf Reichsebene zu haben, ohne direkte Verantwortung auf Reichsebene übernehmen zu müssen – das war verführerisch, aber auch gefährlich. Denn das führte dazu, dass die demokratischen Parteien, allen voran ihre stärkste Kraft, die SPD, sich auf der Reichsebene leichter aus der Verantwortung nehmen konnten, als für die Republik gut war. Schon 1920 stellte der SPD-Politiker Adolf Bartels fest, als sich die Partei nach der Wahlniederlage der Weimarer Koalition zurückzog: „Den Austritt aus der Reichsregierung können wir uns gestatten, weil wir Braun und Severing in Preußen haben." (Carl Severing war langjähriger preußischer Innenminister). Auch 1923 und 1930 erleichterte diese Sicherheit, auf der anderen Seite der Wilhelmstraße weiter an der Macht zu sein, den Gang der SPD in die Opposition. Freilich hatten auch die antirepublikanischen Kräfte Preußen stets im Blick. Der Reichswehrchef Hans von Seeckt etwa betonte, dass es Preußens Aufgabe in Deutschland sei, dem Reich das Rückgrat zu sein. Oder wie er sagte: „der Reichsgewalt die Hausmacht zu geben". Seeckt glaubte aber, dass unter demokratischen Verhältnissen Preußen in dieser Aufgabe gehemmt sei. Er dachte in den obrigkeitsstaatlichen Kategorien der Zeit vor 1918. Auf der Rechten verband man mit dem Staat Preußen immer noch die Sehnsucht nach hegemonialer Ordnung in einem monarchischen Staat. Als die letzte große Koalition im Reich mit SPD, Zentrum, DDP und DVP 1930 zerbrach, wurde der Weg frei für Präsidialregierungen, die sich auf das Notverordnungsregime des Artikels 48 stützten. Auch für diese Regierungen galt, dass das Reich nur hatte, wer auch Preußen besaß. Ihnen kam entgegen, dass Preußen mit der Entscheidung für den hierarchischen und unitarischen Bundesstaat wie alle anderen Länder auch geschwächt worden war – das demokratische Bollwerk konnte durch das Reich demontiert werden.

Die Reichsreform scheitert an den Gegensätzen

Im Januar 1928 führte das Reformverlangen aus den Ländern, das Problem Reich–Preußen und die mittlerweile teils desolate Finanzsituation der norddeutschen Kleinstaaten dazu, dass sich Reich und Länder an einen Tisch setzten. Reichskanzler Wilhelm Marx (Zentrum) gab als Ziel aus, den dezentralisierten Einheitsstaat zu schaffen. Das war auch der Wunsch der SPD. Auch sie peilte im Grunde eine Verfassungsrevision an. Kurt Schumacher, nach 1945 SPD-Chef und damals Abgeordneter im Stuttgarter Landtag, machte das in einer programmatischen Rede schon 1927 deutlich: „Auch Weimar war nichts weiter als eine neue Etappe zum Unitarismus, dessen erste große Etappe das Bismärckische Werk ist. Weimar kam, weil wir auf der ersten Etappe nicht stehen bleiben konnten. Da wir zum Ziele müssen, wollen wir über das Werk von Weimar hinaus!" Um öffentlichen Druck aufzubauen, bildete sich um den früheren Reichskanzler Hans Luther der Reichsbund für die Erneuerung Deutschlands. Er sammelte die einheitsstaatlichen Kräfte. Politiker aller Parteien waren vertreten, darunter der preußische Finanzminister Hermann Höpker-Aschoff (DDP), der später auch das Grundgesetz mitprägte. Aber in den Ländern blieb man skeptisch. Vor allem Bayern vertrat vehement die Sache des Föderalismus. Die Gespräche dauerten über zwei Jahre. Sie brachten Mitte 1930 auch ein Ergebnis. Die „differenzierte Gesamtlösung" sah vor, Bayern, Sachsen, Württemberg und Baden bestehen zu lassen, allerdings sollten ihre Verwaltungen vereinheitlicht werden. Preußen sollte in 13 „Länder neuer Art" geteilt werden, denen wiederum alle anderen norddeutschen Länder angeschlossen werden sollten. Preußens Ministerien wären mit den Reichsressorts verschmolzen worden. Die 13 „Neuländer" wären somit Selbstverwaltungsprovinzen eines auf Norddeutschland begrenzten dezentralisierten Einheitsstaates gewesen, während vier „Länder alten Rechts" föderal angebunden sein sollten. Damit war eine Wegscheide markiert. Der in bayerischen Diensten stehende Hans Nawiasky (der später am Grundgesetz mitarbeitete) kommentierte: „Entweder wird das süddeutsche Regime der Selbstbestimmung auch auf die norddeutschen ‚Länder' übertragen, oder die süddeutschen Länder unterliegen der Allgewalt der Reichszentrale und sinken auf den Stand provinzieller Selbstverwaltungskörper mit einer freundlicheren Schauseite herab." In München traute man der Sache nicht, man spürte, dass diese „differenzierte" Lösung am Ende zum Einheitsstaat führen sollte. Bayern lehnte den Vorschlag ab. Und Preußen am Ende ebenfalls. Die Haltung der Berliner Landesregierung, die eigentlich ja doch den Einheitsstaat immer wollte, hatte sich verfestigt: Jede Möglichkeit, durch eine Auflockerung oder Zergliederung des preußischen Staates zu einer Reform zu kommen, wies man jetzt zurück. Allein Preußens Einheit, so die Devise, konnte als Basis für Deutschlands Einheit dienen. Der Reichstag übernahm den Plan zwar und beschloss im Juni 1930, auf der Grundlage der „differenzierten Gesamtlösung" zu einer Reichsreform zu kommen. Aber angesichts der Wirtschaftskrise, die Ende 1929 eingesetzt hatte, gab es vorerst Wichtigeres zu tun. Der Reichstagsbeschluss zeigte jedoch, dass die Zeichen um 1930 auf einen Einheitsstaat hindeuteten. Die zentralistische Zuspitzung des hierarchischen Weimarer Föderalismus durch die Präsidialregierungen unter Heinrich Brüning und Franz von Papen und die Abschaffung des Bundesstaates durch das Hitler-Regime waren mit der „differenzierten Gesamtlösung" gewissermaßen schon vorgedacht worden.

Präsidialregierungen und Drittes Reich

Heinrich Brüning
*Reichskanzler 1930–32,
Zentrum.
Foto 1930 oder 1931.*

Die Wirtschaftskrise in Deutschland nahm seit Mitte 1930 immer dramatischere Ausmaße an und wuchs sich im Verlauf der nächsten drei Jahre zu einer Staatskrise aus, die das Ende der Republik und ihrer föderalistischen Restbestände brachte. Die Zahl der Arbeitslosen stieg auf über sechs Millionen, die Finanzlage von Reich und Ländern verschlechterte sich noch weiter, die radikalen Kräfte auf der Rechten und der Linken bekamen Auftrieb. Die letzte Regierung mit parlamentarischer Mehrheit unter Reichskanzler Hermann Müller (SPD) platzte Ende März 1930 wegen eines eher marginalen Streits um die Höhe des Arbeitslosenbeitrags, die Sozialdemokraten gingen in die Opposition. Seit dem 30. März regierte Heinrich Brüning (Zentrum) als Kanzler mit einem Minderheitskabinett, das sich allein auf die Regierungs- und Gesetzgebungsgewalt des Reichspräsidenten und des Artikels 48 stützen sollte. Der Föderalismus hatte zu jener Zeit nicht mehr viele Verteidiger. Auf allen Seiten drängte man hin zu mehr Einheit und Machtballung. „Ein Meinungsklima breitete sich aus, in dem Autorität, Führerschaft, klare Verhältnisse, entschiedenes Durchgreifen die populären Forderungen waren." (Hagen Schulze) Brüning, ein eher technokratischer Politiker vom rechten Zentrumsflügel, sah im Föderalismus nur einen „wirklichkeitsfremden historischen Romantizismus". Er war ins Amt gekommen, weil das konservative Umfeld des Reichspräsidenten Paul von Hindenburg ein Präsidialsystem ansteuerte, das unabhängig sein sollte von den Mehrheitsverhältnissen im Reichstag. Diese Pläne kamen Brünings kurzfristigen Zielen entgegen, denn er wollte durch ein hartes Sparprogramm die Finanzlage des Reiches in den Griff bekommen und die Wirtschaft ankurbeln. Dafür brauchte er die „Diktaturgewalt" des Artikels 48 und das Recht des Präsidenten zur Reichstagsauflösung. Die erste Notverordnung unter Brüning wurde im Reichstag abgelehnt, worauf Hindenburg das Parlament auflöste – mit fatalen Folgen, denn die Wahlen vom 14. September 1930 machten die NSDAP zur starken Kraft, ihre Fraktion wuchs von 12 auf 107 Sitze. Die demokratischen Parteien waren gezwungen, Brünings und Hindenburgs Regime zu tolerieren.

„Länder an die Kandare"

Brüning – „der erste Kanzler im Prozess der Auflösung der deutschen Demokratie" (Karl-Dietrich Bracher) – nutzte die schlimmer werdende Finanzlage der Länder, um deren verbliebene Eigenständigkeit weiter einzuschränken. Sie sollten finanziell vom Reich noch abhängiger sein. „So konnten die Länder, wenn sie aufsässig wurden, dauernd an die Kandare genommen werden", schrieb Brüning in seinen Memoiren. Er dehnte das Notverordnungsregime daher auf die Finanzgesetzgebung aus, was verfassungsrechtlich umstritten war. Damit hebelte er das Budgetrecht der Landtage aus, also das erste Grundrecht eines jeden Parlaments, und übertrug es auf die Landesregierungen. Diese wiederum zwang Brüning zu einem eisernen Sparkurs, wobei ihm entgegenkam, dass mehrere Landeskabinette nur noch kommissarisch im Amt waren. Denn wegen der Erfolge von NSDAP und KPD waren nun auch einige Landtage nicht mehr mehrheitsfähig. Das starke Preußen geriet in eine Haushaltsnotlage, konnte Ende 1931 seine Beamten ohne Reichshilfe nicht mehr zahlen und musste etwa die Stützungshilfen für das agrarische Ostpreußen dem Reich überlassen. Brüning verband mit dieser Politik die Absicht, die bislang fehlgeschlagene Reichsreform doch noch umzusetzen und die Regierungen von Reich und Preußen zu vereinigen. Anfang 1932 erhielt Preußen einen Reichskredit nur, weil es sich verpflichtete, in Verhandlungen mit dem Reich über eine solche Reform einzutreten. Zwar bewegten sich seine Vorstellungen noch nicht gänzlich in den autoritären Kategorien seiner Nachfolger, aber sie wiesen bereits in diese Richtung. Das Urteil, dass Brüning „jedenfalls auf staatsfinanziellem Gebiet die nationalsozialistische Gleichschaltung vorwegnahm" (Peter-Christian Witt), ist daher berechtigt.

Das demokratische Bollwerk wankt

Brüning musste allerdings am 30. Mai 1932 zurücktreten, da er nicht mehr die Unterstützung Hindenburgs und der im Hintergrund wirkenden konservativen Kreise hatte, in denen der umtriebige Reichswehrgeneral Kurt von Schleicher die zentrale Rolle spielte. Kurz zuvor hatte die Weimarer Koalition am 24. April 1932 bei den Landtagswahlen in Preußen die Mehrheit verloren, ein entscheidendes Datum. NSDAP (jetzt mit Abstand stärkste Kraft in Preußen) und KPD konnten dank ihrer Zugewinne die Mehrheitsbildung der anderen Parteien verhindern. Das demokratische Bollwerk Preußen war – durch eine Wahlentscheidung – gefallen. Jetzt konnte es geschleift werden. Als Nachfolger Brünings berief Hindenburg den westfälischen Adeligen Franz von Papen, der ein „Kabinett der Barone" bildete, das praktisch keinen Rückhalt in den Fraktionen des Reichstages hatte. Papen, Schleicher und der DNVP-Vorsitzende Alfred Hugenberg arbeiteten auf eine autoritäre „Regierung der nationalen Konzentration" hin, die sich der NSDAP als Massenbasis bedienen wollte. Da Papens Kabinett von Beginn an Gefahr lief, durch ein Misstrauensvotum des Reichstages gestürzt zu werden, ließ der neue Kanzler den

Reichstag durch Hindenburg auflösen, weil er nicht mehr „dem politischen Willen des deutschen Volkes" entspreche. Begründet wurde dies mit den Landtagswahlen in Preußen und mehreren Ländern, bei denen allesamt die Nationalsozialisten die größten Gewinne verbucht hatten.

Der „Preußenschlag" am 20. Juli 1932

Die autoritären Kräfte wollten das Reich haben, daher brauchten sie Preußen. Am 20. Juli 1932 schritten sie zur Tat. Die geschäftsführende preußische Regierung um Otto Braun wurde durch eine Notverordnung des Amtes enthoben und Papen als Reichskommissar für Preußen eingesetzt. Als unmittelbarer Anlass diente eine der mittlerweile häufigen Straßenschlachten zwischen Nazis und Kommunisten, der Altonaer Blutsonntag am 17. Juli – man warf der preußischen Regierung vor, nicht gegen kommunistische Unruhen vorgegangen zu sein (von den nationalsozialistischen war nicht die Rede) und damit die Sicherheit

Landtagssitzung im Preußischen Landtag 1932,
auf der die durch den ‚Papen-Schlag' entmachtete preußische Landesregierung Protest gegen die Einsetzung eines Reichskommissars einlegte. Foto 24. November 1932.

des Reiches zu gefährden. Außerdem dienten angebliche Kontakte der Regierung mit KPD-Politikern als Grund. Mit diesem staatsstreichartigen Vorgehen, das als „Preußenschlag" in die Geschichte einging, hatte die Reichsregierung die preußische Verwaltung und vor allem die preußische Polizei in ihrer Hand. Formal wurde das Vorgehen, das durch die Reichswehr unterstützt wurde, als Reichsexekution ausgegeben, um die öffentliche Sicherheit und Ordnung wiederherzustellen. Die hatte die Regierung Papen freilich kurz vorher selbst untergraben, als man – gegen die Bedenken der meisten Länder – das Verbot von SA und SS (der halbmilitärischen NS-Organisationen) aufhob und damit die Bürgerkriegssituation in den Städten noch schürte.

Die Länder wehren sich

Die zwangsweise des Amtes enthobene Regierung Braun legte umgehend Beschwerde beim Staatsgerichtshof ein, unterstützt von Bayern und Baden. Der württembergische Regierungschef Eugen Bolz (Zentrum) und Hessens Ministerpräsident Bernhard Adelung (SPD) verwahrten sich in Schreiben an Hindenburg gegen das Vorgehen des Reiches und zweifelten die Verfassungsmäßigkeit der Reichsexekution an. Am 23. Juli protestierte eine Mehrheit der Länderregierungschefs bei einem Treffen mit Papen gegen die Reichsexekution. Man befürchtete vor allem in den Südstaaten, dass sich dies in anderen Ländern wiederholen könnte. Immerhin regierten in Baden, Hessen und Hamburg noch SPD-geführte Regierungen, in Bayern und Württemberg Mitte-rechts-Kabinette, die republiktreu waren. Dagegen war in Thüringen, Braunschweig, Anhalt, Mecklenburg-Schwerin und Oldenburg die NSDAP allein oder in Rechtskoalitionen bereits an der Macht. Die Vertreter der Südländer warnten die Reichsregierung vor einer Reichsreform, die auf Abschaffung des Föderalismus ziele. Bayerns Ministerpräsident Held warf Papen vor, zu einem „generellen Angriff auf die Rechtsgrundlagen der Länder übergegangen zu sein". Bolz warnte die Reichsregierung eindringlich vor einer Zentralisierung, bei der die Länder nichts mehr zu sagen hätten. „Wenn der Wind einmal von einer anderen Seite wehen werde, dann werde die Reichsregierung erst sehen, wie sie fehlgegangen sei", wurde Bolz im Protokoll der Besprechung zitiert. Der deutschnationale Reichsinnenminister Wilhelm von Gayl entgegnete, über eine Zusammenlegung der Exekutiven des Reiches und Preußens hinaus werde nichts geschehen. Eine billige Zusage: Mehr war vorerst auch nicht mehr nötig, um die Republik zu unterminieren und eine neue Ordnung zu schaffen. Papens und Gayls Bekenntnis zum Föderalismus wurde in den Ländern denn auch als schale Verlautbarung empfunden. Der „Neue Staat" auf „präsidial-autoritativer Grundlage", den die autoritäre Reichsregierung anstrebte, sah Gewaltenteilung nicht vor und damit auch keine föderale Staatsordnung.

Fatale Passivität

Der „Preußenschlag" wurde von der SPD und auch den Gewerkschaften passiv hingenommen. Man glaubte nicht, dass angesichts von mittlerweile sechs Millionen Arbeitslosen ein Generalstreik gegen das Vorgehen Wirkung haben würde. Und man fürchtete, durch Widerstandsaktionen die bürgerkriegsähnlichen Unruhen nur zu verschlimmern. Stattdessen ging man den Weg über die Klage beim Staatsgerichtshof in Leipzig. Die Passivität hatte freilich auch einen verfassungspolitischen Grund. Große Teile auch des demokratischen Lagers hatten das Ergebnis des „Preußenschlags", die enge Verknüpfung von Reich und Preußen als weiteren Schritt zum Einheitsstaat, ja immer gewünscht. In einem Brief an seinen Vertrauten Arnold Brecht schrieb Otto Braun Ende August 1932, er habe „innere Hemmungen", sich im Rechtsstreit gegen das Reich einzusetzen, weil „der Zustand, wie er jetzt geschaffen ist, meiner Grundidee entspricht, freilich nicht in der Art des Zustandekommens und noch weniger in dem geschaffenen Zerrbild, meine Billigung findet". Und der spätere Mitverfasser des Grundgesetzes, der Liberale Hermann Höpker-Aschoff, meinte: „Einerlei, ob parteipolitische Beweggründe am 20. Juli eine Rolle gespielt haben, die Zusammenfassung der Regierungsgewalt des Reiches und Preußens ist eine von der Parteipolitik unabhängige Notwendigkeit." Die Neigung zum Einheitsstaat schwächte den Widerstand gegen jene Kreise, die mit dem Bundesstaat auch die Demokratie und den Rechtsstaat abschaffen wollten.

„Proklamation des Machtstaates"

Das Urteil des Staatsgerichtshofs vom 25. Oktober 1932 entschied nichts, die Richter entzogen sich einer eindeutigen Klärung. Man teilte die preußische Staatsgewalt: Das Kabinett Braun blieb formal im Amt und durfte Preußen auch im Reichsrat vertreten, aber hatte praktisch nichts mehr zu sagen, da auch der Reichskommissar (das war nun der frühere Essener Oberbürgermeister Franz Bracht) bleiben durfte. Bracht beeilte sich, wichtige Beamten- und Polizeiführerstellen in Preußen mit antirepublikanischen Leuten zu besetzen. Allerdings verhinderte das Urteil auch, dass Papen bei seiner Reichsreform weiter voranschreiten und die geplante Fusion der Exekutiven auf den Weg bringen konnte. Der badische Reichsratsgesandte Hermann Fecht berichtete aus Leipzig nach Karlsruhe, dass angesichts der Äußerungen der Berliner Vertreter die Länderregierungen jeden Grund hätten, „der Reichsregierung und ihren Plänen zur Verfassungsreform mit äußerstem Misstrauen gegenüberzustehen. Was hier vorgetragen wurde, hatte mit Föderalismus kaum mehr etwas zu tun." Vor allem die Ausführungen des Prozessvertreters der Reichsregierung, des Juristen Carl Schmitt, seien „nichts anderes als die Proklamation des Machtstaates" gewesen, „der den Ländern nur dann ‚Freiheit' lässt, wenn sie sich jeder eigenen Willensmeinung begeben". Mit der Reichsexekution vom 20. Juli und dem Urteil des Staatsgerichtshofs war die Geschichte Preußens als eigenständiger

Staat zu Ende, eingeleitet ausgerechnet von Konservativen, die an Preußen hingen und zurückwollten zu jener autoritären Militärmonarchie, die sich einst Deutschland untergeordnet hatte.

Hitler kommt ins Kanzleramt

Papens Präsidialregime kam derweil zu einem schnellen Ende. Nachdem die Wahl am 31. Juli 1932 sowohl NSDAP als auch KPD nochmals gestärkt hatte, lehnte der Reichstag Papens erste Notverordnung im September ab, worauf Hindenburg die Abgeordneten erneut nach Hause schickte und Neuwahlen ansetzte. Am 6. November verloren die Nationalsozialisten zwar leicht, aber die antirepublikanischen Parteien hatten weiter eine Verhinderungsmehrheit, der Reichstag war nicht arbeitsfähig. Papens Kabinett trat zurück, Schleicher folgte im Kanzleramt nach, musste aber nach einigen Wochen ebenfalls demissionieren, weil Hindenburg ihm das Vertrauen entzog. Im Hintergrund hatten Papen und Hugenberg den Reichspräsidenten davon überzeugt, Adolf Hitler nun doch zum Kanzler zu ernennen. Am 30. Januar 1933 war der Führer der Nationalsozialisten am Ziel. Er setzte eine weitere Auflösung des Reichstages durch, was ihm für einige Wochen Luft verschaffte, um seine Diktatur durch Terror und Verfolgung politischer Gegner vorbereiten zu können. Da die Verwaltung und Polizei Preußens in die Hände des Reiches geraten waren, hatten die Nationalsozialisten von Beginn an das wichtigste Mittel zu ihrer Machtkonsolidierung in der Hand. Reichskommissar für Preußen wurde Hermann Göring, der auch das preußische Innenministerium übernahm und dort zügig NS-Leute an die Schaltstellen setzte (wenn sie nicht schon da saßen). Die Durchsetzung des NS-Regimes konnte damit vor allem von Preußen her erfolgen. In den anderen Ländern sollten nach dem Vorbild des Preußenschlags weitere Reichsexekutionen folgen, um das NS-Regime zu etablieren. Den Reichstagsbrand am 27. Februar 1933 nutzte Hitler, um durch eine Notverordnung „Zum Schutze von Volk und Staat" den Ausnahmezustand herzustellen. Der Terror gegen andere Parteien, vor allem die Kommunisten und Sozialdemokraten, wurde verschärft. Die nicht mehr regulären Wahlen vom 5. März brachten Hitlers Partei zwar keine eigene Mehrheit, aber mit den Stimmen seines bisherigen Partners DNVP hätte er nun parlamentarisch regieren können. Was Hitler freilich nie wollte: Ihm ging es darum, Demokratie und Parlamentarismus in Deutschland abzuschaffen. Und natürlich den Bundesstaat.

„Historische Bausteine"

Vor seinem Antrittsbesuch im Reichsrat am 2. Februar schien Hitler noch Kreide geschluckt zu haben. „Wir wollen nicht in den Fehler verfallen, zu reglementieren und zu zentralisieren, was man nur reglementieren und zentralisieren kann, sondern wir wollen uns immer vor Augen führen, dass einheitlich das gemacht werden muss, was unbedingt erforderlich ist", sagte er und warb um „Mithilfe der Länder,

die er „die historischen Bausteine der deutschen Nation des Deutschen Reiches"
nannte. Deren Lebensfähigkeit solle erhalten bleiben, versprach er. Die Versammelten (der Reichsratssaal war erstmals in seiner Geschichte überfüllt) dürfte das wenig
beeindruckt haben. Hitlers Abneigung gegen den Föderalismus war bekannt. Auch
er sah die Länder vornehmlich als Relikte dynastischer Vergangenheit. Hitler und die
NSDAP propagierten die Volksgemeinschaft, die ihren Ausdruck in einem zentralisierten Einheitsstaat finden müsse. Für Hitler hatten die Länder keine eigenstaatliche
Berechtigung mehr, als Kulturregionen aber konnte er sie sich weiterhin vorstellen.
Der Nationalsozialismus habe das Recht, formulierte er in „Mein Kampf", „der gesamten deutschen Nation ohne Rücksicht auf bisherige bundesstaatliche Grenzen
seine Prinzipien aufzuzwingen". Die NS-Lehre diene nicht den „politischen Interessen
einzelner Bundesstaaten, sondern soll dereinst Herrin der deutschen Nation werden."
Gleich am 5. März begannen die Nationalsozialisten, die Länder aufzurollen. Durch
Demonstrationen und provozierte Gewaltaktionen schufen sie einen Vorwand, um
die noch nicht von der NSDAP gestellten Landesregierungen abzusetzen und nationalsozialistische Reichskommissare zu benennen. Nacheinander kamen Hessen,
Bayern, Sachsen, Württemberg, Schaumburg-Lippe, Baden und die drei Hansestädte
unter NS-Kontrolle. Mit dem Ermächtigungsgesetz vom 24. März verschaffte sich
Hitler das alleinige Gesetzgebungsrecht für die Reichsregierung, die dabei nicht
mehr an die Weimarer Verfassung gebunden sein sollte. Hitler sagte in seiner Rede
zu dem Gesetz, es gebe keine Absicht, die Länder abzuschaffen.

Hitler spricht vor dem Reichsrat
Er erklärt, dass er keine Zentralisierung um jeden Preis anstrebe.
Foto Zeitschrift „Die Woche" 1933.

Die Gleichschaltung beginnt

Eine Woche später schon war diese Aussage Schall und Rauch. Denn die „Monopolisierung der Macht wäre mit dem im Ermächtigungsgesetz vorgesehenen Fortleben der Länder nicht möglich gewesen" (Dietmar Willoweit). Mit dem ersten „Gesetz zur Gleichschaltung der Länder mit dem Reich" wurde am 31. März dekretiert, dass sich alle Landtage und auch Kommunalparlamente so zusammensetzen müssten wie der Reichstag, also mit einer Mehrheit von NSDAP und DNVP. Mit der Auflösung oder dem Verbot aller Parteien bis auf die nunmehrige Staatspartei NSDAP im Sommer 1933 waren sämtliche Parlamente in Deutschland bald darauf Einparteienkammern. Mit dem zweiten Gleichschaltungsgesetz vom 7. April wurden sogenannte Reichsstatthalter eingesetzt, die in den Ländern dafür zu sorgen hatten, dass Hitlers Direktiven umgesetzt wurden. Die Reichsstatthalter sollten die Regierungschefs ernennen und durften auch direkt in die Verwaltung eingreifen. Mit der Aufgabe betraute Hitler vor allem seine NS-Gauleiter. Somit wurde neben der weiter bestehenden Verwaltungsstruktur eine Parteikommandoebene aufgebaut, der Beginn der Parallelherrschaft von Staatsbürokratie und NS-Parteiherrschaft, die typisch war für das Dritte Reich. Die Reichsstatthalterschaft in Preußen übernahm Hitler selbst, delegierte sie aber an den preußischen Ministerpräsidenten und Innenminister Hermann Göring, der zudem noch Reichstagspräsident war. Göring hatte jedoch bald darauf schon keine vollständige Landesregierung mehr, denn die preußische wurde mit der Reichsregierung zusammengelegt – ein Anliegen der einheitsstaatlichen Reichsreformer war damit erfüllt, der Hintergrund war wohl, den eigenwilligen Göring zu entmachten. Das hinderte diesen freilich nicht daran, regelmäßig seine preußischen Ämter zu nutzen, um seinen Machtanspruch als zweiter Mann hinter Hitler zu dokumentieren. Noch längere Zeit sprach er immer wieder über die nötige „Reichserneuerung von Preußen her".

Chaotische Debatten – und kein Neuaufbau

Wie sein „Drittes Reich" konkret aussehen sollte, davon hatte Hitler keine allzu konkreten Vorstellungen. Die nach der Machtübernahme aufbrechende Debatte innerhalb der NS-Führung über die künftige Gestalt des Reiches nahm so chaotische Formen an, dass jede weitere Diskussion über die „Reichsreform" im November 1933 vorläufig untersagt wurde. Am 30. Januar legte Reichsinnenminister Walter Frick zum ersten Jahrestag der Kanzlerschaft Hitlers das „Gesetz über den Neuaufbau des Reiches vor". Es stellte fest, dass das deutsche Volk zu einer „unlöslichen Einheit verschmolzen" sei und bestätigte nochmals, was schon Tatsache war: die Aufhebung der Landtage, den Übergang der Hoheitsrechte der Länder auf das Reich und die Unterordnung der Landesregierungen. Von Neuaufbau war dagegen nicht die Rede. Frick erläuterte in der letzten Sitzung des Reichsrates (er wurde am 14. Februar 1934 aufgelöst) den versammelten Gesandten: Die Bedeutung des Gesetzes liege darin, dass das Ermächtigungsgesetz erweitert werde, „ohne dass allerdings sachlich etwas über den Neuaufbau des Reichs schon gesagt wird". Frick betonte nur, damit sei ein Schlussstrich gezogen „unter die Entwicklung von tausend Jahren" – gemeint war die Eigenstaatlichkeit der Länder. Nun komme der „Führerstaat" mit der „geballten Kraft des deutschen Volkes in der einen Hand". Einige Tage später verkündete der Reichsinnenminister, die „historische Aufgabe unserer Zeit" sei die „Schaffung des kraftvollen nationalen Einheitsstaats an Stelle des bisherigen Bundesstaats". Aber wer nun geglaubt hatte, das Reich werde einer straffen zentralistischen Neuorganisation und Neugliederung unterworfen, der irrte. Man ließ nämlich die Länder in ihren alten Grenzen bestehen, jetzt eben als reine Verwaltungseinheiten, und delegierte die eben erst auf das Reich verlagerten Hoheitsrechte am 2. Februar per Verordnung wieder an die Länder zurück. Sieht man von der Zusammenlegung der beiden Mecklenburg 1937 und der Schaffung von Groß-Hamburg 1938 ab (und vom Anschluss Österreichs 1938), blieb die Weimarer Länderstruktur als Grundlage der Reichsverwaltung im Wesentlichen bis 1945

bestehen. Seit 1935 war jedes Debattieren über eine Reichsreform endgültig verboten. Hitler scheute davor zurück, sein Drittes Reich entsprechend der NSDAP-Parteigaue zu gliedern. Er fürchtete wohl, damit die Gauleiter noch zusätzlich zu stärken. Und er hatte möglicherweise Angst, durch die Auslösung der Länder das traditionelle Landesbewusstsein gegen die NS-Herrschaft aufzubringen. Die Länderstruktur war nur lose verknüpft mit der oft undurchsichtigen, stark auf persönlichen Verbindungen beruhenden NS-Parteiherrschaft. Allerdings wurde die staatliche Verwaltung straff auf Berlin ausgerichtet. In der NS-Hierarchie herrschte dagegen wenig Ordnung. Mal waren die Gauleiter in den Ländern nur Reichsstatthalter, mal auch Leiter der Verwaltung in Personalunion. In Thüringen war Reichsstatthalter Fritz Sauckel gleichzeitig auch Innenminister und damit dem Ministerpräsidenten Willy Marschler sowohl übergeordnet als auch unterstellt. Diesen Wirrwarr nutzte Heinrich Himmler, um in den meisten Ländern den Posten eines „politischen Polizeikommandeurs" für sich zu ergattern und so am Ende die Position des Chefs der Deutschen Polizei, wobei er als „Reichsführer SS" bereits die militärischen Verbände und die Geheimpolizei der NS-Bewegung führte. Unter Himmler war die Polizei erstmals auf Reichsebene organisiert. Erstmals wurde im Dritten Reich auch die Schul- und Kulturpolitik zur gesamtstaatlichen Aufgabe erklärt und ein Reichserziehungsministerium geschaffen. Da Hitler und die NS-Größen der Staatsverwaltung misstrauten, schufen sie immer wieder neue Zentralinstanzen. So wurde ein „Generalbevollmächtigter für die Wirtschaft" eingesetzt, das „Reichsministerium für Bewaffnung und Munition" geschaffen oder ein „Beauftragter für den totalen Kriegseinsatz" ernannt, eine Aufgabe für Joseph Goebbels. Die Parallelherrschaft von Staats- und Parteiinstanzen nahm so im Krieg noch zu und damit auch das Durcheinander. Eine klare Herrschaftsordnung hat es im Dritten Reich nie gegeben.

Nachkriegszeit und Gründung der Bundesrepublik 1945 bis 1949

Am 8. Mai 1945 endete der Zweite Weltkrieg, den das Dritte Reich begonnen hatte. Der von den Nationalsozialisten propagierte totale Krieg hatte in die totale Niederlage geführt. Die Wehrmacht kapitulierte bedingungslos, Deutschland wurde von den Kriegssiegern besetzt. Bis 1949 sollte es unter ihrer direkten Herrschaft sein, und als sie endete, gab es zwei deutsche Staaten, Ergebnis des Kalten Krieges zwischen dem liberaldemokratischen Westen und dem kommunistischen Osten. Die Vorstellungen der Alliierten, welche Form Deutschland künftig haben sollte, liefen während des Krieges vor allem auf eine Zerstückelung hinaus. Da gab es Pläne in Washington und Moskau, drei bis fünf deutsche Staaten zu bilden. Der britische Premier Winston Churchill dachte an eine Donauföderation der süddeutschen Länder mit Österreich und einen norddeutschen Staat, ein Zurück zur Situation vor 1871. Charles de Gaulle in Paris wollte einen neuen Deutschen Bund, eine lockere Föderation, die dem Sicherheitsinteresse Frankreichs entgegenkam. Von einem deutschen Nationalstaat mit starker Zentralregierung wollte während des Krieges niemand etwas wissen, auch die Verfassungsentwürfe deutscher Exilpolitiker liefen meist auf mehr Föderalismus hinaus. Auf der Konferenz im Potsdamer Schloss Cecilienhof vom 17. Juli bis 2. August 1945 einigten sich die drei Siegermächte USA, UdSSR und Großbritannien darauf, in Deutschland gemeinsam die oberste Gewalt auszuüben. Von Zerstückelung war nicht mehr die Rede. Man vereinbarte, Deutschland als wirtschaftliche Einheit zu behandeln. Allerdings war es ein verkleinertes Land: Die östlich der Oder und der Görlitzer Neiße gelegenen Teile des besiegten Reiches (allesamt ehemals preußisches Staatsgebiet) wurden abgetrennt und Polen und der Sowjetunion zugeschlagen. Im Kommuniqué der Potsdamer Konferenz klang die Rückkehr zu einem föderalen Staatsaufbau bereits an: „Die Verwaltung Deutschlands muss in Richtung auf eine Dezentralisation der politischen Struktur … durchgeführt werden." Schon zuvor war das besiegte Reich in Besatzungszonen aufgeteilt worden. Die Sowjetunion übernahm in Ostdeutschland das Kommando, die Briten hatten Nordwestdeutschland unter ihrer Kontrolle, die Amerikaner die Mitte und den Südosten, Frankreich bekam Gebiete im Süden und in der Pfalz, die an dessen eigenes Staatsgebiet grenzten. Das Saarland wurde als autonomes Gebiet zunächst an Frankreich angeschlossen, erst 1957 wurde es ein Land der Bundesrepublik. Die Hauptstadt Berlin wurde von allen vier Siegermächten regiert. Zur Koordinierung der Zonenverwaltung richteten sie den Alliierten Kontrollrat ein, der seine Aufgabe aber nur ansatzweise erfüllte – schon früh zeigten sich Differenzen zwischen den Besatzungsmächten in der Frage, wie man mit Deutschland verfahren sollte. Die Absicht, Deutschland wirtschaftlich als Einheit zu betrachten, wurde bald wieder aufgegeben. Zu einer Zentralverwaltung über den Zonen kam es nicht.

Länder entstehen

Der Neuanfang gestaltete sich daher betont dezentral. In den Besatzungszonen entstanden alte und neue Länder, von denen her Deutschland neu aufgebaut werden sollte und in denen die Deutschen wieder politische Verantwortung bekamen. Den Anfang machten die Amerikaner schon Ende Mai 1945, als sie in Bayern den früheren BVP-Politiker Fritz Schäffer zum Ministerpräsidenten ernannten. Im Sommer genehmigte die Sowjetische Militäradministration in Deutschland (SMAD) die Gründung von fünf Länderverwaltungen in Sachsen, Thüringen, Mecklenburg und den vormaligen preußischen Provinzen Brandenburg und Sachsen (der Anhalt angeschlossen wurde). In der amerikanischen Zone wurden bald darauf die Länder Württemberg-Baden und Hessen gebildet. Die Franzosen schufen die Länder Baden (der Südteil des alten Landes), Württemberg-Hohenzollern und Rheinland-Pfalz, die Briten Niedersachsen, Nordrhein-Westfalen und Schleswig-Holstein. In den Hansestädten Hamburg und Bremen amtierten schon seit dem Sommer 1945 neue demokratische Bürgermeister. In allen Ländern wurden Ministerpräsidenten eingesetzt. Diese Männer der ersten Stunde hatten zwar vor allem alliierte Direktiven umzusetzen, sie konnten nicht souverän entscheiden. Doch achteten vor allem Amerikaner und Briten darauf, dass sie nicht als Marionetten der Besatzer erschienen. Nach den ersten Landtagswahlen im Dezember 1946 waren die Länderregierungschefs demokratisch und parlamentarisch legitimiert. Zu dieser Riege gehörten einige, die später auch in der Bundesrepublik eine wichtige Rolle spielten: Reinhold Maier (FDP) etwa, der erste Ministerpräsident von Baden-Württemberg, Carlo Schmid von der SPD, dessen Karriere in Württemberg-Hohenzollern begann, Wilhelm Hoegner (SPD) und Hans Ehard (CSU) in Bayern. Wilhelm Kaisen (SPD) in Bremen, Max Brauer (SPD) in Hamburg, Hinrich Wilhelm Kopf (SPD) in Niedersachsen und Peter Altmeier (CDU) in Rheinland-Pfalz blieben sogar bis in die Sechzigerjahre in ihren Ländern an führender Stelle.

Neu, aber nicht künstlich

Mit der Ländergliederung von 1945/46 hatte wieder einmal eine Flurbereinigung stattgefunden. Dass die Länder aber völlige Neuschöpfungen ohne historische Bezüge waren, künstliche Gebilde, von den Kriegssiegern willkürlich geschaffen, ist nicht richtig – auch wenn der spätere Bundespräsident Theodor Heuss (FDP) den Zuschnitt als „weniger originär als originell" bezeichnete. Dass neue Grenzen gezogen wurden, dass jetzt die norddeutschen Kleinstaaten und die vielen noch bestehenden Exklaven und Enklaven verschwanden, dass die preußischen Provinzen zu Ländern wurden, war nichts anderes als der späte Vollzug der in der Weimarer Republik gescheiterten Neugliederung. Allenfalls im Südwesten lagen die Grenzziehungen quer zu alten Staatsgebilden. Freilich war früh klar, dass die Lösung „aus zwei mach drei" im Falle Badens und Württembergs allenfalls ein Provisorium für die Zeit der Besatzung sein würde. Die Frage lautete nur, ob wieder die alten

Länder Baden und Württemberg (mit Hohenzollern) entstehen würden oder ob sich die „Großschwaben-Idee" aus der Weimarer Republik, also das Land Baden-Württemberg, realisieren ließe. Um eine Südweststaatsgründung zu erleichtern, wurde im Grundgesetz später ein eigener Artikel geschaffen. Eine Neukreation war Rheinland-Pfalz, gebildet aus dem Südteil der preußischen Rheinprovinz, der vormals bayerischen Pfalz und Teilen von Hessen-Nassau. Aber die Pfalz als Kerngebiet hatte immer eine gewisse Eigenständigkeit besessen und war seit dem frühen 19. Jahrhundert als linksrheinischer Teil Bayerns ein Eigengewächs geblieben. Ansonsten aber wurde wenig wirklich Neues geschaffen. Bayern blieb Bayern. Sachsen wurde etwas erweitert um einen Zipfel Niederschlesiens, der westlich der Neiße lag. Thüringen wuchs um einige ehemals preußische Gebiete, womit nun endlich eine geschlossene Landesfläche entstand. Der preußischen Provinz Sachsen wurde das Land Anhalt angegliedert, das ohnehin von dieser Provinz umschlossen war, und ein kleines braunschweigisches Gebiet. Die Provinz Brandenburg verlor ihr Territorium östlich der Oder. Der westlich der Oder gelegene Teil der Provinz Pommern kam weitgehend zu Mecklenburg, das nun Mecklenburg-Vorpommern hieß. Schleswig-Holstein wurde wieder zu einem eigenständigen Land, ebenso das frühere Hannover (ebenfalls 1866 von Preußen annektiert), das um Oldenburg, den größten Teil Braunschweigs und Schaumburg-Lippe zum Land Niedersachsen erweitert wurde (der Name war nichts Neues, er kam schon im alten Reichskreis vor). Hessen war das Ergebnis der Umsetzung der „Großhessen-Pläne" der Weimarer Republik, man verband das selbstständige Land mit der preußischen Provinz – hier kam zusammen, was schon länger zusammenkommen wollte. Nordrhein-Westfalen wiederum war das Ergebnis der Verknüpfung der preußischen Provinz Westfalen (samt dem Kleinstaat Lippe) und des Nordteils der Rheinprovinz. Beide Regionen, katholisch geprägt, hatten innerhalb Preußens immer ein Eigenbewusstsein gepflegt, Oppositionsgeist gegen Berlin gezeigt und – vor allem im Rheinland – von der Eigenständigkeit geträumt. Nun war sie da.

Ein später Sieg des Dritten Deutschlands

Die Alliierten gaben bereits 1948 den Ministerpräsidenten den Auftrag, eine andere Lösung vorzuschlagen, falls diese Ländergliederung nicht die Erwartungen der Deutschen erfüllte. Aber die Länderchefs kamen dem Wunsch nicht nach. Im Grundgesetz wurde dann der Artikel 29 eingefügt, nach dem das Bundesgebiet neu zu gliedern war. Er hatte keinerlei Auswirkung. In den Siebzigerjahren wurde er abgeschwächt, auch nach 1990 blieb er folgenlos. Die Ländergliederung von 1945/46 war (bis auf den Südwesten) eben nicht so künstlich, dass die Bevölkerung den dringenden Wunsch gehabt hätte, sie zu ändern. Mit der Auflösung Preußens durch das Kontrollratsgesetz Nr. 46 wurde am 25. Februar 1947 schließlich vollzogen, was bereits 1848 die demokratische Linke gefordert hatte, was Hugo Preuß und die süddeutschen Staaten mit je eigener Zielsetzung am liebsten schon

1919 umgesetzt hätten und was auch in der Reichsreform Ende der Zwanzigerjah-re im Gespräch war. Seit 1947 hat es keinen ernsthaften Versuch mehr gegeben, Preußen wiederzubeleben. Mit der Gliederung nach dem Krieg war insgesamt eine erfolgreiche Länderstruktur geschaffen worden. Es gab keine Hegemonialmacht innerhalb Deutschlands mehr, und die Größenunterschiede zwischen den größeren und den kleineren Ländern waren geringer als die unter den nordamerikanischen Bundesstaaten. In gewissem Sinne war der Zuschnitt von 1945/46 ein später Sieg des Dritten Deutschlands, denn als ein Bund von Mittelstaaten (mit den Einspreng-seln der Stadtstaaten) stand die alte Bundesrepublik und steht das wiedervereinigte Deutschland seit 1990 in dessen Tradition. Dieser Bund ist weitaus homogener als all die bundesstaatlichen Vorläufer seit dem Mittelalter. Von seiner Territorialstruktur her ist Deutschland seither gut aufgestellt.

Die Parteien und der Föderalismus

Eine Art Flurbereinigung gab es auch im Parteiensystem. Es war nicht so zer-splittert wie am Ende der Weimarer Republik. SPD und KPD hatten sich im Exil erhalten und formierten sich wieder. Als liberale Sammlungspartei entstand die FDP (in der Sowjetzone nannte sie sich LDP). Mit der CDU entstand eine Volks-partei auf christlicher Grundlage, in der sich große Teile des Zentrums, Politiker aus den eher protestantisch geprägten Weimarer Kleinparteien und dem konserva-tiven Lager zusammenfanden. Bayern blieb dabei außen vor: Dort entstanden die katholische Bayernpartei und die überkonfessionelle CSU, die beide an die BVP-Tradition anknüpften – die CSU setzte sich nach mehrjährigen Kämpfen durch. Regional bedeutsam war auch die Deutsche Partei in Niedersachsen, die in der Tradition der Hannoverschen Landespartei föderalistische Positionen vertrat und bis 1961 auch Abgeordnete im Bundestag hatte. Die Parteien der Sowjetzone wurden schnell in einem antifaschistischen Block zusammengefügt, um eine Len-kung durch die Sowjets und die KPD zu erleichtern. Im April 1946 schlossen sich KPD und SPD zur Sozialistischen Einheitspartei Deutschlands (SED) zusammen, eine Zwangsfusion gegen die Mehrheitsmeinung in der Sozialdemokratie. Die SPD war damit im Osten als politische Kraft ausgeschaltet. Die ostzonalen Parteiverbän-de nahmen unter dem Einfluss der zentralistischen Staatsauffassung der Sowjets durchweg eine einheitsstaatliche Haltung ein. In den Westzonen waren die Einstel-lungen differenzierter. Unter Kurt Schumachers Führung zeigte sich ein Großteil der SPD einem föderalen Staatsaufbau eher abgeneigt; der spätere SPD-Chef nahm von Hannover aus auf die Landesverbände starken Einfluss, den vor allem Hoegner in Bayern zu spüren bekam. „Wir müssen mit dem Föderalismus Ernst machen", forderte der, während Schumacher ihn ablehnte. Auch die FDP-Führung war stärker unitarisch eingestellt, der süddeutsche Liberalismus dagegen nicht. Die CDU – damals wie heute stark von ihren Landesverbänden geprägt – nahm eine moderate Position ein. Entschiedenen Föderalisten vor allem im Süden standen

Anhänger eines Einheitsstaates gegenüber. CSU und Deutsche Partei neigten als Regionalparteien dazu, die Länderebene möglichst stark zu machen. Die Parteiführungen traten bald in Konkurrenz zu den Ministerpräsidenten und wollten deren Rolle als „nationale Repräsentanten" nicht akzeptieren – allen voran Schumacher bei der SPD und Konrad Adenauer in der CDU. Die Parteipolitiker, in der Regel ohne staatliche Wahlämter, waren der Meinung, die Parteien seien die wahren Vertreter des Volkes. Zwischen Landespolitikern und Parteiführungen bestand immer eine Spannung. Während die Ministerpräsidenten parteiübergreifend dazu neigten, den künftigen deutschen Staat von den Ländern her zu denken und die Länder zu stärken, waren die Parteiführungen unitarisch orientiert.

Verfassungsgebung in den Ländern

Vor allem der amerikanische Militärgouverneur Lucius D. Clay setzte früh darauf, das politische Leben in Deutschland durch die Verfassungsgebung in den Ländern zu beleben. Im Februar 1946 bekamen die Ministerpräsidenten der US-Zone den Auftrag, Landesverfassungen ausarbeiten zu lassen. Ende Juni wurden Landesversammlungen zur Verfassungsberatung eingesetzt, im November und Dezember 1946 die ersten Landtagswahlen abgehalten, bei denen auch über die neuen Verfassungen abgestimmt wurde. Die Franzosen zogen bald nach, die Briten erst mit Verzögerung – in deren Zone gab es zunächst nur Organisationsstatute für die Länder. Die Alliierten mischten sich kaum ein, am ehesten noch die Amerikaner mit ihrem Veto gegen die Verstaatlichungsbestimmungen in den bayerischen und hessischen Entwürfen. Die amerikanische Politik setzte auch auf die Schaffung föderaler Instanzen. Schon im November 1945 kam in Stuttgart der Länderrat der US-Zone zusammen, ein Koordinierungsgremium der drei Landesregierungen, Kern einer künftigen Zentralregierung. Ähnlich gingen die Briten vor, wobei sie den länderübergreifenden Einrichtungen mehr Gestaltungsmacht gaben. Bayern hatte im Prozess der Verfassungsgestaltung eine Art Vorreiterrolle inne, auch später bei der Debatte über das Grundgesetz war es das Land, das den stärksten Einfluss ausübte. Die am 2. Dezember 1946 verabschiedete bayerische Verfassung, stark geprägt von Hoegner, ging von der bereits 1919 erhofften Gründung des neuen Gesamtstaates durch die Länder aus. In Artikel 178 hieß es: „Bayern wird einem künftigen deutschen demokratischen Bundesstaat beitreten. Er soll auf einem freiwilligen Zusammenschluss der deutschen Einzelstaaten beruhen, deren staatsrechtliches Eigenleben zu sichern ist." In Württemberg-Baden saß Wilhelm Keil dem Verfassungsausschuss vor, also jener SPD-Politiker, der schon 1919 eine Neugründung des Reiches von den Ländern her, die „Vereinigten Staaten", gefordert hatte. Die Verfassungsgebung in den Ländern war auch ein Experimentierfeld für das künftige Grundgesetz. Von den 65 Mitgliedern des Parlamentarischen Rates, der später die westdeutsche Verfassung ausarbeitete, waren 51 auch an der Verfassungsgebung in den Ländern beteiligt. In München, Stuttgart und Wiesbaden konzipierte man die Landesverfassungen gezielt als Vorbild für einen gesamtdeutschen Staat. Dreh- und Angelpunkt der Beratungen war, die Fehler von Weimar zu vermeiden, zu mehr politischer Stabilität zu kommen. So wurde das konstruktive Misstrauensvotum gegen Regierungschefs (also die Bindung an die gleichzeitige Wahl eines anderen Regierungschefs) zuerst in Württemberg-Baden eingeführt. Eine Sperrklausel bei Wahlen, welche die Zersplitterung des Parteiensystems verhindern soll, stand zuerst in der bayerischen Verfassung.

Die Länderchefs formieren sich

Die entscheidende Rolle auf deutscher Seite, zu einem neuen Gesamtstaat zu kommen, spielten die Ministerpräsidenten. Der Prozess begann in der amerikanischen und britischen Zone. Die Regierungschefs der dortigen Länder trafen sich mehrmals, um über „bizonale" Kooperationen zu reden. Für Anfang Oktober 1946 lud Senatspräsident Kaisen die Ministerpräsidenten aller Länder zu einer Konferenz nach Bremen ein, um über eine Zonenverschmelzung zumindest in wirtschaftlicher Hinsicht zu reden. Doch erlaubten weder Sowjets noch Franzosen „ihren" Ministerpräsidenten, nach Bremen zu fahren. Die Bremer Versammlung empfahl dennoch, einen Länderrat der Ministerpräsidenten zu gründen, der von einem Volksrat kontrolliert werden sollte, den Mitglieder der Landtage bilden sollten. In der sowjetischen Zone stieß der Beschluss bei der SED und den anderen Parteien auf Ablehnung. Der CDU-Politiker Jakob Kaiser schlug ein Parteiführertreffen vor, um auf dieser Ebene über einen künftigen deutschen Staat zu sprechen. Das SED-Organ „Neues Deutschland" nannte das Bremer Treffen abfällig einen „Föderalistenkongress", während der föderalistisch eingestellte „Tagesspiegel" im Westteil Berlins forderte, nach der Gründung der Länder sei nun deren „Zusammenfassung im Rahmen einer deutschen Bundesrepublik vorzubereiten". Vorerst aber wurde daraus nichts. Die Alliierten waren uneins über Deutschlands Zukunft. Der amerikanische Außenminister James F. Byrnes hatte schon am 6. September 1946 in seiner berühmten Stuttgarter Rede deutlich gemacht, dass die USA eine bundesstaatliche Lösung anstrebten. Auch die Labour-Regierung in London ging in diese Richtung, Labour-Außenminister Ernest Bevin sagte, es dürfe weder zu dem Extrem eines losen Staatenbundes kommen (ein Signal gegen Frankreich) noch zu einem zentralistischen Einheitsstaat (eine Ablehnung der sowjetischen Überlegungen). Am 22. März 1947 erklärte der sowjetische Außenminister Molotow jedoch, Moskau werde sich gegen jede „Zwangsföderalisierung" Deutschlands stemmen – eine polemische Spitze gegen die Westmächte, die außer Acht ließ, dass man die Deutschen wohl kaum dazu zwingen musste, zu ihrer Verfassungstradition zurückzukehren.

Die Münchener Ministerpräsidentenkonferenz 1947

Die nächste Etappe zur Staatsgründung von den Ländern her wurde im Frühjahr 1947 eingeleitet. Der neue bayerische Ministerpräsident Hans Ehard (CSU), der Hoegner abgelöst hatte, wollte die Rolle der Regierungschefs aufwerten: „Solange es keine Repräsentanz für Gesamtdeutschland gibt, müssen sich die Regierungschefs der deutschen Länder und Städte als vorläufige Treuhänder des deutschen Volkes betrachten." Ehard lud daher alle Ministerpräsidenten für den 6. Juni 1947 nach München ein. Auf einem zweitägigen Treffen sollte das Gremium der Ministerpräsidentenkonferenz institutionalisiert werden, als eine Art Kristallisationskern eines künftigen Bundesstaates. Man wollte einen Anfang machen für eine überzonale Verbindung der deutschen Politik. Laut Einladung sollte es um Fragen der wirtschaftlichen Einheit und der künftigen politischen Zusammenfassung der Länder gehen. Den drei Teilnehmern aus der französischen Zone war allerdings durch ihre Besatzungsmacht verboten worden, allgemeine politische Fragen zu erörtern. Auch die (norddeutschen) SPD-Ministerpräsidenten hatten vereinbart, die Frage der politischen Zukunft nicht anzuschneiden. Ein Grund dafür war, dass Schumacher befürchtete, die Ministerpräsidentenkonferenz könne als jene „nationale Repräsentation" erscheinen, die er den Parteien vorbehalten wollte. Außerdem wollte die SPD-Führung keine Vorfestlegung der künftigen Staatsform. Die Ministerpräsidenten der Sowjetzone erschienen mit einer von der SED festgelegten Marschroute. Sie forderten einen Tagesordnungspunkt mit dem Titel „Bildung einer deutschen Zentralverwaltung durch Verständigung der demokratischen deutschen Parteien und Gewerkschaften zur Schaffung eines deutschen Einheitsstaats". Die Forderung war natürlich auf eine Sprengung der Ministerpräsidentenkonferenz angelegt und sollte auch die SPD vorführen. Die Vertreter der Westzonen sperrten sich gegen das Anliegen, weshalb die ostdeutsche Delegation, die nur ein Spektakel inszenieren wollte, umgehend wieder abreiste. Dennoch war die Konferenz ein „voller Erfolg", wie Hoegner (als bayerischer Justizminister ebenfalls anwesend) kommentierte. „Für Westdeutschland trug die Münchner Konferenz zur Schaffung einer Atmosphäre bei, aus der jene zunehmende Zusammenarbeit der Länder erwachsen konnte, die die Gründung der Bundesrepublik ermöglichte". (Elmar Krautkrämer) Der Politikwissenschaftler Theodor Eschenburg schrieb später, die Ministerpräsidenten „hatten erreicht, was sie wollten, nämlich die Formierung der westdeutschen Regierungschefs". Die Ministerpräsidentenkonferenz „war nunmehr der selbstverständliche Verhandlungspartner der westlichen Besatzungsmächte". In München wurde klar, dass es vorerst keinen gesamtdeutschen Staat geben würde. Die Ablehnung des SED-Vorstoßes bedeutete auch, dass es eine Staatsgründung durch die Parteien nicht geben würde. Die Bundesrepublik wurde von den Ländern her vorbereitet und gegründet. Zwar gab es vorerst keine weiteren Treffen aller Ministerpräsidenten, doch die politischen Gremien der amerikanisch-britischen „Bizone" (der später auch die französische Zone beitrat, weshalb man von „Trizonesien" sprach) schufen hierfür schnell Ersatz. Im Exekutivrat saßen Vertreter der Länder-regierungen, ein Wirtschaftsrat fungierte als Vertretungsorgan der Landtage und ein Direktorium mit den Spitzen der Zonenverwaltungen war eine Art überzonaler Regierung.

Auf dem Weg zum Weststaat

Angesichts der sowjetischen Politik der Abgrenzung (gipfelnd in der Berlin-Blockade seit Juni 1948) verständigten sich Amerikaner und Briten darauf, einen westdeutschen Teilstaat zu gründen. Die Franzosen schwenkten auf diese Linie ein, obwohl sie damit endgültig ihre Vorstellung einer lockeren Föderation deutscher Länder begraben mussten. Die Meinung, nur ein zersplittertes Deutschland sei ein guter Nachbar, hatte freilich in Frankreich bereits an Boden verloren. Leon Blum, der große alte Mann der französischen Sozialisten, erklärte seinen Landsleuten schon im Januar 1948, dass der kommende deutsche Bundesstaat zwar von „allen Rückständen autoritärer Zentralisation nach preußischem Muster und hitlerschem Totalitarismus" befreit werden, aber dennoch „zentrale Gewalten" haben müsse. „Auch ein Bundesstaat ist immer ein Staat", befand Blum. Und dieser Staat sollte nicht schwach sein. In Washington und London wollte man einen Bund mit einer starken Zentrale. Da der Weststaat in das europäische Wiederaufbauprogramm, den Marshall-Plan, eingebunden werden sollte, bedurfte es einer wirtschaftspoli-tisch handlungsfähigen Bundesregierung. Freilich sollte nach den Erfahrungen mit dem NS-Staat eine zu große Machtkonzentration an der Spitze des Staates aus-geschlossen sein. Die Gründung eines solchen Bundesstaates wurde im Frühjahr 1948 auf der Sechsmächtekonferenz in London beschlossen, an der neben den USA, Großbritannien und Frankreich auch die drei Beneluxstaaten als Nachbarn Deutschlands teilnahmen. Durch eine Währungsreform in den Westzonen im Juni 1948, die Gründung der „Bank deutscher Länder" und die Einführung der sozi-alen Marktwirtschaft durch ein Gesetz des Frankfurter Wirtschaftsrates wurde die Staatsgründung wirtschaftspolitisch vorbereitet.

Die Frankfurter Dokumente

Die Ministerpräsidenten sahen sich in jenen Jahren als „Sprachrohr der Deut-schen", wie Reinhold Maier sagte. Im Juli 1948 schlug nun ihre Stunde. Sie sollten für den verfassungspolitischen Teil der Weststaatsgründung verantwortlich sein. Am 1. Juli 1948 legten ihnen die drei westlichen Militärgouverneure die „Frankfurter Dokumente" vor, in denen die Empfehlungen der Sechsmächtekonferenz für eine künftige westdeutsche Verfassung niedergelegt waren. Die Ministerpräsidenten sollten demnach bis spätestens 1. September eine verfassunggebende Versamm-lung mit Abgeordneten aus allen elf Westländern einberufen. Und weiter hieß es: „Die verfassunggebende Versammlung wird eine demokratische Verfassung aus-arbeiten, die für die beteiligten Länder eine Regierungsform des föderalistischen

Typs schafft, die am besten geeignet ist, die gegenwärtig zerrissene deutsche Einheit schließlich wiederherzustellen, die Rechte der beteiligten Länder schützt, eine angemessene Zentralinstanz schafft, und Garantien der individuellen Rechte und Freiheiten enthält." Es sollte also eine Staatsgründung von den Ländern her sein, mit dem Ziel, dass die Länder der Sowjetzone diesem Staat später beitreten könnten. Die Verfassung sollte durch das Volk gebilligt werden, durch Referenden in den Ländern. In Frankfurt hatten sich elf Ministerpräsidenten versammelt: Karl Arnold (Nordrhein-Westfalen), Hans Ehard (Bayern), Hinrich Wilhelm Kopf (Niedersachsen), Reinhold Maier (Württemberg-Baden), Christian Stock (Hessen), Peter Altmeier (Rheinland-Pfalz), Hermann Lüdemann (Schleswig-Holstein), Lorenz Bock (Württemberg-Hohenzollern), Leo Wohleb (Baden), Max Brauer (Hamburg) und Wilhelm Kaisen (Bremen). Sie hatten nun die Verantwortung. Von einem Oktroi der Kriegssieger kann keine Rede sein, der Föderalismus wurde nicht aufgezwungen, wie noch heute oft zu lesen und zu hören ist. Denn die Empfehlungen standen in Einklang mit dem, was auch ohne alliierte Einflussnahme zu erwarten war: die Rückkehr zu einem Bundesstaat gemäß der Verfassungstradition. Es ging 1948 (wie schon 1848, 1870 und 1919) nicht um die Alternative Einheitsstaat oder Bundesstaat, sondern allein darum, wie der Bundesstaat ausgestaltet sein würde – das gefiel den Anhängern des Einheitsstaates nicht, aber anders war und ist deutsche Einheit nicht zu haben. Die Ministerpräsidenten hatten auch keine sachlich-inhaltlichen Schwierigkeiten mit den alliierten Wünschen, sondern vor allem Bedenken hinsichtlich der Konsequenzen einer Teilstaatsgründung. Sie würde die deutsche Teilung vorerst besiegeln. Daher zierte sich die Ministerpräsidentenkonferenz noch einige Zeit. In der SPD gab es die Vorstellung, statt einer echten Verfassung nur ein Organisationsstatut für die drei Westzonen auszuarbeiten. Der Weststaat sollte als ein Provisorium erscheinen bis zur Wiederbegründung eines gesamtdeutschen Staates. Auf Unionsseite und auch beim einzigen FDP-Ministerpräsidenten Maier überwog dagegen die Haltung, nun zügig politische Verantwortung wieder in deutsche Hände zu bekommen. Man akzeptierte, „was zur Zeit schon geschehen ist, nämlich die Teilung Deutschlands", wie Lorenz Bock sagte. In der Tat war die Vorstellung, in absehbarer Zeit einen gesamtdeutschen Staat zu bekommen, Mitte 1948 bereits eine Illusion.

Vom Provisorium zum „Kernstaat"

Die Mehrheit der Ministerpräsidenten sah die alliierten Vorgaben als Chance. Ehard meinte: „Wir können damit wieder zum Sprecher werden und uns allmählich an den Anfang eines souveränen Staates hinarbeiten." Auf ihrer Konferenz im Ausflugslokal „Rittersturz" bei Koblenz kamen die Ministerpräsidenten am 10. Juli 1948 überein, den Auftrag anzunehmen. Bundespräsident Roman Herzog lobte zum 50. Jahrestag der Konferenz den Mut der Ministerpräsidenten, sich der Aufgabe zu stellen. Die Entscheidung sei eine „Sternstunde des Föderalismus" gewesen. Aber die Ministerpräsidenten wollten bei den Alliierten doch einige Vorbehalte anmelden, um den künftigen Weststaat als ein Provisorium erscheinen zu lassen. Daher sollte die Verfassung nur „Grundgesetz" heißen (ein Vorschlag Brauers), sie sollte durch einen „Parlamentarischen Rat" vereinbart werden, nicht durch eine „verfas-

Beratungen der Ministerpräsidenten der Länder
der drei Westzonen über die Frankfurter Dokumente im Hotel Rittersturz bei Koblenz: v. l. Lorenz Bock, Victor Renner, Franz Suchan, Hermann Lüdemann, Rudolf Katz und Hinrich Wilhelm Kopf. Foto 8. Juli 1948.

sunggebende Versammlung", und man wollte keine Volksabstimmungen, sondern nur eine Zustimmung der Landtage, um so den provisorischen Charakter dieses Grundgesetzes herauszustreichen. Zwar kam es wegen der Vorschläge zu Missverständnissen und Misshelligkeiten zwischen den Militärgouverneuren und der Ministerpräsidentenkonferenz. Doch am Ende stimmten die Alliierten zu, weil vonseiten der Deutschen klargestellt wurde, dass die Teilstaatsgründung ernsthaft angegangen werden sollte. Der spätere Regierende Bürgermeister von Berlin, Ernst Reuter (SPD), spielte dabei eine wichtige Rolle. Er forderte die westdeutschen Politiker zu einer Vereinigung der Westzonen auf, um so zu einem deutschen „Kernstaat" zu kommen, dem sich dann die Länder der sowjetischen Zone anschließen konnten. „Wir sind der Meinung", sagte Reuter auch im Namen der (West-)Berliner Christdemokraten und Liberalen, „dass die politische und ökonomische Konsolidierung des Westens eine elementare Voraussetzung für die Gesundung auch unserer Verhältnisse und für die Rückkehr des Ostens zum gemeinsamen Mutterland ist."

Der Verfassungskonvent von Herrenchiemsee

Den Ministerpräsidenten war bewusst, wohin die Reise mit dem Parlamentarischen Rat gehen würde: In ihm würden die Parteiführungen endlich in die Vorhand kommen, die im Hintergrund ungeduldig warteten. „Sind die Zaunkönige denn noch nicht fertig?", lautete Adenauers berühmte Frage angesichts der Debatten in der Ministerpräsidentenkonferenz, die das SPD-Vorstandsmitglied Erich Ollenhauer als „Gemeindetag von Posemuckel" verspottete. Aber kampflos lenkten die führenden Landespolitiker nicht ein. Sie griffen einen Vorschlag des hessischen Ministerpräsidenten Stock auf, einen Verfassungsausschuss der Ministerpräsidentenkonferenz einzurichten. Dieser sollte dem Parlamentarischen Rat eine Arbeitsgrundlage

Erste Sitzung des Sachverständigenausschusses für Verfassungsfragen
am 10. August 1948 auf der Insel Herrenchiemsee. Eingesetzt durch die Ministerpräsidenten der drei Westzonen am 15. Juli 1948. Blick in den Sitzungssaal mit den Delegierten der elf Länder während der Tagung.

schaffen. Das war das Ziel des Verfassungskonvents von Herrenchiemsee, der vom 10. bis 23. August 1948 auf Einladung der bayerischen Regierung tagte. Dort trafen sich die Verfassungsexperten der Länder, prominente Politiker waren kaum darunter, sieht man von Carlo Schmid und dem bayerischen Staatsminister Anton Pfeiffer (CSU) ab. Mehrere Teilnehmer hatten bereits an den Reformbemühungen in der Weimarer Republik mitgewirkt. Die Auseinandersetzung mit den Fehlern der Weimarer Verfassung – in der Organisation der Reichsebene wie auch des Verhältnisses von Reich und Ländern – stand im Mittelpunkt der Herrenchiemseer Tagung. Im Konvent ergab sich parteiübergreifend eine Mehrheit von Anhängern eines ausgewogenen Föderalismus mit starken Ländern. In nur zwei Wochen gelang es, einen bis in Details ausformulierten Verfassungsentwurf zu erarbeiten, mit Mehrheits- und Minderheitsvarianten in einigen strittigen Punkten. Der bayerischen Regierung war es zwar nicht gelungen, im Verein mit anderen süddeutschen Vertretern ihre Vorstellung eines „Bundes deutscher Länder" durchzusetzen, in dem die Gesamtstaatsebene weniger Gewicht gehabt hätte. Dennoch trug das Ergebnis von Herrenchiemsee die Handschrift engagierter Föderalisten. Der Entwurf wurde zur entscheidenden Grundlage der Beratungen im Parlamentarischen Rat, auch wenn die Parteigrößen ihn herunterzuspielen versuchten. Die Hoffnung der meisten Ministerpräsidenten, durch einen Länderentwurf die Bonner Gespräche vorzuprägen, ging in Erfüllung. Nicht wenige Artikel des Grundgesetzes gehen wörtlich oder sinngemäß auf diese Vorlage zurück, nicht zuletzt die Passage zum Bundesrat oder die Bestimmungen über den Bundestag.

Der Parlamentarische Rat

Der Parlamentarische Rat kam am 1. September 1948 in Bonn zusammen, Tagungsort war die Pädagogische Akademie, in der später der Bundesrat seinen Sitz fand. Von den 65 aus den Landtagen entsandten Abgeordneten waren einige auch in Herrenchiemsee mit von der Partie gewesen, allen voran die Fraktionschefs der großen Parteien, Anton Pfeiffer für die CDU/CSU und Carlo Schmid bei der SPD. Zum Präsidenten des Rates wurde Konrad Adenauer gewählt, der sich dadurch für höhere Aufgaben empfehlen wollte. Fast alle Landesregierungen hatten ein Kabinettsmitglied im Rat. Union und SPD stellten je 27 Mitglieder, die FDP deren fünf, von der Deutschen Partei, dem Zentrum und der KPD kamen jeweils zwei Abgeordnete. In vielen Punkten gab es einen breiten Konsens im Parlamentarischen Rat, was die Lehren von Weimar sein sollten. Vor allem schuf man ein rein parlamentarisches System auf Bundesebene, das Präsidentenamt wurde auf eine Repräsentationsaufgabe beschränkt. Zudem achteten die Verfassungsväter und -mütter darauf, dass es im künftigen Bundestag zu stabilen Mehrheiten kommen konnte. Der Kanzler sollte nur dann gestürzt werden können, wenn gleichzeitig ein Nachfolger bestimmt wurde – man übernahm also das konstruktive Misstrauensvotum, das eine regierungswillige Alternative im Parlament voraussetzt. Zu den

Hauptstreitpunkten gehörte die konkrete Ausgestaltung des Föderalismus. Hier gab es keine einmütige Lehre aus der Weimarer Katastrophe: Manche meinten, die politische Aushöhlung der Länder habe dem Nationalsozialismus zur Macht verholfen, andere glaubten, nur ein Mehr an Zentralismus hätte Hitler verhindert. Im Kern ging es um drei Probleme: Zuständigkeitsverteilung, Finanzverfassung und das institutionelle Verhältnis von Bund und Ländern. Das Grundgesetz tendierte am Ende zu einer stärker unitarischen Lösung, allerdings waren die Interessen der Länder deutlich besser gesichert als in der Weimarer Verfassung. Der Föderalismus von 1949 war nicht hierarchisch wie der von 1919. Von Beginn an war klar, dass ein stärker zentralisierter Staat gegen die Opposition auch nur einer starken Minderheit der Länder keine Aussicht auf Erfolg hatte. Denn wegen der Zweidrittelbindung bei der Zustimmung hätte schon das Nein von vier der elf Landtage ausgereicht, um den Grundgesetzentwurf zu kippen.

Parlamentarischer Rat
Blick in den Tagungsraum während der konstituierenden Versammlung in der Pädagogischen Akademie in Bonn. Im Vordergrund in der Mitte Konrad Adenauer, der den Vorsitz führt. Rechts im Bild die Ministerpräsidenten der Westzonen. Foto 2. September 1948.

Wie viel Macht beim Bund?

Bei den Zuständigkeiten in der Gesetzgebung, dem „Kernproblem jeder bundesstaatlichen Ordnung" (Hans Boldt), bekam der Bund den Vorrang. Das war im Grundsatz wenig umstritten. Einerseits war das durch den Föderalismus nach 1871 vorgeprägt. Zudem trugen die Anhänger des Unitarismus wie 1918 erneut das Argument vor, der Zusammenbruch und das Chaos der Nachkriegszeit machten möglichst zentrale, einheitliche Lösungen notwendig. Die Not nach der Niederlage sei „der große Zentralisator des deutschen Schicksals", äußerte Theodor Heuss. Das bis 1994 geltende Verfassungspostulat von der „Einheitlichkeit der Lebensverhältnisse" war vor allem in den von Zone zu Zone, von Region zu Region sehr unterschiedlichen wirtschaftlichen und sozialen Nachkriegsbedingungen begründet. Ein zweiter wesentlicher Punkt für die Bündelung vieler Kompetenzen beim Bund war der Wille der Parteiführungen, möglichst viele Hebel zentral bedienen zu können. Der Interventionsstaat war zum Normalmodell geworden, eine intensivere staatliche Lenkung von Gesellschaft und Wirtschaft im Interesse aller Parteien. Sie wollten einen mehr oder weniger aktiven Sozialstaat schaffen, der zentral gelenkt sein sollte. Die einen orientierten sich mehr an der Vorstellung des demokratischen Sozialismus (den die Labour Party in Großbritannien in jenen Tagen in die Tat umsetzte), die anderen eher an der Idee der sozialen Marktwirtschaft, wieder andere hingen der Lehre des liberalen Ökonomen John Maynard Keynes an. Alle liefen auf eine stärkere Rolle des Staates hinaus, und jede Form der Lenkung bedurfte einer starken zentralen Ebene. Die verbreitete Ansicht, eine dynamische Industriegesellschaft führe zwangsläufig zu mehr Zentralismus, wurde durch Dutzende von Interessengruppen von den Arbeitgebern und Gewerkschaften bis hin zu den Beamten und den Jagdverbänden nur zu gern unterstützt, denn Verbände neigen zu einheitlichen Lösungen. Der Vorrang der Rechts- und Wirtschaftseinheit blieb ein Bekenntnis, das aufgrund des allumfassenden Gestaltungsanspruchs des Gesamtstaates kaum angezweifelt wurde. Zwar stellt der Artikel 70 des Grundgesetzes fest, dass grundsätzlich zuerst die Länder das Recht der Gesetzgebung haben – aber eben nur, soweit die Befugnisse nicht an den Bund verliehen werden. Der Grundsatz wurde durch eine Vielzahl von Einschränkungen quasi in sein Gegenteil verkehrt. Eine Aufzählung von Landeskompetenzen fehlte, dagegen wurde der Umfang der ausschließlichen Gesetzgebung des Bundes aufgezählt. Dazu kam ein umfangreicher Katalog für eine konkurrierende Gesetzgebung, bei der es freilich nicht um Konkurrenz ging und geht, denn die Länder haben nach Artikel 72 auf den genannten Feldern nur eine Gesetzgebungsbefugnis, „solange und soweit der Bund" von seiner Befugnis keinen Gebrauch macht. Es war die aus unitarischer Sicht bewährte Rutschbahn hin zu mehr zentraler Lenkung. Dank des angefügten Artikels 125 wurde zudem alles fortgeltende Recht aus der Zeit vor 1945 automatisch zu Bundesrecht – darunter nicht wenige Gesetze, die nach 1933 erlassen wurden und damit unter demokratischen Prämissen fragwürdig waren, auch wenn sie nicht explizit nationalsozialistischem Gedankengut verpflichtet waren, denn solche Gesetze wurden nach 1945 in aller Regel annulliert. Mit diesem Schritt aber war eine eigenständige Gesetzgebung der Länder bereits von Anfang an erheblich eingeschränkt. Zudem wurde die Möglichkeit geschaffen, über Rahmengesetze in traditionelle Länderzuständigkeiten einzugreifen, etwa beim Naturschutz oder beim Presserecht. Als Angelegenheit der Länder blieben praktisch nur die Bildungs- und Kulturpolitik, die Polizei und das Kommunalrecht. Eine Subsidiaritätsklausel suchte man vergebens. Die Anhänger des Föderalismus setzten daher vor allem darauf, die Bundesgesetzgebung von den Ländern her mitzubestimmen und sie weiterhin eigenständig umsetzen zu können. Denn die Verwaltungshoheit blieb gemäß der Tradition bei den Ländern, jedenfalls dem Grundsatz nach. „Die Ausübung der staatlichen Befugnisse und die Erfüllung der staatlichen Aufgaben ist Sache der Länder", so steht es seit 1949 im Artikel 30, aber mit dem Zusatz „soweit dieses Grundgesetz keine andere Regelung trifft" – und andere Regelungen wurden natürlich getroffen, um die vollzugsföderalistische Eigenständigkeit der Länder wieder einzuschränken.

Einspruch der Alliierten

Die Alliierten, die sich vorbehalten hatten, die Beschlüsse des Parlamentarischen Rates zu prüfen, bemängelten die Hintanstellung der Länder. Sie forderten eine wirksame Beschränkung für die konkurrierende Gesetzgebung. Doch die Bonner Versammlung blieb hartnäckig. Sie machte zwar das Zugeständnis, dass für eine Bundesgesetzgebung auch ein Bedürfnis vorliegen müsse und der Bund nicht völlig willkürlich handeln könne – doch wurde das wieder entschärft durch eine dehnbare Bedürfnisklausel, in der von der „Herstellung der Rechts- und Wirtschaftseinheit" und der erwähnten „Wahrung der Einheitlichkeit der Lebensverhältnisse im Bundesgebiet" die Rede war. Auch die Passage zur Ausführung der Bundesgesetze wurde unitarisch zugespitzt. Zwar war das grundsätzlich Sache der Länder als „eigene Angelegenheit", aber fast im Widerspruch dazu wurde bestimmt, dass der Bund sowohl die Einrichtung der Behörden als auch das Verwaltungsverfahren regeln darf. Außerdem wurde dem Bund wie 1919 zugestanden, eigene Verwaltungen zu organisieren, wenn ihm die Gesetzgebung zustand. Auch hier hatten die Alliierten Bedenken, die sich aber nicht vollständig durchsetzten.

Bundesrat oder Senat?

Ein weiterer Streitpunkt im Parlamentarischen Rat war die Frage, ob ein Bundesrat entstehen sollte, also eine Ländervertretung durch die Regierungen gemäß der Tradition, oder ein Senat mit direkt gewählten Vertretern. Auf Herrenchiemsee hatte es dazu keine Einigung gegeben, der Konvent schlug aber als dritte Variante ein „abgeschwächtes" Bundesratsmodell vor – hier sollte die Länderkammer nicht gleichberechtigt mit dem Bundestag sein. Den Bundesrat wollte eine Mehrheit in der Union (Adenauer blieb skeptisch), einen Senat mit gewählten Mitgliedern favorisierte die SPD, die FDP wollte einen Senat analog zur Paulskirchenverfassung, also mit der Benennung der Mitglieder je zur Hälfte durch die Landtage und die Landesregierungen. Es ging im Kern darum, ob die Landesregierungen einen Einfluss auf die Bundesgesetzgebung haben sollten oder nicht. Die Anhänger des Senats pochten darauf, dass eine gewählte Kammer demokratischer sei. Freilich hatte die Idee einen Haken: Sie war der US-Verfassung abgeschaut. Die USA haben jedoch ein Präsidialsystem, an der Spitze der Bundesexekutive steht ein direkt gewähltes Staatsoberhaupt, das sich mit den beiden ebenfalls direkt gewählten Kammern verständigen muss. Für die Bundesrepublik war jedoch ein parlamentarisches Regierungssystem vorgesehen, in dem der Kanzler als Spitze der Exekutive vom Bundestag gewählt wird. In einem parlamentarischen System ist es allerdings kaum möglich, mit zwei gleichberechtigten Kammern zu arbeiten. Unter den Bedingungen einer Parteiendemokratie ist ein direkt gewählter Senat aber immer eine Parteienkammer. Was also wäre bei entgegengesetzten Mehrheiten in Bundestag und Senat, die ja nicht auszuschließen sind? Dann wären nur noch große Koalitionen oder gar Allparteienregierungen möglich, während das parlamentarische System ja gerade vom Parteienwettbewerb und dem daraus entstehenden Wechsel der Regierungen lebt. Sinnvoll wäre daher nur ein nachrangiger Senat gewesen, dessen Entscheidungen die des Bundestages nicht hätten verhindern können. Aber welche Rechtfertigung hätte eine solche Kammer gehabt? Sie wäre ein machtloses „Placebo" gewesen. Den Anhängern des Bundesratsmodells wurde entgegengehalten, dass dadurch der Einfluss der Länderbürokratien wachse und das Gewaltenteilungsprinzip verletzt werde, weil die Länderexekutiven in die Legislative des Bundes eingebunden seien. Das wollten die Bundesratsvertreter aber nicht gelten lassen: Sie betonten, dass diese Einbindung der Länder auf eine andere Form der Machtkontrolle hinauslaufe, also eine vertikale Gewaltenteilung zwischen Bund und Ländern. Vor allem Ehard sah in der Einbindung der Länderexekutiven einen Vorteil: Nur die Beamtenschaft der Länder sei wirklich in der Lage, die Bundesbürokratie wirksam zu kontrollieren, meinte er. So gesehen war der Bundesrat eine Vorkehrung gegen die zu weit gehende Einmischung in die Verwaltungshoheit der Länder und in deren legislative Restzuständigkeiten. Bei einer Gleichberechtigung von Bundestag und Bundesrat hätte sich freilich das gleiche Problem ergeben wie bei einem gleichberechtigten Senat: Eine andere Mehrheit in der Länderkammer hätte das parlamentarische Regieren im Bundestag verhindert.

Kein Bundesrat der Beamten

Trotz Ehards Betonung der bürokratischen Seite des Bund-Länder-Verhältnisses sollte der neue Bundesrat keine Vertretung weisungsgebundener Gesandter wie der Bundesrat des Kaiserreiches und der Weimarer Reichsrat mehr sein. Ihm war von seinen Befürwortern ein etwas anderer Charakter zugedacht. Josef Schwalber, ein CSU-Mitglied im Parlamentarischen Rat, machte dies deutlich: „Dieser Bundesrat, wie er in Chiemsee vor allem vertreten wurde, ist nicht die üble, verstaubte bürokratische Erscheinung, wie sie so gern von den Gegnern geschildert werden

Bundeshaus in Bonn
Bundestag und Bundesrat.
Foto um 1950.

möchte. Es handelt sich hier nicht um bürokratische Vertreter, sondern gerade um die politischen Vertreter erster Garnitur, die die Vertreter des Senats für ihre Körperschaft sonst immer fordern. Es sind keine weisungsgebundenen Regierungsvertreter, die wir in den Bundesrat schicken wollen, sondern Angehörige der Länderkabinette, also politische Persönlichkeiten." Die Bundesratsmitglieder seien parlamentarisch legitimiert und demokratisch verankert, fügte Schwalber hinzu. Somit hatte sich das Bild des Bundesrates erheblich gewandelt: Es sollte eine eher parlamentarische Kammer sein, eine

selbstständige Vertretung der Landespolitik, wie sie sich die Süddeutschen wohl schon 1871 vorgestellt hatten. Die „erste Garnitur" der Landespolitiker würde aber immer auch parteipolitisch orientiert sein, insofern war der Unterschied zum Senat gar nicht so gravierend. In einem berühmt gewordenen Abendessen im Bonner Hotel „Königshof" am 26. Oktober 1948 gelang es Ehard, den führenden SPD-Verfassungspolitiker Walter Menzel auf seine Seite zu ziehen. Dieses Treffen sei die Geburtsstunde des Bundesrates gewesen, meinte Theodor Heuss im Rückblick. Menzel, Innenminister in Nordrhein-Westfalen und ehemaliger preußischer Beamter, stimmte der Bundesratslösung zu, Ehard verzichtete auf die Gleichberechtigung des Bundesrates mit dem Bundestag, ein kluger Rückzieher, denn diese Parität war ohnehin nicht mehrheitsfähig. Der bayerische Ministerpräsident schwenkte somit auf das – in Herrenchiemsee bereits vorbereitete – „abgeschwächte" Bundesratsmodell ein. Im weiteren Verlauf der Beratungen gelang es den Bundesratsanhängern freilich, diese Abschwächung im Sinne der Länder wieder etwas auszugleichen: Der Bundesrat sollte nämlich keine reine Vetokammer wie der Reichsrat sein, keine Versammlung, der „bloß die Rolle eines Meckerers, eines Neinsagers, zugewiesen wird", wie Schwalber sagte. Man unterschied daher zwischen Zustimmungs- und Einspruchsgesetzen. Was der Zustimmung des Bundesrates unterliegen sollte, wurde im Grundgesetz etwas unübersichtlich über die Verfassungsartikel verteilt. Darunter fielen alle Verfassungsänderungen, die Steuergesetzgebung und vor allem die Verwaltungsregelungen. Das war im Grunde der föderalistische Clou des Grundgesetzes: Je mehr der Bund in der Gesetzgebung an sich zog, je mehr Vorschriften er für die Umsetzung der Gesetze und für die Verwaltung machte, umso größer würde der Einfluss der Länder über den Bundesrat werden. Ob das als „Unitarisierungsbremse" gedacht war oder als Einfallstor der Länder in die Bundespolitik – in jedem Fall lag es nicht zuletzt am Bund selbst, wie stark er sich an eine Zustimmung der Länder im Bundesrat band. Ehard und die engagierten Föderalisten hatten damit erreicht, was möglich war: eine relativ starke Mitwirkung der Ländervertretung in der Bundesgesetzgebung. Gegen wirkliche Länderinteressen würde sich in der Bundesrepublik keine Politik machen lassen. Von Beginn an aber war auch die Blockademöglichkeit im parteipolitischen Interesse gegeben.

Finanzverfassung mit unitarischen Zügen

Deutlich wurde der unitarische Zug des Parlamentarischen Rates vor allem in der Finanzverfassung. Sie wies im ursprünglichen Entwurf so zentralstaatliche Züge auf, dass vor allem die Amerikaner am Föderalismusverständnis der Deutschen zweifelten. Ein Trennsystem, nach dem die Steuern (und auch die entsprechende Gesetzgebung) klar verteilt waren, wurde auf Herrenchiemsee diskutiert. Sollte nun aber der Bund die Einkommensteuer haben, oder doch besser die Länder? Man fand zu keiner Lösung. Auch die Idee, den Ländern bei der Einkommensteuer die Möglichkeit zu geben, sie durch Zuschläge und Abschläge zu variieren, blieb erfolglos. Im Parlamentarischen Rat war es nicht zuletzt der ehemalige preußische Finanzminister Hermann Höpker-Aschoff (FDP), der vehement auf eine Stärkung des Bundes drängte. Er wollte vor allem eine zentrale wirtschaftspolitische Lenkung ermöglichen, zudem hielt er eine einheitliche Steuergesetzgebung für wirtschaftsfreundlicher. Die SPD dachte dagegen vor allem an den Ausbau des Sozialstaates durch den Bund und die für eine Verteilungspolitik nötige Finanzmasse. Die Union war hier gespalten: Ein Teil der CDU war auf der Seite von SPD und FDP und befürwortete ebenfalls eine Stärkung des Bundes, um dessen Lenkungsfähigkeit zu sichern. Vor allem die süddeutschen Abgeordneten, voran die der CSU, setzten dagegen die föderalistische Grundüberzeugung, dass ein Staat (und die Länder besaßen eine Eigenstaatlichkeit) ohne Steuerautonomie nicht denkbar sei. Zudem fürchteten sie (das galt auch für die Föderalisten in anderen Parteien) eine zu starke Abhängigkeit der Länder vom Bund und die Gefahr, dass die Länder ohne eigene Steuerautonomie ihre Aufgaben nicht würden erfüllen können. Höpker-Aschoff setzte zunächst ein Modell durch, nach dem die Steuergesetzgebung praktisch allein Sache des Bundes war und in dem die großen Steuerarten (Umsatz- Einkommen- und Körperschaftsteuer) Bund und Ländern gemeinsam zustanden, wobei die Verteilung wiederum allein vom Bund geregelt wurde. Damit war die Einführung eines Finanzausgleichs verbunden.

Zentralverwaltung als Mittel des Bundeszwangs?

Im Verein mit der SPD und einem Teil der CDU setzte Höpker-Aschoff auch durch, dass das gesamte Steuerwesen vom Bund verwaltet wurde. Walter Menzel hatte bereits zum Auftakt der Beratungen einen wesentlichen Grund aus unitarischer Sicht für eine zentrale Finanzverwaltung genannt: Ein Bund könne nicht allein dadurch zusammengehalten werden, dass die Länder durch Urteile des Verfassungsgerichts zur „Bundestreue" gezwungen werden. „Der Bund muss ein Mittel für einen Bundeszwang haben", forderte Menzel. „Die Weimarer Verfassung hatte den Bundeszwang des Artikels 48 durch die Wehrmacht (…). Wir kannten aber auch damals bereits den Reichszwang durch die völlige oder teilweise Einbehaltung der Finanzzuweisungen." Wenn der Bund also schon keine Armee hatte, die er aufmarschieren lassen konnte, dann sollte man zumindest den Geldhahn zudrehen dürfen. Hinter solchen Äußerungen stand ein noch stark hegemonial-hierarchisch gefärbtes Föderalismusverständnis. Man wollte die Keule auch noch in die Hand des Stärkeren legen. Der Bund als Überstaat, dem sich die Bundesglieder unterzuordnen haben – das war die Logik hinter der Zentralverwaltung und dem Verweigern von Steuerautonomie, eine einheitsstaatliche Logik. Hans-Christoph Seebohm, der spätere Bundesverkehrsminister, der für die Deutsche Partei im Parlamentarischen Rat saß, entgegnete Menzel, eine Bundesexekution sei immer gleichbedeutend mit dem „Selbstmord des Bundes". Der zentralistische Plan wurde von den Westalliierten rundweg abgelehnt. Man wollte keine Wiederkehr des Weimarer Systems, in dem die Länder Kostgänger des Reiches waren. Das korrespondierte mit den süddeutschen Vorstellungen. Auch das komplizierte Umverteilungssystem unter den Ländern mit Einschaltung des Bundes beim Finanzausgleich akzeptierten die Alliierten nicht. Sie waren hier eher für das einfachere Modell der USA, wo schwache Bundesstaaten direkte Hilfszuschüsse aus Washington bekommen können. Am Ende stand ein Kompromiss, der jedoch näher bei den Vorstellungen der Mehrheit des Parlamentarischen Rates lag: Steuergesetzgebung war vor allem Bundessache, aber die Verteilung der Steuerarten wurde getrennt – die Umsatzsteuer ging an den Bund, die Einkommen- und Körperschaftsteuer bekamen die Länder, wobei aber dem Bund die Möglichkeit gegeben wurde, sich einen Teil davon zu sichern. Es war sozusagen ein abgeschwächtes Trennsystem, das – und somit entspricht es der Systematik des Grundgesetzes – mit Zustimmung des Bundesrates unitarisch ausgestaltet werden konnte. Es war ein Teilerfolg für die Länder, die damit im Gegensatz zur Weimarer Republik über ihre Einnahmen entscheidend mitbestimmen konnten. Die Bundessteuerverwaltung scheiterte, hier hatten die Alliierten auch die Länder fast geschlossen hinter sich.

Der demokratische und soziale Bundesstaat

Das Grundgesetz wurde am 8. Mai 1949, vier Jahre nach der Kapitulation des Deutschen Reiches, mit 53 gegen 12 Stimmen im Parlamentarischen Rat angenommen. In der Woche darauf stimmten auch die Landtage zu – mit Ausnahme des bayerischen. Den Abgeordneten der CSU und der Bayernpartei war die Verfassung am Ende nicht föderalistisch genug, wobei hier auch parteitaktische Konkurrenz in der Frage, wer die bayerischste der bayerischen Parteien sei, eine Rolle spielte. Entscheidend war es ohnehin nicht: Mit der Annahme in allen anderen Landtagen war Bayern automatisch ein Staat im neuen Bundesstaat, denn für die Gültigkeit des Grundgesetzes reichte die Zustimmung von zwei Dritteln der Länderparlamente. Aber selbst Bayern konnte mit dem Föderalismus des Grundgesetzes zufrieden sein. „Die Bundesrepublik ist ein demokratischer und sozialer Bundesstaat", hieß es nun in der Verfassung. Erstmals wurde klipp und klar der Föderalismus als Staatsprinzip verankert. Und er wurde mit einer Bestandsgarantie versehen: Nach Artikel 79 des Grundgesetzes ist jede Änderung der Verfassung, welche das Bundesstaatsprinzip, die Gliederung in Länder und die Mitwirkung der Länder an der Gesetzgebung berührt, untersagt. Der Föderalismus des Grundgesetzes mag unitarisch konzipiert sein, aber ist nicht mehr hierarchisch wie zu Weimarer Zeiten. Im Mai 1949 wurde ein Schlussstrich unter die Epoche gezogen, die Mitte des 19. Jahrhunderts begonnen hatte und 1933 endete. Insofern haben die Länder gewonnen. Vor allem die starke Position des Bundesrates bedeutete eine Sicherung gegen eine zentralisierende Politik. Schwächen konnten sich die Länder fortan nur selbst.

Die Bundesrepublik 1949 bis 1989

Starker Kanzler, starker Bundesratspräsident?

Das Grundgesetz hatte dem Föderalismus der jungen Bundesrepublik nur einen Rahmen gesetzt. In der täglichen Politik musste sich nun zeigen, was Bund und Länder konkret daraus machen, wie sie ihr Verhältnis zueinander gestalten würden, wie die Machtverteilung ausschauen würde. Das erste Jahrzehnt nach 1949, nicht zuletzt die erste Legislaturperiode von 1949 bis 1953, war daher eine entscheidende Findungsphase, in der der bundesrepublikanische Föderalismus seine Gestalt bekam. Die Konstellation war klar: Im Bund gab ein selbstbewusster Kanzler den Ton an, der vor allem die unitarischen Züge der Verfassung für sich und seine Partei nutzen wollte. Konrad Adenauer war zwar kein Antiföderalist, aber die Kanzlerdemokratie, die er schaffen wollte, sah weder einen starken Bundesrat noch eine herausgehobene Rolle für den Bundespräsidenten vor. Adenauer wollte selber präsidial amtieren. Andererseits waren die Ministerpräsidenten der ersten Jahre keineswegs gewillt, Adenauer viel Raum zu geben für seine Ambitionen. Ihren Anspruch auf Mitgestaltung der Bundespolitik unterstrichen sie schon dadurch, dass sie die erste Sitzung des Bundesrates auf den Tag der ersten Sitzung des Bundestages legten: den 7. September 1949. Zudem beschlossen sie, einen Bundesratspräsidenten aus ihren Reihen zu wählen, der den Vorsitz in der Länderkammer innehaben sollte. Die Geschäfte im Bundesrat sollte nicht mehr wie zu Weimarer Zeiten ein Mitglied der Bundesregierung führen und lenken. Erster Bundesratspräsident wurde der Düsseldorfer Regierungschef Karl Arnold (CDU), ein innerparteilicher Widersacher Adenauers, der als ein Mann der Zukunft in der CDU galt. Das Amt sollte zunächst nicht befristet sein, und damit hätte es dem Inhaber erhebliche Möglichkeiten geboten, sich bundespolitisch neben dem Bundeskanzler zu profilieren. Adenauer hat das auch gefürchtet. Von einem längere Zeit amtierenden Bundesratspräsidenten erwarte er „erhebliche Schwierigkeiten", sagte er. Allerdings beschlossen die Ministerpräsidenten schon im August 1950, auf dem Posten zu rotieren: Seither wird jedes Jahr ein neuer Bundesratspräsident bestimmt. Eine herausgehobene bundespolitische Machtstellung ist deshalb mit dem Vorsitz in der Länderkammer nicht verbunden, obwohl der Bundesratspräsident offiziell den Bundespräsidenten vertritt, sollte der verhindert sein. Die Rotation zeigte aber, dass die Länderchefs ihr Bundesorgan vor allem als föderales Kollektivgremium verstanden, das in erster Linie über den bundesstaatlichen Charakter der neuen Republik wachen und weniger für parteipolitische Spiele genutzt werden sollte. Daher wurde für die Rotation auch ein festes Verfahren gewählt: Der Bundesratspräsident wird seither im Herbst jedes Jahres nicht nach den aktuellen Parteienverhältnissen bestimmt, sondern es geht hübsch der Reihe nach – und zwar gemäß der Größe der Länder. Somit sind Konflikte ausgeschlossen.

Der kooperative Charakter des Föderalismus auf Länderebene wurde 1954 auch dadurch unterstrichen, dass die Ministerpräsidentenkonferenz zu einer dauerhaften Einrichtung gemacht wurde. Der Vorsitz wechselt jedes Jahr und auf einer jährlichen Tagung werden wichtige Themen, die Länder insgesamt betreffen, beraten. Zudem treffen sich die Ministerpräsidenten zweimal im Jahr mit dem Kanzler (jedenfalls seit Adenauers Rücktritt, denn der „Alte von Rhöndorf" hielt nichts von Zusammenkünften mit den „Zaunkönigen").

Eigener Beamtenapparat

Dass der Bundesrat ein gegenüber dem Beamtengremium des Kaiserreichs und der Weimarer Republik erheblich anderes Profil haben sollte, machten die Ministerpräsidenten auch mit der Entscheidung deutlich, ihrem Bundesorgan einen eigenen Beamtenapparat zu geben. Das hatte es im Bundesrat und im Reichsrat zwischen 1871 und 1933 nicht gegeben. Der Bundesrat bekam auch einen festen Sitz in der früheren Pädagogischen Akademie in Bonn (und später, nach dem Umzug nach Berlin, im ehemaligen preußischen Herrenhaus). Natürlich steckte auch hinter der Entscheidung für eigene Bundesratsbeamte der Anspruch, bundespolitisch kräftiger mitzureden. Zwar hatten vor allem die süddeutschen Regierungen und die Stadtstaaten leichte Bedenken, weil sie fürchteten, hier könne sich eine Nebenbürokratie „mit zentralistischer Tendenz" entwickeln, wie Bayerns Ministerpräsident Ehard sagte. Doch setzte sich die Mehrheit durch. Im Kanzleramt war man alarmiert, man erwartete eine „bedenkliche Gegenbürokratie gegen die Ministerien".

„Nebenregierung" und „Instrument der Parteipolitik"?

Für Adenauer war der Bundesrat stets eine unliebsame Konkurrenz. Den Ministerpräsidenten warf er im Januar 1950 vor, eine „Art Nebenregierung" entwickeln zu wollen, zudem sah er im Bundesrat ein „Instrument der Parteipolitik". Adenauer, der gewiefte Parteipolitiker, wusste, wovon er sprach. Denn von der ersten Sitzung an war der Bundesrat immer auch von Parteiinteressen bestimmt – wie sollte es in einer Parteiendemokratie auch anders sein. So forderte der SPD-Politiker Erwin Schoettle Ende 1949, dass seine Partei „in den Länderregierungen durch eine sozialdemokratische Politik die Bundesratspolitik beeinflussen müsse". Und so dachten alle Parteien. Der Bundesregierung missfiel dies alles, zumal der Bundesrat in den ersten Jahren der Republik nicht selten anderer Meinung war. Bundesjustizminister Thomas Dehler (FDP) sah sich daher veranlasst, in einem von Adenauer angeforderten Vermerk festzustellen: „Der Bundesrat ist kein Parlament und hat keine Zuständigkeit auf dem Gebiet der allgemeinen Politik." Er dürfe sich daher nicht allgemein zur Regierungspolitik äußern und sie auch nicht öffentlich diskutieren oder gar Erklärungen dazu veröffentlichen. Freilich gelangte auch Dehler später zu der Einsicht, dass „Länderregierungen nach parteipolitischen Gesichtspunkten gebildet" würden und daher „bei den Beratungen im Bundesrat auch Argumente vorbringen, die auf die Anschauungen der politischen Parteien zu bestimmten Fragen zurückgehen". Näher am Grundgesetz und der Realität war die Einschätzung von Adenauers Bundesratsminister Heinrich Peter Hellwege (Deutsche Partei), der in einer Expertise dem Bundesrat im Jahr 1950 ein Mitspracherecht in der Bundespolitik einräumte. Hellwege war später Ministerpräsident in Niedersachsen.

Viele Zustimmungsgesetze von Anfang an

Dieses Mitspracherecht nahm die Länderkammer von Beginn an intensiv wahr. Schnell zeigte sich, dass die Zahl der Zustimmungsgesetze weit höher war, als man im Parlamentarischen Rat möglicherweise angenommen hatte. Schon in der ersten Legislaturperiode waren 42 Prozent der Bundesgesetze im Bundesrat zustimmungspflichtig, später nahm die Zahl noch zu. Auch der Vermittlungsausschuss, das „Kompromissgremium" von Bundestag und Bundesrat, hat schon damals häufig getagt, um ein Scheitern von Bundesgesetzen im Bundesrat zu verhindern. Zwischen 1949 und 1961 wurden im Schnitt 12 Prozent der Gesetze erst nach Vermittlungsverfahren umgesetzt, mehr als in den meisten Jahren danach. Blockiert hat die Länderkammer Vorhaben von Bundesregierung und Bundestag allerdings kaum einmal, Ziel war in aller Regel der Kompromiss durch Verhandlungen. Der härteste politische Konflikt jener Jahre entzündete sich im Frühjahr 1953 am Streit um die Ratifizierung der Europäischen Verteidigungsgemeinschaft, bei der sich der Bundesrat querstellte, was Adenauer und sein Kabinett in Rage brachte. Die Regierung entfachte eine auch in der Öffentlichkeit heftig geführte Debatte über den Bundesrat, gipfelnd in Forderungen nach dessen Abschaffung oder Umbildung. Der Bundesrat gab nach, hatte aber deutlich gemacht, dass er sich auch in europapolitischen Fragen (die ersten Schritte zur europäischen Integration wurden damals gemacht) für zuständig hielt. Eher im Stillen vollzog sich von Beginn an die „bürokratische" Amtshilfe der Länderverwaltungen für die Bundesgesetzgebung. „Es waren nicht nur die größeren, weil älteren Verwaltungserfahrungen der Länder, die besonders in den ersten Jahren der Bundesrepublik zu vielen Änderungen und Ergänzungen der Gesetzesvorlagen führten, sondern auch die (…) nicht immer ausreichende Reife der gesetzgeberischen Vorlagen, die Korrekturen notwendig erscheinen ließen", urteilte der frühere Bundesratsdirektor Albert Pfitzer in einer Rückschau. In diesen Zusammenhang gehörten auch die Landesvertretungen, die bald in Bonn entstanden und von festen Bevollmächtigten geleitet wurden, die seither als eine Art föderalistische „Kerntruppe" der Länder beim Bund fungieren. Die Länder konnten die relativ starke Beteiligung an der Bundespolitik, die ihnen das Grundgesetz einräumte, so von Beginn an behaupten. „Im Verlauf der ersten Legislaturperiode ist es dem Bundesrat gelungen, seine Rechtsstellung gegenüber der Bundesregierung zu festigen und seine Mitwirkungsmöglichkeiten (…) beträchtlich zu vermehren." (Udo Wengst)

Gar nicht selten: Andere Mehrheiten im Bundesrat als im Bundestag

Dazu trug zweifellos bei, dass in den ersten Jahren im Bundesrat keine ein-
deutige Lagerbildung erfolgte und die Regierung Adenauer keine eigene Mehrheit hatte. In den Ländern herrschte eine bunte Koalitionsvielfalt, Alleinregierungen
waren selten – Union und SPD hatten ihre dominierende Position als Volksparteien zur Rechten und Linken noch nicht erreicht, und noch gab es außer der FDP
auch andere Kleinparteien, die mitmischten. Das bedeutete, dass Adenauer zur
Unterstützung seiner Politik im Bundesrat immer auch auf Landesregierungen mit
SPD-Beteiligung Rücksicht nehmen musste. Erst ab 1955 ergab sich erstmals für
kurze Zeit eine Mehrheit im Bundesrat, die eindeutig hinter der Bundesregierung
(CDU, FDP, Deutsche Partei) stand, und erst ab 1960 hatten die von der Union
geführten Regierungen unter den Kanzlern Adenauer und Ludwig Erhard sichere
eigene Bundesratsmehrheiten. Die große Koalition von Union und SPD hatte zwischen 1966 und 1969 zwangsläufig eine Mehrheit im Bundesrat, während die
SPD/FDP-Regierungen unter den Kanzlern Willy Brandt und Helmut Schmidt zwischen 1969 und 1982 zu keiner Zeit eine rot-gelbe Bundesratsmehrheit hinter
sich wussten. Von 1982 bis 1991 konnte die von Kanzler Helmut Kohl (CDU)
geführte schwarz-gelbe Bundesregierung mit einem „freundlichen" Bundesrat
rechnen, danach ging die Mehrheit verloren. Das rot-grüne Kabinett unter Gerhard
Schröder (SPD) konnte sich nur von 1997 bis 1999 auf Unterstützung des Bundesrates verlassen, nach 2005 galt das wieder für die zweite große Koalition unter
der ersten Bundeskanzlerin Angela Merkel. In der Mehrzahl der Jahre seit 1949
konnten die Bundesregierungen somit nicht mit sicheren, dauerhaften Mehrheiten
im Bundesrat rechnen. In der Hälfte der Zeit regierte die Opposition über die Länderkammer quasi mit.

Kein Schaden für politische Stabilität

Der politischen Stabilität der Bundesrepublik hat das wenig Abbruch getan.
Gegenläufige Mehrheiten in Bundestag und Bundesrat gab es vor allem in jenen
Jahren, in denen die Politik vor größeren Herausforderungen stand: in den Auf-
baujahren nach 1949, in der Zeit der ersten großen Wirtschaftskrise nach 1973,
nach der Wiedervereinigung seit 1991. In diesen Jahren hat die Einbindung der
jeweiligen Opposition dazu beigetragen, Gegensätze abzumildern und parteipolitische Gräben nicht zu tief werden zu lassen. Allerdings bedeuteten „gleichfarbige"
Mehrheiten in Bundestag und Bundesrat nicht zwangsläufig, dass das Regierungs-
geschäft für den jeweiligen Kanzler und sein Kabinett leichter geworden wäre.
Die große Koalition unter Kurt Georg Kiesinger sah sich nach 1966 einem durchaus hartnäckigen Bundesrat gegenüber, und Helmut Kohl hatte mit den selbstbewussten Unions-Ministerpräsidenten der Achtzigerjahre bisweilen seine Mühe.
Doch galt insgesamt die Regel, dass bei identischen Mehrheiten Probleme und
Gegensätze stärker in Parteigremien behandelt wurden und Streitigkeiten daher
gar nicht erst das Vermittlungsverfahren erreichten.

Arbeitsparlament mit Profilierungsplenum

Von Beginn der Bundesrepublik an hatte der Bundesrat eine Doppelfunktion – als bundespolitisches Kontrollorgan der Landesregierungen und der hinter ihnen stehenden Länderverwaltungen sowie als Versammlung von Landespolitikern, die im Bundesrat immer auch als Verfechter ihrer jeweiligen parteipolitischen Positionen auftraten. Die Kontrollfunktion nimmt der Bundesrat vor allem in seinen Ausschüssen wahr, hier wirkt er in der alten Reichstags- und Bundesratstradition wie ein „Arbeitsparlament", das sich intensiv mit der Bundesgesetzgebung befasst und sie mit Blick auf die Umsetzung durch die Länder prüft. Das Plenum des Bundesrates dagegen ist die öffentliche Bühne, hier wird die Länderkammer zum „Redeparlament", in dem die unterschiedlichen Meinungen gegenüber der Bundesregierung oder unter den Ländern artikuliert werden und Ministerpräsidenten und Landesminister auch die Gelegenheit zur Profilierung nach außen nutzen können (auch wenn die öffentliche Aufmerksamkeit für Bundesratsdebatten selten einmal groß ist). Die Ministerpräsidenten als die zentralen Figuren im Bundesrat und in den Ländern vereinigen die beiden Funktionen, die sich in den USA Gouverneure und Senatoren teilen. Die Gouverneure sind die gewählten Oberhäupter der Exekutive in den Einzelstaaten, die Senatoren haben die Aufgabe, Interessen ihres Bundesstaates in Washington zu vertreten. Freilich sind die Senatoren immer auch Parteipolitiker und bestimmen als solche die Bundespolitik mit – entweder mit dem Präsidenten oder gegen ihn. Die deutschen Ministerpräsidenten spielen beide Rollen. Im Übrigen dienen sie wie die Gouverneure und Senatoren in Nordamerika als Führungsreserve auf Bundesebene. Mehrere Bundeskanzler (Kurt-Georg Kiesinger, Willy Brandt, Helmut Kohl, Gerhard Schröder) waren zuvor Ministerpräsidenten, ebenso amtierte eine ganze Reihe erfolgloser Kanzlerkandidaten (Franz-Josef Strauß, Johannes Rau, Oskar Lafontaine, Rudolf Scharping, Edmund Stoiber) zum Zeitpunkt der jeweiligen Bundestagswahl als Landesregierungschef. Nicht zu Unrecht hat der Politikwissenschaftler Winfried Steffani daher von der „Republik der Landesfürsten" gesprochen – und die ist im Grundgesetz ebenso angelegt wie die „Kanzlerdemokratie" oder die „Parteiendemokratie".

Einfluss durch Verwaltungsauftrag

Für den erheblichen Einfluss des Bundesrates auf die Bundesgesetzgebung ist auch der Artikel 84 des Grundgesetzes verantwortlich. Den Ländern gelang es früh, ihre Auffassung durchzusetzen, dass ein Gesetz im Ganzen der Zustimmung des Bundesrates bedarf, wenn – vereinfacht gesagt – der Bund den Ländern Regeln vorgibt, wie sie es umsetzen sollen. Dies wurde als Eingriff in die Verwaltungsautonomie der Länder gesehen, der nicht ohne ihre Zustimmung geschehen durfte. Damit wurden viele Gesetze zustimmungspflichtig, obwohl die Länder der eigentlichen Sache nach kein Mitspracherecht gehabt hätten. Die Haltung der Länder wurde 1958 vom Bundesverfassungsgericht bestätigt. Freilich hatten

Bundesregierung und Bundestag es stets in der Hand, die Ausweitung der Zahl der Zustimmungsgesetze einzudämmen: Sie konnten auch darauf verzichten, den Ländern konkrete Verwaltungsvorschriften zu machen. Eine weitere Ursache für die Stärkung des Bundesrates war die starke Neigung von Bundesregierung und Bundestag, die Möglichkeiten der konkurrierenden Gesetzgebung zu nutzen, um weite Bereiche der Politik an sich zu ziehen. Die vom Grundgesetz zur Verfügung gestellten Generalklauseln – „Herstellung der Rechts- und Wirtschaftseinheit" und „Wahrung der Einheitlichkeit der Lebensverhältnisse" – waren sehr dehnbar und rechtfertigten praktisch jeden Anspruch des Bundes. Ob öffentliche Fürsorge, Arbeitsrecht, Betriebsverfassungsrecht, Förderung der Landwirtschaft, die Angelegenheiten der Vertriebenen – der Bund nahm sich der Sache an, ohne sich lange mit der Frage aufzuhalten, ob nicht nach dem Subsidiaritätsprinzip die Sache besser bei den Ländern verbleiben sollte. Nicht zuletzt die Aufarbeitung der Kriegsfolgen und die Notwendigkeit zu einem Wiederaufbau ließ es der Bundesregierung geraten erscheinen, zentrale Lösungen zu suchen. Damit aber wuchs automatisch auch der Einfluss der Länderkammer. Der Bundesrat wehrte sich bisweilen, das Einlenken wurde erleichtert, weil die Länder ein Zustimmungsrecht behielten – was freilich eher den Landesregierungen nutzte als den Landtagen. Wie schon nach dem Ersten Weltkrieg wurde auch in den Fünfzigerjahren zur Rechtfertigung zentralstaatlichen Vorgehens die Vorstellung geweckt, die Deutschen seien eine Art Schicksalsgemeinschaft, die eng zusammenstehen müsse. Bundestagspräsident Eugen Gerstenmaier (CDU) etwa meinte 1958, als die CDU im Bund allein regierte: „Schon die innere und äußere Bewältigung dessen, was die Deutschen gemeinsam erlebt und erlitten haben, zwingt in Schleswig-Holstein wie in Bayern vor dieselben Fragestellungen und Lösungen. Für die Entscheidungs- und Bewegungshoheit der Länder bleibt damit gerade in den vitalen gesellschaftspolitischen und allgemeinpolitischen Lebensfragen wenig oder kein Spielraum mehr."

Der Bund greift bei den Finanzen zu

Aber nicht nur bei der Gesetzgebung, auch bei der Finanzverteilung nutzte der Bund die Möglichkeiten des Grundgesetzes schnell zu seinen Gunsten aus. Schon 1951 schnitt er sich aus dem großen Kuchen der Einkommen- und Körperschaftsteuer, der zunächst allein für die Länder vorgesehen war, ein großes Stück heraus. 27 Prozent des Steuervolumens flossen nun in die Bundeskasse, 1955 waren es bereits 38 Prozent. Nun sollte es verstetigt werden, denn der Bund wollte nicht jedes Jahr aufs Neue mit den Ländern seinen Anteil verhandeln. Nicht zuletzt der Aufbau der Bundeswehr spielte dabei eine Rolle, aber auch die umfangreichen Kriegsfolgelasten und die Wiedergutmachungsleistungen. Ein weiterer Schritt der Vereinheitlichungspolitik war der Finanzausgleich, wie er 1955 beschlossen wurde. Bis dahin war die Finanzkraft der schwächeren Länder auf nur 75 Prozent des Länderschnitts angehoben worden. Nun stieg er auf knapp 89 Prozent.

Ein Hauptgrund dafür war die gewachsene Gesetzesmacht des Bundes, der darauf pochte, dass Bundesgesetze auch einheitlich umgesetzt wurden – dafür musste wiederum die Finanzausstattung der Länder angenähert werden. Der eigentliche Vorteil der eigenständigen Ausführung der Bundesgesetze durch die Länder ging dadurch zum Teil verloren: dass nämlich die Länder mit Rücksicht auf ihre Etats die Bundesgesetze möglichst kostengünstig umsetzten. Damit zeigte sich schon damals jene paradoxe Konstellation, dass der Bund durch seine Gesetze die Länder belastete, um dies wiederum zum Anlass zu nehmen, sie enger an den „goldenen Zügel" der Bundeshilfen zu nehmen. Die Länder, jedenfalls die stärkeren, wehrten sich heftig gegen die Finanzreform von 1955, es gab drei Vermittlungsverfahren. Am Ende aber mussten sie nachgeben. Die Politik des „goldenen Zügels" wurde in den Fünfzigerjahren konsequent ausgeweitet, denn die Bundesregierung ging auch bald zu jener Politik der Weimarer Reichskabinette über, sich durch direkte Zuwendungen in die Politik der Länder einzumischen. Man nahm den Ländern so ihre Mittel auch weg, um sie wieder den Ländern zuzuschieben. Diese Finanzspritzen gingen schon bald in die Milliarden. „Das Füllhorn des Bundes wurde ausgeschüttet über eine Unzahl von Bereichen, die Landwirtschaft wie die Wasserwirtschaft, über den Wohnungsbau und die Wissenschaft, den Sport und vieles andere mehr – wobei die Dotationen in der Regel mit inhaltlichen und Mitfinanzierungs-Auflagen verbunden waren, die den Ländern eine bestimmte Politik unter Rückstellung eigener Prioritäten aufzwangen, wollten sie auf die angebotenen Bundesmittel nicht verzichten." (Hans Boldt) Die Gestaltungsautonomie der Landtage wurde dabei völlig ignoriert, der Bund „regierte in schwer erträglicher Weise in die Länder und deren Haushalte hinein und steuerte damit die Landespolitik" (Wolfgang Renzsch). Aber die finanzschwachen Länder wurden durch diese Zuwendungen entlastet und wehrten sich nicht gegen die Aushöhlung ihrer Eigenständigkeit.

Die Länder koordinieren sich selbst

Vereinheitlichungspolitik betrieben die Länder aber auch untereinander – durch eine vermehrte Selbstkoordination. Neben die Ministerpräsidentenkonferenz traten die Fachministerkonferenzen, die darüber berieten, ob und wie weit die Regelungen in den einzelnen Ländern angepasst werden sollten. Von 1949 bis 1960 schlossen die Länder untereinander 339 Staatsverträge und Verwaltungsabkommen. Das betraf nicht zuletzt die Schul- und Hochschulpolitik, in der man mehr Homogenität zwischen den Ländern schaffen wollte. Die bereits 1948 etablierte Kultusministerkonferenz (sie hatte Vorläufer bis zurück ins Kaiserreich) bekam dadurch eine lenkende Funktion für diesen Politikbereich. Die Macht der Bürokratie im Verein mit den beteiligten Verbänden wuchs beträchtlich – auch hier auf Kosten der Landtage. Denn vorbereitet wurden die Entscheidungen der Ministerkonferenzen immer in länderübergreifenden Beamtengremien. Diese Form des „Exekutivföderalismus" griff immer weiter um sich. Die Koordinierungsrunden waren wieder eine

„Versicherung auf Gegenseitigkeit" der Bürokratien, die dadurch den Einfluss der Volksvertreter zwar nicht beseitigen, aber doch schwächen konnten. Denn Entscheidungen, die in diesen Beamtenrunden getroffen wurden, stellten die Landtage (und oft auch die Landeskabinette) vor die Wahl, die nach bisweilen langen Verhandlungen einmütig getroffenen Entscheidungen entweder platzen zu lassen oder ohne Veränderung durchzuwinken. Das hatte Folgen: „Je enger die Kooperation und Koordination der Länder untereinander wurde, desto geringer wurde ihre Bedeutung als politische Experimentierfelder, also Orte, an denen sich alternative Politikentwürfe entwickeln und testen lassen. Das ... Prinzip der Vielfalt politischer Handlungsmodelle, das auch im Prozess demokratischer Willensbildung wesentlich ist, wurde auf diese Weise merklich abgeschwächt." (Gabriele Metzler) Freilich hat die Selbstkoordinierung der Länder auch ihre positiven Seiten. Da in den Ministerkonferenzen grundsätzlich das Einstimmigkeitsprinzip gilt, wird die Überstimmung einer Minderheit vermieden. Die Länder fallen sich so nicht gegenseitig in den Arm, die Autonomie bleibt gewahrt. Das klassische Prinzip, dass alle mitentscheiden müssen, was alle betrifft, kommt hier zum Zug. Insofern widerspricht die Selbstkoordinierung dem Föderalismus nicht, sie ist ein geeignetes Mittel, zwischen Einheit und Vielfalt abzuwägen. Aus Sicht der Länder ist die Selbstkoordinierung zudem vorteilhafter als eine Koordinierung über Bundesgesetze, denn auch das Zustimmungsrecht im Bundesrat hebelt nicht den Nachteil aus, dass eine Länderminderheit dann gegebenenfalls das Nachsehen hat und in ihrem autonomen Gestaltungsanspruch verletzt wird. Seit 1949 waren die starken Länder meist in der Minderheit in der Länderkammer. Öffnungsklauseln und Abweichungsrechte in Bundesgesetzen zugunsten der Länder oder nur sehr allgemeine Rahmenvorgaben durch den Bund können den Spielraum zwar erweitern, aber sie sind und bleiben einschränkende Vorgaben „von oben".

Karlsruhe und der Föderalismus

Eine wichtige Rolle bei der Machtverteilung zwischen Bund und Ländern spielte von Anfang an das Bundesverfassungsgericht. In den Fünfzigerjahren neigten die Karlsruher Richter dazu, den Bund zu stärken. So lehnten sie es ab, darüber zu entscheiden, ob bei der konkurrierenden Gesetzgebung das vom Bund für seinen Zugriff behauptete Bedürfnis in Wirklichkeit auch gegeben war. Das sei Sache der Politik, befand das Gericht, sie wollten sich nicht in die Rolle der „Subsidiaritätswächter" begeben. Der Grundtenor der Richter in jener Zeit war unitarisch, an der Spitze des Gerichts stand der Liberale Höpker-Aschoff, der zu Weimarer Zeiten wie auch als Mitglied des Parlamentarischen Rates eher dem Modell des dezentralisierten Einheitsstaates zugeneigt war. Das Bundesstaatsprinzip, in der Sicht des Gerichts ohnehin dem Sozialstaatsprinzip untergeordnet, wurde zudem noch hierarchisch interpretiert. Man ging von einer Pflicht der Länder zur „Einordnung in das Gesamtgefüge" aus, wie es in einer Entscheidung von 1952 hieß. Doch hatten die Länder in Karlsruhe einen Verbündeten, sobald es um die ureigenen Länderbelange ging: Kultur und Bildung. Die Kulturhoheit galt dem Gericht stets als Kernstück der Eigenstaatlichkeit der Länder. In zwei wichtigen Urteilen wies Karlsruhe den Bund deutlich in seine kulturpolitischen Schranken. Im ersten Fall, dem Urteil zum Konkordat der Bundesrepublik mit der katholischen Kirche, betonte es 1957 den Vorrang der Länder in der Schulpolitik. Und im sogenannten Fernsehurteil unterband es 1961 den Versuch Adenauers, durch die Gründung eines zweiten Fernsehsenders durch den Bund quasi einen Regierungssender zu installieren. Die Vergabe von Rundfunkrechten gehörte zu den Rechten der Länder, ein bis heute streng gehütetes Vorrecht, denn Medienpolitik ist immer mehr auch zu wirtschaftlicher Standortpolitik geworden. In dem Urteil von 1961 schrieb das Verfassungsgericht dem Bund auch einen Merksatz ins Stammbuch, der viel über die in der Ära Adenauer (aber auch später) gepflegte Politik des Bundes den Ländern gegenüber aussagt: „Wo immer der Bund sich in einer Frage des Verfassungslebens, an der alle Länder interessiert und beteiligt sind, um eine verfassungsrechtlich relevante Vereinbarung bemüht, verbietet ihm jene Pflicht zu bundesfreundlichem Verhalten, nach dem Grundsatz divide et impera zu handeln, d. h. auf die Spaltung der Länder auszugehen, nur mit einigen eine Verständigung zu suchen und die anderen vor den Zwang des Beitritts zu stellen." Damit hatte sich das Gericht zu einer etwas föderalistischeren Position durchgerungen. Der Bund soll nicht „teilen und herrschen", weil das der Bundestreue widerspricht – diese wurde nun als gegenseitige Verpflichtung betrachtet, nicht mehr nur als alleinige Pflicht der Länder gegenüber dem Bund.

Der „unitarische Bundesstaat"

Im Jahr 1962 fasste der Staatsrechtler und spätere Verfassungsrichter Konrad Hesse die Entwicklung seit 1949 in einer Analyse zusammen: Er bezeichnete die Bundesrepublik als einen „unitarischen Bundesstaat". Anders gesagt: Einheit ging vor Vielfalt. Viele Wissenschaftler jener Zeit gingen von einer zwangsläufigen Entwicklung hin zum Zentralstaat aus (eine offenbar häufiger wiederkehrende Erkenntnis). Die Aufgaben, die von den Ländern erledigt werden könnten, seien immer mehr zusammengeschmolzen, meinte Hesse. „Das steigende Gewicht von Technik, Wirtschaft und Verkehr, die gewachsenen Verflechtungen und Interdependenzen des wirtschaftlichen und sozialen Lebens wie die gestiegenen Planungs-, Lenkungs- und Verteilungsaufgaben, welche dadurch hervorgerufen worden sind, kurz: die Entwicklung zum sozialen Rechtsstaat verlangt nach Einheitlichkeit und Gleichmäßigkeit." Der Sozialstaat, so schrieb Hesse weiter, „verlangt gebieterisch eine weitgehende sachliche Unitarisierung". Dieser Sozialstaat hatte zur Mitte des 20. Jahrhunderts gewaltige Dimensionen angenommen. Gerade erst hatte die Regierung Adenauer mit der Rentenreform von 1957 ein neues kollektives Sicherungssystem für das Alter geschaffen. In Nürnberg wuchs die Bundesanstalt für

Arbeit zu einer Mammutbehörde für die Arbeitslosenversicherung und immer mehr auch für eine aktive Arbeitsmarktpolitik heran. Nach Ansicht vieler Wissenschaftler mussten die entscheidenden Hebel im modernen Sozial- und Interventionsstaat zentral bedient werden. Da Landespolitik demnach nur noch wenig gefragt war, lag die Zukunft des Bundesrates für Hesse allein in seiner bürokratischen Funktion. Die Fachkompetenz der Landesverwaltungen sollte auf Bundesebene als Kontrollfaktor gegenüber der Bundesbürokratie in Stellung gebracht werden – damit wurde die gewaltenteilige Funktion des Föderalismus in einem Staat hervorgehoben, in dem die Verwaltungsbehörden und die Beamtenschaft eine wesentliche Rolle spielten. Hesse schrieb dem Bund „das Grundsätzliche und Richtunggebende" zu, die Aufgabe der Länder sei dagegen „mehr auf die sachgemäße Ausgestaltung und das Konkrete" gerichtet. Die Kontrolle der Bürokratie durch die Bürokratie ist dabei zweifellos ein Vorteil des deutschen Exekutivföderalismus, weil der einzelne Parlamentsabgeordnete und auch die Fraktionen in Bundestag und Landtagen angesichts der oft komplizierten Zusammenhänge des modernen Staates dem Sachverstand der Beamten oft wenig entgegenzusetzen haben. Doch funktioniert dieses System nur dann, wenn die bürokratische Kontrolle auch stattfindet und nicht in jene „Gegenseitigkeitsversicherung" von Bürokratien umschlägt, die Max Weber als Fluch des Föderalismus im Kaiserreich beschrieben hatte.

Unendlich viele Hände

Im modernen Sozial- und Interventionsstaat wurde eine ganz neue Form des Regierens nötig, glaubten viele Wissenschaftler damals, und die Politik glaubte es auch. Der Politikwissenschaftler Wilhelm Hennis meinte, „die gewaltig angewachsenen Staatsaufgaben können, je mehr sie wachsen, um so weniger eine neben der anderen, sauber nach Ressorts aufgeteilt, bewältigt werden, sondern bedürfen mehr und mehr der Koordination, der obersten Zusammenfassung an einem Ort. Bei den unendlich vielen Händen, die sich der moderne Staat zugelegt hat, muss jede wissen, was die andere tut, denn alles ist in einer vorher unbekannten Weise miteinander verzahnt und verkoppelt." Der technokratisch-bürokratische Staat verlangte also nicht nur zentrale Lenkung, sondern auch mehr Zusammenarbeit über alle staatlichen Ebenen hinweg. Globalsteuerung war ein Zauberbegriff der neuen Ära, möglichst hohe Effizienz das Kernziel, Zukunftsgestaltung ein Anspruch, den alle Parteien auf ihre Wahlplakate schrieben. Politik, Wissenschaft und Verwaltung waren von einer Planungseuphorie ergriffen, man hielt es für möglich, die wirtschaftliche und soziale Entwicklung vorauszuberechnen und daher auch beherrschen zu können. Alles hing mit allem zusammen: Wirtschafts-, Sozial-, Finanz-, Umwelt- und Bildungspolitik mussten als Ganzes gesehen werden. Föderalismus im Sinne von autonomem Handeln in Bund und Ländern hatte in diesem Denken praktisch keinen Platz mehr, Bündelung, und nicht Trennung, lautete die Devise.

215

Alle Macht dem Bund?

Den Ministerpräsidenten war nicht ganz wohl angesichts dieser Entwicklung, die alle Macht beim Bund konzentrierte, auch wenn es den Bundesrat stärkte. Denn das Mitreden auf Bundesebene war letztlich doch kein adäquater Ersatz für die Eigenständigkeit im Land. Im Juni 1963 forderten sie „eine klare Abgrenzung von Bundesaufgaben, Länderaufgaben und gemeinschaftlichen Aufgaben", zumal den stärkeren Ländern das ständige Eingreifen des Bundes über „wilde" Finanzierungsprogramme lästig wurde. Die „unsystematische Förderung der verschiedensten Aufgaben" sollte beendet werden. Im Frühjahr 1964 setzten Bund und Länder daher eine Sachverständigenkommission unter Leitung von Heinrich Troeger, einem SPD-Finanzpolitiker und Vizepräsidenten der Bundesbank, ein. Die Experten sollten sich Gedanken zu einer Reform machen. Das Ergebnis, das die Troeger-Kommission Anfang 1966 vorlegte, lag ganz im Trend der Zeit, nach der die bundesstaatliche Ordnung nicht rational genug, nicht modern genug, nicht zentralisiert genug war. Die Schlussfolgerung lautete, dass „entscheidend wichtige Probleme mit der überkommenen Form des Föderalismus nicht mehr befriedigend gelöst werden können". Nötig sei ein stärkeres Zusammenspiel zwischen Bund und Ländern auch auf jenen Feldern, auf denen die Länder bislang noch selbst entschieden – sei es allein oder durch Selbstkoordinierung. Der entscheidende Satz lautete: „Der Föderalismus unserer Zeit kann nur ein kooperativer Föderalismus sein." Diese Kooperation – die letztlich auf eine zentrale Koordinierung durch den Bund hinauslief – sollte vor allem über „Gemeinschaftsaufgaben" ins Werk gesetzt werden. Die Länder, die das nicht ablehnten, hatten dabei ursprünglich nur einige Bereiche im Sinn, die damals ausgebaut wurden und daher die Landesetats stark belasteten: Hochschulbau, regionale Wirtschaftsförderung, Agrarsubventionen, Küstenschutz, Städtebau. In den Landeshauptstädten zielte man auf Bundesmittel, nicht auf Bundeslenkung. Die Troeger-Kommission dagegen forderte quasi eine Generalermächtigung für die vom Bund gesteuerte Kooperation bei allen Länderaufgaben, wenn diese „für die Gesamtheit bedeutsam sind und einer langfristigen, gemeinsamen Planung bedürfen". Zudem sollte der Bund Einfluss bekommen auf die Etatgestaltung der Länder, denn Basis des Troeger-Gutachtens war die Ansicht, der Staat müsse zu einer konjunkturpolitischen Steuerung übergehen. Mit diesen Vorschlägen wäre dem Bund „ein praktisch unbeschränktes Feld von Eingriffsmöglichkeiten in Länderkompetenzen und an Aufsichtsrechten bei der Ausführung der gemeinschaftlichen Planungsvorhaben" (Hans Boldt) eröffnet worden, auch wenn der Bundesrat immer sein Plazet hätte geben müssen.

Kooperativer Föderalismus

Durchgesetzt hat den „kooperativen Föderalismus" die große Koalition von Union und SPD, die sich im Dezember 1966 unter dem neuen Bundeskanzler Kurt-Georg Kiesinger zusammenfand. Durch deren ungefährdete Zweidrittelmehrheit

Kabinettssitzung der Großen Koalition
im Garten des Palais Schaumburg am 6. Juli 1967.

in Bundestag und Bundesrat war die notwendige Verfassungsänderung kein Problem – die Parteiräson siegte über (die durchaus hartnäckigen) Länderbedenken, und die führenden Parteipolitiker saßen im Bonner Kabinett. Die große Koalition orientierte sich bei ihrer Föderalismusreform an den Vorschlägen der Troeger-Kommission. Die Finanzverfassung wurde völlig umgeformt: das Steuersystem mit seiner bisweilen unklaren Verteilungswirkung wurde zu einem großen Bund-Länder-Verbund umgestaltet, das etwas willkürliche Dotationswesen des Bundes durch die neuen Gemeinschaftsaufgaben ersetzt, der Finanzausgleich bekam eine neue Gestalt. Der „kooperative Bundesstaat", der dadurch geschaffen wurde, war zwar für beide Seiten kalkulierbarer und überschaubarer als das eher unkoordinierte Bund-Länder-Verhältnis der Adenauer-Ära, aber er war noch unitarischer als der Bundesstaat der Jahre davor. Dieses neue System der „Politikverflechtung" bedeutete, dass Entscheidungen in hohem Maße einen allseitigen Konsens von Bund und Ländern voraussetzten, der Föderalismus wurde sozusagen verhandlungsintensiver. Im engen „Verbundföderalismus" – ein weiterer Begriff zur Umschreibung der neuen Verhältnisse – ging damit Flexibilität verloren. Er brachte mehr Bürokratie und mehr Abstimmungsbedarf.

Die neuen Gemeinschaftsaufgaben

Allerdings konnten die Länder eine Generalermächtigung verhindern, die neuen Gemeinschaftsaufgaben wurden einzeln ins Grundgesetz geschrieben und damit begrenzt: Von nun an redete der Bund beim Hochschulbau, der „Verbesserung der regionalen Wirtschaftsstruktur" und der „Verbesserung der Agrarstruktur und des Küstenschutzes" mit. Vor allem die Gemeinschaftsaufgabe der Wirtschaftsförderung gab dem Bund erhebliche Möglichkeiten. Im Gegensatz zu den Koordinierungsgremien der Länder kannten die nun eingesetzten neuen Bund-Länder-Ausschüsse kein Einstimmigkeitsprinzip: Die Bundesregierung verfügte über die Hälfte der Stimmen, jedes Land nur über eine. Für den Bund war es daher einfach, vor allem mit den schwächeren Ländern die für Entscheidungen nötige Dreiviertelmehrheit zu erreichen und damit die starken Länder auszuhebeln. Ein wenig erinnerte dies an den Mechanismus der preußischen Hegemonie im Bundesrat des Kaiserreiches. Selbst in die Kulturhoheit der Länder durfte der Bund sich nun einmischen: zur Bildungsplanung und Forschungsförderung wurden gemeinsame Vereinbarungen von Bund und Ländern ermöglicht. Die Kosten bei den Gemeinschaftsaufgaben trugen Bund und Länder je zur Hälfte. Das bedeutete, dass die Etathoheit von Bundestag und Landtagen beschränkt wurde, denn diese Mischfinanzierungen wurden in den Bund-Länder-Ausschüssen festgeklopft, bevor sie die Parlamente erreichten.

Der große Steuertopf

Das zweite große Reformprojekt der Großen Koalition – eine Gemeinschaftsarbeit des Finanzministers Franz Josef Strauß (CSU) und des Wirtschaftsministers Karl Schiller (SPD) – war die Neuordnung der Finanzverfassung, die im Zeichen des kooperativen Föderalismus nun Bund und Länder in einen engen Verbund brachte. Die weitgehende Steuertrennung war nicht unproblematisch gewesen: Die Einkommen- und Körperschaftsteuer, die grundsätzlich den Ländern zustand, war konjunkturanfälliger als die Umsatzsteuer, die der Bund vereinnahmte. Damit hatten die Länder die weniger sichere Steuerart, obwohl gerade ihre Haushalte wegen der hohen Fixkosten für Personal und Verwaltung weniger flexibel waren als der Bundesetat. Nun wurde ein großer Steuerverbund geschaffen: Die großen Steuerarten wurden zu Gemeinschaftssteuern, die sich Bund und Länder teilten. Die jeweiligen Anteile wurden seither immer wieder verändert und angepasst, es ist ein dauerhafter Streitgegenstand zwischen Bund und Ländern.

Finanzausgleich mit größerer Verteilwirkung

Der Finanzausgleich wurde ebenfalls reformiert: Das Ausgleichsniveau zugunsten der schwächeren Länder stieg nun auf 95 Prozent. Zudem wurden sogenannte Bundesergänzungszuweisungen geschaffen, mit denen der Bund die schwächeren Länder noch zusätzlich unterstützen konnte. Die Summe dieser Zuweisungen stieg von 100 Millionen Mark (1970) auf 2,7 Milliarden Mark im Jahr

1989. Der eigentliche Länderfinanzausgleich – also die Verschiebungen zwischen den Ländern – nahm in dem Zeitraum von 1,2 auf 3,5 Milliarden Mark zu. Das Ziel, über das höhere Ausgleichsniveau zu geringeren originären Finanzkraftunterschieden zwischen den Ländern zu kommen, erfüllte sich jedoch nicht. Die meisten finanzschwachen Länder blieben schwach. Allerdings konnte mit der Ausweitung des Ausgleichs auch verhindert werden, dass sie den Anschluss verloren. Mit der Finanzreform von 1969 wurden zudem Finanzhilfen des Bundes an die Länder ermöglicht – für „besonders bedeutsame Investitionen", die der „Abwehr einer Störung des gesamtwirtschaftlichen Gleichgewichts" dienen konnten, der „Förderung des wirtschaftlichen Wachstums" oder dem Ausgleich unterschiedlicher Wirtschaftskraft. Mit diesen eher dehnbaren Argumenten konnten Hilfen jeder Art begründet werden – die zwar der Zustimmung des Bundesrates bedurften, in dem jedoch die schwächeren Länder die Mehrheit hatten. Dass ausgerechnet Strauß, damals schon CSU-Chef (und damit Vorsitzender einer föderalistischen Partei), für den Zentralisierungsschub von 1969 mitverantwortlich zeichnete, hatte zweifellos damit zu tun, dass Bayern damals noch ein Empfängerland im Finanzausgleich war. Mehr Mittel vom Bund waren daher lukrativ – immerhin gelang es Bayern unter anderem dadurch, in den Achtzigerjahren in den Kreis der Zahlerländer vorzustoßen. Der bayerische Erfolg war jedoch der Ausnahmefall. Als Bundesfinanzminister hatte Strauß aber auch den Gesamtstaat im Blick, und aus seiner damaligen Sicht war der Föderalismus in Richtung Vereinheitlichung zu reformieren. „Eine trennscharfe Abgrenzung der Aufgabenbereiche von Bund und Ländern ist in dem gesellschaftlichen und wirtschaftlichen Leben unserer Zeit mit seinen vielfältigen und sich vermehrenden überregionalen Verflechtungen nicht mehr auf allen Gebieten möglich", sagte er 1968 im Bundestag und fügte hinzu: „Die dynamische Kraft des staatlichen und gesellschaftlichen Lebens darf nicht durch das Festhalten an unzeitgemäß werdenden Formen zum Schaden des Ganzen gehemmt werden." Föderalismus war – wie meist in Zeiten großer Reform- und Aufbruchphasen – Ende der Sechzigerjahre „out". Seine vor allem machthemmende Funktion erschien angesichts der sehr weit reichenden technokratischen Machbarkeitsvorstellungen als Hindernis. Als Ministerpräsident von Bayern war Strauß später allerdings über viele Auswirkungen der umfangreichen Föderalismusreform der großen Koalition zwischen 1966 und 1969 nicht glücklich.

Haushaltssteuerung à la Plisch und Plum

Schon zwei Jahre vor der großen Finanzreform hatten Strauß und Schiller (die nach einer Bildergeschichte von Wilhelm Busch auch „Plisch und Plum" genannt wurden) mit einer Grundgesetzänderung und dem nachfolgenden Stabilitäts- und Wachstumsgesetz erhebliche Einschnitte in den Föderalismus vorgenommen. Bis 1967 waren Bund und Länder „in ihrer Haushaltswirtschaft selbständig und voneinander unabhängig", wie es im Artikel 109 des Grundgesetzes hieß. Nun aber wurde der Artikel ergänzt, um jene finanzpolitische Lenkung zu ermöglichen, mittels derer man glaubte, die wirtschaftlichen Konjunkturveränderungen in den Griff zu bekommen. Schiller verkündete optimistisch, Rezessionen werde es hinfort nicht mehr geben. Die Etats von Bund und Ländern mussten nun einem „gesamtwirtschaftlichen Gleichgewicht" Rechnung tragen, das vier Ziele hatte: stabile Preise, wenig Arbeitslosigkeit, außenwirtschaftliches Gleichgewicht, stetiges Wirtschaftswachstum. Um dieses „magische Viereck" zu erreichen, konnten mit Zustimmung des Bundesrates für Bund und Länder „gemeinsam geltende Grundsätze für das Haushaltsrecht, für eine konjunkturgerechte Haushaltswirtschaft und für eine mehrjährige Finanzplanung" aufgestellt werden. Damit war die Autonomie der Länder stark eingeschränkt, die Bundesregierung schwang sich zum wirtschafts- und finanzpolitischen Kapitän auf, der die Richtung vorgab. Ein Grund dafür war, dass zum neuen Ansatz der Konjunkturpolitik (nach der keynesianischen Lehre) auch eine aktive staatliche Investitionspolitik gehörte − und Mitte der Sechzigerjahre gebot der Bund nur über 20 Prozent der öffentlichen Investitionen, Länder und nicht zuletzt Kommunen dagegen über mehr als 60 Prozent. Um Konjunkturlenkung betreiben zu können, musste sich der Bund also den Zugriff auf die Länderetats sichern. Zur Koordinierung wurden ein Konjunkturrat und dann ein Finanzplanungsrat ins Leben gerufen. „Deren Intention war, die Haushaltspolitik der Länder an die des Bundes anzubinden (wobei offenbar unterstellt wurde, dass der Bund im Gegensatz zu den Ländern stets eine konjunkturpolitisch vernünftige Fiskalpolitik betreibe)." (Heidrun Abromeit) Zwar dauerte der Versuch der zentralen Etatkoordinierung nur einige Jahre, aber der damals geschnürte enge Finanzverbund von Bund und Ländern erwies sich als dauerhaft, wenn auch ungeliebt in den stärkeren Ländern. Natürlich bedeuteten auch diese Entscheidungen eine beträchtliche Aufwertung der Bürokratie.

Kooperation auch bei Bildung und Beamten

Der kooperative Föderalismus erfasste auch die ausschließlichen Länderaufgaben. Der Bund regelte bald schon die Ausbildungsbeihilfen (Bafög) und wurde für die Sicherung der Krankenhäuser zuständig. Noch gravierender war die Möglichkeit, dass der Bund „die allgemeinen Grundsätze des Hochschulwesens" bestimmen durfte, eine Generalklausel, die zu ausgedehnten Eingriffen in diesen klassischen Länderbezirk geradezu einlud. Neu eingeführt wurde sogar eine gemeinsame Bildungsplanung von Bund und Ländern. Die Gefahren, die dem Föderalismus aus der Überbetonung von Kooperation in einem bürokratischen System entstehen können, machte der Politologe Heinz Laufer deutlich, als er Mitte der Siebzigerjahre schrieb: „Die Parlamente der Länder werden völlig resignieren und endgültig zu reinen Akklamationsorganen herabsinken. Die Parteien geben ihre Innovationsfunktion im bildungspolitischen Bereich auf, da ja künftig alles Heil von der Bund-Länder-Kommission zu erwarten ist. So wird deren Existenz und

Tätigkeit dazu führen, dass Wettbewerb, Eigeninitiative, Risikofreudigkeit, Experimente, Selbstverantwortung im Gesamtbildungsbereich völlig verschwinden." Doch Bund und Länder machten auch bei der Bildung noch nicht halt. 1969 wurde sogar die Beamtenbesoldung bundeseinheitlich geregelt, was freilich auf den Wunsch der Länder zurückging, die eine einheitliche Bezahlung der Staatsdiener als vorteilhaft empfanden (ein Verzicht auf ein Autonomierecht, der sich als teuer erwiesen hat und mit der Föderalismusreform 2005 angesichts überbordender Pensionsverpflichtungen rückgängig gemacht wurde). 1971 wurde schließlich das gesamte Beamtenrecht zur Vereinheitlichung freigegeben – die Länder konnten damit über ihre eigenen Bediensteten nur noch über den Bundesrat mitentscheiden.

Neugliederung als Ausweg?

Die sozialliberale Koalition wollte das bundesstaatliche Reformkarussell nach 1969 erst richtig in Schwung bringen. 1970 wurden gleich drei Kommissionen eingesetzt, die sich weitere Veränderungen des Föderalismus ausdenken sollten: eine Enquetekommission des Bundestages zur Generalrevision des Grundgesetzes, eine Sachverständigenrunde unter Leitung des ehemaligen Staatssekretärs Werner Ernst, die eine Neugliederung der Länder vorschlagen sollte, und eine Kommission der Länder, die ebenfalls föderale Fragen beriet. Die Bundestags- und die Länderkommission brachten keine nennenswerten Ergebnisse. Die Ernst-Kommission dagegen sehr wohl: Sie empfahl vor allem eine neue Flurbereinigung. Die Ländergliederung sollte sich vor allem nach „Leistungsfähigkeit" und „wirtschaftlicher Zweckmäßigkeit" richten, also nach reinen Effizienzkriterien. Die Länder wurden in diesen Plänen zu beliebig festlegbaren Wirtschaftsregionen, die man ähnlich wie Wahlkreise regelmäßig neu zuschneiden konnte. Die Kommission bot der Politik vier Modelle an, in denen nur Nordrhein-Westfalen und Bayern durchweg Bestand hatten. Ansonsten sollte im Norden ein Land „Nord" entstehen, oder auch zwei Länder „Nordost" und „Nordwest", weiter südlich war auch von Ländern wie „Mittelwest C" oder „Südwest D" die Rede. Je nach Kombination hätte die Bundesrepublik dann fünf oder sechs Länder gehabt. Die zwölf Professoren in der Kommission hofften allerdings auch, dass leistungsstärkere Länder wieder zu mehr eigenständigen Entscheidungen fähig sein würden. Der Bundesinnenminister Werner Maihofer (FDP) betonte jedoch, durch eine Neugliederung dürfe „der Prozess einer notwendigen Konzentration von Gesetzgebungszuständigkeiten beim Bund nicht aufgehalten oder Kompetenzen vom Bund auf die Länder zurück übertragen werden." Das Gutachten blieb folgenlos, wie Dutzende offizielle oder halbamtliche Vorschläge zuvor. Auch in der Bevölkerung gab es keinen Widerhall, eine umfassende Länderneugliederung wird bis heute mehrheitlich abgelehnt. 1976 zog die Politik daraus die Konsequenz: Sie änderte den Artikel 29 des Grundgesetzes, der ursprüngliche Verfassungsauftrag zur Neugliederung wurde ersetzt durch die Möglichkeit, wonach eine Neugliederung erfolgen kann.

Der Sieger ist – die Bürokratie

Diese Einsicht war auch das Ergebnis einer Ernüchterung in Politik und Gesellschaft, die sich Mitte der Siebzigerjahre einstellte. Die Reformeuphorie war verflogen, die hohen Erwartungen an politische Planung, wirtschaftliche Steuerung und gesellschaftliche Lenkung waren bald enttäuscht worden. Der „Ölpreisschock" von 1973 saß tief, die Konjunkturpolitik hatte sich nicht als die erhoffte Wunderwaffe erwiesen. Und der kooperative Föderalismus, der Bund und Länder durch Gemeinschaftsaufgaben und Mischfinanzierungen aneinanderband, erfüllte die Erwartungen ebenfalls nicht. Die extreme Politikverflechtung hatte eigentlich nur einen Sieger: die Bürokratie in Bund und Ländern, die sich auf Kosten der Parlamente einen kräftigen Machtzuwachs verschafft hatte. „Gleichgesinnte Seelen" (Hans Boldt), die „Fachbruderschaften" in den Bundes- und Landesministerien, vereint in einer bis dahin ungekannten „Ressortkumpanei" (Frido Wegener), machten sich eifrig daran, umfangreiche Gemeinschaftsprogramme aufzulegen, auf die weder Bundestag noch Landtage großen inhaltlichen Einfluss hatten. Die Parlamente waren vor die Alternative gestellt, die durch Kooperation aller Beteiligten entwickelten Vorschläge entweder pauschal abzulehnen oder eben durchzuwinken und das Geld dafür zu bewilligen, denn Änderungswünsche eines Parlaments konnten stets mit dem Verweis auf den „Paketcharakter" des Vorhabens abgewiesen werden – jedes Aufschnüren hätte zu einer Neuverhandlung des politischen Kunstwerks führen müssen. Gerade in den finanzschwächeren Ländern konnten die Landtage mit der Aussicht auf eine Bundesbeteiligung von 50 Prozent gelockt werden, weshalb der kooperative Föderalismus häufig auf eine Interessengemeinschaft des Bundes mit den Schwachen gegen die stärkeren Länder hinauslief, die lieber auf Bundesmittel verzichtet und stattdessen wirklich autonom entschieden hätten. Der Bundesrat gewann in diesem Prozess noch mehr an Einfluss: Die Zahl der Zustimmungsgesetze wuchs nun nahe an 60 Prozent heran, weil immer mehr ursprüngliche Länderaufgaben zentral geregelt, aber von den Ländern umgesetzt wurden.

Gegenmehrheit im Bundesrat

Den Machtzuwachs des Bundesrates bekam die sozialliberale Koalition deutlich zu spüren. Sie hatte von Beginn an keine eigene Mehrheit in der Länderkammer, und seit Mai 1972 sogar (mit einer kurzen Unterbrechung 1977/78) eine Unionsmehrheit gegen sich. Der ehemalige Kanzler Kiesinger drohte schon nach der Wahl 1969 damit, dass der Bundesrat „ein wichtiges Instrument der Opposition" sein werde. Damit regierte in den Siebzigerjahren informell eine Allparteienkoalition von Union, SPD und FDP – andere Parteien spielten damals keine Rolle. Die Bundesregierung war gezwungen, ihre Gesetzgebungsvorhaben immer wieder an Wünsche von CDU und CSU anzupassen. Eine offene Blockadepolitik betrieb die Union nicht (und wirklich blockiert hat der Bundesrat seit 1949 auch selten, weniger als zwei Prozent der Gesetze scheiterten an der Länderkammer). Das Ziel der Union war vor allem die Veränderung der Bundesgesetze nach ihren Interessen über den Verhandlungsweg. Das geschah meist im Vermittlungsausschuss von Bundestag und Bundesrat – bei jedem fünften Gesetz war zwischen 1972 und 1980 ein solches Vermittlungsverfahren nötig. Der FDP kam in jenen Jahren die Aufgabe zu, zwischen den Volksparteien gegebenenfalls zu vermitteln – in den Ländern koalierte sie sowohl mit der CDU als auch mit der SPD. Ganz problemlos war diese Konstellation nicht: Denn der Wettbewerb zwischen den Parteien verlangte die Betonung der Gegensätze, im tagespolitischen Geschäft war aber Kooperation die Regel. Damit lief entweder der Parteienwettbewerb leer, „oder aber er blockiert das Funktionieren der bundesstaatlichen Institutionen", konstatierte der Politikwissenschaftler Gerhard Lehmbruch. Das Ergebnis des Konflikts ging zulasten der Parteienprofilierung – es hat aber möglicherweise gerade in jenen schwierigen Jahren zur politischen Stabilität Deutschlands beigetragen, das die weltweite Wirtschaftskrise jener Jahre besser meisterte als andere Industriestaaten.

Gemischte Bilanz und enttäuschte Erwartungen

Die Bilanz des kooperativen Föderalismus war sehr gemischt. Gescheitert ist vor allem die gemeinsame Bildungsplanung. Hier waren die Meinungsunterschiede zwischen den Parteien und auch unter den Ländern zu groß, als dass eine koordinierte Politik Aussicht auf Erfolg hätte haben können. Die wichtigste Voraussetzung für einen kooperativen Föderalismus – ein breiter Grundkonsens über die Ziele und die Mittel – war hier nicht gegeben. 1982 wurde die gemeinsame Bildungsplanung sang- und klanglos eingestellt, ohne dass sie größere Ergebnisse geliefert hätte. Dennoch lastet seither ein größerer Unitarisierungsdruck auf der Bildungspolitik. Die Kultusministerkonferenz übernahm wie zuvor die Aufgabe, nötige oder gewünschte Vereinheitlichungen zwischen den Ländern herbeizuführen. In nahezu allen bildungspolitischen Debatten, zuletzt in der Diskussion um den „PISA-Schock" Anfang des neuen Jahrtausends, mussten sich die Länder aber gegen das Argument wehren, allein durch größere Vereinheitlichung und mehr Bundeskompetenzen ließen sich bildungspolitische Probleme lösen. Die anderen Gemeinschaftsaufgaben – Agrar- und Regionalförderung, Hochschulbau, Wohnungsbau – konnten eher umgesetzt werden, weil sie weniger konfliktträchtig waren. Die vom Bund gewünschte Lenkungsfunktion scheiterte allerdings häufig an der Solidarität der Länder, die zwar an Bundesmitteln interessiert waren, nicht aber an detaillierter Steuerung. Zur Ernüchterung trug auch bei, dass das bürokratische Verfahren der Gemeinschaftsaufgaben und Mischfinanzierungen für den Bund ein teures Geschäft wurde. Der Anteil des Bundesetats für Gemeinschaftsaufgaben wuchs in den Siebzigerjahren beträchtlich. Am Ende waren alle Seiten unzufrieden: „Die Politikverflechtung verkam aus Sicht des Bundes immer mehr zur Mitfinanzierungspflicht für Länder-Vorhaben ohne gleichwertige Mitspracherechte." (Fritz W. Scharpf) Den Ländern dagegen missfiel der hohe bürokratische Aufwand, den die Koordination mit sich brachte. Letztlich wäre es wohl effektiver gewesen, den Ländern die Mittel insgesamt zur autonomen Umsetzung der Projekte zu übertragen. Bundeskanzler Schmidt kündigte 1980 an, dass der Bund sich aus dem Planungs- und Finanzierungsverbund mit den Ländern zurückziehen wolle – allerdings vergeblich, weil die Fachressorts in Bund und Ländern und auch viele Interessenverbände, denen diese bürokratische Form des Föderalismus nützlich war, sich dagegen wehrten. Es kam nur zu einem Rückbau, und auch mit der Föderalismusreform 2005 gelang nur eine teilweise Beendigung.

In der Politikverflechtungsfalle

Der Politikwissenschaftler Fritz W. Scharpf konstatierte Mitte der Achtzigerjahre schließlich, dass die Bundesrepublik in einer „Politikverflechtungsfalle" gefangen sei, deren charakteristische Gefahr „der Immobilismus in Krisensituationen" sei. „Dem kooperativen Föderalismus fehlte die Fähigkeit zur raschen und problemgerechten Reaktion auf krisenhafte Veränderungen der wirtschaftlichen Lage." Durch die Politikverflechtung habe sich eine „geradezu paradoxe Spielart des Föderalismus entwickelt", urteilte Scharpf: In Deutschland hatten die Gliedstaaten zwar nur noch wenig Autonomie, dafür aber beträchtlichen Einfluss auf die Entscheidungen auf gesamtstaatlicher Ebene. Das war zwar im Grundgesetz so angelegt, aber mittlerweile hatte es einen Grad erreicht, der vielen als nicht mehr akzeptabel erschien. Es stellte sich immer mehr die Einsicht ein, dass der kooperative Föderalismus in eine Sackgasse geführt hatte und reformbedürftig war. „Die Verantwortlichkeit der Ebenen im Bundesstaat erschien kaum mehr nachvollziehbar und die Selbständigkeit der Länder wurde ebenso eingeschränkt wie die Handlungsfähigkeit des Bundes." (Ursula Münch) Die Landtage waren die großen Verlierer und – um es zuzuspitzen – auf einem Tiefpunkt ihrer langen Geschichte angelangt. Das Pendel war bis zum Anschlag in Richtung Unitarismus geschwungen und dort hängen geblieben. Doch wie sollte es wieder freikommen? Im Grunde gab es nur einen Weg: Das Pendel musste wieder in die andere Richtung schwingen können. Die Länder mussten also wieder mehr Eigenständigkeit bekommen, was zu weniger Vetomöglichkeiten im Bundesrat führen würde – denn beides war eng aneinander gekoppelt. Der Weg der Reform war also die Entflechtung, soweit das im „kooperativen Föderalismus" möglich und wünschenswert war.

Wettbewerbsföderalismus

Nicht von ungefähr kam in den Achtzigerjahren ein Begriff auf, der Rettung versprach. Die Forderung nach einem „Wettbewerbsföderalismus" fand immer mehr Anhänger und galt als ein möglicher Weg aus der „Politikverflechtungsfalle". Diese Vorstellung von Föderalismus hatte zwei Seiten. Zum einen lag ihr die Meinung zugrunde, dass wirtschaftliche Standortkonkurrenz von Regionen die Normalität sei und diese Regionen daher nicht gefesselt werden dürften, sollten sie nicht

Nachteile erleiden. Zum anderen aber stand hinter dem Konzept auch die Meinung, dass ein verstärkter Wettbewerb um die beste Lösung zwischen den Ländern (ob in der Sozial- oder Bildungs- oder Technologiepolitik) auch dem Gesamtstaat Vorteile bringe. Eine große Rolle beim verfassungspolitischen Umdenken spielte die Entwicklung in Europa. In den Achtzigerjahren begann die Weiterentwicklung der Europäischen Gemeinschaft zur engeren Union, wie sie dann durch den Vertrag von Maastricht 1994 entstand. In einem europäischen Binnenmarkt (er kam 1993) würde die nationalstaatliche Wirtschaftspolitik nicht mehr so entscheidend sein wie zuvor, sondern auf Brüssel übergehen – und auf die Länder. Denn die Brüsseler Förderpolitik war und ist weniger auf die Nationalstaaten ausgerichtet als auf die Regionen. Mehr Eigenständigkeit der Länder, so das Kalkül, würde Deutschland fit machen für diesen regionalen Standortwettbewerb. In jener Zeit begannen die Länder auch, sich in Brüssel eigene Vertretungen einzurichten. Die Idee von einem „Europa der Regionen" war gerade in den Achtzigerjahren besonders populär. Selbst der klassische Zentralstaat Frankreich änderte 1982 seine Verfassung, um mehr Dezentralisierung zu ermöglichen – in Großbritannien ging man den gleichen Weg.

Kritik am Finanzausgleich

Die stärkeren Länder nahmen nun den Länderfinanzausgleich im engeren Sinne, also die Ausgleichszahlungen untereinander, in die Kritik. Ganz im Gegensatz zum Wortsinn des Begriffs wird auch dieser Ausgleich durch Bundesgesetz festgelegt, nicht durch Vereinbarung der Länder. Sein Volumen war zwar (im Jahr 1988) mit etwa 3,4 Milliarden Mark nicht exorbitant hoch, hatte sich aber seit 1970 verdreifacht und nahm den stärkeren Ländern jene Mittel, die sie angesichts immer knapper werdender Kassenlage lieber selber für eigene Projekte eingesetzt hätten. Zudem zeigte sich nun auch ein Gewichtungsproblem: Hatten nach 1970 zunächst vier Länder in den Ausgleich eingezahlt (Baden-Württemberg, Hessen, Nordrhein-Westfalen und Hamburg), waren es 1988 nur noch Hessen und Baden-Württemberg – bei steigendem Volumen –, wobei Nordrhein-Westfalen und der Aufsteiger Bayern nur unwesentliche Zuflüsse aus dem Ausgleich hatten. Damit standen sechs Profiteure vier Ländern gegenüber, deren Zuneigung zu dem System des Finanzausgleichs erheblich gelitten hatte. In Stuttgart und Wiesbaden wurde verärgert registriert, dass die eigene Wirtschaftspolitik quasi bestraft wurde, weil jede zusätzliche Steuermark in den Ausgleich floss, während die meisten anderen nicht etwa aufholten, sondern immer weiter zurückblieben.

Johannes Rau (SPD)
Als Minister für Wissenschaft und Forschung
des Landes Nordrhein-Westfalen 1970–78
am Rednerpult im Plenarsaal des Landtages,
Düsseldorf.
Foto 2. Februar 1970.

Wille zu mehr Länderautonomie lebt auf

Ein Grund für das wachsende Autonomiestreben der deutschen Länder war nicht zuletzt auch die wirtschaftliche Entwicklung seit der Rezession von 1973. Seither hatte sich der Niedergang der Kohle- und Stahlindustrien noch beschleunigt, die deutsche Textilindustrie war international immer weniger konkurrenzfähig, neue Technologien für neue Industrien waren ebenso gefragt wie das Umsteuern in eine Dienstleistungsgesellschaft. Vor allem Nordrhein-Westfalen und Niedersachsen gerieten in jenen Jahren durch den Niedergang ihrer Kernbranchen in erhebliche Schwierigkeiten, dagegen holte das frühere Agrarland Bayern mächtig auf, Baden-Württemberg mauserte sich zum führenden Hightech-Land. Die strukturellen Unterschiede zwischen den Ländern wuchsen, die politischen Möglichkeiten des Bundes, dem entgegenzusteuern, erwiesen sich als zu gering. Die Riege der selbstbewussten Ministerpräsidenten in den größeren Ländern – Franz Josef Strauß, Lothar Späth, Ernst Albrecht, Johannes Rau – suchte nach mehr Eigenständigkeit, nach einem Ausweg aus dem immobilen System des kooperativen Föderalismus. Mehr Eigenständigkeit für wirtschafts- und sozialpolitische Landesmaßnahmen war das Ziel. So zog Rau schon 1982 in seiner Antrittsrede als Bundesratspräsident die Wirksamkeit der Gemeinschaftsaufgaben und Investitionshilfen in Zweifel und stellte die Frage, „ob wir mit diesen Zweckzuwendungen die regional und branchenbezogen größtmögliche Effizienz erreichen". Er forderte, die Länder müssten „in den Stand versetzt werden, tatsächlich eigenverantwortlich zu handeln". Der kooperative Föderalismus, das zeigte sich nun, war ein Instrument für Schönwetterperioden, in denen ein solides Wirtschaftswachstum und eine gleichmäßigere regionale Wohlstandsverteilung Unterschiede verwischten. Nun war eigenständige Standortpolitik als Mittel der Selbsthilfe angesagt. Dabei erwies sich die Zuständigkeit der Länder für Bildung und Wissenschaft als Vorteil, denn gerade in der Vernetzung von Hochschulen und Unternehmen zur Forschungs- und Technologieförderung sahen die Landespolitiker eine Zukunftschance. Baden-Württemberg zum Beispiel schuf sich damals ein ganz eigenes, flexibles und vielgestaltiges Bildungssystem, das auf die besondere Wirtschaftsstruktur des Landes zugeschnitten war. Allerdings ging der Drang der Länder zu mehr wirtschafts- und industriepolitischer Eigenständigkeit nicht mit einer Neuverteilung der Zuständigkeiten einher, die eigentlich notwendige Machtverlagerung vom Bund auf die Länder unterblieb. Genauer gesagt: Die nötige

Entflechtung des kooperativen Föderalismus wurde nicht angegangen. Das war die Situation, als im Herbst 1989 die Berliner Mauer fiel und die deutsche Einheit mit einem Schlag auf der Tagesordnung stand. Für den deutschen Föderalismus bahnte sich damit eine Bewährungsprobe an – während ihm gleichzeitig von allen Seiten bescheinigt wurde, dass er dringend reformbedürftig sei.

Die DDR: Länder am Anfang, Länder am Ende

„Streng gleichmäßig"

Die Geschichte der Deutschen Demokratischen Republik begann bundesstaatlich – und sie endete auch so. Am Anfang standen die fünf Länder der Sowjetischen Besatzungszone: Sachsen, Thüringen, Sachsen-Anhalt, Brandenburg und Mecklenburg-Vorpommern. Diese Länder kehrten 1990 wieder, nachdem sie 1952 abgeschafft worden waren, um einem zentralistischen System Platz zu machen. Freilich war der Föderalismus in der Sowjetzone nach 1945 eine Fassade. Moskau und die SED stellten sich nur so lange in die bundesstaatliche Tradition, wie sie nicht sicher sein konnten, dass die deutsche Teilung Wirklichkeit werden würde. Schon 1947 zeigte sich bei der fehlgeschlagenen Ministerpräsidentenkonferenz in München, dass die Ost-Regierungschefs keine Prokura hatten, einen gesamtdeutschen Bundesstaat anzustreben. In der SBZ sollte der Staatsaufbau nicht von den Ländern ausgehen, sondern von den Parteien, genauer gesagt: einer Partei. Und die SED, in der die Kommunisten bald nach dem Zusammenschluss mit der SPD das Kommando übernahmen, war zentralistisch eingestellt. „Einheit bedeutet Aufstieg, Föderalismus bedeutet Niedergang", lautete ein SED-Slogan von 1946. Dies floss in die Erarbeitung der Länderverfassungen im Sommer 1946 ein, denn sie wurden für alle fünf Länder von der SED einheitlich entworfen. „Ein einheitlicher politischer Wille hat bewirkt, dass der Verfassungs- und Verwaltungsaufbau in allen fünf Ländern der Zone streng gleichmäßig ist", kommentierte der Jurist Werner Weber. Eigenstaatlichkeit war für die SBZ-Länder nicht vorgesehen. Zwar ähnelten die ostdeutschen Landesverfassungen wie später auch die erste DDR-Verfassung von 1949 dem Weimarer Vorbild, doch fehlte das für eine liberale Demokratie entscheidende Prinzip der Gewaltenteilung. Die formal bundesstaatliche Struktur sollte daher auch nicht in diese Richtung wirken. Nach dem Prinzip des „demokratischen Zentralismus" wurden die Länderverwaltungen und Landtage schon bald durch den von Berlin aus gelenkten SED-Apparat dominiert.

Alles Wesentliche zentral

Die erste DDR-Verfassung wurde im Oktober 1948 als Antwort auf den Parlamentarischen Rat konzipiert und vom Deutschen Volksrat, dem Vorläufer der Volkskammer, verabschiedet. Im ersten Artikel wird Deutschland (die DDR-Verfassung postulierte einen gesamtdeutschen Anspruch) als „eine unteilbare demokratische Republik bezeichnet", gleichzeitig wurde festgestellt: „Sie baut sich auf den deutschen Ländern auf." Zur Zuständigkeitsverteilung hieß es lapidar: „Die Republik entscheidet alle Angelegenheiten, die für den Bestand und die Entwicklung des deutschen Volkes in seiner Gesamtheit wesentlich sind; alle übrigen Angelegenheiten werden von den Ländern selbständig entschieden." Also alles Unwesentliche.

Immerhin blieb auch die DDR-Verfassung an einem Punkt an der Tradition orientiert: „Die Entscheidungen der Republik werden grundsätzlich von den Ländern ausgeführt." Die „Vertretung der Länder" sollte eine Länderkammer übernehmen, deren Abgeordnete von den Landtagen gewählt wurden und die „in der Regel" auch Landtagsmitglieder sein sollten. Diese waren an den Willen der Landtage gebunden, in denen wiederum durch die Blockpolitik für SED-konforme Entscheidungen gesorgt war.

Die Umgestaltung von 1952: Bezirke statt Länder

Nach nur drei Jahren wurde der Scheinföderalismus der DDR beendet. Im Juli 1952 beschloss die II. Parteikonferenz der SED, die fünf Länder aufzulösen. Sie waren ohnehin nur noch Hüllen ohne politischen Eigenwert. Ministerpräsident Otto Grotewohl erklärte am 23. Juli 1952 in der Volkskammer, die Gliederung in Länder behindere die „Lösung der Staatsaufgaben", vor allem die Erfüllung des Fünfjahresplans. „Gegenüber dieser Aufgabe hat sich der staatliche Apparat in den Ländern mit ihren Parlamenten und Regierungen als hemmend erwiesen, als eine Quelle bürokratischer Erschwerungen, ja Verfälschungen bei der Verwirklichung unserer fortschrittlichen Ziele", fügte er hinzu. Mit dem irreführend betitelten „Gesetz über die weitere Demokratisierung des Aufbaues und der Arbeitsweise der staatlichen Organe in den Ländern der DDR" wurden vierzehn Bezirke geschaffen, auf die nun die Verwaltungsaufgaben übertragen wurden. Föderalismus passte nicht zum neuen Staatsprinzip des „demokratischen Zentralismus". Es sollte nur einen Weg geben, den von Berlin bestimmten, keinen sächsischen, thüringischen, brandenburgischen. Der Theologe Richard Schröder hat 1999, in seiner Rede zum 50. Jahrestag des Bundesrates, angemerkt, die Abschaffung der DDR-Länder habe „den bewussten Bruch mit der Geschichte" bedeutet. Die Bezirke waren reine Vollzugsorgane in diesem System. Die 1949 geschaffene Länderkammer blieb noch bis 1958 bestehen. In der letzten Sitzung des bedeutungslosen Gremiums sagte sein Präsident August Bach (CDU): „Der Föderalismus, der noch in der Weimarer Republik unser Staatsleben beherrschte, ist durch den demokratischen Zentralismus abgelöst worden." Man wolle den „Leidensweg der Weimarer Republik" nun verhindern und „jedes Moment ausschalten, das einer zentralen Staatsgewalt hindernd im Wege stehen würde. Auch die deutschen Länder hatten ihre historische Mission. Sie ist nach unserer Auffassung erfüllt." Und der Staatsrechtler Karl Polak erklärte der Volkskammer, es sei nur gesetzmäßig, „wenn wir die letzten Überreste der deutschen Zersplitterung beseitigen". Die DDR-Führung schaltete nun auch den Aufbau der Partei- und Staatsverwaltung gleich. Die Bezirke entwickelten dadurch wenig politisches Eigenleben. Dennoch zeigte sich innerhalb der Grenzen, die von der SED-Führung zugelassen wurden, gewisse Eigenwilligkeiten und Besonderheiten. Mancher Regionalfürst der SED konnte seine Position nutzen, um Berliner Vorgaben im eigenen Sinne zu gestalten. Hier ist nicht zuletzt der Bezirk

Dresden zu nennen, wo der SED-Chef Hans Modrow in den Achtzigerjahren als Mann der reformwilligen Moskauer Garde um den Staats- und Parteichef Michail Gorbatschow galt. Völlig monolithisch ist die DDR nicht gewesen, etwas vom föderalen Geist blieb lebendig. Dabei spielte auch eine gewisse Rolle, dass die evangelische Kirche ihre Gliederung in Landeskirchen beibehielt, was die Erinnerung an andere staatliche Möglichkeiten zumindest wachhielt.

Zentralismus als Staatsideologie

Obwohl sie nach nur drei Jahren durch das „Gesetz über die weitere Demokratisierung" völlig durchlöchert war, galt die erste DDR-Verfassung bis 1968. Sie hat die wahren Verhältnisse nie ausgedrückt. Nach dem Bau der Berliner Mauer und der Errichtung von Zäunen und Barrieren entlang der innerdeutschen Grenze seit August 1961 gingen die SED-Verantwortlichen daran, das sozialistische System zu verfestigen. Die Verfassung von 1968 bezeichnete die DDR als „sozialistischen Staat deutscher Nation" und als „politische Organisation der Werktätigen in Stadt und Land, die gemeinsam unter Führung der Arbeiterklasse und ihrer marxistisch-leninistischen Partei den Sozialismus verwirklichen". Seit 1974 war vom „sozialistischen Staat der Arbeiter und Bauern" die Rede. Demokratischer Zentralismus bedeutete die Unterordnung des gesamten politischen, wirtschaftlichen und gesellschaftlichen Lebens unter die Maximen der herrschenden Partei. Allerdings zeigte sich bald, dass die Planwirtschaft die Erwartungen nicht erfüllen konnte. Durch die ökonomischen Schwierigkeiten wuchs die Staatsverschuldung, die DDR konnte ihr sozialistisches Gesellschaftsmodell letztlich nicht aus eigener Kraft finanzieren. Das starre Leitungs- und Planungssystem stieß immer mehr an seine Grenzen. In den Achtzigerjahren wurde die Situation kritisch, der Unmut in der Bevölkerung wuchs, die SED-Herrschaft geriet unter Druck, zumal sich die DDR-Führung unter Staats- und Parteichef Erich Honecker der von Gorbatschow in der Sowjetunion eingeleiteten Reformpolitik nicht anschloss. Und von Polen grenzte man sich ab, seit dort die Bürgerbewegung Solidarność mächtig wurde. Stattdessen stellte die DDR-Führung sich und ihren Staat in die Tradition der preußischen Militärmonarchie, selbst das Denkmal für Friedrich II. wurde „Unter den Linden" in Berlin wieder aufgestellt.

Konföderationspläne zwischen Ost und West

In der Deutschlandpolitik während des Kalten Krieges spielte der Föderalismus eine ganz eigentümliche Rolle. Schon früh gab es nämlich in Ost wie West die Vorstellung einer staatenbündischen Lösung der deutschen Frage. In Bonn gehörte Anfang der Fünfzigerjahre Bundesfinanzminister Fritz Schäffer (CSU) zu jenen, die sich eine engere Bindung der beiden deutschen Staaten durch eine Konföderation vorstellen konnten. Doch überwog in der Bundesrepublik die Skepsis. SED-Chef Walter Ulbricht übernahm 1956 die Idee. Allerdings ging es

Ulbricht mit Rückendeckung aus Moskau weniger um eine staatliche Vereinigung als um die Anerkennung der DDR als Staat. Denn eine Konföderation – also einen Staatenbund im strikten Sinne – können nur vollgültige Staaten bilden, und die DDR war damals nur im sozialistischen Lager anerkannt. Freie Wahlen waren nach Ulbrichts Plan für den Gesamtdeutschen Rat als zentraler Instanz der Konföderation nicht vorgesehen. Die Sozialdemokraten hegten Ende der Fünfzigerjahre ebenfalls Konföderationspläne, ihr Deutschlandplan von 1959 lief auf eine verfassunggebende Versammlung für ganz Deutschland hinaus. Die Konföderationspläne wurden von der DDR-Führung mit wechselnder Akzentsetzung noch bis 1966 vorgetragen, dann verschwanden sie von der Tagesordnung. Mit der Ostpolitik, die in der Großen Koalition nach 1966 begann und durch die Regierung Brandt nachhaltig ausgebaut wurde, änderte sich das Verhältnis der beiden deutschen Staaten. Durch den Grundlagenvertrag, 1972 von der sozialliberalen Bundesregierung mit der DDR-Führung geschlossen, kam es zu einer Teilanerkennung der DDR durch die Bundesrepublik, die bis Ende der Sechzigerjahre einen Alleinvertretungsanspruch für Gesamtdeutschland erhoben hatte. Aber auch hier spielte der Staatenbundgedanke im Hintergrund eine Rolle, jedenfalls für das Bundesverfassungsgericht, das den Vertrag im Juli 1973 für grundgesetzkonform erklärte. Der Grundlagenvertrag könne ein erster Schritt sein „in einem längeren Prozess, der zunächst in einer dem Völkerrecht bekannten verschiedenen Varianten einer Konföderation endet, also ein Schritt in Richtung auf Verwirklichung der Wiedervereinigung des deutschen Volkes in einem Staat".

Herbst 1989

Im Sommer 1989 ließ sich der Protest gegen die für die wirtschaftliche und staatliche Misere Verantwortlichen in der DDR nicht mehr kanalisieren und unterdrücken. Die vor allem von Sachsen ausgehende Demonstrationsbewegung für Reformen wuchs, die Ausreisebereitschaft nahm zu, Tausende DDR-Bürger flüchteten in die Botschaften der Bundesrepublik in Prag, Budapest und Warschau und die Ständige Vertretung in Ost-Berlin. Als Ungarn am 11. September 1989 die Grenze nach Österreich öffnete, war es praktisch um die SED-Herrschaft geschehen, die „friedliche Revolution" begann ihren Siegeszug. Am 9. Oktober öffnete sich die Berliner Mauer. Zwar bemühte sich schon bald ein Runder Tisch mit Vertretern der SED und von Oppositionsgruppen um eine Reform der DDR, aber dieses Vorhaben wurde von Beginn an überlagert von dem massiven Wunsch vieler Ostdeutscher nach einer Vereinigung mit der Bundesrepublik. Der Verfassungsentwurf des Runden Tisches blieb Makulatur. Immerhin sollte die DDR nach diesem Plan zu einem Bundesstaat werden, sich also wieder in die föderale Verfassungstradition einfügen. Im Verfassungsentwurf hieß es: „Die Deutsche Demokratische Republik ist ein rechtsstaatlich verfasster demokratischer Bundesstaat und besteht aus den Ländern."

Montagsdemonstration
für freie Wahlen am 13. November 1989 in Leipzig. Demonstranten mit
Transparenten auf dem Karl-Marx-Platz.

Ein neuer Deutscher Bund?

In der Frage der staatlichen Vereinigung dachten die Regierungen in Bonn und Ost-Berlin daran, die alte Konföderationsidee zu beleben. Der seit dem 13. November amtierende neue DDR-Ministerratsvorsitzende Modrow schlug allerdings nur eine lose Vertragsgemeinschaft vor, während Bundeskanzler Helmut Kohl (CDU) einen Zehn-Punkte-Plan vorlegte, der einen Staatenbund vorsah als ersten Schritt zu einer staatlichen Einheit. Am 1. Februar 1990 schwenkte Modrow darauf ein, doch kurz darauf erreichten Kohl und Bundesaußenminister Hans-Dietrich Genscher (FDP) bei Gorbatschow eine wohlwollende Haltung Moskaus bei ihrem Vorhaben einer schnellen staatlichen Vereinigung. Damit war Modrows Politik einer eigenständigen Entwicklung der DDR an der Seite der Bundesrepublik, der auch von Teilen des Runden Tisches unterstützt wurde, der Boden entzogen. Nach dem klaren Sieg der Befürworter der Einheit bei den ersten demokratischen Volkskammerwahlen am 18. März 1990 plädierte der neue Ministerpräsident Lothar de

Volkskammer
bei der Abstimmung am 23. August 1990 über den Beitritt der DDR zur Bundesrepublik.

Maiziere (CDU) dafür, die Einheit „so schnell wie möglich, aber so gut wie nötig"
vorzubereiten. Der erste Schritt dahin war der Abschluss einer Währungs-, Wirt-
schafts- und Sozialunion am 18. Mai 1990, also eine föderative Teillösung zur
Vorbereitung der staatlichen Einheit.

Beitritt zur Bundesrepublik

Doch wie sollte diese Einheit konkret erreicht werden? Das Grundgesetz
stellte dafür zwei Wege bereit. Nach Artikel 146 war es möglich, eine völlig neue
gesamtdeutsche Verfassung zu erarbeiten, die dann vom gesamten Volk hätte
beschlossen werden können. Das Grundgesetz hätte dann seine Gültigkeit verloren. Nicht wenige plädierten in dem ereignisreichen Frühjahr 1990 für diesen
Weg, der jedoch eine längere Verfassungsberatung bedeutet hätte (mit, so darf
man vermuten, einem Ergebnis, das sich vom Grundgesetz nicht wesentlich unterschieden hätte). Die andere Möglichkeit war der Beitritt nach Artikel 23. Demnach

233

galt das Grundgesetz seit 1949 in den westdeutschen Ländern, „in anderen Teilen Deutschlands ist es nach deren Beitritt in Kraft zu setzen". Dieser Weg setzte sich schnell durch, er wurde im Einigungsvertrag zwischen den Regierungen in Bonn und Ost-Berlin am 31. August 1990 vereinbart. Die Beitrittserklärung hatte die Volkskammer bereits am 23. August beschlossen.

Die Länder sind wieder da

Für den Beitritt in den Bundesstaat hatte sich die DDR zuvor eine föderale Struktur gegeben. Mit dem „Verfassungsgesetz zur Bildung von Ländern in der Deutschen Demokratischen Republik", auch Ländereinführungsgesetz genannt, wurden am 22. Juli fünf neue Länder geschaffen, die fünf alte Länder waren: Mecklenburg-Vorpommern, Brandenburg, Sachsen-Anhalt, Sachsen und Thüringen. Auch Ost-Berlin bekam vorübergehend den Landesstatus, bis zum endgültigen Zusammenschluss der getrennten Stadt, die im Einigungsvertrag auch zur Hauptstadt des neuen Gesamtstaates gemacht wurde (wobei über die Frage von Parlaments- und Regierungssitz später entschieden wurde – ebenfalls zugunsten Berlins). Man legte jene Bezirke wieder zusammen, in die im Jahr 1952 die Länder der DDR aufgegliedert worden waren (wobei es einige, im Gesetz aufgelistete Grenzkorrekturen gab). Dass die Länder wiedererstehen würden, war keine Überraschung. Schon früh hatten Teilnehmer der Herbstdemonstrationen neben den schwarz-rot-goldenen Fahnen auch die alten Landesflaggen geschwenkt, vor allem in Sachsen war das Grün-Weiß nicht zu übersehen. Viele Ostdeutsche wollten die Einheit in der Vielfalt, sie wollten als Sachsen, Thüringer, Brandenburger, Mecklenburger, Sachsen-Anhalter in den gesamtdeutschen Staat eintreten. „Der Zentralismus der DDR hatte das Landesbewusstsein nicht ersticken können." (Dietmar Willoweit) An dieses Landesbewusstsein hatten sich zu DDR-Zeiten auch Hoffnungen auf eine andere politische Zukunft geknüpft. Der Föderalismus als Verfassungstradition fand im Jahr 1990 eine verblüffend klare Bestätigung. Freilich war die Neuauflage der alten DDR-Länderstruktur nicht unumstritten. Fachleute aus allen Disziplinen präsentierten Alternativlösungen, die oft nur zwei oder drei ostdeutsche Länder vorsahen. Dafür wurden vielerlei ökonomische, geografische, historische oder politische Begründungen vorgelegt. Am Ende siegte der demokratische Wille, denn vor allem in Sachsen, Thüringen und Mecklenburg war alles andere als die Wiederherstellung der Landesstaatlichkeit für die meisten nicht denkbar. Der für regionale Angelegenheiten zuständige Minister Manfred Preiß (FDP) meinte daher abschließend: „Es gibt eben in der Politik manchmal eine höhere Vernunft als die allein wirtschaftlich begründete. Jede andere Lösung hätte in der Bevölkerung keine mehrheitliche Zustimmung gefunden." Die höhere war die demokratische Vernunft.

Einheit, Europa und Reform seit 1990

„Wir Deutsche sind Föderalisten"

„Wir Deutsche sind von Haus aus Föderalisten. Aus der Vielfalt der regionalen Verwurzelung haben wir in unserer Geschichte oft unsere besten Kräfte bezogen. So wollen wir es auch im vereinten Deutschland halten." Das waren die Worte von Bundespräsident Richard von Weizsäcker in seiner Weihnachtsansprache 1990. Das Staatsoberhaupt betonte die Verfassungstradition nicht umsonst, denn es ging in den nächsten Jahren darum, den neuen gesamtdeutschen Staat zu integrieren – mit all den hoch gespannten Erwartungen im Osten und den Befürchtungen im Westen. Es war ja nicht mehr die alte Bundesrepublik mit ihrem Wohlstand und ihrer vergleichsweise hohen sozialen und wirtschaftlichen Homogenität, sondern ein Deutschland, das größere regionale Unterschiede zeigte als bislang. Und als Mittel zur Integration war der Föderalismus bestens geeignet. Er schuf den Ostdeutschen mit den neuen Ländern eine eigene Ebene, auf der sie bestimmen konnten, auf der sie nicht Teil des Westens waren, sondern bei sich selbst. Der Berliner Theologe Richard Schröder, 1990 Fraktionschef der SPD in der demokratischen Volkskammer, betonte zehn Jahre nach dem Fall der Mauer diese Funktion des Föderalismus als einen wesentlichen Faktor für die Stabilität der politischen Verhältnisse: „Die Wiedereinrichtung der östlichen Länder hat die deutsche Einigung erleichtert. Als das Dach ‚DDR' abgerissen war, waren darunter fünf neue Dächer. Noch immer fühlen sich manche Ostdeutsche im vereinigten Deutschland unbehaust, aber doch in ihrem Land zu Hause." Die Jahre nach 1990 waren eine doppelte Herausforderung für den deutschen Föderalismus: Er hatte die Bewährungsprobe der Einheit zu bestehen, für die es kein Drehbuch gab – und er musste sich dem neuen System der Europäischen Union anpassen, die 1992 mit dem Maastricht-Vertrag beschlossen worden war und einen neuen Schritt der europäischen Einigung und Integration bedeutete. Angesichts der in den Achtzigerjahren zutage getretenen Defizite des kooperativen Föderalismus war klar, dass Reformen nötig sein würden – allerdings war eine gründliche Veränderung nach den Vorgaben eines Wettbewerbsföderalismus vorerst kaum möglich, weil mit Blick auf die desolaten Zustände im Osten vor allem die bundesstaatliche Solidarität gefragt war. Da aber auch die ostdeutschen Länder durchaus ein Interesse daran hatten, mehr Freiräume zu bekommen, war – abgesehen von den Finanzen – der Weg zur Reform nicht verbaut. Sie würde nur nicht so tief in das Gestrüpp der Politikverflechtung einschneiden können, wie man es sich in den stärkeren Ländern wünschte.

Wieder in München:
Eine gesamtdeutsche Ministerpräsidentenkonferenz

Am 14. Oktober 1990 wurden in Sachsen, Thüringen, Brandenburg, Sachsen-Anhalt und Mecklenburg-Vorpommern Landtage gewählt, am 2. Dezember ein Abgeordnetenhaus für Gesamt-Berlin. Landesregierungen bildeten sich, mit Ministerpräsidenten an der Spitze, die nun als die herausgehobenen Repräsentanten der ostdeutschen Bevölkerung auftraten, denn die ostdeutschen Bundespolitiker spielten in Bonn zunächst keine große Rolle. Vor allem der sächsische Ministerpräsident Kurt Biedenkopf (CDU), ein erfahrener Westpolitiker und ehemaliger CDU-Generalsekretär, und sein brandenburgischer Kollege Manfred Stolpe (SPD) konnten sich auf der bundespolitischen Bühne schnell Einfluss und Mitsprache sichern. Ein Symbol föderaler Solidarität zwischen den Ländern war die erste Ministerpräsidentenkonferenz mit ostdeutscher Beteiligung, die auf Einladung des bayerischen Regierungschefs Max Streibl (CSU) am 20./21. Dezember 1990 in München stattfand – in Erinnerung an die bis dahin letzte gesamtdeutsche Zusammenkunft der Länderchefs im Jahr 1947. Der damals amtierende MPK-Vorsitzen-

Erste gesamtdeutsche Ministerpräsidentenkonferenz

v. l.: Josef Duchac, Walter Momper, Carl-Ludwig Wagner, Walter Wallmann, Johannes Rau, Klaus Wedemeier, Gerhard Schröder, Björn Engholm, Max Streibl, Henning Voscherau, Alfred Gomolka, Kurt Biedenkopf, Gerd Gies und Tino Schwierzina. Foto 21. Dezember 1990.

de Gerhard Schröder (SPD) aus Niedersachsen betonte aus diesem Anlass die Gemeinsamkeiten und freute sich, dass „es niemandem gelungen ist, die 16 Ministerpräsidenten auseinanderzudividieren". Gerade die Selbstkoordinierungsgremien der Länder – nicht zuletzt die Konferenzen der Kultus- und Innenminister – trugen in den ersten Jahren nach der Einheit erheblich zur Integration der neuen Länder in den Politikbetrieb bei. Hier hatten alle Länder das gleiche Stimmrecht, hier konnten die ostdeutschen Ressortchefs dank des Einstimmigkeitsprinzips nicht übergangen werden. Zudem schufen sich die ostdeutschen Ministerpräsidenten eine eigene „Ost-Konferenz" für alle jene Themen, die sie bilateral mit dem Bund zu besprechen hatten. Das stärkte den Einfluss der neuen Länder. Die Mitwirkungsmöglichkeiten im Bundesrat und in den Landesministerkonferenzen nutzten den ostdeutschen Regionen mindestens so sehr wie der Einfluss ihrer Abgeordneten im Bundestag – wenn nicht mehr. Auch für die aus der DDR stammenden Minister (die Mehrzahl der Landesressorts war von Beginn an mit Ostdeutschen besetzt) waren diese Ländergremien eine gute Schule – so, wie die Landtage für die Abgeordneten.

Integration durch Landespolitik

Nicht zuletzt über die Landtagspolitik fanden die ostdeutschen Politiker quer durch die Parteien in die gesamtdeutsche Politik hinein. Alle Länder gaben sich zwischen 1992 und 1994 eigene Verfassungen, und die Diskussionen darüber (vor allem über die Möglichkeit, eigene Akzente zu setzen), waren eine Schule der Demokratie, die auch in die Öffentlichkeit ausstrahlte. Vor allem aber musste das gesamte Landesrecht geschaffen werden, das wegen der Politikverflechtung häufig eng mit Bundesrecht und Bundespolitik zusammenhing. Nicht wenige ostdeutsche Politiker entwickelten dabei den Ehrgeiz, westdeutsches Landesrecht und westdeutsche Verwaltungsgebräuche nicht eins zu eins zu übernehmen, sondern eigene Lösungen auszuprobieren. Der Aufbau Ost sollte nicht in die Kopie West führen – ein wenig Wettbewerbsföderalismus ging somit auch von den neuen Ländern aus. Vor allem Biedenkopf und sein Kabinett in Dresden propagierten einen sächsischen Eigenweg. So wurde in Sachsen ein eigenes, zweigliedriges Schulsystem geschaffen, das Elemente der DDR und der alten Bundesrepublik verband. Zudem verweigerte Sachsen die Einführung des Gymnasiums mit 13 Jahren Schuldauer – und wurde damit zum Vorreiter einer Reform, die bis 2008 alle anderen Länder nachahmten. Auch in der Hochschulpolitik sah sich Sachsen als Vorreiter für Reformen. Zur föderalen Solidarität gehörte in den ersten Jahren auch die recht umfangreiche Verwaltungs- und Personalhilfe – auch wenn ostdeutschen Politikern der Formalismus westdeutscher Verwaltungsjuristen bisweilen auf die Nerven ging. Immerhin hatten diese bürokratischen Helfer oft aus den Fehlern der bundesrepublikanischen Vergangenheit gelernt, die sich dann im Osten nicht wiederholten: Die Kreis- und Gemeindereformen nach 1990 verliefen insgesamt weniger konfliktreich, weil sie nicht wie im Westen in den Siebzigerjahren vor allem nach technokratischen Kriterien von oben herab verordnet wurden. Apropos Integration: Es war der Bundesrat, der als erstes Verfassungsorgan einen Ostdeutschen an seiner Spitze hatte – im November 1991 wurde der Ministerpräsident von Mecklenburg-Vorpommern, Alfred Gomolka (CDU), turnusgemäß zum Bundesratspräsidenten gewählt und war damit gemäß Artikel 57 des Grundgesetzes Stellvertreter des Bundespräsidenten.

Der Bund finanziert

Freilich hatten die neuen Länder zunächst vor allem mit dem Bund zu tun. Schon der Einigungsprozess wurde im Sommer 1990 weitgehend von den Bonner Ministerien gelenkt, und auch die Finanzierung der Einheit war eine weitgehend zentralstaatliche Angelegenheit. Denn es war von Beginn an klar, dass das alte Finanzausgleichssystem die erheblichen Unterschiede nicht bewältigen konnte: Die Finanzkraftunterschiede vor dem Ausgleich schwankten in den alten Ländern 1990 zwischen 77 und 112 Prozent – wie sich zeigte, war die Steuerkraft der neuen Länder 1991 dann noch geringer als befürchtet und lag nur bei einem Drittel der West-Länder. Damit wären alle alten Länder zu Zahlern geworden, und die bisherigen Zahlerländer Baden-Württemberg und Hessen hätten Summen überweisen müssen, die ihre Haushalte gesprengt hätten. So wurde vereinbart, die neuen Länder bis 1995 nicht in den herkömmlichen Finanzausgleich einzubeziehen und deren Finanzierung ganz dem Bund zu übertragen. Dafür wurde unter anderem der „Fonds Deutsche Einheit" eingerichtet. Wie sich zeigte, waren die Vereinbarungen im Einigungsvertrag angesichts der tatsächlichen desolaten Finanzlage der neuen Länder unrealistisch, die Mittel aus dem Fonds Deutsche Einheit reichten nicht. Auf Druck der ostdeutschen Ministerpräsidenten wurden die neuen Länder daher finanziell besser ausgestattet – nun auch auf Kosten der West-Länder, die dank des Einheitsbooms beträchtliche Steuermehreinnahmen hatten. Der Fonds Deutsche Einheit wuchs am Ende auf 160 Milliarden Mark. Zum Vergleich: Die Ausgleichsmasse in dem auf die West-Länder beschränkten Länderfinanzausgleich betrug zwischen 1990 und 1994 etwa 18 Milliarden Mark.

Starke, schwache und mittlere Länder

Bei den Verhandlungen für einen neuen Finanzausgleich, der ab 1995 gelten sollte, kam es nicht zu der von vielen befürchteten Allianz des Bundes mit den schwachen Ländern zulasten der Stärkeren. Es standen vielmehr die Länder gegen den Bund zusammen und erreichten einen neuen Finanzausgleich, der die föderale Balance bewahrte. Das lag auch daran, dass die alte Konstellation aus Zeiten der Bundesrepublik verschwunden war: Dem Bund standen auf Länderseite nicht mehr zwei, sondern drei Lager gegenüber. Da waren die großen und starken Zahlerländer im Westen (Bayern, Baden-Württemberg, Hessen, Nordrhein-Westfalen, Hamburg), die „Mittelgruppe" der einst schwachen und nun relativ starken westdeutschen Länder (Niedersachen, Rheinland-Pfalz, Schleswig-Holstein, Saarland, Bremen) und die neuen Länder plus Berlin. Deren Interessen standen mal in Gegensatz, konnten sich aber auch decken: So hatte die Gruppe der Starken durchaus die Unterstützung des Ostens, wenn es um mehr Gesetzgebungszuständigkeiten ging, denn dem Osten war durchaus an mehr Eigenständigkeit gelegen, weil sich westdeutsches Recht bisweilen als Bürde erwies. Das betraf zum Beispiel das Planungsrecht. Die Länderseite war insgesamt aber heterogener als vor 1990, und damit wurde auch das Verhältnis zwischen Bund und Ländern vielfältiger. Die Neunzigerjahre sahen unter den Ministerpräsidenten recht häufig Koalitionen über die Parteigrenzen hinweg, wenn es darum ging, Länderinteressen zu wahren. Der von vielen Beobachtern befürchtete Zentralisierungsschub durch ein Zusammengehen des Bundes mit den schwächeren ost- und westdeutschen Ländern trat nicht ein.

Neue Stimmenverteilung im Bundesrat

Die Dreiteilung des Länderlagers zeigte sich auch in der Neuverteilung der Stimmen im Bundesrat, die schon 1990 vorgenommen wurde. Um der zahlenmäßigen Minderheit der größeren Länder eine Vetomöglichkeit gegen Grundgesetzänderungen zu geben, wurde deren Stimmzahl von fünf auf sechs erhöht. Daraus ergab sich später auch eine Sperrminorität für die Zahlerländer im Finanzausgleich: Hessen, Baden-Württemberg, Bayern, Hamburg und Nordrhein-Westfalen kommen zusammen auf 26 Stimmen. Bei 69 Stimmen im Bundesrat liegt die verfassungsändernde Zweidrittelmehrheit bei 46 Stimmen, für ein Veto braucht es also 24 Stimmen. Eine solche Sperrminorität haben auch die schwachen Länder, zu denen neben den ostdeutschen Ländern das Saarland und Bremen zählen (und angesichts einer hohen Verschuldung seit einigen Jahren Schleswig-Holstein). Damit ist im Bundesrat eine gewisse Machtbalance gewahrt – zwar haben die schwächeren Länder bei einfachen Gesetzen in der Regel

Blick in den Plenarsaal des Bundesrates
Seit August 2000 tagt er im ehemaligen preußischen Herrenhaus in der Leipziger Straße 3–4 in Berlin.

eine Mehrheit, was im Zweifelsfall dem Bund nutzt, aber zumindest eine Grundgesetzänderung zulasten des Föderalismus kann von den starken Ländern verhindert werden.

Streit um den Finanzausgleich

Die neuen Länder wurden ab 1995 in den Finanzausgleich einbezogen – um die alten Länder aber nicht in eine Etatkrise zu stürzen, wurde die Umsatzsteuer neu verteilt: Der Länderanteil stieg von 37 auf 44 Prozent. Damit war auch weiterhin ein direkter ("horizontaler") Finanzausgleich zwischen den Ländern möglich, und daran hatten alle Länder ein Interesse. Denn dadurch schrumpfte die Ausgleichsmasse, die der Bund den Nehmerländern direkt überwies – und so war auch deren Abhängigkeit vom Bund etwas geringer. Und man wahrte den Anspruch, dass der Finanzausgleich keine reine Bundesangelegenheit sein durfte. Dass der Kompromiss letztlich zulasten des Bundes ging, konnte nicht verwundern: Den Ländern war ja seit 1949 praktisch jede Finanzautonomie genommen worden, während der Bund über seine alleinige Steuerhoheit die Möglichkeiten hat, seinen Haushalt wieder aufzufüllen (was er nach einigem Zögern dann vor allem über den Solidarzuschlag auch tat). Und der Bund war auch eher in der Lage, eine höhere Verschuldung zu meistern. Zwar hätte die deutsche Einheit den Anlass für eine grundlegende Reform der Finanzverfassung gegeben – aber angesichts der sich verschärfenden Finanzierungsprobleme, die zu einer eher kurzfristigen Politik des schnellen Reagierens zwang, hätten sich Bund und Länder dabei wohl Anfang der Neunzigerjahre übernommen. Doch das Thema blieb auf der Tagesordnung, denn die finanzstarken Länder wehrten sich dagegen, dass von ihren überdurchschnittlichen Steuereinnahmen am Ende praktisch nichts übrig blieb. Bayern, Baden-Württemberg und Hessen reichten daher 1999 eine Klage beim Bundesverfassungsgericht ein, das ihnen zum Teil auch recht gab. Die Klägerländer hatten moniert, der Finanzausgleich sei verfassungswidrig, weil er die Finanzkraftunterschiede der Länder nicht nur ausglich, sondern zu einer "Übernivellierung" führte. In der Tat veränderte sich nach allen Stufen des Finanzausgleichs die Reihenfolge der Länder: Stärkere Länder standen in der Tabelle weiter unten, schwächere stiegen auf. Karlsruhe verlangte eine Neuordnung, die 2001 auch umgesetzt und im Rahmen des Solidarpakts II bis 2019 festgeschrieben wurde. Die stärkeren Länder konnten nun von ihren Steuereinnahmen etwas mehr behalten, die Lücke wurde mit Bundesmitteln gefüllt.

Viele Nehmer, wenige Zahler

Damit war zwar mehr Planbarkeit für die Haushaltspolitik geschaffen worden, aber Ruhe kehrte deswegen an der finanzpolitischen Front nicht ein. Denn die Reform von 2001 änderte im Grundsatz wenig an dem Finanzausgleichssystem, das in einer Zeit geschaffen worden war, als die Finanzkraftunterschiede der

Länder insgesamt eher gering waren. Nun aber waren sie groß, und man hatte erkennen müssen, dass diese Unterschiede nicht so schnell verschwinden würden. Der Finanzausgleich geriet nicht zuletzt auch von wissenschaftlicher Seite immer mehr in die Kritik. Denn er setzte – in der Sprache der Ökonomie – falsche Anreize. Weder für „Zahler" noch „Nehmer" lohne es sich, zu Mehreinnahmen zu kommen, bemängelten die Kritiker. Jede zusätzliche Einnahme eines Zahlerlandes fließt fast vollständig in den Finanzausgleich, während jede zusätzliche Einnahme eines Nehmerlandes dessen Einkünfte aus dem Finanzausgleich entsprechend verringert. Damit wird eine aktive regionale Strukturpolitik der stärkeren Länder bestraft, denn ihnen geht der finanzielle Erfolg zu einem großen Teil verloren, während die schwächeren Länder gar keinen Anreiz zu einer solchen aktiven Standortpolitik haben, weil jeder Erfolg aus ihrer Sicht ein finanzielles Nullsummenspiel ist. Zudem hatte diese Form des Finanzausgleichs ihr Ziel, auch die Wirtschafts- und damit Steuerkraft der Länder anzugleichen, schon vor 1990 nicht erreicht. Zwar stellten die Länder deswegen ihre Bemühungen, zu einem attraktiven Standort zu werden, nicht ein. Aber mittlerweile zahlten nur noch Baden-Württemberg, Bayern, Hessen und Hamburg in den Ausgleich ein – zwischen 2003 und 2007 im Schnitt 7,1 Milliarden Euro pro Jahr. Ihnen standen elf „Nehmerländer" gegenüber und das einst starke, aber nun zum Wackelkandidaten gewordene Nordrhein-Westfalen – ein deutliches Ungleichgewicht, zumal die „Zahlerländer" nun nicht einmal mehr eine Vetoposition gegen Verfassungsänderungen im Bundesrat hatten. Nun wurde einer der Hauptfehler des Systems akut: „Die Leistungen, die die ausgleichspflichtigen Länder im Länderfinanzausgleich zu erbringen haben, werden nicht nach deren Leistungsfähigkeit, sondern in erster Linie durch die Fehlbeträge der ausgleichsberechtigten Länder bestimmt." (Wolfgang Renzsch) Doch mit der Vereinbarung, das System bis 2019 nicht zu ändern, war die Reform vertagt.

„Entschieden föderativ geprägt"

Dennoch war die Föderalismusreform eine der Hauptbeschäftigungen der Politik nach 1990. Den Anfang machte 1991 die „Gemeinsame Kommission Verfassungsreform" von Bund und Ländern. Die westdeutschen Ministerpräsidenten hatten bereits am 5. Juli 1990 in ihren „Eckpunkten für den Föderalismus im vereinten Deutschland" gefordert, nach dem „Fehlschlag des ersten zentralistischen Versuchs deutscher Einheit" sollte die „Aushöhlung der Kompetenz der Länder" rückgängig gemacht werden. „Ein einheitliches Deutschland darf schon von seiner Größe und seinem Gewicht her kein Nationalstaat im historischen Sinne sein. Er wird noch in viel stärkerem Maße ein entschieden föderativ geprägter Bundesstaat sein müssen. Seine künftige Struktur wird stärker als bisher die Eigenstaatlichkeit der Länder (…) zur Geltung zu bringen haben." Es war eine Absage an den unitarischen Bundesstaat mit seiner Politikverflechtung. „Auch im Interesse der künftigen Länder auf dem Gebiet der DDR" schlugen die westdeutschen

Ministerpräsidenten eine Reihe von Verfassungsänderungen vor. Neben einer Neuordnung der Finanzbeziehungen von Bund und Ländern forderten sie eine Autonomie zumindest bei jenen Steuern, die allein den Ländern zustehen – also vor allem der Erbschaft- und Vermögensteuer, der Kfz-Steuer und der Grunderwerbsteuer. Revolutionär war das nicht: Es ging dabei um weniger als fünf Prozent des Gesamtsteueraufkommens. Auch sollte die konkurrierende Gesetzgebung zugunsten der Länder eingeschränkt werden. Vor allem sollte die Bestimmung fallen, wonach der Bund zur Herstellung der „Einheitlichkeit" der Lebensverhältnisse Zuständigkeiten wahrnehmen und an sich ziehen darf: Stattdessen war im Vorschlag der Ministerpräsidenten nur noch von „gleichwertigen Lebensverhältnissen" die Rede. Dahinter verbarg sich nicht Mangel an Solidarität, sondern die schlichte Einsicht in die Unmöglichkeit, diese Einheitlichkeit überhaupt „herzustellen". Die Formel im Grundgesetz diente mehr oder weniger nur noch dazu, eine Rückverlagerung von Entscheidungen auf die Länder zu verhindern (obwohl eine konkurrierende Gesetzgebung eigentlich auch offen sein sollte für den Weg in die andere Richtung). Das Problem hatte – lange vor der Einheit – der nordrhein-westfälische Ministerpräsident Johannes Rau (SPD) deutlich gemacht: „Die Einheitlichkeit der Lebensverhältnisse und unsere föderale Staatsstruktur stehen in einem gewissen Spannungsverhältnis: Föderalismus kann notwendigerweise nicht Gleichheit oder Gleichklang in allen Bereichen bedeuten. Föderalismus ist mit dem Vorhandensein unterschiedlicher Lebensverhältnisse verbunden. Gefordert ist nicht die Einheitlichkeit, sondern die Gleichwertigkeit der Lebensverhältnisse. Gleichwertigkeit kann aber durchaus Unterschiedlichkeit bedeuten."

Gleichwertig, nicht einheitlich

Das wurde mit der von der Verfassungskommission beschlossenen Reform 1994 umgesetzt. Danach darf der Bund in der konkurrierenden Gesetzgebung nur noch tätig werden, wenn die „Herstellung gleichwertiger Lebensverhältnisse" dies auch „erforderlich" macht. Aus der Bedürfnisklausel wurde also das Kriterium der Erforderlichkeit – mit diesem juristischen Terminus war eine weitere Einschränkung der Macht des Bundes verbunden. Doch ansonsten blieb die Verfassungsänderung hinter den Hoffnungen derer zurück, die sich mehr Gestaltungsspielräume für die Länder gewünscht hatten. Die Länder hatten sich in einer eigenen „Kommission Verfassungsreform des Bundesrates" auf eine gemeinsame Linie verständigt. Dabei hatten die stärkeren Länder ihre Interessen schon zurückstellen müssen – Hessen als ein Hauptzahlerland im Finanzausgleich tat sich am schwersten damit, vor allem dessen Ministerpräsident Hans Eichel (SPD) trat neben dem bayerischen Regierungschef Edmund Stoiber (CSU) als Verfechter einer größeren Eigenständigkeit der Länder und einer Stärkung der Landtage auf. In der Verfassungskommission zielten die Länder dann auf eine begrenzte Rückverlagerung von Gesetzgebungszuständigkeiten, hatten damit aber nur geringen Erfolg. Rahmengesetze immerhin durften nun nur noch in Ausnahmefällen Einzelbestimmungen enthalten, um die Gängelung der Länder durch den Bund einzuschränken. Gerade hier hatten viele Landesregierungen beklagt, dass man vor lauter Rahmen oft kaum noch das Bild erkennen könne. Zudem wurde die Möglichkeit eingeräumt, Streitigkeiten um die Zuständigkeit nach Artikel 72 vor dem Bundesverfassungsgericht klären zu lassen – aber damit war eigentlich nichts geklärt, man schob einfach den Schwarzen Peter Karlsruhe zu, weil sich keine einvernehmliche politische Lösung fand.

Der Bund kann nicht loslassen

Das von den Ländern gewünschte „Rückholrecht" der Landtage in der konkurrierenden Gesetzgebung (die damit sozusagen beim Wort genommen wurde) ließ sich gegen den Widerstand vor allem der Bundesregierung und der Unions-Fraktion im Bundestag nicht durchsetzen. Ein solches Rückholrecht hätte bedeutet, dass Landtage Bundesrecht hätten ersetzen können, wenn sie der Meinung waren, dass eine einheitliche Regelung nicht mehr erforderlich sei. Die Beweislast, dass dem nicht so sei, wäre auf den Bund übergegangen. Stattdessen kam ein neuer Passus ins Grundgesetz, wonach „durch Bundesgesetz" bestimmt werden konnte, dass eine bundesgesetzliche Regelung nicht mehr erforderlich ist und durch Landesrecht ersetzt werden kann. Es war eine Lösung nach dem hierarchischen Modell: Was die Länder dürfen, bestimmt allein der Bund. Dass der Bundestag von sich aus Gestaltungsrechte an die Länder gab, war praktisch ausgeschlossen. Ein Landtag wiederum hätte nach dieser Lösung erst einmal über seine Landesregierung im Bundesrat einen Gesetzentwurf einbringen müssen, für den dann andere Länder gewonnen werden mussten, damit er per Mehrheitsbeschluss an den Bundestag geleitet werden konnte – der erfahrungsgemäß Gesetzesanträge des Bundesrates häufig ignoriert. Kurzum: Die Reform von 1994 war eine Totgeburt. Zwar tüftelte Bayern 1995 einen Gesamtgesetzentwurf aus, in dem alle Materien aufgelistet waren, die sich aus Sicht der Länder zur Rückübertragung eigneten – darunter das Baugesetzbuch, das Versammlungsrecht, das Grundstück- und Siedlungsrecht, Bereiche der Landwirtschaft, das Handelsrecht und auch Teile des Sozialrechts. Doch der Vorstoß aus München verpuffte.

Länder sind in Europa dabei

Erheblich mehr Erfolg im Sinne des kooperativen Beteiligungsföderalismus hatten die Länder beim europapolitischen Teil der Verfassungsreform. Schon seit Jahren kämpften sie gegen die Aushöhlung ihrer verbliebenen Autonomie durch EU-Recht, forderten mehr Subsidiaritätsschutz und eine stärkere Beteiligung der Regionen am Brüsseler Geschehen. Denn die EU-Kommission zog schleichend immer mehr Zuständigkeiten an sich, und angesichts der absehbaren Vereinheitlichungswelle durch den europäischen Binnenmarkt und den Übergang zur Gemeinschaftswährung Euro würde diese Entwicklung noch an Fahrt gewinnen. Wegen der Gründung der Europäischen Union durch den Vertrag von Maastricht waren 1992 einige Änderungen am Grundgesetz nötig. Dafür brauchte es einer Zweidrittelmehrheit im Bundesrat, und die war für die Bundesregierung nur zu haben durch ein sehr weit gehendes Zugeständnis an die Länder. Mit Unterstützung der Parteiführungen von Union und SPD und gegen den Willen von Außenminister Klaus Kinkel (FDP) wurden ein Mitwirkungsrecht der Länder in Angelegenheiten der Europäischen Union und ein neuer Artikel 23 in das Grundgesetz eingefügt, die die Länderrechte stärkten. Danach ist die Übertragung von Hoheitsrechten auf die EU durch den Bund ohne Zustimmung des Bundesrates nicht möglich – und zwar einer Zweidrittelmehrheit der Länderkammer. Wo die Länder innerstaatlich zuständig sind oder ihre Mitwirkungsrechte tangiert werden, ist der Bundesrat „an der Willensbildung des Bundes" bei der Europapolitik zu beteiligen – er ist damit Bundestag und Bundesregierung gleichgestellt, es muss hier zu einem Einvernehmen zwischen Bund und Ländern kommen –, und sollte sich ein Konflikt nicht lösen lassen, wiegt letztlich die Haltung des Bundesrates sogar stärker. Bei den ausschließlichen Zuständigkeiten der Länder (also vor allem Bildung und Kultur) geht deren Einfluss noch weiter: Denn dann sitzt in den EU-Gremien ein vom Bundesrat benannter Ländervertreter, der sich natürlich mit der Bundesregierung abstimmen muss. Da der Bundesrat ein Bundesorgan ist, ist der Ländervertreter (in aller Regel ein zuständiger Landesminister) keineswegs „minderwertiger" als ein Mitglied der Bundesregierung.

„Blockadepolitik" und „Reformstau"

Mitte der Neunzigerjahre begann sich ein Regierungswechsel im Bund abzuzeichnen – die seit 1982 regierende schwarz-gelbe Koalition unter Bundeskanzler Helmut Kohl näherte sich ihrem Ende. Das hatte sich über die Länder früh angedeutet: Schon seit April 1991 besaß die Bundesregierung keine eigene Mehrheit mehr im Bundesrat, doch überwog angesichts der Herausforderung der Einheit zunächst die Kooperation. Mit Blick auf die 1998 anstehende Bundestagswahl nutzte dann aber die SPD die Situation, um durch eine gezielte Blockadepolitik die Bundesregierung als handlungsunfähig darzustellen – vor allem eine größere Steuerreform fiel deswegen im Bundesrat durch. Nun begann eine Debatte über den Bundesrat überhaupt – und sie verstärkte sich noch, als die 1998 gewählte rot-grüne Bundesregierung unter Bundeskanzler Gerhard Schröder (SPD) schon nach einigen Monaten ihre eigene Mehrheit im Bundesrat wieder verlor und fortan bis zu ihrem Ende 2005 auf die Zusammenarbeit mit der Union angewiesen war. Wieder wurde heftig über den Missbrauch des Bundesrates für parteipolitische Zwecke gestritten – als ob die Mitglieder der Länderkammer nicht ebenfalls demokratisch legitimiert wären und als ob Parteipolitik in anderen Gremien keine Rolle spielte. Bundespräsident Roman Herzog hatte sich darüber vor seiner Zeit als Staatsoberhaupt einmal lustig gemacht: „Man mag es wollen oder nicht, wenn man den

Bundesrat aus Katzen zusammensetzte, dürfte man sich ja auch nicht wundern, wenn diese den Mäusen, die möglicherweise herumlaufen, nachjagten." Was die Forderungen nach einer Föderalismusreform jedoch vor allem nährte, war der von vielen Seiten konstatierte „Reformstau" in Deutschland, durch das nach Herzogs Worten (nun als Präsident) ein „Ruck" gehen müsse. Zu den Reformhindernissen wurde auch der Föderalismus gezählt, genauer gesagt: die Politikverflechtung mit ihrem Immobilismus, der wiederum lange Zeit verhindert hatte, dass Reformen angegangen wurden. Die Erkenntnis, dass der kooperative Föderalismus an seine Grenzen gelangt war, hatte sich nun endgültig durchgesetzt und führte 2003 zur Einsetzung einer neuen Verfassungskommission unter Leitung des bayerischen Ministerpräsidenten Edmund Stoiber (CSU) und des SPD-Fraktionsvorsitzenden im Bundestag, Franz Müntefering. Zumindest in den Führungen der Parteien und in den Staatskanzleien der Länder – bei den „Generalisten" in der Politik – war man nun zu Einschnitten in die Verflechtung, zu einer Entflechtung bereit. Die entscheidende Frage war, wie weit auch die politischen und bürokratischen „Fachbruderschaften", stets gut vernetzt mit den Interessenverbänden, auf ihre im kooperativen Föderalismus zugewachsene Machtstellung verzichten würden.

Offensive für Gestaltungsföderalismus

Die stärkeren Länder hatten diesen Anlauf zu einer Reform durch eine mehrjährige Offensive vorbereitet. Bayern und Nordrhein-Westfalen zum Beispiel machten deutlich, dass sie ihren Spielraum in der Hochschulpolitik erweitern und die Rahmengesetzgebung des Bundes beschneiden wollten. „Bundesweite Einheitsmodelle behindern zu sehr die notwendige Differenzierung der Hochschullandschaft in Deutschland. Wir brauchen Maßanzüge, kein Einheitskorsett", sagte Stoiber im November 1996. Auch mehr Regionalisierung in der Gesundheitspolitik (etwa bei der Krankenhausfinanzierung), in der Arbeitsmarktpolitik und in der Sozialpolitik war im Gespräch. Stoiber und der NRW-Ministerpräsident Wolfgang Clement (SPD) forderten dafür eine „umgekehrt konkurrierende Gesetzgebung", also ein Zugriffsrecht der Länder auf Bundesgesetze, um diese zu ändern – diese Umkehrung des Verfassungsprinzips „Bundesrecht bricht Landesrecht" stieß jedoch auf wenig Gegenliebe beim Bund. Der Politikwissenschaftler Fritz W. Scharpf kam freilich zu jener Zeit zu dem Schluss, dass „das einheitliche deutsche Recht immer mehr zu einer Fessel einer effektiven Standortpolitik der Länder wird". Vor allem die stärkeren Länder wollten im Wirtschaftsrecht mehr bestimmen, zumal hier die EU schon mehr regelte als der Bund, es also vor allem darauf ankam, das EU-Rahmenrecht auf regionale Bedürfnisse anzuwenden. Dahinter stand die Idealvorstellung, noch stärker als bislang Wirtschafts- und Technologieförderung, Infrastrukturentwicklung sowie Bildungs-, Weiterbildungs- und Arbeitsmarktpolitik zu einer regionalen Standortpolitik bündeln zu können, ohne ständig mit dem Bund verhandeln zu müssen oder sich in den Bund-Länder-Kooperationsgremien zu verheddern. Dazu kam, dass die Strukturpolitik der Europäischen Union nicht auf die nationalstaatliche Ebene, sondern auf Regionen ausgerichtet ist – weshalb sich etwa Frankreich seit 1982 und auch Großbritannien dezentralisierte Staatsstrukturen zulegten, wobei die französischen Regionen bald Autonomierechte erhielten, die man in der Bundesrepublik den Ländern nicht zugestehen wollte. Die deutschen Länder liefen Gefahr, in diesem europäischen Standortwettbewerb der Regionen den Anschluss zu verlieren, weil es ihnen an Eigenständigkeit fehlte. Der baden-württembergische Ministerpräsident Erwin Teufel (CDU) betonte angesichts der verbreiteten Ablehnung eines Wettbewerbsföderalismus, ein Plädoyer für mehr Wettbewerb sei „keine Absage an Gemeinsamkeit, an Chancengleichheit, an Gleichwertigkeit der Lebensverhältnisse, an einen gerechten Finanzausgleich". Um deutlicher zu machen, worum es bei der Vorstellung von mehr Wettbewerb eigentlich gehe, kam nun der Begriff „Gestaltungsföderalismus" auf – der in der Tat klarer zum Ausdruck brachte, was das Ziel sein sollte: mehr Gestaltungsrechte der Länder für eine gute Regionalpolitik. Der Begriff Wettbewerbsföderalismus war dagegen von Befürchtungen belastet, dass die Stärkeren sich aus der Solidarität stehlen wollten. Gestaltungsföderalismus bedeutete Entflechtung und auch Trennung der Verantwortlichkeiten von Bund und Ländern, wo es möglich war und Konsens bestand, und mehr Flexibilisierung, wo die schwächeren Länder sich mehr Eigenständigkeit nicht zutrauten oder der Bund sich von seiner Lenkungsmacht nicht verabschieden wollte. In Bund wie Ländern – und in den Parteien von links bis rechts – war Gestaltungsföderalismus als Konsensbegriff bald akzeptiert – und damit die Voraussetzung geschaffen, den Föderalismus wieder zu einem „dynamischen System" (Arthur Benz) zu machen.

Karlsruhe ändert die Richtung

Eine wesentliche Rolle in dem Reformprozess, der seit Mitte der Neunzigerjahre Fahrt aufnahm, spielte das Bundesverfassungsgericht. Es interpretierte die Verfassungsreform von 1994 als einen Auftrag, die bisherige Rechtsprechung zu revidieren – und die hatte seit den Fünfzigerjahren stets eine unitarische Tendenz gehabt. Nun schwenkte das Gericht auf eine föderalistische Rechtsprechung ein, die Karlsruher Richter gewichteten die Länderinteressen nun höher und setzten in mehreren Urteilen seit 2001 dem Bund klare Schranken für die konkurrierende und die Rahmengesetzgebung. „Sinn der föderalen Verfassungssystematik ist es, den Ländern eigenständige Kompetenzräume für partikular-differenzierte Regelungen zu eröffnen", hieß es in einem Urteil im Juli 2004 – und damit war gewissermaßen auch der seit über hundert Jahren verpönte Begriff des Partikularismus ein wenig rehabilitiert. Schon im Oktober 2002 hatte der Zweite Senat in einem Urteil über die Zuständigkeit bei Altenpflegeberufen festgestellt: „Unterschiedliche Rechtslagen für die Bürger sind notwendige Folge des bundesstaatlichen Aufbaus." Die Unterschiedlichkeit von Regelungen in den Ländern allein könne daher „ein gesamtstaatliches Interesse an einer bundesgesetzlichen Regelung nicht begründen" – das Postulat der Rechtseinheit wurde damit eingeschränkt. Diese Rechtseinheit sah das Gericht erst dann bedroht, wenn eine Gesetzesvielfalt in den Ländern „eine Rechtszersplitterung mit problematischen Folgen darstellt". Die Wahrung der Wirtschaftseinheit durch Bundesgesetze sei erst dann geboten, „wenn Landesregelungen oder das Untätigbleiben der Länder erhebliche Nachteile für die Gesamtwirtschaft mit sich bringen". Und was die „Herstellung gleichwertiger Lebensverhältnisse" angeht, befand das Gericht, dass ein Eingreifen des Bundes erst dann erlaubt sei, „wenn sich die Lebensverhältnisse in den Ländern der Bundesrepublik in erheblicher, das bundesstaatliche Sozialgefüge beeinträchtigender Weise auseinander entwickelt haben oder sich eine derartige Entwicklung konkret abzeichnet." Die Erforderlichkeit von Bundesgesetzgebung in vielen Bereichen war damit deutlich beschnitten, die Macht des Bundes erheblich gestutzt. Es war eine kleine Revolution: Das Bundesverfassungsgericht hatte seinen Teil dazu beigetragen, dass die Blockade durch die Politikverflechtung gelöst und der Weg aus dem „unitarischen Bundesstaat" gefunden werden konnte.

„Mutter aller Reformen"

Die Erwartungen an die von Müntefering und Stoiber geleitete Föderalismuskommission – offiziell Kommission zur Neuordnung der bundesstaatlichen Ordnung – waren sehr hoch, als sie Mitte Oktober 2003 von Bundesrat und Bundestag eingesetzt wurde. Stoiber sprach gar von der „Mutter aller Reformen". Die Kommission nahm sich in der Tat vor, die umfangreichste Reform des Föderalismus seit 1949 anzugehen. Stimmberechtigt waren jeweils 16 Vertreter des Bundestages und des Bundesrates, beratend gehörten zudem vier Vertreter der Bundesregierung dazu, sechs Landtagsabgeordnete, drei Vertreter der Kommunalverbände und zwölf sachverständige Professoren. Nach dem Einsetzungsbeschluss hatte die Kommission das Ziel, „die Handlungs- und Entscheidungsfähigkeit von Bund und Ländern zu verbessern, die politischen Verantwortlichkeiten deutlicher zuzuordnen sowie die Zweckmäßigkeit und Effizienz der Aufgabenerfüllung zu steigern". Gesetzgebungszuständigkeiten von Bund und Ländern sollten geprüft werden, auch die Mitwirkungsrechte der Länder in der Bundesgesetzgebung – das zielte auf den Bundesrat – und die Finanzbeziehungen (insbesondere Gemeinschaftsaufgaben und Mischfinanzierungen) zwischen Bund und Ländern. Es sollte also um Entflechtung gehen, um mehr „Klarheit und Wahrheit", wie die Bundesjustizministerin Brigitte Zypries (SPD) betonte. Föderalismus sollte wieder durchschaubarer werden, auch für die Bürger. Das war freilich einfacher gesagt als getan, und gemessen an Anspruch und Erwartungen hat die Kommission am Ende auch nur ein eher mageres Ergebnis erreicht. Das lag zum einen an einer Verweigerungshaltung auf Bundesseite, zum anderen daran, dass die schwächeren Länder im Verlauf der Verhandlungen der Mut verließ und sie mehr auf Status-quo-Sicherung denn auf Veränderungen zielten. Für sich genommen aber waren die Beschlüsse, die nach einem zwischenzeitlichen Scheitern im Dezember 2004 dann von der großen Koalition unter Kanzlerin Angela Merkel (CDU) im Jahr 2006 umgesetzt wurden, doch beachtenswert. Immerhin kam die Kommission zu Neuerungen, die Ansatzpunkte für weitere Reformschritte geben konnten. Der Politikwissenschaftler Roland Sturm urteilte, mit den Beschlüssen der Föderalismuskommission sei die Entwicklung zu immer mehr Unitarismus gebremst und teils sogar revidiert worden.

Bildungsstaaten ohne Bundesrahmen

Völlig gestrichen wurde die Rahmengesetzgebung, die nach den Karlsruher Urteilen ohnehin praktisch wertlos geworden war. Bei den Gesetzgebungszuständigkeiten wurde einiges hin- und hergetauscht, die Länder bekamen ein alleiniges Gestaltungsrecht etwa im Heimrecht, beim Ladenschluss und beim Gaststättenrecht, beim Strafvollzug oder bei der Lärmbekämpfung. Die Ergebnisse waren jedoch eher armselig, die Bundespolitik verweigerte jede Übertragung von ganzen Politikfeldern wie der öffentlichen Fürsorge oder des Rechts der Wirtschaft. Zu einer echten Trennung fehlte die Bereitschaft, trotz aller Beteuerungen, eine Entflechtung erreichen zu wollen. Das zeigte sich auch in der Bildungspolitik, in der dem Bund ohnehin kaum Mitwirkungsrechte zustehen, von eigener Gesetzgebung ganz zu schweigen – dennoch versuchten vor allem die Vertreter der rot-grünen Koalition, dem Bund irgendwie noch zu ermöglichen, den Fuß in der Tür zu halten. Doch konnten die Länder es am Ende als Erfolg verbuchen, dass sie zumindest auf ihrem ureigenen Feld weitgehend autonom handeln und als „Bildungsstaaten" auftreten können, wie das Grünen-Mitglied Winfried Kretschmann sagte. Auch die nach 1969 vereinheitlichte Beamtenpolitik wurde föderalisiert: Bund und Länder waren nun wieder für ihre Beamten und auch deren Besoldung selbst verantwortlich. Das war ein Gewinn vor allem für die Länder, denn Personalkosten sind der größte Posten in ihren Etats, vor allem, weil sie für Schule und Polizei zuständig sind.

Abweichen wird erlaubt – in Grenzen

Auch bei den Gemeinschaftsaufgaben und den Mischfinanzierungen gelang es nicht, die Verflechtung ganz zu lösen. Es gelang beim Hochschulbau, aber nicht bei der regionalen Wirtschaftsförderung. Und es kam sogar eine neue Gemeinschaftsaufgabe hinzu, die Forschungsförderung bei überregional bedeutsamen Vorhaben. Allerdings wurden Finanzhilfen des Bundes für Investitionen befristet. Völlig neu war das Abweichungsrecht von der Bundesgesetzgebung und den Verwaltungsvorgaben, das mit der Reform ins Grundgesetz kam. Wobei die Idee so neu wiederum nicht war – sie spielte bereits bei den Reformüberlegungen in den Siebzigerjahren eine Rolle und erinnerte auch an den (mittlerweile vergessenen) alten Reichsföderalismus, der diese Möglichkeit der Abänderung und eigenständigen Umsetzung von zentralen Vorgaben durch die Länder und Reichskreise auch schon kannte. Ein Abweichungsrecht wurde den Ländern in der Umweltgesetzgebung und dem äußerst schmalen Restbestand an Bundeshochschulrecht eingeräumt, und um die Zahl der Zustimmungsgesetze im Bundesrat zu verringern, konnten sie fortan auch von Verwaltungsvorgaben des Bundes gemäß Artikel 84 abweichen. Der Bund war bis dahin in der Hälfte der Fälle für das Zustimmungsrecht des Bundesrates verantwortlich. Doch wurde auch ein neues Zustimmungsrecht geschaffen: Die Länder bekamen ein Veto bei Bundesgesetzen mit hohen Kostenfolgen – keine ganz unverständliche Regelung, die vermeiden sollte, dass wie in der Vergangenheit (bis zurück in Weimarer Zeiten) das Zentralparlament soziale Wohltaten beschloss, für deren Finanzierung letztlich aber die Länder zu sorgen hatten.

Immer mehr Länder in der Schuldenfalle

Die Finanzverfassung war in der Stoiber-Müntefering-Kommission weitgehend ausgeklammert worden, weil man den unter Mühen geschlossenen Solidarpakt II nicht gleich wieder aufdröseln wollte. Doch die föderalen Finanzprobleme waren damit nicht vom Tisch – vor allem die Verschuldung der Länder hatte sich in den zurückliegenden Jahren verschärft und (zusätzlich zum ohnehin hohen Schuldenstand des Bundes) dazu beigetragen, dass Deutschland mehrfach die durch den Euro-Stabilitätspakt gezogenen Schuldengrenzen nicht einhielt. Mehrere Länder hatten ein Urteil des Bundesverfassungsgerichts von 1992, das die Solidarität des Bundes mit den schwächeren Ländern betont hatte, als einen Freibrief zu noch mehr Schulden verstanden – doch im Oktober 2006 rüttelte Karlsruhe die Politik auch hier wach. Auf eine Klage Berlins hin verschärfte es die Kriterien für Bundeshilfen und gebot den Ländern, sie müssten zuerst alle landespolitischen Register ziehen, um sich aus der Schuldenfalle zu helfen. Eine Rolle spielte bei dem für die hoch verschuldeten Länder ungünstigen Urteil die Erfahrung, dass frühere Bundeshilfen im Falle des Saarlands und Bremens relativ wirkungslos verpufft waren. Neben diesen drei Ländern hatten mittlerweile auch Sachsen-Anhalt, Thüringen und Schleswig-Holstein massive Schuldenprobleme.

Reform geht in die zweite Runde …

Das Karlsruher Urteil kam gerade recht zum Auftakt der nächsten Runde der Föderalismusreform. Im Dezember 2006 setzten Bundestag und Bundesrat eine weitere Föderalismuskommission ein, dieses Mal unter Leitung des baden-württembergischen Ministerpräsidenten Günther Oettinger (CDU) und des SPD-Bundestagsfraktionschefs Peter Struck. Es ging nun ums Geld – genauer gesagt die Bund-Länder-Finanzbeziehungen. Zwar blieb auch jetzt der Finanzausgleich ausgeklammert, doch wurde versucht, die Schuldenproblematik anzugehen, die zumindest zum Teil auch ein Ergebnis der Unitarisierung des Föderalismus seit 1949 und der Politikverflechtung war. Mit 1500 Milliarden Euro standen Bund und

Länder mittlerweile in der Kreide, die hohen Pensionsverpflichtungen für Beamte nicht eingerechnet, und vor allem für die Länder (und damit für den Bestand des Föderalismus) wurde das langsam gefährlich. Denn ganz ähnlich wie in der Weimarer Republik hatten die Länder praktisch jede Finanzautonomie verloren, was ihre Einnahmen (also die Steuern) anging. Und bei den Ausgaben wurden sie – ebenfalls wie vor 1933 – durch zentrale Vorgaben erheblich belastet, ohne dafür immer den nötigen Ausgleich zu bekommen. Vor allem die unterschiedliche Wirtschaftskraft spielte eine Rolle – Länder wie Berlin oder Sachsen-Anhalt hatten auch wegen ihrer Strukturschwäche hohe Ausgaben für die Sozialhilfe, auf deren Höhe sie kaum Einfluss hatten, denn die Sozialhilfesätze bestimmte der Bund. Autonom waren die Länder nur beim Schuldenmachen, und das wurde immer mehr zum gesamtstaatlichen Problem, weil neben der Rücksicht auf die EU-Vorgaben die hohe Zins- und Tilgungsbelastung mancher Länder deren Fähigkeit zu eigenständiger Struktur- und Regionalpolitik lähmte. In der Kommission ging es daher um vier Punkte: Einführung einer für Bund wie Länder machbaren „Schuldenbremse", Hilfe für die schwachen Länder beim Abbau ihrer Altschulden, mehr Steuerautonomie für die Länder (etwa über Zuschläge auf die Einkommensteuer und vor allem bei den Steuern, die ihnen allein zufließen) – und im Anschluss an das in der ersten Reformrunde eingeführte Abweichungsrecht dessen Ausweitung, um bundesgesetzliche Vorgaben besser an regionale Bedürfnisse und Möglichkeiten anpassen zu können.

… und weitere Runden werden folgen

Noch während die Gespräche liefen, deutete Struck bereits eine Fortsetzung der Reformen an. Nach der Bundestagswahl 2009 müsse die Neugliederung des Bundesgebiets angegangen werden. Die Erfahrungen nach 1990 stimmten hier jedoch nicht optimistisch. Obwohl die Fusion von Berlin und Brandenburg zu einem Land in einem neuen Grundgesetz 118a erleichtert wurde, stimmte die Bevölkerung in Brandenburg dem von den beiden Landesregierungen unterbreiteten Fusionsvorschlag mehrheitlich nicht zu. Ein zweiter Anlauf wurde nicht mehr gewagt. Die Gründung eines Nordstaates durch Schleswig-Holstein und Hamburg (und vielleicht auch Mecklenburg-Vorpommern) blieb eine Idee, die bisweilen in Sonntagsreden anklang. Und weder die Vereinigung von Rheinland-Pfalz und dem Saarland noch der Anschluss Bremens an Niedersachsen waren ein ernsthaftes Thema. Dagegen machte die Kooperation zwischen den Ländern Fortschritte. Ausdruck dessen war etwa die „Initiative Mitteldeutschland" der Regierungen von Sachsen, Thüringen und Sachsen-Anhalt, in der eine engere Zusammenarbeit der drei Länder vereinbart und umgesetzt wurde – bis hin zur Zusammenlegung bestimmter Ämter. Kooperation statt Fusion – das war die Antwort auf das Neugliederungsverlangen, das vor allem von Bundespolitikern vorgetragen wurde. Weit stärker als dieses Thema wird aber auch in Zukunft das Bund-Länder-Verhältnis die Debatten um den deutschen Föderalismus bestimmen. Denn das ist der Kern der bundesstaatlichen Verfassung. Und da der Föderalismus, richtig verstanden und angewendet, ein flexibles Regierungssystem ist, muss er auch immer wieder neu austariert werden. Als Merksatz kann dabei eine Erkenntnis dienen, die der Historiker Johannes von Müller 1787 in seiner Schrift „Vom Fürstenbund" mitteilte, in einer Zeit also, als ebenfalls eine intensive Reformdebatte geführt wurde: „Jede Verfassung, welche eine Erneuerung ihrer Kräfte nötig hat, findet sie am besten in der Natur ihres Grundsatzes."

Anhang

253 Karten

276 Auswahlbibliografie

281 Bildnachweis

282 Register

1378 Das kurfürstliche Reich

Deutschland in der Zeit nach der "Goldenen Bulle". Das kurfürstliche Reich war geschaffen, die Königswahl bestimmte den Regenten über die Einheit. Die Kurlande galten als unteilbar, der Reichsföderalismus entstand.

E

Gebiet des
Deutschen Ordens

○ Danzig

○ Marienburg

Grfsm.
LITAUEN

Kgr. POLEN

Kgr. UNGARN

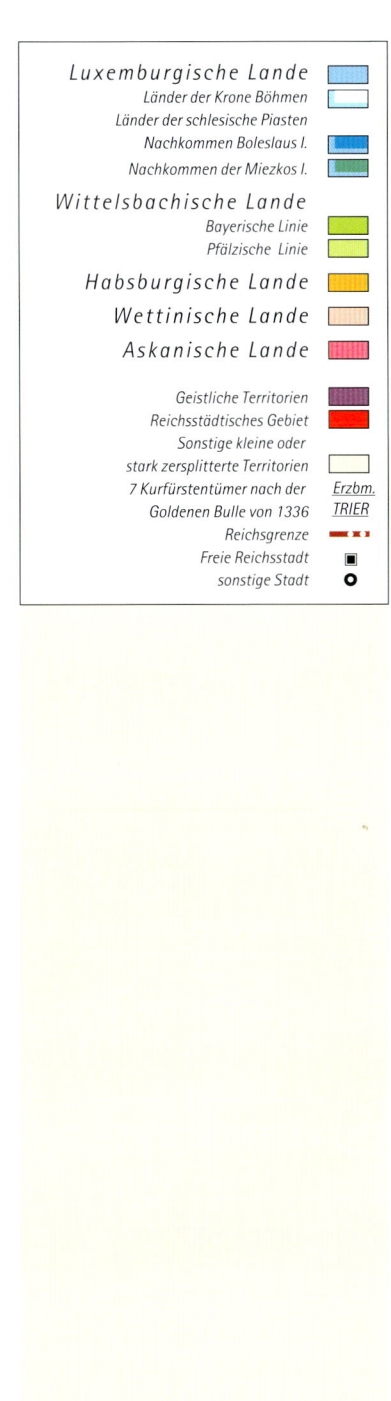

Luxemburgische Lande

Länder der Krone Böhmen

Länder der schlesische Piasten

Nachkommen Boleslaus I.

Nachkommen der Miezkos I.

Wittelsbachische Lande

Bayerische Linie

Pfälzische Linie

Habsburgische Lande

Wettinische Lande

Askanische Lande

Geistliche Territorien

Reichsstädtisches Gebiet

Sonstige kleine oder
stark zersplitterte Territorien

7 Kurfürstentümer nach der
Goldenen Bulle von 1336

Erzbm.
TRIER

Reichsgrenze

Freie Reichsstadt

sonstige Stadt

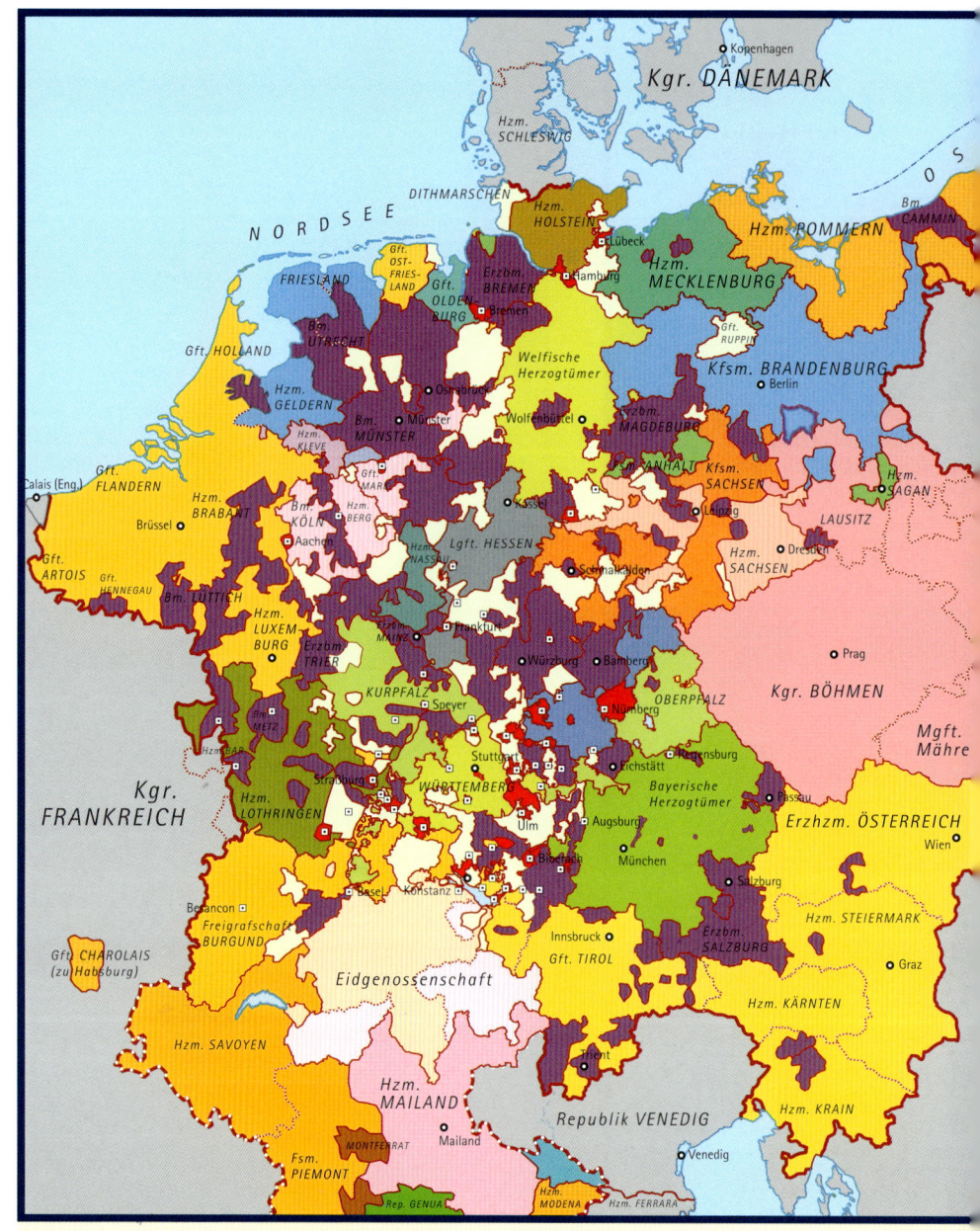

1500 Deutschland

Mit der 1495 begonnenen Reichsreform legte Maximilian I. den Grundstein für den deutschen Föderalismus. Die territoriale Ordnung wurde durch den Ewigen Landfrieden zwischen Fürsten und Landesherren bestimmt.

1512 Reichskreise

Nach der Gründung der sechs Reichskreise 1500 wurden zwölf Jahre später auch die Kurfürstentümer mit einigen anliegenden Territorien in Kreisen organisiert. Die insgesamt zehn Reichskreise bildeten neben den großen Landesherrschaften die Exekutivebene zur Umsetzung der Reichsgesetze und -aufgaben.

Österreichischer Kreis
Burgundischer Kreis
Kurrheinischer Kreis
Fränkischer Kreis
Bayerischer Kreis
Schwäbischer Kreis
Oberrheinischer Kreis
Niederrheinisch-westfälischer Kreis
Obersächsischer Kreis
Niedersächsischer Kreis
nicht eingekreiste Gebiete

Grenze des Heiligen Römischen
Reiches Deutscher Nation ----

S E E
POMMERN
Kgr. POLEN
SCHLESIEN
Mgft. MÄHREN
ÖSTERREICH
TEIER-
1ARK

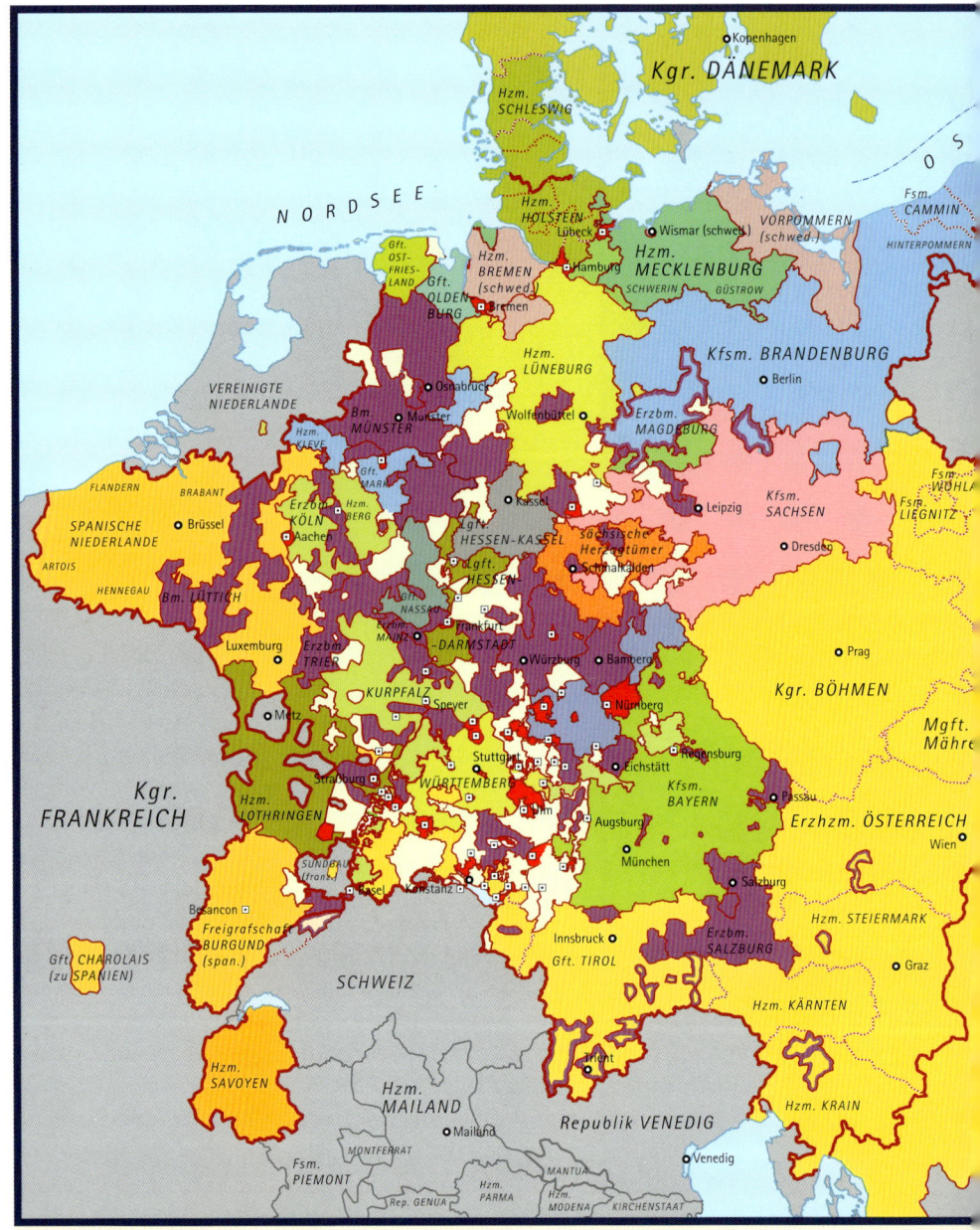

1648 Deutschland

Die Machtverteilung im Reich nach dem Westfälischen Frieden von 1648 entsprach wieder dem Zustand vor dem Dreißigjährigen Krieg. Die in der Reichsreformzeit gefundene Verfassungsordnung wurde bestätigt. Die Reichsfürsten waren gestärkt, die deutschen Länder wurden jedoch keine souveränen Staaten.

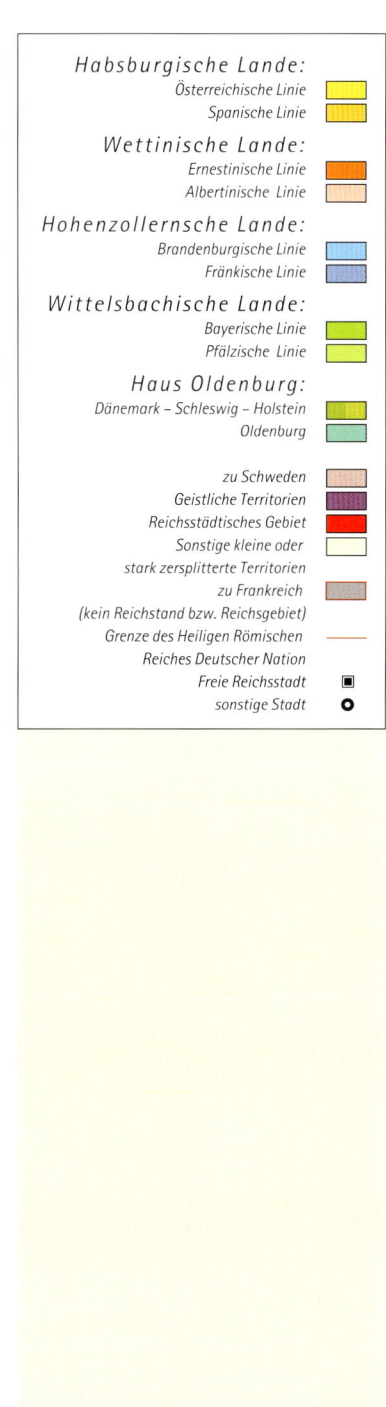

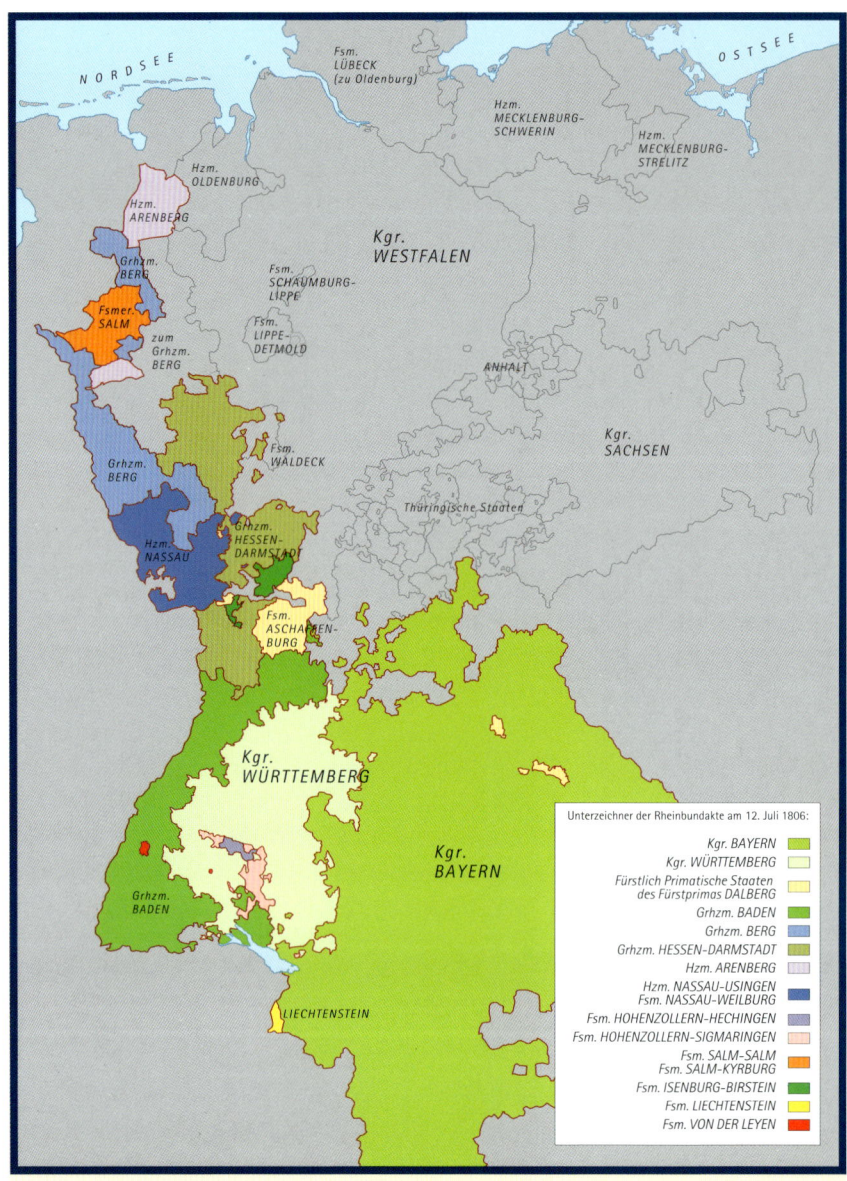

NORDSEE

OSTSEE

Fsm.
LÜBECK
(zu Oldenburg)

Hzm.
MECKLENBURG-
SCHWERIN

Hzm.
MECKLENBURG-
STRELITZ

Hzm.
OLDENBURG

Hzm.
ARENBERG

Kgr.
WESTFALEN

Grhzm.
BERG

Fsm.
SCHAUMBURG-
LIPPE

Fsmer.
SALM

Fsm.
LIPPE-
DETMOLD

ANHALT

zum
Grhzm.
BERG

Kgr.
SACHSEN

Grhzm.
BERG

Fsm.
WALDECK

Grhzm.
HESSEN-
DARMSTADT

Thüringische Staaten

Hzm.
NASSAU

Fsm.
ASCHAFFEN-
BURG

Kgr.
WÜRTTEMBERG

Kgr.
BAYERN

Grhzm.
BADEN

Grhzm.
BADEN

LIECHTENSTEIN

Unterzeichner der Rheinbundakte am 12. Juli 1806:

Kgr. BAYERN	
Kgr. WÜRTTEMBERG	
Fürstlich Primatische Staaten des Fürstprimas DALBERG	
Grhzm. BADEN	
Grhzm. BERG	
Grhzm. HESSEN-DARMSTADT	
Hzm. ARENBERG	
Hzm. NASSAU-USINGEN Fsm. NASSAU-WEILBURG	
Fsm. HOHENZOLLERN-HECHINGEN	
Fsm. HOHENZOLLERN-SIGMARINGEN	
Fsm. SALM-SALM Fsm. SALM-KYRBURG	
Fsm. ISENBURG-BIRSTEIN	
Fsm. LIECHTENSTEIN	
Fsm. VON DER LEYEN	

1806 Rheinbund

Nach seinen Siegen teilte Napoleon Europa neu auf. Im Rheinbund schlossen sich die westdeutschen Fürstentümer unter seinem Protektorat zusammen – das Ende des Heiligen Römischen Reiches Deutscher Nation war besiegelt.

1820 Deutscher Bund

Auf dem Wiener Kongress wurde 1815 die Gründung des Deutschen Bundes beschlossen. Die deutschen Staaten sollten unabhängig bleiben, aber föderativ verbunden sein. Mit der Wiener Schlussakte vom Mai 1820 wurde der Bund wirksam.

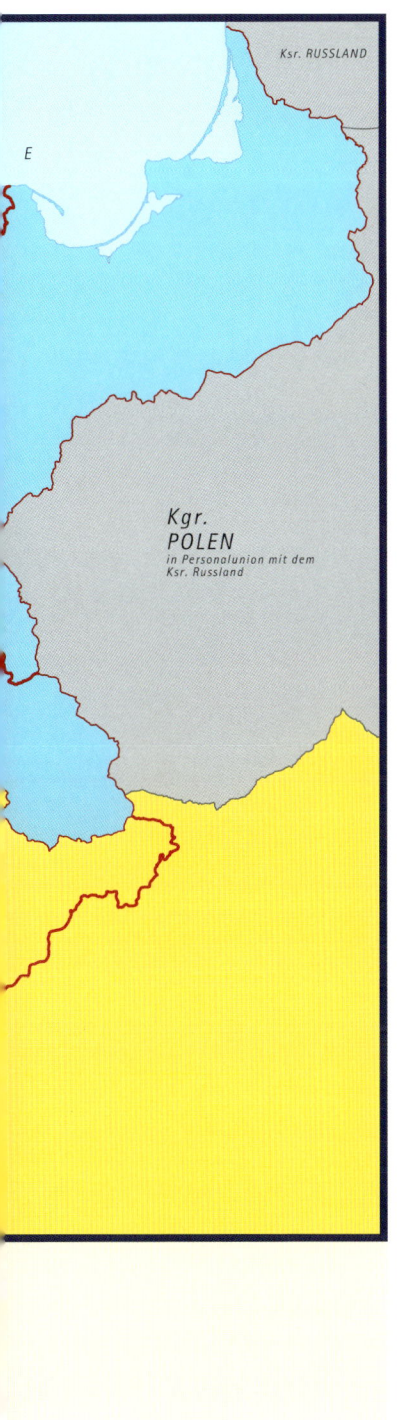

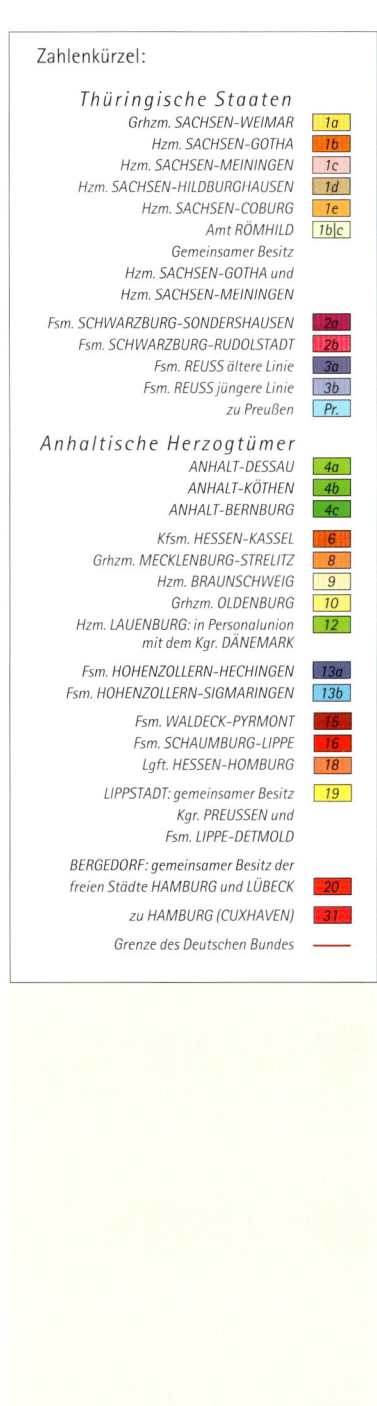

Zahlenkürzel:

Thüringische Staaten

Grhzm. SACHSEN-WEIMAR	1a
Hzm. SACHSEN-GOTHA	1b
Hzm. SACHSEN-MEININGEN	1c
Hzm. SACHSEN-HILDBURGHAUSEN	1d
Hzm. SACHSEN-COBURG	1e
Amt RÖMHILD	1b|c
Gemeinsamer Besitz Hzm. SACHSEN-GOTHA und Hzm. SACHSEN-MEININGEN	

Fsm. SCHWARZBURG-SONDERSHAUSEN	2a
Fsm. SCHWARZBURG-RUDOLSTADT	2b
Fsm. REUSS ältere Linie	3a
Fsm. REUSS jüngere Linie	3b
zu Preußen	Pr.

Anhaltische Herzogtümer

ANHALT-DESSAU	4a
ANHALT-KÖTHEN	4b
ANHALT-BERNBURG	4c

Kfsm. HESSEN-KASSEL	6
Grhzm. MECKLENBURG-STRELITZ	8
Hzm. BRAUNSCHWEIG	9
Grhzm. OLDENBURG	10
Hzm. LAUENBURG: in Personalunion mit dem Kgr. DÄNEMARK	12

Fsm. HOHENZOLLERN-HECHINGEN	13a
Fsm. HOHENZOLLERN-SIGMARINGEN	13b

Fsm. WALDECK-PYRMONT	15
Fsm. SCHAUMBURG-LIPPE	16
Lgft. HESSEN-HOMBURG	18

LIPPSTADT: gemeinsamer Besitz Kgr. PREUSSEN und Fsm. LIPPE-DETMOLD	19

BERGEDORF: gemeinsamer Besitz der freien Städte HAMBURG und LÜBECK	20
zu HAMBURG (CUXHAVEN)	31
Grenze des Deutschen Bundes	——

1867 Norddeutscher Bund

Nach dem Sieg Preußens im Deutschen Krieg von 1866 wurde der Deutsche Bund aufgelöst. Preußen gründete den Norddeutschen Bund. 1867 erhielt das ursprüngliche Schutz- und Trutzbündnis eine Verfassung.

E

RUSSLAND
(Russisch-Polen)

Zahlenkürzel:

Thüringische Staaten

Grhzm. SACHSEN-WEIMAR-EISENACH	1a
Hzm. SACHSEN-MEININGEN	1c
Hzm. SACHSEN-ALTENBURG	1d
Hzm. SACHSEN-COBURG und Hzm. SACHSEN-GOTHA (in Personalunion)	1e
Fsm. SCHWARZBURG-SONDERSHAUSEN	2a
Fsm. SCHWARZBURG-RUDOLSTADT	2b
Fsm. REUSS ältere Linie	3a
Fsm. REUSS jüngere Linie	3b
Grhzm. MECKLENBURG-STRELITZ	8
Grhzm. OLDENBURG	10
Fsm. WALDECK	15
Fsm. SCHAUMBURG-LIPPE	16
zu HAMBURG (CUXHAVEN)	31
Grenze des Deutschen Reiches	——

1871 Deutsches Reich

Der Sieg des Norddeutschen Bundes und der verbündeten Staaten Süddeutschlands im Deutsch-Französischen Krieg führte im Januar 1871 zur Gründung des Deutschen Kaiserreiches. Unter der dominanten Führung Preußens entstand der erste deutsche Nationalstaat.

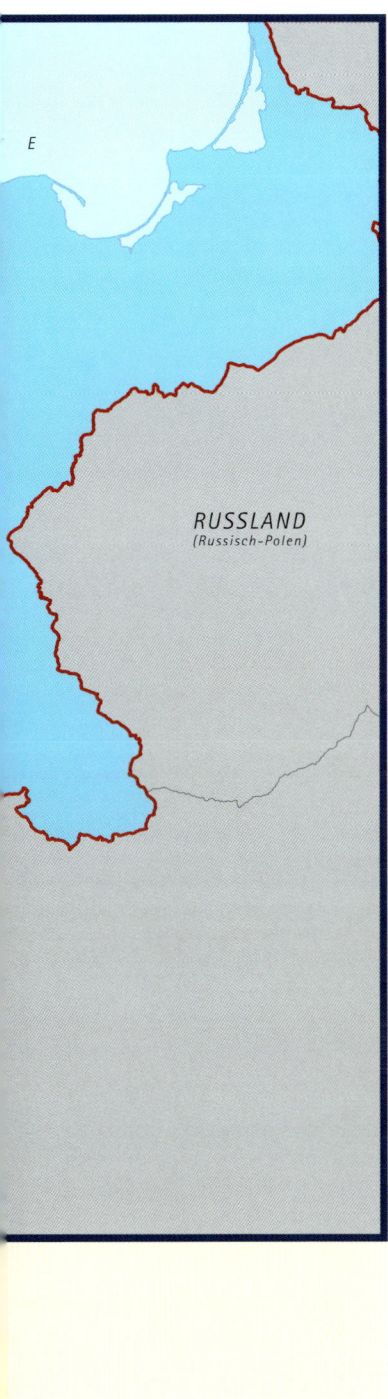

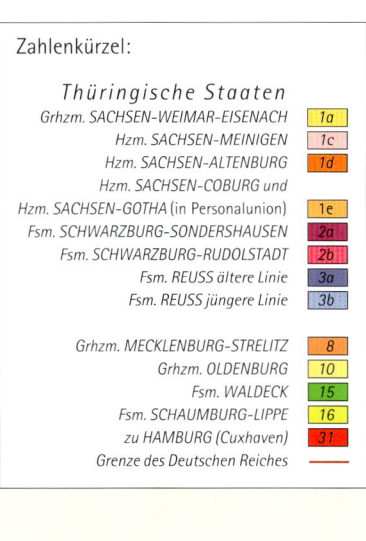

E

RUSSLAND
(Russisch-Polen)

Zahlenkürzel:

Thüringische Staaten

Grhzm. SACHSEN-WEIMAR-EISENACH	1a
Hzm. SACHSEN-MEININGEN	1c
Hzm. SACHSEN-ALTENBURG	1d
Hzm. SACHSEN-COBURG und Hzm. SACHSEN-GOTHA (in Personalunion)	1e
Fsm. SCHWARZBURG-SONDERSHAUSEN	2a
Fsm. SCHWARZBURG-RUDOLSTADT	2b
Fsm. REUSS ältere Linie	3a
Fsm. REUSS jüngere Linie	3b
Grhzm. MECKLENBURG-STRELITZ	8
Grhzm. OLDENBURG	10
Fsm. WALDECK	15
Fsm. SCHAUMBURG-LIPPE	16
zu HAMBURG (Cuxhaven)	31
Grenze des Deutschen Reiches	

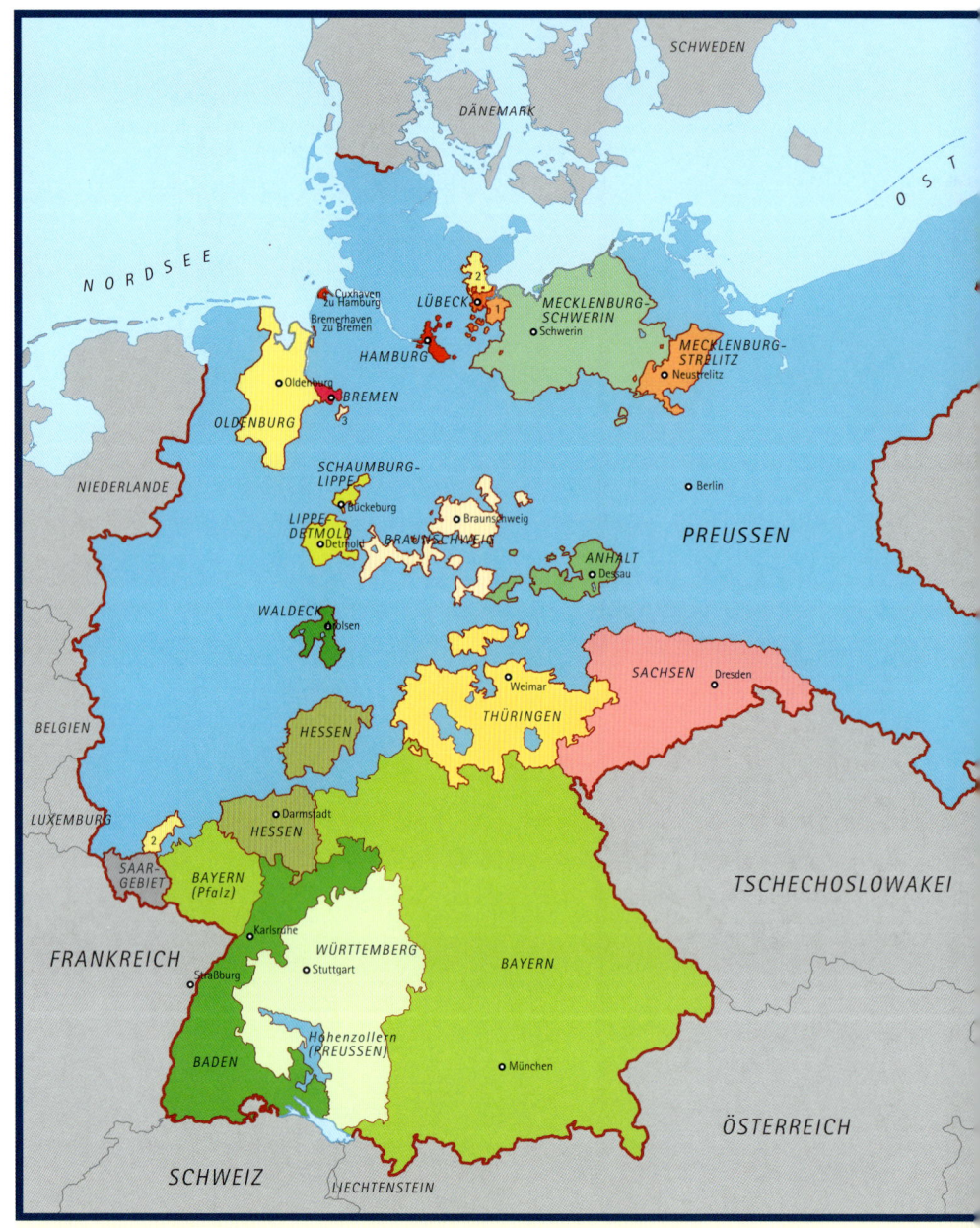

1923 Weimarer Republik

*Durch die Gebietsverluste nach dem Ersten Weltkrieg wurde Ostpreußen vom
Deutschen Reich getrennt und Danzig zur Freien Stadt unter dem Protektorat
des Völkerbundes.*

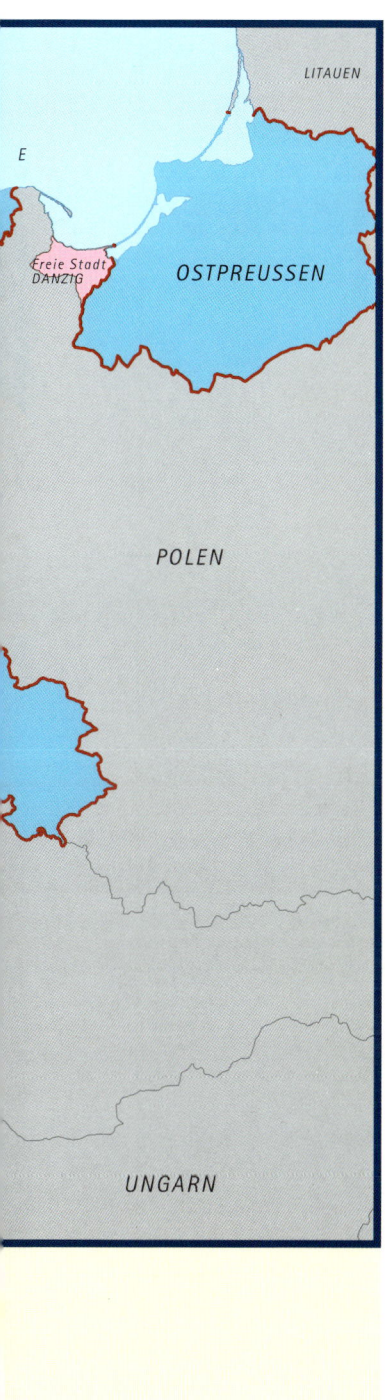

Zahlenkürzel:

MECKLENBURG-STRELITZ 1

OLDENBURG 2

BRAUNSCHWEIG 3

Protektorats- oder Mandats-
gebiete des Völkerbundes:

DANZIG: Freie Stadt unter dem
Protektorat des Völkerbundes

SAARGEBIET: ab 1920 für 15 Jahre
Mandat des Völkerbundes

Grenze des Deutschen Reiches

LITAUEN

E

Freie Stadt
DANZIG

OSTPREUSSEN

POLEN

UNGARN

1947 Neugründung der Länder

Nach dem Ende des Zweiten Weltkrieges wurden in den Besatzungszonen der Alliierten die deutschen Länder neu gegründet. Das Saarland blieb bis 1949 unter französischem Protektorat, dann bis zum Beitritt zur Bundesrepublik 1957 autonom. Das heutige Land Baden-Württemberg entstand 1952.

1952 Deutsche Demokratische Republik

In der Deutschen Demokratischen Republik wurden mit der Verwaltungsreform von 1952 die Länder aufgelöst und durch 14 Bezirke ersetzt. Der Ostteil Berlins wurde zur offiziellen Hauptstadt der DDR erklärt.

1957 Bundesrepublik Deutschland
Vor der Vereinigung 1990 setzte sich die Bundesrepublik Deutschland aus acht Ländern und drei Stadtstaaten zusammen. Für West-Berlin legten die Westalliierten einen eingeschränkten Sonderstatus fest.

1990 Bundesrepublik Deutschland heute

*Nach der Vereinigung von 1990 wurden auf dem Gebiet der ehemaligen DDR die
fünf Länder von 1947 wiedereingeführt. Das heutige Gebiet der Bundesrepublik
Deutschland umfasst 13 Länder und drei Stadtstaaten.*

Allgemein

Benz, Arthur / Lehmbruch, Gerhard (Hg.): Föderalismus. Analysen in entwicklungsgeschichtlicher und vergleichender Perspektive, Wiesbaden 2002

Boldt, Hans: Föderalismus als Grundstruktur deutscher Geschichte, in: Birke, A./Wentker, H. (Hg.): Föderalismus im deutsch-britischen Meinungsstreit, München 1993

Brandt, Hartwig: Der lange Weg in die demokratische Moderne. Deutsche Verfassungsgeschichte von 1800 bis 1945, Darmstadt 1998

Deuerlein, Ernst: Föderalismus. Die historischen und philosophischen Grundlagen des föderativen Prinzips, München 1972

Dippel, Horst: Die Konstitutionalisierung des Bundesstaats in Deutschland 1849–1949 und die Rolle des amerikanischen Modells, in: Der Staat 38/1999

Eschenburg, Theodor: Bundesrat – Reichsrat – Bundesrat, in: ders.: Spielregeln der Politik, Stuttgart 1987

Holste, Heiko: Der Deutsche Bundesstaat im Wandel 1867–1933, Berlin 2002

Huhn, Jochen / Witt, Peter-Christian (Hg.): Föderalismus in Deutschland: Traditionen und gegenwärtige Probleme, Baden-Baden 1992

Janz, Oliver (Hg.): Zentralismus und Föderalismus im 19. und 20. Jahrhundert, Berlin 2000

Koselleck, Reinhart: Föderale Strukturen in der deutschen Geschichte, Pforzheim 1975

Künzel, Werner / Rellecke, Werner (Hg.): Geschichte der deutschen Länder. Entwicklungen und Traditionen vom Mittelalter bis zur Gegenwart, Münster 2005

Langewiesche, Dieter: Föderalismus und Unitarisierung – Grundmuster deutscher Geschichte im 19. und 20. Jahrhundert, in: Handbuch der baden-württembergischen Geschichte. 4. Band, hg. v. Hansmartin Schwarzmaier u. a., Stuttgart 2003

Langewiesche, Dieter / Schmidt, Georg (Hg.): Föderative Nation: Deutschlandkonzepte von der Reformation bis zum Ersten Weltkrieg, München 2000

März, Peter: Einschnitte und Eigenheiten: Spezifika deutscher Geschichte, in: Gallus, Alexander (Hg.): Deutsche Zäsuren. Systemwechsel vom Alten Reich bis zum wiedervereinigten Deutschland, München 2006

Münch, Ursula / Meerwaldt, Kerstin: Föderalismus. Informationen zur politischen Bildung, Heft 275, Berlin 2002

Nipperdey, Thomas: Föderalismus in der deutschen Geschichte, in: ders.: Nachdenken über die deutsche Geschichte, München 1986

Ritter, Gerhard A.: Föderalismus und Parlamentarismus in Deutschland in Geschichte und Gegenwart, München 2005

Schönberger, Christoph: Die Europäische Union als Bund. Zugleich ein Beitrag zur Verabschiedung des Staatenbund-Bundesstaat-Schemas, in: Archiv des öffentlichen Rechts 129/2004

Willoweit, Dietmar: Deutsche Verfassungsgeschichte. Vom Frankenreich bis zur Teilung Deutschlands, 5. Aufl., München 2005

Winkler, Heinrich August: Der lange Weg nach Westen. Bd. I: Deutsche Geschichte 1806–1933, Bonn 2000; Bd. II: Deutsche Geschichte 1933–1990, Bonn 2005

Mittelalter und Frühe Neuzeit

Angermeier, Heinz: Das Alte Reich in der deutschen Geschichte. Studien über Kontinuitäten und Zäsuren, München 1991

Aretin, Karl Otmar Freiherr von: Das Alte Reich 1648–1806, 4 Bde., Stuttgart 1993–2000

Burkhardt, Johannes: Das Reformationsjahrhundert. Deutsche Geschichte zwischen Medienrevolution und Institutionenbildung 1517–1617, Stuttgart 2002

Gotthard, Axel: Das Alte Reich 1495–1806, Darmstadt 2003

Hofmann, Hanns Hubert: Reichskreis und Kreisassoziation. Prolegomena zu einer Geschichte des fränkischen Kreises, zugleich als Beitrag zur Phänomenologie des deutschen Föderalismus, in: Zeitschrift für bayerische Landesgeschichte 1962

Krieger, Karl Friedrich: König, Reich und Reichsreform im Spätmittelalter, München 1992

Moraw, Peter: Über König und Reich. Aufsätze zur deutschen Verfassungsgeschichte des späten Mittelalters, Sigmaringen 1995

Ottomeyer, Hans (Hg.): Altes Reich und neue Staaten 1495 bis 1806, Dresden 2006

Press, Volker: Das Alte Reich. Ausgewählte Aufsätze, hg. von Johannes Kunisch, Berlin 1997

Schmidt, Georg: Geschichte des Alten Reiches. Staat und Nation in der Frühen Neuzeit 1495–1806, München 1999

Schnettger, Matthias (Hg.): Imperium Romanum – irregulare corpus – Teutscher Reichs-Staat. Das Alte Reich im Verständnis der Zeitgenossen und der Historiographie, Mainz 2002

Schubert, Ernst: Fürstliche Herrschaft und Territorien im späten Mittelalter, München 1996

Vogler, Günter: Absolutistische Herrschaft und ständische Gesellschaft. Reich und Territorien von 1648 bis 1790, Stuttgart 1996

Wüst, Wolfgang (Hg.): Reichskreis und Territorium: Die Herrschaft über der Herrschaft? Supraterritoriale Tendenzen in Politik, Kultur, Wirtschaft und Gesellschaft. Ein Vergleich süddeutscher Reichskreise, Stuttgart 2000

Rheinbundzeit und Deutscher Bund

Angelow, Jürgen: Der Deutsche Bund, Darmstadt 2003

Aretin, Karl Otmar Freiherr von: Vom Deutschen Reich zum Deutschen Bund, Göttingen 1980

Berding, Helmut / Ullmann, Hans-Peter (Hg.): Deutschland zwischen Revolution und Restauration, Königstein 1981

Boldt, Hans: Der Föderalismus in den Reichsverfassungen von 1849 und 1871, in: Wellenreuther, H. (Hg.): Die amerikanische Verfassung und deutsch-amerikanisches Verfassungsdenken, New York 1991

Hahn, Hans-Werner: Der Deutsche Bund. Zukunftslose Vorstufe des kleindeutschen Nationalstaats oder entwicklungsfähige föderative Alternative?, in: Becker, H.-J. (Hg.): Zusammengesetzte Staatlichkeit in der europäischen Verfassungsgeschichte, Berlin 2006

Lutz, Heinrich: Zwischen Habsburg und Preußen. Deutschland 1815–1866, Berlin 1985

Müller, Frank Lorenz: Die Revolution von 1848/49, 2. Aufl., Darmstadt 2006

Müller, Jürgen: Der Deutsche Bund 1815–1866, München 2006

Mußgnug, Reinhard: Der Rheinbund. In: Der Staat 2/2007

Rumpler, Helmut (Hg.): Deutscher Bund und deutsche Frage 1815–1866, München 1990

Ullmann, Hans-Peter / Zimmermann, Clemens (Hg.): Restaurationssystem und Reformpolitik. Süddeutschland und Preußen im Vergleich, München 1996

Weis, Eberhard: Deutschland und Frankreich um 1800, München 1990

Deutsches Kaiserreich

Binder, Hans-Otto: Reich und Einzelstaaten während der Kanzlerschaft Bismarcks 1887–1890, Tübingen 1971

Boldt, Hans: Der Föderalismus im deutschen Kaiserreich als Verfassungsproblem, in: Rumpler, H. (Hg.): Innere Staatsbildung und gesellschaftliche Modernisierung in Österreich und Deutschland 1867/71 bis 1914, Wien/München 1991

Dietrich, Richard: Föderalismus, Unitarismus oder Hegemonialstaat, in : Hauser, O. (Hg.): Zur Problematik „Preußen und das Reich", Köln 1984

Fuchs, Walther Peter: Bundesstaaten und Reich: Der Bundesrat, in: Hauser, O. (Hg.), Zur Problematik „Preußen und das Reich", Köln 1984

Halder, Winfried: Innenpolitik im Kaiserreich 1871–1914, Darmstadt 2006

Mann, Bernhard: Zwischen Hegemonie und Partikularismus. Bemerkungen zum Verhältnis von Regierung, Bürokratie und Parlament in Preußen 1867–1918, in: Ritter, G.A. (Hg.): Regierung, Bürokratie und Parlament in Preußen und Deutschland von 1848 bis zur Gegenwart, Düsseldorf 1983

Möckl, Karl: Der „unvollendete" Föderalismus des zweiten deutschen Kaiserreiches, in: Röhl, J. C. G. (Hg.): Der Ort Kaiser Wilhelms II. in der deutschen Geschichte, München 1991

Mommsen, Wolfgang J.: Der autoritäre Nationalstaat. Verfassung, Gesellschaft und Kultur des deutschen Kaiserreichs, Frankfurt/Main 1992

Pollmann, Klaus Erich: Die Bismarckische Reichsverfassung – Verfassungsintention und -realität, in: Dülffer, J. (Hg).: Otto von Bismarck, Berlin 1993

Rauh, Manfred: Föderalismus und Parlamentarismus im wilhelminischen Reich, Düsseldorf 1973

Ullmann, Hans-Peter: Politik im deutschen Kaiserreich, München 1999

Weber, Max: Parlament und Regierung im neugeordneten Deutschland (1918), in: ders.: Politik und Gesellschaft, Frankfurt/Main 2006

Weimar/Drittes Reich

Baum, Walter: Die „Reichsreform" im Dritten Reich, in: Vierteljahreshefte für Zeitgeschichte 3/1955

Benz, Wolfgang: Süddeutschland in der Weimarer Republik. Ein Beitrag zur deutschen Innenpolitik 1918–1923, Berlin 1970

Biewer, Ludwig: Reichsreformbestrebungen in der Weimarer Republik. Frankfurt/Main 1980

Bracher, Karl Dietrich (Hg.): Die Weimarer Republik, 1919–1933, Düsseldorf 1987

Bundesrat (Hg.), Ein Staatsstreich? Die Reichsexekution gegen Preußen. Darstellungen und Dokumente, Berlin 2007

Die Weimarer Republik, Band I 1919–1924; Band III 1929–1933, München 1992/1995 (auch als Online-Ausgabe der Bayerischen Landeszentrale für politische Bildungsarbeit)

Schulz, Gerhard: Zwischen Demokratie und Diktatur. Verfassungspolitik und Reichsreform in der Weimarer Republik, 3 Bde., Berlin 1987/1992.

Deutschland nach 1945

Abromeit, Heidrun: Der verkappte Einheitsstaat, Opladen 1992

Andersen, Uwe: Der deutsche Föderalismus im Reformprozess, Schwalbach 2007

Benz, Wolfgang: Die Gründung der Bundesrepublik, München 1984

Feldkamp , Michael (Hg.): Die Entstehung des Grundgesetzes, Stuttgart 1999

Lange, Erhard H.M.: Die Würde des Menschen ist unantastbar. Der Parlamentarische Rat und das Grundgesetz, Heidelberg 1993

Laufer, Heinz/Münch, Ursula: Das föderative System der Bundesrepublik Deutschland, München 1997

Lehmbruch, Gerhard: Strategische Alternativen und Spielräume bei der Reform des Bundesstaates, in: Zeitschrift für Staats- und Europawissenschaften 2004, S. 82–93.

Metzler, Gabriele: Einheit und Konkurrenz im Bundesstaat. Föderalismus in der Bundesrepublik 1949–2000, in: Kühne, T./Rauh-Kühne, C. (Hg): Raum und Geschichte. Regionale Traditionen und föderative Ordnungen von der Frühen Neuzeit bis zur Gegenwart, Leinfelden-Echterdingen 2001

Renzsch, Wolfgang: Finanzverfassung und Finanzausgleich. Die Auseinandersetzungen um ihre politische Gestaltung in der Bundesrepublik Deutschland zwischen Währungsreform und deutscher Vereinigung (1948–1990), Bonn 1991

Scharpf, Fritz W.: Optionen des Föderalismus in Deutschland und Europa, Frankfurt/Main 1994

Steffani, Winfried: Die Republik der Landesfürsten, in: Ritter, G.A. (Hg.): Regierung, Bürokratie und Parlament in Preußen und Deutschland von 1848 bis zur Gegenwart, Düsseldorf 1983

Sturm, Roland / Zimmermann-Steinhart, Petra: Föderalismus. Eine Einführung, Baden-Baden 2005

Wachendorfer-Schmidt, Ute: Politikverflechtung im vereinigten Deutschland, Wiesbaden 2003

Wehling, Hans-Georg (Hg.): Die deutschen Länder, Opladen 2002

Bildnachweis

© Bundesrat:
Titel unten, S. 239

© akg-images:
Titelseite: oben links und rechts, S. 4, 25, 29, 31, 32, 43, 46, 50, 56, 61, 68, 89, 94, 96, 114, 118, 139, 158, 172, 176, 182, 184, 196, 202, 252

© akg-images / AP:
S. 232

© akg-images / Erich Lessing:
S. 35

© akg-images / Brigitte Hellgoth:
S. 226

© akg-images / Jost Schilgen:
S. 57

© bpk:
S. 71, 79, 83, 112, 125, 141, 154, 161

© bpk / Julius Braatz:
S. 130

© diekoordinaten:
Karten S. 253–275

© Gulbransson / VG Bild-Kunst, Bonn 2008 / akg-images:
S. 138

© Süddeutsche Zeitung Photo:
S. 198, 236

© Universitätsbibliothek Heidelberg:
S. 109

© ullstein bild – ADN:
S. 178

© ullstein bild – dpa (85):
S. 195, 217

© ullstein bild – dpa:
S. 233

A

Abeken, Heinrich (1809–1872),
preußischer Beamter und Mitarbeiter
Bismarcks 128

Adelung, Bernhard (1876–1943),
SPD-Politiker und Staatspräsident von
Hessen 164, 179

Adenauer, Konrad (1876–1967),
Zentrums- und CDU-Politiker und Bundeskanzler 165, 190, 196–198, 201, 206–209,
214, 217

Albrecht, Ernst (*1930),
CDU-Politiker und Ministerpräsident von
Niedersachsen 226

Altmeier, Peter (1899–1977),
CDU-Politiker und Ministerpräsident von
Rheinland-Pfalz 187, 194

Anschütz, Gerhard (1867–1948),
Staatsrechtler 168

Aretin, Johann Adam von (1769–1822),
bayerischer Bundestagsgesandter 84

Arnold, Karl (1901–1958),
CDU-Politiker und Ministerpräsident von
Nordrhein-Westfalen 194

Auer, Erhard (1874–1945),
SPD-Politiker und bayerischer Minister 157

Augusta (1811–1890),
Königin von Preußen und deutsche Kaiserin
112

B

Bach, August (1897–1966),
CDU-Politiker und Präsident der
DDR-Länderkammer 229

Bartels, Adolf (1862–1945),
SPD-Politiker 173

Basedow, Johann Bernhard (1724–1790),
Pädagoge, Leiter des Philantropins
in Dessau 65

Bassermann, Friedrich Daniel (1811–1855),
Verleger und liberaler Politiker 97

Bebel, August (1840–1913),
SPD-Politiker 117

Bennigsen, Rudolf von (1824–1902),
nationalliberaler Politiker 142

**Bethmann Hollweg, Theobald von
(1856–1921),**
preußischer Minister und Reichskanzler 148

Beust, Ferdinand von (1809–1886),
sächsischer und österreichischer Minister
107, 112, 124

Bevin, Ernest (1881–1951),
britischer Außenminister 191

Biedenkopf, Kurt (*1930),
CDU-Politiker und Ministerpräsident von
Sachsen 236, 237

Bismarck, Otto von (1815–1898),
preußischer Ministerpräsident und Reichskanzler 106, 108, 109, 111–115, 117–123,
125–130, 132, 133, 135–139, 144,
145, 172

Blos, Wilhelm (1849–1927),
SPD-Politiker und Ministerpräsident von
Württemberg   172

Blum, Leon (1872–1950),
französischer Premierminister   193

Blum, Robert (1807–1848),
demokratischer Politiker   99

Blume, Wilhelm von (1867–1927),
Jurist und liberaler Politiker   157

Bluntschli, Johann Kaspar (1808–1881),
Staatsrechtler   120

Bock, Lorenz (1883–1948),
CDU-Politiker und Ministerpräsident von
Württemberg-Hohenzollern   194

Bolz, Eugen (1881–1945),
Zentrumspolitiker und Ministerpräsident
von Württemberg   179

Bracht, Franz (1877–1933),
Zentrumspolitiker und Reichskommissar in
Preußen   180

Brandt, Willy (1913–1992),
SPD-Politiker und Bundeskanzler
209, 210, 231

Brauer, Arthur von (1845–1926),
badischer Bundesratsbevollmächtigter und
Ministerpräsident   131, 138

Brauer, Friedrich (1754–1813),
badischer Minister und Justizreformer
75

Brauer, Max (1887–1973),
SPD-Politiker und Bürgermeister von
Hamburg   187, 194, 195

Braun, Otto (1872–1955),
SPD-Politiker und Ministerpräsident von
Preußen   167, 172, 173, 178, 180

Brecht, Arnold (1884–1977),
Staatsrechtler und preußischer
Reichsratsgesandter   162, 167, 180

Bruck, Karl Ludwig von (1798–1860),
österreichischer Handels- und Finanzminister
107

Brüning, Heinrich (1885–1970),
Zentrumspolitiker und Reichskanzler
175–177

Bryce, James (1838–1922),
britischer Historiker und liberaler Politiker
18

Bülow, Bernhard von (1849–1929),
preußischer Diplomat und Reichskanzler
147

**Buol-Schauenstein, Johann Rudolf von
(1768–1834),**
österreichischer Bundestagsgesandter
84, 85, 88

Byrnes, James F. (1879–1972),
amerikanischer Außenminister   191

C

Canitz, Karl von (1787–1850),
preußischer Minister   97

Caprivi, Leo von (1831–1899),
preußischer General und Reichskanzler
147

Carl August (1757–1828),
Herzog von Sachsen-Weimar-Eisenach
65

Carl Eugen (1728–1793),
Herzog von Württemberg   66

Churchill, Winston (1874–1965),
britischer Staatsmann   186

Clay, Lucius D. (1897–1978),
Militärgouverneur der amerikanischen Zone
190

*Clement, Wolfgang (*1940),*
SPD-Politiker und Ministerpräsident von
Nordrhein-Westfalen   245

*Cowley, Henry Wellesley Earl of
(1804–1884),*
britischer Gesandter in Frankfurt   101

Cues, Nikolaus von (1401–1464),
Theologe und Philosoph   33

D

*Dahlmann, Friedrich Christoph
(1785–1860),*
Historiker und liberaler Politiker   97

Dalberg, Karl Theodor von (1744–1817),
Fürstprimas des Rheinischen Bundes
68, 70, 72

Dalwigk, Reinhard von (1802–1880),
Minister im Großherzogtum Hessen
119, 121

Dehler, Thomas (1897–1967),
FDP-Politiker und Bundesminister   207, 208

Delbrück, Rudolf (1817–1903),
preußischer Minister und Leiter des
Reichskanzleramtes   132, 133

Dietrich, Hermann (1879–1954),
liberaler Politiker und Reichsminister   155

Droysen, Johann Gustav (1808–1884),
Historiker und Politiker   97, 101

E

Ebert, Friedrich (1871–1925),
SPD-Politiker und Reichspräsident
151, 152, 155, 158, 163, 169

Eckermann, Johann Peter (1792–1854),
Schriftsteller   82

Ehard, Hans (1887–1980),
Jurist, CSU-Politiker und Ministerpräsident
von Bayern   187, 192, 194, 201–203, 207

*Eichel, Hans (*1941),*
SPD-Politiker und Ministerpräsident von
Hessen   242

Eisner, Kurt (1867–1919),
sozialistischer Politiker und Ministerpräsident
von Bayern   151–153

Engels, Friedrich (1820–1895),
sozialistischer Politiker und Publizist   117

Erhard, Ludwig (1897–1977),
Ökonom, CDU-Politiker und Bundeskanzler
209

Ernst August II. (1771–1851),
König von Hannover   91

Ernst, Werner (1901–2002),
Staatssekretär   221

Erthal, Friedrich Karl von (1719–1802),
Kurfürst von Mainz   63

Erzberger, Matthias (1875–1921),
Zentrums-Politiker und Reichsminister
166, 168, 169

Eschenburg, Theodor (1904–1999),
Politikwissenschaftler   16, 162, 192

Ewald, Heinrich (1803–1875),
Sprachforscher und Politiker (Welfen-Partei)
120

F

Fecht, Hermann (1880–1952),
badischer Reichsratsgesandter   180

Fellner, Karl (1807–1866),
Unternehmer und Bürgermeister von
Frankfurt am Main   115

Ferdinand I. (1503–1564),
deutscher König und Kaiser   47

Ferdinand I. (1793–1875),
Kaiser von Österreich   95

Ferdinand II. (1578–1637),
deutscher König und Kaiser   48, 49

Ferdinand III. (1608–1657),
deutscher König und Kaiser   50

**Franckenstein, Georg von und zu
(1825–1890),**
Zentrumspolitiker   145, 146

Frantz, Konstantin (1817–1891),
Publizist   119

Franz II. (1768–1835),
deutscher König und Kaiser, Kaiser von
Österreich   69, 71

Franz Joseph I. (1830–1916),
Kaiser von Österreich   104, 111, 112, 114

Frick, Wilhelm (1877–1946),
NSDAP-Politiker und Reichsminister
183, 184

Friedrich I. (1657–1713),
Kurfürst von Brandenburg und König in
Preußen   60

Friedrich I. (1754–1816),
Herzog und König von Württemberg   75

Friedrich I. Barbarossa (1122–1190),
deutscher König und Kaiser   27, 33

Friedrich II. (1194–1250),
deutscher König und Kaiser   28, 29

Friedrich II. (1712–1786),
König von Preußen   60–63, 65, 106, 230

Friedrich III. (1415–1493),
deutscher König und Kaiser   32

Friedrich III. (1831–1888),
König von Preußen und deutscher Kaiser
125

Friedrich V. (1596–1632),
Kurfürst von der Pfalz   48

**Friedrich August I. „der Starke"
(1670–1733),**
Kurfürst von Sachsen und König von Polen
59

Friedrich Wilhelm (1620–1688),
Kurfürst von Brandenburg   60

Friedrich Wilhelm I. (1688–1740),
König von Preußen   60

Friedrich Wilhelm II. (1744–1797),
König von Preußen   63, 69

Friedrich Wilhelm III. (1770–1840),
König von Preußen   86

Friedrich Wilhelm IV. (1795–1861),
König von Preußen   94, 95, 104

Friesen, Richard von (1808–1884),
sächsischer Minister   120, 135

Fritsch, Thomas von (1700–1775),
sächsischer Politiker   66

G

Gagern, Heinrich von (1799–1880),
liberaler Politiker   100, 102

Gaulle, Charles de (1890–1970),
General und Präsident von Frankreich
186

Gayl, Wilhelm von (1879–1945),
deutschnationaler Politiker und Reichsminister   179

Geizkofler, Zacharias (1560–1617),
Reichspfennigmeister   44

Genscher, Hans-Dietrich (*1927),
FDP-Politiker und Bundesminister   232

Georg I. (1660–1727),
Kurfürst von Hannover und britischer König
60

Gerstenmaier, Eugen (1906–1986),
CDU-Politiker und Bundestagspräsident
211

Gervinus, Georg Gottfried (1805–1871),
Historiker und liberaldemokratischer Politiker
97

Gilbert, Parker (1892–1938),
amerikanischer Reparationsagent   167

Goebbels, Joseph (1897–1945),
NSDAP-Politiker und Reichsminister   185

Göring, Hermann (1893–1946),
NSDAP-Politiker und Reichsminister
181, 183

**Goethe, Johann Wolfgang von
(1749–1832),**
Dichter und Minister in Sachsen-Weimar
65, 68, 82

Gomolka, Alfred (*1942),
CDU-Politiker und Ministerpräsident von
Mecklenburg-Vorpommern   238

Gorbatschow, Michail (*1931),
Partei- und Staatschef der Sowjetunion
230

Grimm, Jacob (1785–1863)
und Wilhelm (1786–1859),
Sprachforscher   91

Groener, Wilhelm (1867–1939),
General und Reichsminister   150

Grotewohl, Otto (1894–1964),
SED-Politiker und Ministerpräsident der DDR
229

Gustav II. Adolf (1594–1632),
schwedischer König   49

H

Hansemann, David (1790–1864),
rheinischer Unternehmer und preußischer
Minister   95

Hardenberg, Karl August von
(1750–1822),
preußischer Minister und Reformer   76, 86

Haussmann, Conrad (1857–1922),
liberaler Politiker   153

Hecker, Friedrich (1811–1881),
radikaldemokratischer Politiker   99

Heeren, Arnold Hermann Ludwig
(1760–1842),
Historiker   79

Heim, Georg (1865–1938),
Zentrums- und BVP-Politiker   169

Heinrich IV. (1050–1106),
deutscher König und Kaiser   26

Heinrich V. (1086–1125),
deutscher König und Kaiser   26

Heinrich (VII.) (1211–1242),
deutscher König   28

Held, Heinrich (1868–1938),
BVP-Politiker und Ministerpräsident
von Bayern   170, 179

Hellwege, Heinrich Peter (1908–1991),
Ministerpräsident von Niedersachsen   208

Henneberg, Berthold von (1441–1504),
Kurfürst von Mainz   35

Herder, Johann Gottfried von (1744–1803),
Dichter und Geschichtsphilosoph   65

Herzog, Roman (*1934),
Jurist, CDU-Politiker und Bundespräsident
194, 244, 245

Hesse, Konrad (1919–2005),
Jurist und Bundesverfassungsrichter   214

Heuss, Theodor (1884–1963),
liberaler Politiker und Bundespräsident
187, 199, 202

Himmler, Heinrich (1900–1945),
NSDAP-Politiker und Führer der SS
185, 186

Hindenburg, Paul von (1847–1934),
Generalfeldmarschall und Reichspräsident
150, 176-178, 181

Hirsch, Paul (1868–1940),
SPD-Politiker und Ministerpräsident von
Preußen   155, 156, 161

Hitler, Adolf (1889–1945),
Führer der NSDAP und Reichskanzler
170, 181–186

Hoegner, Wilhelm (1887–1980),
SPD-Politiker und Ministerpräsident von
Bayern   187, 189, 190, 192

Höpker-Aschoff, Hermann (1883–1954),
liberaler Politiker und Bundesverfassungsrichter   174, 180, 202–204, 213

**Hoffmann von Fallersleben, August
Heinrich (1798–1874),**
Dichter   92

**Hohenlohe-Schillingsfürst, Chlodwig von
(1819–1901),**
Ministerpräsident von Bayern und
Reichskanzler   122

Hohenthal, Peter von (1726–1794),
sächsischer Politiker   66

Holberg, Ludvig (1684–1754),
dänisch-norwegischer Schriftsteller   12

Honecker, Erich (1912–1994),
SED-Politiker und Staatsratsvorsitzender der
DDR   230

Hugenberg, Alfred (1865–1951),
Unternehmer und deutschnationaler Politiker
177, 181

Hugo, Ludolph (1630–1704),
Jurist und braunschweigischer Reichstags-
gesandter   53

Humboldt, Wilhelm von (1767–1835),
preußischer Minister und Reformer
76, 81, 82

J

Jahn, Friedrich Ludwig (1778–1852),
Begründer der Turnerbewegung   81

Johann (1782–1859),
Erzherzog von Österreich und Reichsverweser   101

Johann (1801–1873),
König von Sachsen   112

Jolly, Julius (1823–1891),
badischer Minister   135

Jordan, Sylvester (1792–1861),
Staatsrechtler und liberaler Politiker   90, 97

Joseph I. (1678–1711),
deutscher König und Kaiser   62

Joseph II. (1741–1790),
deutscher König und Kaiser   62, 63, 77

K

Kahr, Gustav Ritter von (1862–1934),
Jurist und Ministerpräsident von Bayern
169

Kaisen, Wilhelm (1887–1979),
SPD-Politiker und Bürgermeister von
Bremen   187, 191, 194

Kaiser, Jakob (1888–1961),
CDU-Politiker und Bundesminister   191

Karl der Große (747–814),
König der Franken und römischer Kaiser
24

Karl IV. (1316–1378),
deutscher König und Kaiser   31

Karl V. (1500–1556),
deutscher König und Kaiser, König von Spanien   43–46, 48

Karl VI. (1685–1740),
deutscher König und Kaiser   62

Karl Friedrich (1728–1811),
Markgraf und Großherzog von Baden
65, 75

Kaufmann, Erich (1880–1972),
Staatsrechtler   153

Kaunitz, Wenzel Anton von (1711–1794),
österreichischer Minister   69

Keil, Wilhelm (1870–1968),
SPD-Politiker   152, 190

Keynes, John Maynard (1883–1946),
englischer Ökonom   199

Kiesinger, Kurt Georg (1904–1988),
CDU-Politiker und Bundeskanzler
209, 210, 216, 222

Kinkel, Klaus (*1936),
FDP-Politiker und Bundesminister   244

Knilling, Eugen Ritter von (1865–1927),
BVP-Politiker und Ministerpräsident von
Bayern   169

Koch-Weser, Erich (1875–1944),
liberaler Politiker und Reichsminister
159, 167

Kohl, Helmut (*1930),
CDU-Politiker und Bundeskanzler
209, 210, 232, 244

Konrad II. (um 990–1039),
deutscher König und Kaiser   26

Kopf, Hinrich Wilhelm (1893–1961),
SPD-Politiker und Ministerpräsident von
Niedersachsen   187, 194

Kotzebue, August von (1761–1819),
Dichter   87

**Kreittmayr, Aloysius Wiguläus von
(1705–1790),**
bayerischer Minister und Rechtsreformer
66

Kretschmann, Winfried (*1948),
Grünen-Politiker   248

L

Laband, Paul (1838–1918),
Staatsrechtler   145

Lafontaine, Oskar (*1943),
SPD- und Linkenpolitiker, Ministerpräsident
des Saarlands   210

Landsberg, Otto (1869–1957),
SPD-Politiker und Reichsminister   154

Leibniz, Gottfried Wilhelm von (1646–1716),
Philosoph und Mathematiker   53

Leopold I. (1640–1705),
deutscher König und Kaiser
52, 57, 62

Leopold I. (1676–1747),
Fürst von Anhalt-Dessau   65

Leopold II. (1747–1792),
deutscher König und Kaiser   77

Leopold III. Friedrich Franz (1740–1817),
Fürst und Herzog von Anhalt-Dessau   65

Lepel, Georg Ferdinand von (1779–1873),
kurhessischer Bundestagsgesandter
84, 88

Lerchenfeld, Hugo von und zu (1843–1925),
bayerischer Bundesratsgesandter   136

Ludendorff, Erich (1865–1937),
preußischer General und deutsch-völkischer
Politiker   150

Ludwig I. (1786–1868),
König von Bayern   85, 95

Ludwig II. (1845–1886),
König von Bayern   124

Ludwig III. (1378–1436),
Kurfürst von der Pfalz   27

Ludwig IV. der Bayer (1282–1347),
deutscher König   31

Lüdemann, Hermann (1880–1959),
SPD-Politiker u. Ministerpräsident von
Schleswig-Holstein   194

Luitpold (1821–1912),
Prinzregent von Bayern   129

Luther, Hans (1879–1962),
Reichskanzler   174

Luther, Martin (1483–1546),
Theologe und Kirchenreformer   44, 45

M

MacColl, Malcolm (1838–1907),
britischer Theologe und Publizist   124

Maier, Reinhold (1889–1971),
liberaler Politiker und Ministerpräsident v.
Baden-Württemberg   187, 193, 194

Maihofer, Werner (*1918),
FDP-Politiker und Bundesminister   221

Maizière, Lothar de (*1940),
CDU-Politiker und Ministerpräsident der
DDR   233

Maria Theresia (1717–1780),
Erzherzogin von Österreich   62

Marschler, Willy (1893–1954),
NSDAPpolitiker und Ministerpräsident von
Thüringen   184

Marx, Wilhelm (1863–1946),
Zentrumspolitiker und Reichskanzler   174

Maximilian I. (1459–1519),
deutscher König und Kaiser   35, 38, 42

Maximilian II. (1527–1576),
deutscher König und Kaiser   47

Maximilian III. Joseph (1727–1777),
Kurfürst von Bayern   66

Maximilian IV. Joseph (1756–1825),
Kurfürst und König von Bayern   74

Meinecke, Friedrich (1862–1954),
Historiker   163

Menzel, Walter (1901–1963),
SPD-Politiker und Minister in Nordrhein-
Westfalen   202, 204

*Merkel, Angela (*1954),*
CDU-Politikerin und Bundeskanzlerin
209, 248

Metternich, Clemens von (1773–1859),
österreichischer Staatskanzler
79, 84, 86–88, 90, 93, 95, 114

Miquel, Johannes von (1828–1901),
nationalliberaler Politiker und preußischer
Minister   117, 121

Mittermaier, Karl (1787–1867),
Staatsrechtler und liberaler Politiker   100

Mittnacht, Hermann von (1825–1909),
Ministerpräsident von Württemberg
135, 136, 140

*Modrow, Hans (*1928),*
SED- und PDS-Politiker und Ministerratsvor-
sitzender der DDR   230, 232

Molotow, Wjatscheslaw (1890–1986),
sowjetischer Außenminister   191

Montgelas, Maximilian von (1759–1838),
bayerischer Minister und Staatsreformer
74

Moser, Johann Jacob (1701–1785),
Staatsrechtler   12

Müller, Hermann (1876–1931),
SPD-Politiker und Reichskanzler   176

Müller, Johannes von (1752–1809),
Schweizer Historiker   251

*Müntefering, Franz (*1940),*
SPD-Politiker und Bundesminister   245, 247

N

Napoleon I. (1769–1821),
General und Kaiser der Franzosen
69, 70, 72, 73, 78, 86

Napoleon III. (1808–1873),
Präsident von Frankreich und Kaiser der
Franzosen   123

Nawiasky, Hans (1880–1961),
Staatsrechtler   160, 174

O

*Oettinger, Günther (*1953),*
CDU-Politiker und Ministerpräsident von
Baden-Württemberg   249

*Oldenburg, Karl (*1895),*
mecklenburgischer Bundesratsgesandter
135, 136, 138

Ollenhauer, Erich (1901–1963),
SPD-Politiker 196

Otto I. (1848–1916),
König von Bayern 125

Otto I. „der Große" (912–973),
deutscher König und Kaiser 26

P

Pahl, Johann Gottfried (1768–1839),
württembergischer Theologe und Publizist
70

Papen, Franz von (1879–1969),
Zentrumspolitiker und Reichskanzler
175, 177, 179, 181

Pauline (1769–1820),
Fürstin zur Lippe 85

Pfeiffer, Anton (1888–1957),
BVP- und CSU-Politiker 197

Pfitzer, Albert (1913–2000),
Direktor des Bundesrates 208

Pfordten, Ludwig von (1811–1880),
Ministerpräsident in Bayern 107

Piccolomini, Enea Silvio (1405–1464),
Humanist und Papst (Pius II.) 33

Poetzsch-Heffter, Fritz (1881–1935),
Staatsrechtler und sächsischer Reichsratsgesandter 162

Polak, Karl (1905–1963),
Staatsrechtler und Mitglied des Staatsrates
der DDR 229

**Posadowsky-Wehner,
Arthur von (1845–1932),**
preußischer Minister 147

Preger, Konrad Ritter von (1867–1933),
bayerischer Reichsratsgesandter 157

Preiß, Manfred (*1939),
DDR-Minister 234

Preuß, Hugo (1860–1925),
Staatsrechtler und Reichsminister
154–157, 161, 189

Pütter, Johann Stephan (1725–1807),
Staatsrechtler 52, 53

Pufendorf, Samuel von (1632–1694),
Rechtsphilosoph und Historiker 53, 58

R

Rathenau, Walter (1867–1922),
Unternehmer und Reichsminister 169

Rau, Johannes (1931–2006),
SPD-Politiker und Bundespräsident
210, 226, 242

Reinhardt, Walther (1872–1930),
preußischer General und Minister 156

Reitzenstein, Sigismund von (1766–1847),
badischer Minister 75

Reuter, Ernst (1889–1953),
SPD-Politiker und Regierender Bürgermeister von Berlin 195

Roggenbach, Franz von (1825–1907),
badischer Minister 110, 119, 132

Rotteck, Karl von (1775–1840),
Historiker und liberaler Politiker 92

Rousseau, Jean-Jacques (1712–1778),
schweizerisch-französischer Philosoph
51

Rudolf I. von Habsburg (1218–1291),
deutscher König 29, 30

Rudolf II. (1552–1612),
deutscher König und Kaiser 48

S

Sand, Karl Ludwig (1795–1820),
Burschenschafter 87

Sauckel, Fritz (1894–1946),
NSDAP-Politiker 184

Schäffer, Fritz (1888–1967),
BVP- und CSU-Politiker und Ministerpräsident von Bayern 187, 230

Scharnhorst, Gerhard von (1755–1813),
preußischer General und Reformer 76

Scharping, Rudolf (*1947),
SPD-Politiker und Ministerpräsident von
Rheinland-Pfalz 210

Schiller, Friedrich von (1759–1805),
Dichter 65

Schiller, Karl (1911–1994),
SPD-Politiker und Bundesminister
218–220

Schlayer, Johannes von (1792–1860),
württembergischer Minister 88

Schleicher, Kurt von (1882–1934),
General und Reichskanzler 177, 181

Schmerling, Anton von (1805–1893),
österreichischer Minister und Reichsminister
97

Schmid, Carlo (1896–1979),
SPD-Politiker und Bundesminister 187, 197

Schmidt, Helmut (*1918),
SPD-Politiker und Bundeskanzler 209, 224

Schmitt, Carl (1888–1985),
Staatsrechtler 180

**Schönborn, Johann Philipp von
(1605–1673),**
Kurfürst von Mainz 55, 56

Schönborn, Lothar Franz von (1655–1729),
Kurfürst von Mainz 56

Schoettle, Erwin (1899–1976),
SPD-Politiker 207

Schröder, Gerhard (*1944),
SPD-Politiker und Bundeskanzler
209, 210, 237, 244

Schröder, Richard (*1943),
Theologe und SPD-Politiker
13, 229, 235

Schumacher, Kurt (1895–1952),
SPD-Politiker 174, 189, 190, 192

Schwalber, Josef (1902–1969),
CSU-Politiker und bayerischer Minister
202, 203

Schwarzenberg, Felix von (1800–1852),
österreichischer Ministerpräsident 104

Seckendorff, Veit Ludwig von (1626–1692),
Staatsrechtler 59

Seebohm, Hans-Christoph (1903–1967),
CDU-Politiker und Bundesminister 204

Seeckt, Hans von (1866–1936),
Chef der Reichswehr 173

Severing, Carl (1875–1952),
SPD-Politiker und preußischer Minister
173

Siemens, Georg von (1839–1901),
Bankier 122

Sigismund (1368–1437),
deutscher König und Kaiser 32

Smidt, Johann (1773–1857),
Senator und Bürgermeister von Bremen
81

Späth, Lothar (*1937),
CDU-Politiker und Ministerpräsident von
Baden-Württemberg 226

Stein, Karl vom und zum (1757–1831),
preußischer Minister und Reformer 76

Stock, Christian (1884–1967),
SPD-Politiker und Ministerpräsident von
Hessen 194, 196

Stoecker, Adolph (1835–1909),
preußischer Hofprediger und konservativer
Politiker 128

Stoiber, Edmund (*1941),
CSU-Politiker und Ministerpräsident von
Bayern 210, 242, 245, 247

Stolpe, Manfred (*1935),
SPD-Politiker und Ministerpräsident von
Brandenburg 236

Strauß, Franz Josef (1915–1988),
CSU-Politiker und Ministerpräsident von
Bayern 210, 218, 219, 226

Streibl, Max (1932–1998),
CSU-Politiker und Ministerpräsident von
Bayern 236

Stresemann, Gustav (1878–1929),
liberaler Politiker und Reichskanzler 170

Struck, Peter (*1943),
SPD-Politiker und Bundesminister
249, 250

Struve, Gustav von (1805–1870),
radikaldemokratischer Politiker 99

T

Teufel, Erwin (*1939),
CDU-Politiker und Ministerpräsident von
Baden-Württemberg 246

du Thil, Karl Wilhelm Heinrich (1777–1859),
hessisch-darmstädtischer Minister 76

Treitschke, Heinrich von (1834–1896),
Historiker und Publizist 128

Troeger, Heinrich (1901–1975),
SPD-Politiker und hessischer Minister
216, 217

U

Uhland, Ludwig (1787–1962),
Dichter und liberaldemokratischer Politiker
97

Ulbricht, Walter (1893–1973),
SED-Politiker und Staatsratsvorsitzender
der DDR   230, 231

Ulrich, Carl (1853–1933),
SPD-Politiker und Ministerpräsident von
Hessen   164

V

Vollmar, Georg von (1850–1922),
SPD-Politiker   143

W

Waldeck, Benedikt (1802–1870),
liberaler Politiker   118

Wangenheim, Karl August von (1773–1850),
württembergischer Bundestagsgesandter
84, 88

Weber, Max (1864–1920),
Ökonom und Soziologe   134, 137, 147, 156

Weber, Werner (1904–1976),
Staatsrechtler   228

Weizsäcker, Richard von (*1920),
CDU-Politiker und Bundespräsident   235

Welcker, Carl Theodor (1790–1869),
Staatsrechtler und liberaler Politiker   90, 92

Wieland, Christoph Martin (1733–1813),
Dichter   65

Wilhelm I. (1797–1888),
König von Preußen und deutscher Kaiser
112–114, 119, 123, 125, 129

Wilhelm II. (1848–1921),
König von Württemberg   129

Wilhelm II. (1859–1941),
König von Preußen und deutscher Kaiser
129

Wilson, Woodrow (1856–1924),
amerikanischer Präsident   150

Windthorst, Ludwig (1812–1891),
Zentrums-Politiker   141

**Wintzingerode, Georg Ernst von
(1752–1834),**
württembergischer Minister   88

Wohleb, Leo (1888–1955),
CDU-Politiker und Ministerpräsident von
Baden   194

Z

Zypries, Brigitte (*1953),
SPD-Politikerin und Bundesministerin   247

ISBN 3-923706-30-8

Autor © Albert Funk
Gestaltung diekoordinaten GbR, www.diekoordinaten.de
Druck Hartung Druck + Medien GmbH